爱泼斯坦作品集

西藏的变迁

TIBET TRANSFORMED

伊斯雷尔·爱泼斯坦 / 著　　高全孝　郭彧斌　郑敏芳 / 译

新星出版社　NEW STAR PRESS

1985年西藏自治区成立20周年之际,爱泼斯坦第四次也是最后一次入藏采访。图为爱泼斯坦与夫人黄浣碧在西藏。

1976年,爱泼斯坦在外文局大院地震棚里写《西藏的变迁》。

开辟通往西藏的道路

1955年,川藏公路上的山体滑坡正在被清理。

1955年,新建公路旁的牦牛运输队。

1965年，乘坐飞机去拉萨。

1980年，建设中的青藏铁路。

西藏过去和现代的桥梁

传统的悬臂桥。

传统的吊桥。

雅鲁藏布江上的渡船,现在已经被桥梁代替。

1966年,一座漂亮的公路大桥横跨雅鲁藏布江上。

有钱人居有其屋,
穷人只能在门口乞讨。

西藏的贵族。

旧拉萨的乞丐。

农业生产方式的改变

旧的生产方式下,人们用木犁和牦牛在地里艰苦劳作。

拉萨市附近的藏族人正在用国产拖拉机犁地。

截至1965年,拉萨周边都用上了电动打谷机。

从庄园到公社

17世纪修建的克松庄园,庄园的每块基石下都活埋了一个农奴或奴隶男童。

1979年,克松庄园成为公社的一部分,有了自己的拖拉机(左)和电动打谷机(右)。

1965年,昔日农奴接管了庄园,并成立了互助组。左边数第二个,尼玛次仁,翻身奴隶,现担任党支部书记;中间,阿旺,翻身农奴,互助组组长。

高原白菜取得大丰收,在过去这是十分罕见的。

在集体艰苦努力之下,尼玛公社将狭小的山谷改造为田地。

1965年,次仁拉姆(左二)、结巴合作社互助组组长土登和翻身农奴组成的妇女委员会成员,后来合作社发展成为人民公社。

1976年,次仁拉姆,西藏自治区党组成员,自治区副主席。

悲惨的过去

索南次仁,牧民,色拉寺农奴,1951年双眼被挖掉。

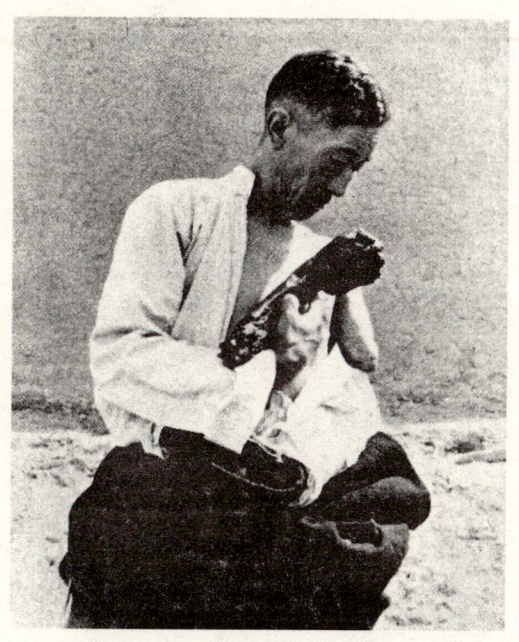

多达瓦,手里拿着被年轻贵族用枪打断的胳膊,他曾经是该贵族的家奴。

次登和次仁卓玛。前者因为欠债,后者因为丢羊,被日喀则的农奴主将手打残。

作者和被打成残废的皮匠扎西在一起。

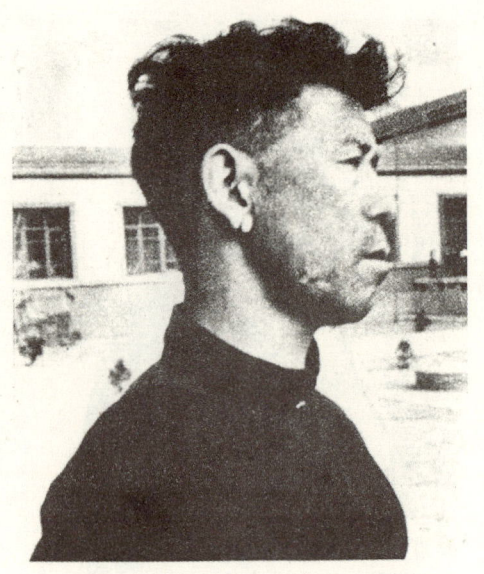

丹增旺措,农奴,过去在拉萨一个贵族家做裁缝时被毁了容,耳朵也聋了。

扎西达瓦(戴皮帽)和丹增旺布,1957年他们还是喇嘛,得知要被活埋做"人肉基石"而侥幸逃跑。新社会他们成为人民教师。图中他们正在西藏革命展览馆讲述自己的故事。

死者的证据。为了做法事而被杀害的农奴和奴隶的遗骨。

革命后继有人

1937年,参加长征的年轻藏族战士刚刚抵达延安。(从左到右)扎喜旺徐,天宝(桑吉悦希);杨东生(协饶登珠);姓名不详者和索南(沙乃)。

杨东生，1980年任西藏自治区人民代表大会常务委员会主席；才旦卓玛，西藏歌舞团歌唱家。

天宝，1980年前担任西藏自治区政府主席，中国共产党中央委员会委员。

扎喜旺徐，现任青海省政府省长。

巴桑（左），奴隶，1976年任西藏自治区党委书记。与她交谈的是宝日勒岱，现任内蒙古人民代表大会常务委员会副主任。

武装和人民

大扎西,人民解放军藏族战士,人民武装的教官,1976年摄于日喀则。

女子迫击炮队员演示技术。西藏1/10人口是民兵。

次仁平措——人民警察,昔日奴隶。

1955年10月1日，布达拉宫前西藏地方军队，最前面是官员。

1955年10月1日，布达拉宫广场，西藏地方政府军乐团和步兵。

1955年西藏地方军队。

统一战线——贵族加入到人民中来

←阿沛·阿旺晋美,昔日封建达赖政府的噶伦。1965年、1981年西藏自治区政府主席,全国人大常委会副委员长。

↑土丹旦达,十四世达赖的前任秘书,1959年叛乱期间表现活跃,后接受了民主改革,改变了立场。现在是西藏政协委员、全国人大代表。

←桑顶寺的多吉帕姆,西藏唯一一位女活佛,1959年去了国外,后又返藏。现在是西藏政协副主席和全国人大代表。

西藏统一战线领导人物之一、前昌都活佛帕巴拉·格列朗杰(坐着)与政协副主席吉普·平措次登在一起。

全国人大常委会副委员长班禅·额尔德尼在研究喇嘛经文。班禅曾与其他人一起,多次敦促达赖回国。

拉鲁·次旺多杰,1959年任叛军总司令,现在是西藏政协委员。图为1978年拉鲁·次旺多杰与其他昔日重要叛军人物在交谈。

1959年叛乱主要参与者在1978年获释后参观罗布林卡夏宫(达赖喇嘛的夏季居所)。获释后,他们多数人根据能力担任了相应职务。

工人和工业

拉多（中）三世同堂全家福（部分成员）。他们一大家经常在拉萨家里团聚。摄于1965年。

格桑（前）和丈夫仓央（后）、巴桑（中）在修理汽车。

两个大儿子，达瓦（左）和洛桑（右），两人都是电工。

在拉萨汽车修理厂的锻工车间，拉多（右）指导三儿子强巴（左）和女婿桑杰格桑矫正底盘横梁。

拉萨纳金水电站，20世纪60年代建造。

羊八井地热试验电站，摄于1977年投产后。

太阳能在西藏的使用日趋增加。屋顶集热器为一家拉萨旅馆（左）和一个小浴室提供热水。

昔日农奴妇女手工艺者在毛纺互助组纺线。其工艺古老,一些工匠从屋檐上垂下线筒,另一些工匠在屋檐下手工梳理毛线。1965年摄于日喀则。

1976年,林芝毛纺厂,编织"熊猫"牌毛毯。

江孜地毯，传统手工艺。

从上海买回了机器，西藏羊毛开始在自治区内进行加工。

林芝毛纺厂，西藏最大的毛纺厂。

高地草原

澎波国营农场的自流水井灌溉牧场。

草原上的牛奶分离器正在取代传统的木质搅拌器。

挤牦牛奶。

牧区的藏族人很像美国的印第安人。

1976年当雄牧场,给牛蘸药。

澎波国营农场的牧场。

电动剪羊毛。

在旧西藏农奴的孩子就这样劳动,他们从未接受过任何教育。

1955年,拉萨小学。

1965年,拉萨第一所中学。

小学的藏语课。

观看乡村演出的儿童观众。

古代艺术

传统的画家，1955年。

带有狮头人像的木雕支架。

新旧运动

1955年布达拉宫前的正式射箭比赛。

1965年农民在乡村比赛中跳高。

1965年,山南地区,在收获前的集会中,赛马比赛结束时的昔日农奴。

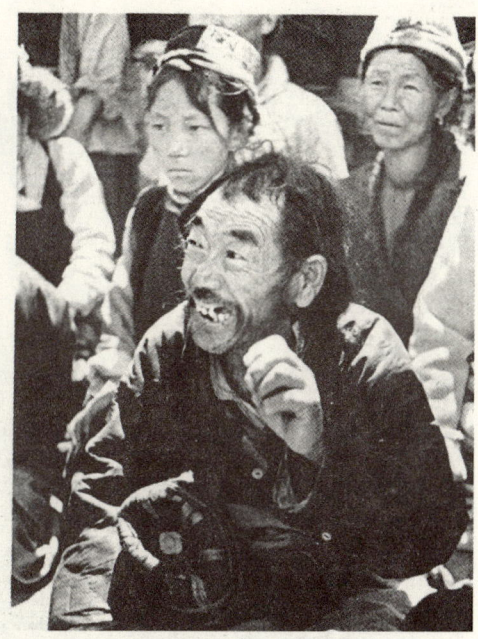
1965年,望果节上的奴隶。

文化和科学

荣西,藏族歌手,在乡村巡演中,摄于 1965 年。

高海拔气象研究在西藏很发达。

健康和医药

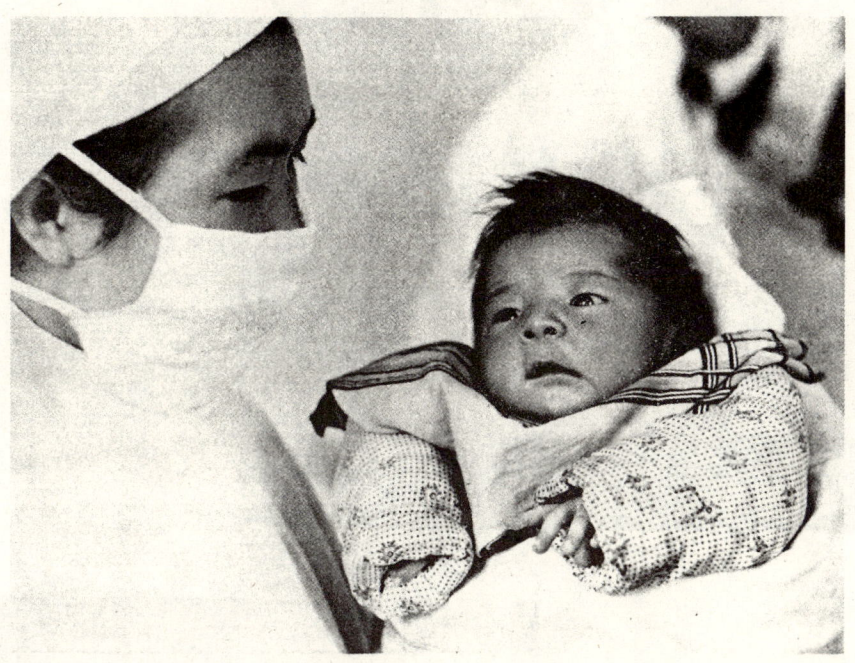

在西藏,以前出生在牛棚里的婴儿,现在得到精心的医疗照顾。1965年摄于拉萨自治区医院。

日喀则地区医院,摄于1976年。

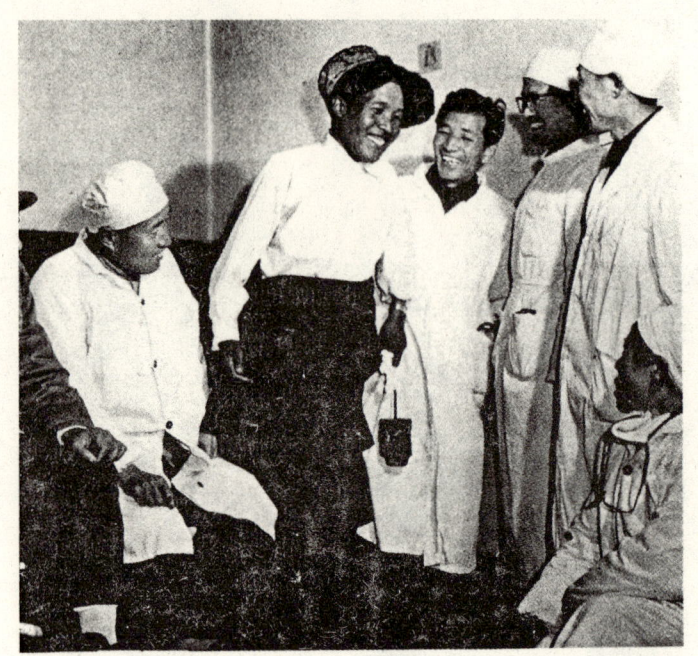

1979年，在拉萨市自治区医院，多拉仲布（中）将罹患癌症的左肩截去后，重新接上他的手臂，这是西藏首例这样的手术。两个月后，接上的胳膊恢复了功能，能提起3公斤的重物。拉仲布左侧是藏族外科主任医生拉嘉次仁。

在拉萨的传统藏医学院，资深内科医师图登次仁（留胡须者）和首席药理学家多杰平措一起研究古代处方。

宗教

拉萨街头手持两个转经轮的朝圣者。

日喀则扎什伦布寺里的童子侍僧。

1976年,昔日扎什伦布寺男童喇嘛乌金变成了技术工人,并担任日喀则农具生产厂的生产领导。

在寺院里，阶级界线也很明显。图为达赖在哲蚌寺的居所。

穷苦喇嘛的住所，像牛圈一样暴露在西藏恶劣的气候下。

哲蚌寺的一角。哲蚌寺曾为世界上最大的寺院。

多民族中国的一部分

松赞干布王,西藏的统一者和民族英雄。

唐朝,公元618—907年:文成公主,于641年嫁于松赞干布。

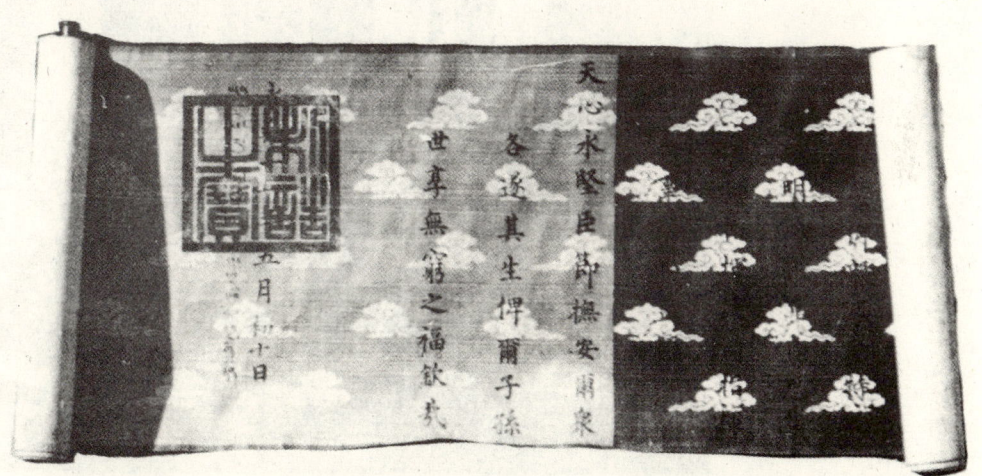

明朝,1368—1644年:1418年授予西藏的一位管理者"明威将军"。

清朝,1644—1911年:布达拉宫壁画,画面中清朝入关后的第一位皇帝顺治于1652年接见五世达赖喇嘛。

"中央人民政府和西藏地方政府关于和平解放西藏的协议"签订现场,1951年5月23日。

国民党政权的双语文件,1934年,授予十三世达赖喇嘛谥号。

索南边觉,1904年在江孜保卫战中反抗英国荣赫鹏远征军的退伍老兵。作者摄于1955年。

纪念西藏和平解放30周年,摄于1981年,拉萨。

目 录

序 ·· 1

西藏的重生
第一章　重　生 ·· 003
第二章　新旧西藏对比 ·· 017

庄园里的革命
第三章　克松庄园的新主人 ·· 033
第四章　《大英百科全书》中的帕拉庄园 ·· 055
第五章　两个开端的回忆 ·· 067
第六章　结巴公社和藏族妇女先锋次仁拉姆 ·· 081
第七章　国营农场的阶级斗争、生产劳动和科学技术 ································ 093
第八章　新型国营农场——农业机械、灌溉和粮食生产 ····························· 107

在地狱的深处
第九章　控诉者 ·· 117

西藏领导干部
第十章　藏族干部：从长征到今天 ·· 145
第十一章　阿旺嘉措——在拉萨主城区得到锻炼 ······································ 159

第十二章　丹巴见参——从农奴裁缝到县长 ················ 167
第十三章　拉萨人民警察次仁平措 ····················· 173

军队解放了人民，人民拿起了武器
第十四章　人民解放军在西藏 ························ 185
第十五章　旧西藏军队 ···························· 203
第十六章　新西藏战士大扎西 ························ 219

团结一切可以团结的力量
第十七章　统一战线的大门始终敞开 ···················· 235
第十八章　康巴农奴那其：拉萨贵族的老师 ················ 251

工业和工人
第十九章　工业——从无到社会主义 ···················· 261
第二十章　新社会的老手工业 ························ 277
第二十一章　西藏新工人家庭 ······················· 289

畜牧业
第二十二章　草原上的新太阳 ······················· 303
第二十三章　牧区的社会主义道路 ···················· 317

文化教育领域的革命
第二十四章　西藏的公立学校 ······················· 329
第二十五章　人民学校为人民 ······················· 341
第二十六章　西藏的高等教育 ······················· 345
第二十七章　世界屋脊上的科学研究 ··················· 353

第二十八章　发展中的西藏新文化事业 ································· 359
第二十九章　促进民族发展的医疗卫生事业 ··························· 379

宗　教
第三十章　西藏的宗教与政治 ·· 395
第三十一章　寺庙里的改革 ·· 411

背　景
历史资料 ··· 427

附　录
附录一　旧西藏农奴的反抗和斗争 ······································· 475
附录二　中国共产党和新中国宪法有关民族问题的重要政策和声明 ······· 479
附录三　两个附带的注解 ·· 509

译者后记 ··· 515

序[1]

正如书中所述，本书的写作基于我三次进藏的经历，时间上分别为1955年、1965年和1976年。

这本见闻录以许多不同来源的历史背景和评论为框架，以十年为间隔，比较了我在西藏不同时期的所见所闻，并且大多以我在那里听到的数百名藏族人的叙述为主。

今年是1982年，我们国家已经发生了一些重大变革并进行了一些政策调整。我没有在现场一一见证，不过希望今后能有这样的机会，我也会通过其他渠道予以关注。

生活变化的速度远远快于写作的速度。尤其在既有前进、挫折也有修正的革命年代，这种情况更是如此。在这种特殊的情况下，书籍中所能够呈现的现实不过是一些历史的定格或者片段。

但毋庸置疑的是，相信读者将会发现，本书真实地记录了西藏业已发生和正在发生的巨大转变。从本质上来说，这些转变是根本性的，而且代表了历史发展的必然方向。

纵观数百年的历史和今天的现实，什么才是最核心的本质？

首先，西藏的发展出现了一些波折，但也取得了巨大的进步，西藏人民摆脱了一千年来社会发展停滞和苦难的枷锁。1951年，"十七条协议"

---

[1] ［编者注］这是作者为本书英文版第1版（新世界出版社，1983年出版）所作的序。

签订，西藏实现和平解放；1959年农奴主叛乱平息，随后开展的民主改革废除了政教合一的封建农奴制度，使西藏走上社会主义道路。对于绝大多数西藏人民而言，所有这些进步代表着他们身心两方面的巨大解放。

第二，无论过去还是现在，西藏都是中国这个多民族国家的有机组成部分，它的存亡与这片广袤土地上其他地区和人民紧密相连。

第三，在这个大前提之下，无论是历史、社会、语言和文化的发展，还是宗教习俗间古老而紧密的联系等方面，西藏都有它自身鲜明而独特的特点。

第四，正如历史已经做出的证明，就西藏的特殊性而言，符合逻辑的结论不是搞分裂主义。但是，今天西藏的分裂主义从其产生之日起，就明确背离了该地区的发展需要和人民需求，和帝国主义的操纵密不可分（包括后来的苏联社会帝国主义）。帝国主义操纵的唯一目的就是要削弱和分裂中国，阻止包括藏族在内的全中国人民实现他们的根本利益和愿望。就西藏而言，得到外国势力支持的分裂主义不仅在经济、政治和军事上危害着全中国，而且与在全球范围内想通过特殊的地缘政治来主宰具有战略意义的"世界屋脊"的图谋有关。

第五，在中国革命解放的大背景下（包括西藏革命在内），我们曾经出现过一些错误，这些错误有些是全国性的，有些仅涉及少数民族，其中就包括藏族。

就中国整体而言，在一段时期内，"左"倾思想片面追求过快的经济发展速度，而不顾中国共产党坚持到20世纪50年代中期的正确做法，即进行社会变革一定要随之不断提高人民的生活水平。（考虑到了社会主义革命和建设进程两方面的根本需要这一点，才使得中国在土地革命、后续的集体化和初期的工业化等方面比苏联付出的代价小得多。）在政治上，尤其在20世纪60年代到70年代，"左"倾主义在全国范围内混淆了敌我矛盾和非敌我矛盾的界限，混淆了人民阶层与敌人的界限，混淆了不同地区不同状况的界限，而这些差异正是毛泽东思想运用马克思主义判断和解决问题做出的一个巨大的贡献，而且这种做法需要得到坚持。

在民族地区，"左"倾思想也同样引起了民族矛盾方面的混乱，甚至仅仅是民族之间存在的不同和差异都要引入敌我阶级矛盾的做法。而实际上在这些地区，敌我阶级矛盾已经不再是一个重要方面，因此就出现了盲目照搬适用于主要民族地区的一些做法和手段，这些手段和做法甚至在当地也由于过于激进而出现了不适应。

其结果是虽然西藏取得了一些根本性的成就，但总会伴随着出现一些问题需要进行改正。

举一个农业方面的例子：1952—1980年间，西藏的粮食产量增加了3倍多，牧区的牲畜数量增加了2.5倍，工业产值也增长了数倍，所有这些成就在旧制度下是根本无法实现的。从1959年平叛再到1965年自治区成立，西藏实现了跨越式发展，经济实现了连续高速的增长，而人民的生活水平却并没有得到相应的提高，难道这是对西藏人民进行殖民和阶级剥削带来的后果吗？当然不是，虽然投入了大量的资金，却没有取得相应的收益，原因是付出的努力和当地的实际情况与当地的需求之间出现了脱节，如在粮食的品种和产品的种类、投入（包括劳动力的投入）和经济效益（包括产生的购买力）等方面之间出现了不平衡。

主要民族地区和非主要民族地区几乎采取了同样的做法，民族自治政策没有得到彻底执行。当然，这并非说从事政治工作和技术工作的藏族干部数量没有增加。而作为取得的一项长期成就，实际上藏族干部的人数已经得到显著的增加，只是干部的少数民族化并没有带来"对当地的具体情况采取具体的方法"，对藏族干部的评价或藏族干部的自我评价也是紧跟内地的模式。这样一来，在坚持社会主义原则的框架下，少数民族干部往往不会根据自己对当地人民和情况的了解而主动采取一些别人没有使用过的做法。

1980—1982年间，所有这些问题正在得到纠正。如果时间能够倒流，这里当然不是说回到旧社会，而是回到农奴主叛乱后和改革后的那段时期；在西藏人民的记忆中，这个阶段是西藏民主和社会主义发展的黄金时期。当然，由于出现了一些混乱和波折，一些旧的思想在这个阶段出现了反复，但是这一阶段的目标是要迅速解决由于求多求快带来的不平衡、短缺和紧张，通过所有藏族人包括现居海外的藏族人最大限度的团结和支持，实现西藏的健康稳定发展。从长远来看，这种发展相比以前更不应该受到干扰，其发展会更快更连续。

"倒退"对于社会主义经济造成的损坏并不是显而易见的。例如，向国家上交公粮的硬性指标停止了，但实际上在没有特殊要求的情况下，1980年西藏农民自愿上交的粮食比过去任何一年都多，粮食的零售额也大幅度增加。1979—1980年间，农民的存款增长了14%。

西藏人民公社及以上级别的藏族干部有3.6万人，占西藏干部总人数的60%；西藏自治区符合条件的医务人员中，一半以上是藏族；西藏6500所（30年前学校数量不足10所）小学的教师中，90%是藏族；1170名中学教师中，藏族占到1/3；各类藏族技术人员的数量也在上升，并且已经成为一支重要的力量，加之现在政策上更加灵活，这支技术力量愈加积极主动地扮演他们适用于当地情况的角色，发挥他们的作用。

因此，将《西藏的变迁》作为本书的书名，对于从20世纪50年代开始的革命来讲是合适的，对于现在和将来的调整以及新的进步来说也是合适的。

Israel Epstein
爱泼斯坦

西藏的重生

第一章 重 生

15年前的1965年，中国西藏自治区诞生，标志着从民主改革时期开始的西藏地区的社会主义革命和建设进入了一个新的阶段。在西藏民主改革中，从1951年人民解放军进藏到1959年粉碎帝国主义所支持的农奴主叛乱，数以百万计的西藏农奴和奴隶们站了起来。渐渐地，他们从曾经主宰过他们身体和心灵的封建神权统治者手中夺回土地和牛羊，从乡村到地区建立起代表自己利益和愿望的地方国家权力机构，一场不可逆转的变革来到"世界屋脊"之上。

根据宪法规定，随着西藏自治区的诞生，中国这个拥有多个民族的广袤土地上，已经基本建立了以工人和农民为基础的省级政府和民族地区政府（除台湾省）。

在西藏内部，从宣布实行民族自治政策以来，变革进程愈加深入和迅猛。西藏用了20年左右的时间，完成了一千年才能完成的从中世纪农奴社会向社会主义社会的跨越，而推翻旧制度则是1959年以来的西藏历史中最重要的部分。

截至1962年，西藏完成了土地革命，在时间上比中国的其他地区晚了大约10年；1975年，西藏农业和畜牧业向人民公社转变已经十分普遍，比国内其他地区晚了15年。

就物质方面的进步而言，西藏和内地省份之间仍然存在着较大的差距，但是以社会主义为基础，从现在起到20世纪末在实现工业、农业、科学技术和国防现代化"四个现代化"的时间表上,西藏与国内的其他地区步调一致。

总之,两次革命让西藏重获新生,这是当地的旧统治者始料不及的。1959年,达赖叛逃国外,也背弃了两次革命;紧接着在人民群众的推动下,西藏社会开始快速发展。对于如何准备和启动发展,共产党人成竹在胸。各个时期的主要发展策略均由毛泽东亲自制定或直接批准,周恩来则在实际工作中发挥着核心的指导作用。发展的动力来自数世纪以来的压迫给农奴和奴隶带来的苦难。意识的不断苏醒引燃了发展,进而粉碎了旧的农奴制度,推动着西藏走向新社会。发展是稳定而渐进的,并且始终充满了活力。

在本书中,我力求主要通过一些基层群众的自述经历,表述一些重大事件。

当时,西藏还处于活佛统治的时代,活佛的统治不仅是一个权力机构,也禁锢着人们的思想。尽管寺庙和贵族上层社会的顽固分子已经在1951年"关于和平解放西藏办法的协议"中做出承诺[1],但在1959年的叛乱中,他们依然竭力阻挠和平民主改革。他们诉诸反动暴力,妄想通过反革命暴力和大规模的行动来实现根本上的改变,其目的是图谋在西藏重新恢复旧的社会秩序。

毛泽东对此早有预料。1952年,他在告诫进藏干部和进藏部队的讲话中说,在藏族人民自己要求变革之前,要最大限度地尊重他们的民族习惯(包括宗教习惯),不干涉当地的社会结构。对于中国共产党各级干部中出现的急躁情绪,他曾经这样警告过:

> 他们[指西藏的封建势力——作者注]不愿意将协议付诸实施,我们不妨暂时停下来等一等。拖的时间越久,形势对我们就会越有利,而他们就会变得越弱。拖延对我们没有什么坏处,相反很可能会带来好处。让他们继续残酷压迫百姓,我们则要把精力放在搞好生产、贸易、修路、提供医疗服务和统战工作(团结多数和耐心教育)

上，把群众争取过来，在讨论全面贯彻协议前要等待时机。²

他还说：

> 如果西藏反动势力胆敢发动叛乱，那里的劳动人民就会早一点获得解放，这一点是毋庸置疑的。

这两个推测都得到了事实的证明。

1956年，西藏自治区筹备委员会成立，主要任务是要全面落实几年前签订的协议，其中包括启动改革的协商机制。达赖喇嘛对此表示支持，并且担任筹备委员会主任委员。但在行动上，他和他领导的噶厦政府却与协议内容背道而驰，他们支持各种反动组织（有些组织甚至打着"人民大会"①的幌子），帮助煽动外围力量发起叛乱，并且与流亡国外的分裂分子、帝国主义分子以及其他的外国势力加紧勾结。

同年，中央政府在政策上继续保持了克制，并且把改革的时间又推迟了6年，决定到1962年再实行改革。进藏做准备的工作人员撤了出去，当地干部的培训工作也暂缓进行。但是旧势力错误地估计了当时的形势，他们想钻空子，借机组织策划全面的叛乱。1959年3月爆发的叛乱，使得他们在数日内匆忙逃往边境，这种做法也彻底将他们孤立了起来。

在1959年之后的几年中，西藏另一位活佛班禅额尔德尼首先宣布实行改革，并且担任自治区筹备委员会代理主任委员。但不久，班禅迫于本阶级的利益和势力带来的压力，被卷入反对改革；叛乱分子企图将改革扼杀于襁褓之中。1964年班禅代理主任的职位被撤销，1978年他再次回到公众的视线里，并且公开称赞西藏业已完成的基本改革，呼吁那些反对改革并已逃往国外的上层人士回西藏看看，这其中就包括达赖喇嘛。

从1976年起，身处印度的达赖喇嘛也不止一次地说过，"只要西藏人

---

① ［译者注］原著中为"People's Conference"。

民生活幸福"他也要回到新西藏,并且反对分裂。

达赖的想法受到藏汉民族的公开欢迎,官方的和非官方都有。他们明确表示,不管达赖是临时回来看看还是永远留下,都会受到欢迎。

这一点是本书写作中的一个关键问题,也是大家普遍关注的问题。不过,达赖喇嘛真的愿意在自己过去签订的协议基础上回到西藏,团结中国人民,不阻挠西藏实现基本的改革吗(目前为止,西藏的改革已经稳固实现)?如果是,那就不存在什么障碍,包括他1959年坚持发动的西藏叛乱。如果不是,他这样做是不是还想继续做分裂分子和1959年西藏反动叛乱的象征和代言人?当然,历史的车轮已经无法逆转!

这也反映了当时更大范围内的普遍现实。在西藏和全国其他的地区,无论是农奴主过去几百年来的压迫,还是借助外国势力对改革进行的阻挠,取得胜利的劳动人民都愿意不去追究他们过去犯下的历史罪行。1978年,由于这个原因服刑的最后一批犯人获得释放,公民权利也得到恢复。但是,这个多民族社会主义国家的统一以及在此框架下各民族享有的自治权利,不容讨价还价。

不管达赖喇嘛最后何去何从,关键的一点是,西藏进行的政治和社会斗争已经证明了新制度所具有的优势,这个优势的基础是西藏人民已经取得的巨大变化。[3] 在社会方方面面的裂变中,曾经的深重压迫变成用语言难以描述的力量而得到释放,曾经遭受踩躏的人们变成了最有力量和最富有创造力的人。与其他所有真正的革命一样,获得解放的人们对于这种裂变既充满喜悦,又备受鼓舞。而对于乐于见到革命的人来讲,他们不仅会满怀喜悦,而且也会从中获得教益。

劳动人民在摧毁了压迫他们1200年的"神圣"农奴制度的过程中,也移除了帝国主义两个世纪来渗透西藏的基础。西藏第一次回到人民的手中,他们的激情和创造性潜力有了施展空间。

其实,裂变也是一种融合,共同革命的纽带将西藏与中国这个多民族国家的其他地区紧紧联系在了一起。在古代,这种联系就已经根深蒂固,但不可避免的是它的运作要通过包括西藏在内的全中国各级封建机构来实现。后来，由于殖民主义的渗透，这些联系受到了种种的限制。但与此同时，由于对殖民主义的共同抵制，这种联系又得到了加强。新的联系摆脱了帝国主义的影响，推翻了封建主义，要共同建设一个新的未来。因此，这种联系比以往任何时期都要稳固。

※　　　　　※　　　　　※

有人不禁要问："西藏到底是不是中国领土的一部分？"对于这个问题历史已经给出了肯定的答案，尽管逃亡国外的西藏分裂分子和他们的外国支持者对此极力否认。几年前，我的一篇文章被刊登在西雅图的一家报纸上，我依据事实对"西藏是中国领土"的说法予以肯定。华盛顿大学怀利教授作为支持西藏分裂的人士之一，气急败坏地给报纸的编辑写了封信，指责中国"吞并"了西藏，简直就是说如果有人胆敢称西藏自古是中国的领土，就是走"赤裸裸的中国共产主义路线"。[4]

那么，历史又是如何看待这个问题的？

有档案资料显示，汉族与藏族之间的联系以及后来的统一其实始于很久以前，它们在国家管理上的统一甚至比苏格兰加入英国还要早，比美国、现代意大利和德国出现在世界舞台上的时间还要早好几个世纪。难道这就是所谓西藏"被中国共产党吞并"的事实吗？这种说法荒谬至极！

公元641年，从西藏有历史记载的时期开始，松赞干布首次将各个分裂割据的部族统一在一起，建立了奴隶制的君主政权。之后，他与唐朝文成公主联姻，接受中国唐朝皇帝的册封。公元710年，松赞干布的一个继任者赞普赤德祖赞迎娶了唐朝金城公主。

公元823年，唐朝皇帝穆宗和藏王赤祖德赞达成了著名的"甥舅会盟"，刻有会盟内容的纪念石碑如今仍然立在拉萨的大昭寺前。即使在双方出现摩擦的几个世纪里，甚至是关系紧张的时期，纪念碑也从未被推倒或遭到毁坏，而一直深受藏族人民的爱戴和尊敬。而藏族人民对两位唐朝公主的记忆，尤其是对文成公主的记忆，则一直珍存在他们的民间传统里。这当然不仅仅是因为两位唐朝公主的个人魅力，而只能解释为这些王室婚姻并非产生于真空之中，它们为藏族和汉族之间已经建立起来的广泛的经济和文化交往又增添了让人向往的政治联系。在此过程中，也应该看到农业、手工业、建筑、医学以及其他领域知识和技术的传入[5]给藏族人民带来的诸多益处。

从公元9世纪起，西藏进入从奴隶社会向封建社会转变的漫长而复杂的时期，松赞干布地域辽阔的地方王国分崩离析。而几乎同时，随着唐朝帝国的崩溃，全中国陷入分裂之中。在接下来的宋朝（公元960—1279年），虽然藏族在此时期没有统一的政权中心，但当地的一些封建领主和僧侣也接受了宋朝的册封。

13世纪，元朝实现了包括西藏在内的多民族中国的再次统一。元朝著名皇帝忽必烈汗任命西藏萨迦派的主要高僧八思巴为北京朝廷在西藏的地方首领，并且在包括西藏在内的全中国建立了统一的行政区划体系以及驻军和货币（包括纸币）体系。即使在今天的西藏，仍能够找到当时使用的元代货币。

1368—1644年间，明朝统治者推崇喇嘛教噶举派白教，很多上层神职人员得到册封。19世纪至20世纪初期，部分英国学者曾撰文极力宣称，在明朝，西藏和中国其他地区的联系发生了中断；20世纪60年代，苏联作家也旧事重提（推翻了他们之前的立场）[6]，这种罔顾历史史实的说法十分荒谬。这两种观点都认为，西藏只和少数民族统治中国时期的朝代有联系（蒙古族和满族），和多数民族统治时期的朝代无关，这种说法在特定的时期和地方十分流行，尤其在西方势力追求自我利益而妄图分裂中国这个由多民族组成的国家的时期。但是它违背了历史事实，因为在明朝，朝廷还在继续册封藏族官员，来自西藏的朝贡（尤其是喇嘛寺庙）不断增加，经济交流也日益活跃。对此，北京和拉萨的博物馆和档案资料都有充足的证据。虽然西藏噶举派地方政权随着明朝政权的兴衰而起起落落，但西藏和内地的联系从未中断。

满清王朝（1644—1911年）扶持了另一个喇嘛教教派格鲁派，也称黄教，并且从那时起建立该派最高领袖达赖喇嘛行使地方统治权的制度。随后，他的世俗政权噶厦政府得到北京的认可和授权，这种制度一直延续到1959年；尤其是从18世纪起，中央政府对达赖喇嘛和噶厦政府成员的身份和职责均做出了详细规定，并且大多通过派驻拉萨的高级官员（驻藏大臣）实施控制。

1911年"中华民国"成立，民国政府的新五色旗突出了中国多民族的国家特点，旗子中的一个颜色就代表西藏。在随后的数年里，中国国力衰弱，四分五裂，帝国主义列强入侵中国，这在中国历史上是绝无仅有的。在国内，得到帝国主义扶持的军阀们到处挑起战火，而蒋介石则是中国历史上的最后一名军阀。也就在那时，印度的英帝国主义统治者利用这个机会，在西藏极力推广分裂主义的主张。事实上早在1912年，英国就曾公开威胁说，除非民国政府将西藏的行政、军事和议会体制分离出来，否则就拒绝承认"中华民国"政府。两年后的1914年，在中国政府既未签订也未批准实施所谓的《西姆拉条约》的情况下，英国操纵一名所谓的西藏代表擅自签名，划定了所谓的"麦克马洪线"，将西藏东南部9万平方公里的土地置于大英帝国在印度的版图之内。

对于西姆拉事件，不仅拉萨地方政府不予承认，北京中央政府也进行了谴责。因此，如果把这件事当成西藏独立的先例是极其可笑的。对于那些农奴主分裂分子和他们的支持者以及今天苏联的一些作家而言，他们持这种立场则无疑是自欺欺人。[7]

需要指出的是，作为英国对印度殖民的"遗产"，《西姆拉条约》和麦克马洪线后来演变成为中印两国边界纠纷的导火索，而实际上它们不是中印两国人民造成的，因此必然不能长期存在。

在国外，外国势力曾经在不同时期挑起西藏的分裂主义，但是在外交上它们仍然没有承认过西藏的独立。相反，尽管有时口是心非，并且在口头上玩玩文字游戏，他们觉得还是有必要承认西藏是中国领土的一部分，否则就是对历史事实的公然践踏。几个世纪以来，这些历史事实均得到了国际准则的普遍承认。

下面是英国三届政府在三个不同时期承认西藏是中国领土的事实：

1903年，组织策划荣赫鹏远征军侵略西藏的英印总督寇松勋爵曾经竭力辩解，在宪法上西藏和中国的联系是不存在的。但是他的伦敦上司反驳了他，并且说必须承认"西藏是中国的一个省"。[8]

次年，美国国务院通过驻伦敦大使约瑟夫·仇特提醒英国政府，由于承认中国对西藏拥有主权，英国曾分别于1879年、1886年和1890年与中国政府就西藏问题进行过磋商，并且强调说，华盛顿政府认可中国对西藏拥有主权。[9]

40年后的1943年，英国在外交上试图再次弱化西藏是中国领土的现状，宣称中国对西藏只是形式上的宗主权关系。对此，美国国务院立刻回应了英国驻华盛顿大使：

就这一点而言，美国政府承认中国政府长期以来对西藏拥有宗主权的说法，而且中国宪法也明确说明，*西藏是中国领土的组成部分*。本届政府对这两点也从未提出过任何质疑。[10]

二战后的一段时期，印度总理尼赫鲁于1954年5月15日曾经在印度议会下院这样说过：

就我所知，在过去几百年里，*中国对西藏的主权*，或者说宗主权，从未受到任何其他国家政府的质疑。[11]

在此需要重申的是，我用斜体标出的关键词和短语，均来自那些试图要将西藏从中国分裂出去的外国政府，如19世纪和20世纪入侵西藏的英国，二战后美国中央情报局的所作所为，以及印度某些人在不同时期给予的支持。大量的史实均记录着西藏分裂主义分子的丑恶行径，本书只引用了其中的小部分。[12]

让人深思的是，不管他们现在或今后的做法如何自相矛盾，不管他们怎样玩弄宗主权这个似是而非的字眼,就连这些国家的政府都曾不假思索地引用过中国对西藏拥有主权的事实。

如果用华盛顿大学怀利教授这个藏语语音专家而非历史学家的话来说,所有这些甚至包括中国共产党诞生之前早就有过的一些说法,都是"赤裸裸的中国共产主义路线"!

下面这些也颇具历史讽刺意义。

(1)达赖和噶厦政府制度(僧侣贵族地方政府)系中国封建中央政府为西藏量身制定。而在1959年农奴主叛乱分子和其外国支持者[13]那里,它却以一个纯粹民族而且几乎神圣的西藏国形式出现,并且变成西藏从中国分离出去的一个依据。这种历史逻辑真是可笑至极!依照历史的正确逻辑,应该是包括藏族在内的中国各族人民,在旧地方统治者无视自己对改革承诺的情况下推翻了这个制度,在中国大陆结束了封建主义,使这个少数民族享有自治权的社会主义国家得到巩固,它也理所当然是人民所拥有的至高无上的革命权利。

(2)支持西藏独立的另一个论据是基于伦钦夏扎①1914年签署的所谓西姆拉"协议"。对此稍有常识的人不会否认,正是这个所谓的协议把西藏卖给了帝国主义。因此,这个论据也毫无意义,签字出卖领土、权利和民族的所谓"协议"怎能成为西藏独立的一个依据?!

当然,肯定在历史上中国是一个统一的多民族国家,并非是要否认各民族之间曾经出现过战争、民族压迫、歧视和分裂的历史事实,这些情况过去都曾发生过。

早期,它们是封建制度纷争推动的结果。而在19世纪,它们又成为外国势力迫使中国分裂的新借口,尤其是出于对少数民族聚居的边疆地区的觊觎。1951年在庆祝西藏和平解放协议签订的招待会上,毛泽东曾经提到过这个时期:

---

① [译者注]原著中此人名为"Shatra",在英语中的全名为"Lonchen Shatra",汉语中存在多种译法,如伦钦夏扎、伦兴夏托拉等,本译文采用"伦钦夏扎"这个译名。

100多年来，中国各民族之间并不团结，尤其是汉族和藏族之间，这是反动的清朝政权和蒋介石政府统治的结果，也是帝国主义挑拨离间的结果。[14]

然而，如果从更长的时间来看，每个时期的不和在时间上都很短暂，而且很多世纪的历程已经证明，团结是主要的趋势。如果不是共同利益将它们连接在一起去创造历史，那么又如何解释长期以来中国各民族之间存在的牢不可破的凝聚力？除此之外，还能找到更好的理由吗？如果要进行比较，今天古罗马帝国、查理曼帝国、奥斯曼帝国和哈布斯堡王朝抑或拿破仑王朝又在何处？毫无疑问，我们这里讲的与莫斯科现在喜欢公开嘲讽的一个说法不同："凡中国势力到过的地方，就永远是中国的领土"。他们应该清楚还有很多类似的地方，中国从未提出过领土的主张。对今天的全中国人民而言，团结的有效基础并非依靠什么主张，而是靠生命才凝结在了一起。

在漫长的中国历史上，一些民族的确曾经相互融合，譬如中国的多数民族汉族，就是这种相互融合的结果。有时，多数民族中的一些群体也会被吸纳到少数民族中。在一些地区，不同的民族杂居在一起；而在其他地区，譬如西藏，几乎主要是一个民族。但无论怎样分布，民族间的交流和一个不断强大的母体把所有人都团结在了一起。

包括西藏在内的中国革命，动摇了过去引起民族间相互疏远和不平等的物质基础和社会基础，新的社会和政治体制符合并且促进各民族人民追求团结和进步的愿望，在法律上也禁止民族间的相互歧视。当然，无论是多数民族对少数民族，或者少数民族对多数民族，不能说过去民族之间存在的偏见已经从大家心中抹去，而且政策受到破坏的地区还会出现各种漏洞。在"四人帮"的影响下，一些少数民族地区的确存在这种问题（西藏比其他地区少一些），鼓吹"社会主义时期不存在民族问题"的观点违背了马克思主义理论和客观事实。他们攻击民族自治是搞分裂，并且想终止民族自治政策，这些极"左"言论的背后企图隐瞒根植于过去封建社会的大汉族沙文主义，并且严重破坏了民族间的团结。

新中国成立后，在制定所有重要民族政策时，提出要加以提防和克服的倾向[15]（其次是要反对少数民族地方沙文主义）。自从打倒了"四人帮"，这个原则得到了新的重视。

1980年春天，中国最高领导层中国共产党中央委员会召开会议，对西藏问题进行了全面讨论，并且以文件形式进行了总结和出版。紧接着，胡耀邦总书记与其他高级领导人赴西藏考察，西藏党委做出了人事上的变动，对一些坚持走极"左"路线的成员进行了调整，原因是他们不顾西藏实际，机械地照搬全国其他地区的做法，忽视了少数民族地区不同于广大汉族地区的实际情况，忽视了即使在少数民族地区内，西藏历史极其特殊、民族相对单一、宗教问题和民族问题交织在一起等事实。尽管走社会主义道路的方向不变，但在形式上必须要因地制宜。

现在，加强民族自治成为重点，就是说要让藏族人自己来管理本地区的事务，所有地区级干部和80%县级干部都要由藏族担任，藏族要占所有职能部门工作人员的2/3，并且宣布汉族干部已大体完成自己的使命要转移到其他地区，他们的工作将由藏族干部接任。到1980年，这些藏族同志要成为4万名党员、非党派积极分子及其同盟的主要力量。

在西藏自治区内，藏语要成为第一语言，在行政、教育和其他公共事务等领域与汉语同时使用。

正如指出的那样，实行民族自治的地区对中央政府颁布的不符合西藏实际的法令有权不执行或可进行调整，也可以在宪法和司法体系基本原则的框架下，制定适合本地区具体情况的条例、规程和司法准则。与此同时，1981年1月，全国人民代表大会民族委员会通过了相关决议，少数民族地区行使区域自治和多民族杂居区域享有同等权利的做法实现制度化，并且得到进一步的加强。[16] 1982年，这些具体的保障措施和做法一起被写进了中国新宪法草案，适用于全中国民族自治地区。其中有一个条款要求，各民族地区的主席须由相应的民族干部担任（见附录）。

1979年底，西藏自治区人民代表大会常务委员会选举了七名成员组成法制工作小组，两位副主任陈竞波和德格·格桑旺堆任组长，立刻着手起草符合西藏当地情况的民族自治条例。[17] 1981年初，宣布通过西藏自治区《中华人民共和国婚姻法》变通条例和《中华人民共和国刑事诉讼法》变通条例。[18]

这些政治措施对中国各民族享有的平等地位进行了表述，平等也是中国各民族大团结的前提。经济领域的措施则旨在加快实现各民族在物质生活上的平等，目标是要在五年内，使西藏的平均生活水平达到历史最高水平；到1990年，西藏的经济和生活水平要得到显著提升。

在这一方面，中央政府的援助力度不断加大。数年内，地方免于向国家交售农畜产品，两年内实行免税。生产者销售产品的价格也得到提高，公社、生产队和生产小组可以自行就价格做出决定，无须得到上级的批准。在中央政府的统一领导下，实行民族自治的地区比国内其他省份享有更大的自主权，可以自行制定经济发展的计划，自行管理自己的财政、森林和草原。同时，自治区与相邻国家（尼泊尔、锡金、不丹和缅甸）之间的跨境贸易也享有更多的权利。1982年5月，中央宣布对西藏农畜牧产品的免税政策延长三年，对集体和私营企业以及从事手工艺品生产和贸易的企业免税政策再延长一年。据报道，1980—1981年间，免税总额达1375万元，西藏年人均收入增加57%达到200元左右，接近全国的平均水平。

在文化方面，极"左"路线的严重错误得到了纠正，西藏古文化遗产的保护和发展得到高度重视，成立一所有关西藏文化的大学的工作已经启动，宗教信仰自由和吸收高级宗教人士进入统一战线的工作也得到加强。与此同时，为了促进西藏各领域实现全面现代化，西藏自治区组建成立了中国科学院西藏分院和中国社会科学院西藏分院，并且成立了各种技术协会和职业协会。

各民族之间的团结和国外藏人进出西藏的自由也得到进一步关注。

※　　　　※　　　　※

纵观古今，无论藏族还是汉族今天都不会以曾在哪个朝代他们开始并实现统一来衡量彼此之间的关系。相反，他们会从中华民族的共同历史以及各民族特定历史的共同意义出发，去看待中国各民族从远古时期开始，为这个多民族国家的建立和稳定做出的贡献。他们深知，在19世纪中华民族共同反对帝国主义的斗争中，这种根深蒂固的联系变得更加牢不可破。[19]

中华民族之间最稳固的联系源于他们一起推翻了旧社会，共同建立了没有民族和阶级压迫与剥削的新社会。无论在国家政治和经济方面，还是汉族和藏族的个人态度以及行为方面，这种精神都表现得淋漓尽致。在本书后面的章节中，读者将会看到更多的事例。

【作者注】

[1] 关于协定的内容，请见附录二第482页。关于民主改革的问题在第11款谈到。

[2] 毛泽东，《中共中央关于西藏工作方针的指示》，详细内容见附录二第484页。

[3] 对待旧西藏上层阶级，包括达赖喇嘛和班禅的理论与实践在本书第17章有详述，"统一战线的大门始终敞开"。

[4] 怀利教授为《西藏的政治历史》（纽黑文，1976年）写了一篇饱含赞美之词的序，该书中体现了农奴主想要分裂出去的思想主题，书中也谈到了长期从事分裂活动的积极分子夏格巴·旺秋德丹。作者也感谢怀利教授对他文稿的编辑以及所给的建议，这些建议丰富了他的思想。

[5] 即使像查尔斯·贝尔——英帝国的官员——一样的作者，也不得不在他的著作《西藏今昔》（牛津，1924年）中证实这一问题。查尔斯·贝尔一生中大多数时间也致力于将西藏从中国的版图中分裂出去，从而改写西藏的历史。

"也许事实上我们说现今西藏的文明大部分来源于中国，只有极少部分来自印度。西藏的主要文明，除宗教外——宗教也占少部分——都来自中国。"至于宗教问题"早期印度的影响不容小觑，但在后来的六七个世纪里，中国和蒙古的影响占了上风。"

6 《大苏联百科全书》第二版（1956年）和第三版（1976年）对西藏的不同态度见附录三。

7 例如：1975年，叶·伊·基恰诺夫和列·谢·萨维茨基在苏维埃社会主义同盟科学研究院赞助下出版的《雪域之国的人与神》一书被看作是"西藏文化史的概要"，第112页。

8 印度事务大臣汉密尔顿爵士给寇松的信，1903年1月3日。

9 《英国国家档案部指令》，（国务大臣）转发仇特的材料，1904年6月3日。

10 《美国的外交关系》，中国，1943年，第630页。

11 下议院那天的议程。

12 见第15章"旧西藏军队"和其他章节。

13 当然在一定程度上忽视了中央控制与地方管理。

14 引自《人民中国》增刊，北京，1951年6月16日。

15 见附录二，第488页。

16 新华社，北京，1981年1月30日。

17 新华社，拉萨，1980年11月20日。陈竞波是一名在西藏工作过的汉族干部。我在1955、1965和1976年，曾见过他，他从事过不同的工作，受到人们的尊敬和爱戴。德格·格桑旺堆，统一战线中的主要成员，解放前曾是甘孜（今四川省藏族自治州）德格庄园的贵族。

18 新华社，拉萨，1981年4月30日。

19 关于这一进程，在本书总结历史的章节里有更系统更详细的说明。

第二章 新旧西藏对比

下面，我将以自己三次进藏的时间为序，对我在西藏的所见所闻做出一些比较。

首先来比较一下西藏与全国其他地区在交通方面的联系。

1955年，我从四川成都乘汽车去拉萨，路上整整用了12天时间，在那个时期，这个速度已经非常之快。当时，刚刚修建完成的川藏线公路长约2413公里，宛如过山车一样迅速攀升到海拔5000多米的高处，接着又很快滑落到众多河谷之中。说实话，坐车进藏我骨头都要被摇散架了。但是，单从历史的角度来讲，这条公路的建设代表着迄今为止人类难以想象的伟大成就。在过去几千年里，进出西藏只能靠牦牛或者驴车，一个单趟走六个月已是非常快的速度。1951年，一个朋友跟随解放军部队进藏"仅仅"用了104天，他为此感到十分自豪，他们的确走得不慢。

1965年，我们从成都乘民航班机进藏，在空中乘务员的例行广播声中，大家品尝着发来的糖和水果，两个半小时后便抵达拉萨的机场。如此便捷的交通让人很容易忘记不久前刚刚完成的试飞。这条航线上的气象条件如此之差，试飞工作该是何等艰难和危险！最初，在这条航线上执行特殊飞行任务的大多是一些军用飞机的老牌飞行员。现在，满载乘客和货物的定期民用航班已经开通。当时正值庆祝西藏自治区成立之时，与我们一同进藏的还有来自全国各地的代表和访问团约2000人。

1976年，进藏有两条定期航线，一条从四川成都起飞，另一条从甘肃兰州起飞，当时我们就乘坐这两条航线的航班进出西藏，飞过地球上一些最雄伟壮观又难以逾越的山峰和沙漠。我们乘坐的飞机十分宽敞，一天一班，乘客中既有汉族也有藏族，就像一辆通往郊区的公共汽车，大家彼此相安无事。乘客中有地质学家、气象预报员、建筑施工人员、经验丰富的技术工人，也有初出茅庐的新工人、在内地上大学的藏族大学生，还有出差或休假的干部。拉萨城区附近又新修了一座机场，不仅比1965年修建的机场海拔低，而且在设施上也更先进。（截至1980年，每周进藏航班有10班，其中6班从成都起飞，4班从西安起飞，并经停青海格尔木，就是这条从西安起飞的航线取代了从兰州起飞的临时航线。）

在陆路方面，1951年西藏解放前没有一条公路。截至1955年，两条宏伟的干线公路修建完工，一条从四川出发，长度为2413公里；另一条从青海出发，长度为1965公里。1957年，从新疆出发1179公里长的第三条进藏公路修建完成；1976年，从云南省出发716公里长的第四条进藏公路通车；此外，从拉萨到尼泊尔加德满都还有一条国际线路。至此，虽然和实际需要仍然存在很大的差距，西藏公路在路面、道路等级、路堤、排水设施和通车能力等方面一直在不断进步。（在随后的几年中，相关工作仍在继续开展。据报道到1980年，青藏公路上所有53座木质公路桥梁将要被混凝土桥梁代替，川藏公路上的256座桥梁中，混凝土桥梁的总数将要达到216座。）

西藏地域十分辽阔，截至20世纪70年代中期，超过1.6万公里的地方公路几乎将所有71个县和大多数人民公社连在了一起（截至1981年，西藏公路的通车总里程约为2.1万公里。）1976年，我们在西藏见到的汽车主要是国产车，并且数量增长很快。几十辆汽车组成的运输车队艰难行驶在海拔4000至6000米的高原上，汽车发动机比人的心脏可能更难适应，发动机的有效功率要下降大约1/3。但是人们并没有被这些困难所吓倒，西藏各研究所开展的研究工作不仅涉及抗高原反应药物的研制，也包括如何让汽车发动机在世界屋脊上能够"正常呼吸"。

我们亲眼看到过一些长长的货车运输车队，部分车辆载重8吨（通常这种吨位的汽车为日本铃木牌），进藏的时候它们满载货物，出藏则拉得很少甚至空车，让那些宣扬所谓"北京剥削西藏"的人对此做出解释！

不可否认，虽然该地区的运输能力不断提高，但交通仍然是西藏的一个瓶颈，这种情况现在依然存在，这也是1980年决定要大幅度减少在藏工作的汉族干部数量的原因之一，其目的就是要减少由此造成的运输压力。因为如果要减少对当地资源的依赖，完全依靠内地省份给这些汉族同志提供生活必需品，那就意味着每个汉族干部每年大约要消耗一卡车的食品和其他生活物资。（当然，上述做法只是经济上的考虑，而在政治上则考虑把更多的工作移交给当地藏族干部。）

有关中央政府对西藏的援助，我这里仅仅列举其中一小部分：

西藏自治区的行政管理开支由中央财政负担，而且头几年的拨款年均增长10%。西藏税率远低于内地的税率，农业税仅为内地农业税的一半。（按照1980年的政策规定，西藏将连续几年实行免税。）

中央对通过陆路运入西藏的商品实行补贴。因此，西藏大多数商品的零售价格与原产地的价格持平。仅以茶叶为例，零售价是中央政府送货成本的40%。从1959年开始，每年运进西藏的货物总量几乎以三倍的速度增长，拉萨市场的商品供应品种甚至比内地城市还要丰富，并且还在委托内地省份的工厂专门生产特供的商品，以满足西藏的需要。后来，这种工厂的数量还在不断增加。

中央政府承担了所有在藏从事科研和开发人员的费用，承担西藏所有在内地上大学学生的费用。

从1959年起，国家对西藏农牧民及集体所有制企业提供低息或免息贷款，这些资金均被用于购买耕畜和各种生产工具。

国家还多次提高西藏生产的农牧产品的销售价格。截至1970年，不同种类产品的价格比1959年提高20%～75%，在藏销售的生活日用品的零售价格却同比下降了20%～80%，总销售额增长了6倍。1980—1981年间，中央政府对西藏自治区的补贴总计达10.4亿元，这个数字占西藏自治区总预算的98%，平均每人补贴大约612元。在随后的几年中，国家还保证对西藏的补贴要实现年均增长10%的目标。

所有这些措施是为了帮助西藏人民能像宪法规定的那样，能够从形式上的平等转变为真正意义上的平等。而要完成这种转变只能依靠物质生产、教育和其他领域的发展。当然在这一点上，与当初完全依赖国家财政支持不同，西藏也将开始为这个由多民族组成的国家做出自己的贡献。

西藏经济的真正发展需要铁路，而修建铁路面临着许多困难，如高山、沼泽、流沙和永久冻土带等问题，铁路运营和燃料供应也面临着一些困难需要克服。1979年，火车已经到达青海格尔木，向西藏迈近了一步，一个南部铁路方案也正在讨论之中，我希望下次能坐火车进藏。

在我三次进藏的过程中，拉萨发生的巨大变化最难以用语言进行描述。

1955年，西藏首府拉萨仍然保留着过去封建社会时期的面貌，与中国其他地区的民主和社会主义新气象形成鲜明的对比。布达拉宫依然像中世纪时期一样，包着金箔的宫殿顶部在阳光下闪闪发光，里面存放着金银财宝等贵重物品。底层的地牢关押着犯人和敌人，阴暗潮湿，蝎子遍地，污秽不堪。当时，1/3的拉萨人口为乞丐和流浪者，高大的喇嘛庙围墙和庭院环绕的庄园外面是一些破旧的小屋和帐篷，人们挤在狭小的空间里，随时都有饿死的危险。周围到处都是粪便和散发着恶臭的水塘，一些年老体弱的人正在和流浪狗争夺一些污秽不堪的食物。而骑着高头大马的贵族官员则衣着光鲜，依据地位的高低身后跟着数量不等的随从招摇过市；农奴和奴隶衣衫褴褛，蓬头垢面，低着头弓着腰为这些贵族无偿地做着苦工（看见贵族或喇嘛膝盖以上的身体部位将被视为冒犯，要受到严厉惩罚）。几个世纪以来，藏族人无论地位高低均相信因果或命运决定着人的地位，前世积德会有好报，犯错就会有报应。因此，富人根本不会考虑骑在穷人的脖子上有什么不妥（尽管少量的施舍也会得到尊敬），而穷人也甘愿忍受欺凌。[1]

当时，新中国的五星红旗已经飘扬在拉萨的上空，从内地通往西藏的两条公路在这里交汇，第一所现代化医院和世俗小学已经落成。虽然西藏统治阶层的内部为了兑现公开做出的承诺,答应切断和帝国主义的联系,对改革也不阻拦(这两点根本没有履行),但拉萨依然被那些身居高位的喇嘛和世俗贵族们统治着。

最让人难忘的情景是1955年10月1日,当时是中华人民共和国成立的第六个国庆日,布达拉宫前的广场上举行着大型群众集会,检阅台后面摆着毛泽东主席的巨幅画像,旁边依次是达赖喇嘛的画像,1951年签订西藏和平解放协议的照片和班禅额尔德尼的画像。身着蓝色制服的中央政府官员和穿着金色绸缎长袍的噶厦政府官员站在检阅台上,深红色的旗帜在旧拉萨警察的头顶上飘舞,他们三三两两走在人群之中,虽然由于时间特殊没有带枪,但是他们手中的鞭子仍在挥舞。的确,我没有看见他们用鞭子打人,而且此时此地他们也不会这样做,但是没有什么比这能够更加形象地反映出,这些年以来,西藏作为社会主义国家的组成部分与当地依然存在的农奴主势力之间渐渐累积起来的各种矛盾。在人民和红旗之间依然有鞭子存在,要改变这种状况,只能依靠改革或者暴风雨式的革命。1959年,革命真的来到了。

一直等到农奴主政权发动武装叛乱,撕毁1951年和平解放西藏的协议,中央政府才真正行动起来。协议规定,对人民实行任何形式的帮助都要通过当地封建当局完成,或者事先要征得他们的同意。但是对于这个无法回避的变革过程,他们想得最多的是如何加以阻拦。

人民政府对西藏公共工程建设的劳务工资进行了改革,但许多参与工程建设的农奴和奴隶的工资都被他们的主人或头人领走。对于农奴和奴隶而言,他们自身就是别人的财产。因此,按照奴隶主的逻辑,奴隶或农奴的工资也理所当然归奴隶主所有。

修建学校的工程也开始启动。但为了照顾当地旧政权的需要,学校必须开设宗教课程,自然科学课程由于"与信仰相抵触"遭到了反对,在这点上旧政权不愿做出任何让步,学校也不能开设历史或其他与土地剥削有关的课程。在这片土地上,他人的劳动不需要用钱来计算,而被剥削者以最赤裸裸的方式占有(许多农奴每年要给寺院或贵族做劳役300天,仅有的一点剩余还要被课以重税）。

尽管遭到强烈的反对，区内或国内民族院校针对从藏族大众挑选出的骨干的政治和普通教育的培训工作已经开始启动。除此之外，藏族骨干也在学习西藏所需的各种专业技能。但是，即便这些人回到家乡，也无法为自己的同胞服务，原来的主人仍然把他们当作没有自由的奴仆，甚至仅仅因为开口说话就能杀死他们。所以，事实上他们中的大部分一直到1959年西藏民主改革后才得以回去，他们往往是革命的积极分子。[2]

这些就是西藏和国内的其他地区之间存在的巨大反差，以及它们又如何演变成为西藏内部的尖锐矛盾。要解决它唯有通过革命，这个难题最终以农奴主的叛乱及其很快失败得以解开。

我们将会看到，从解放军根据1951年和平解放协议进藏的时期开始，西藏并非死水一潭，它的内部正在酝酿着一种运动。正是在那些年里，新势力积蓄了战胜旧势力的能量，新观点的实践得到了肯定，并开始在人民心中生根发芽。革命并非是一夜之间从外面被带进西藏。

其实，革命的根源来自于西藏社会的内部，源于几个世纪以来农奴和奴隶零零散散的起义和反抗。[3]而全国范围内出现的新形势则点燃了这些西藏革命的种子，并将其燃烧成为席卷全西藏的革命火焰。

经常可以听到这样一种说法："人民观察了八年，思考了八年，也比较了八年。"人民的愤怒在不断累积。

截至20世纪50年代中期，西藏越来越多受压迫的民众开始公开质问：为什么旧统治者口头上说支持民族进步，但对于改善民众生活的做法却始终持反对的态度？就像我在本书"控诉者"一章里所做的描述一样，为什么统治者还在鞭打和欺凌百姓？为什么像阿旺嘉措（见本书第11章）①那样的穷人，孩子到免费的新式学校接受教育还会被骚扰，并且家长也会因此遭到牵连？难道这就是他们所谓对"民族和信仰"的保护？还是为了自己的利益而竭力维护农奴制度？

---

① [译者注] 原著中写为第12章，实际应为第11章。

对于反对派，共产党在政策上想给他们尽可能多的机会让其自我适应。当然，最好的结果是在不可抗拒的进步和本民族的利益面前，他们愿意做出让步。若果真如此，事情对于他们来说将会变得十分简单。如果盲目坚持旧的社会制度，竭力抗拒历史的潮流，对日益觉醒的人民大众公然坚持其无可救药的做法，那么现在就是发动愤怒的群众果断打击他们并且一举推翻旧的阶级压迫的时候。

参加叛乱的奴隶主顽固分子认为，借助传统势力激起民众对汉族的仇视，再加上当地依然不可小觑的地方势力，就能很快将藏族群众掌握在自己的手中。但是他们的如意算盘打错了，共产党顺应时势，行动迅速，完全信赖日益觉醒的被压迫阶级，信赖全国各族劳动人民之间的兄弟情谊，信赖有利于实现团结和共同进步的一切可以团结的因素。事实证明共产党是正确的，否则，在高原地区，游击战争可以以任何理由无休无止地存在下去，农奴主叛乱也不可能如此迅速地得到平息。大多数藏族人本不应该反对或拒绝给叛军施以援助，而实际上他们已经在这样做，并借机把自己武装起来。如果不是这样，民主改革及其带来的物质和精神变革是绝对不会发生的。

※　　　　※　　　　※

我第二次进藏是1965年，当时的拉萨是1959年西藏平叛后的新拉萨，雄伟的布达拉宫依然屹立。但对朝圣者而言，它已不再是一个让人生畏的"圣殿"或一个主要的奇观。最值得称赞的是在过去几年里，尤其是刚刚过去的几个月里，拉萨的城市建设取得了巨大的进步。

布达拉宫对面是新落成的西藏革命展览馆，它由西藏有名的第四建筑队建设者以创纪录的速度修建完工的。展览馆的展厅里陈列的展品让大家有理由相信，藏族过去1/10的人遭受的不幸不是命运造成的。历代达赖喇嘛积累下来的财富包括毛皮、珠宝和纯金做成的物品等等被首次搬出布达拉宫。除在数量上不足一百万件，这些珍品与旧俄国沙皇的1.6亿件奇珍异宝相比，其壮观程度不亚于后者。在这里，人们也可以了解到人民的"命运"怎样实现了逆转，他们获得了权力和土地，摆脱了拿走他们80%劳动成果的阶级剥削。从那时起，劳动者可支配的粮食产量几乎翻了一番，牛羊数量的增长超过1/3。

截至1976年，以公社为单位的西藏农村粮食产量是1959年的2.5倍（1974年已实现本地区粮食供应的自给自足），牲畜的数量几乎翻倍，牲畜的总量比1965年增加26%。

1965年，西藏处处洋溢着新生活的景象。穿过广场，具有藏式风格的自治区政府大楼刚刚落成，旁边的人民文化宫主大厅拥有1200个座位，对于拉萨这个小城市而言，它的面积已经相当可观。除此之外，拉萨还有一些剧院和大厅，每当夜幕来临，里面就会挤满不久前还住在牲口棚里的人们；附近还有一座新建的百货大楼，里面的商品琳琅满目，大到缝纫机和自行车，小到针线和晶体管收音机，人们可以在这里购买到需要的各种商品。而在1959年前，他们本人还像商品一样被买卖。

数公里长的拉萨新街道灯火辉煌，街道是清一色的柏油马路，地下排水管网一应俱全（1955年，拉萨没有这样的街道），一支妇女管道铺设队伍正在铺装第一条自来水主管线，拉萨街道上再也看不到骨瘦如柴的乞丐，臭气熏天的水沟，以及堆满垃圾的水塘。

机场航站楼和长途汽车站等一些新建筑也正在修建之中。人们可以在长途汽车站乘坐上海和济南的汽车厂专为高原生产的旅行车，车内不仅有暖气，而且还有供氧设备。

解放后，尤其是民主改革以来，拉萨新建建筑的占地面积（用于修建住宅、工厂、办公大楼、学校、医院和剧院等）是过去1300年的10倍。

解放前，拉萨只有达赖喇嘛和一些贵族能用上电，英国帮助修建的那座小型发电站故障不断，电力供应极不稳定，这种状况一直持续到1955年。而到了1965年，拉萨城区90%的家庭不仅可以用电照明，而且还可以用电做饭。

1976年，拉萨有三座发电站，其中水力发电站2座，火力发电站1座。

还有一些工厂自行发电，一些公共浴池利用太阳能烧水⁴，附近的一座地热发电站也正在建设之中。要不了多久，一台实验发电机组将投入安装使用，与原来的传统电站一起并网发电（截至1980年，两座新型地热发电站正在建设之中）。到1979年，西藏的小型水力发电站将超过500座；到1981年，这个数字将增加到800座左右。

1955年，拉萨没有什么现代工业。到了1965年，拉萨已经建有卡车修理厂、水泥厂和消费品生产工厂等类似的基础工业。1976年，西藏本地已能够生产农机、拖拉机零件、小型涡轮发电机和电动机等产品。整体而言，1955年时西藏的工厂数量几乎为零，1965年增加到67个，1976年为260个，这个数字不久将增加到300左右，工业产值将占西藏总产值的1/4。

当时，拉萨1/3的人口是工人和雇工（其余是郊区的农民）。像本书第21章①提到的拉多一家，两代人都是工人的家庭并不少见，而且有趣的是，一些工人过去曾经是寺庙的喇嘛。1955年时，全西藏工人阶级的数量几乎为零；到1965年，工人的数量增加为2.5万人，1976年约为6.5万人，1978年超过7万人。

当然，现代化建筑和设施的本身并不等同于进步。假如帝国主义在西藏取得胜利，也可能会在拉萨修建一些高楼大厦，比如一座由国际连锁酒店经营的多层香格里拉酒店，为有钱人提供装有供氧设施并能远眺布达拉宫的豪华客房服务。或许酒店的特色服务中还会有一个转世舞厅，每当夜晚来临，许多全身上下都装扮起来的欢喜佛②塑像摆出男女交合之状来吸引顾客。也许还有一个被刻意叫作"奴隶地牢"的特色酒吧⁵，或者整个城市就像我在美国西南部见到的一样，那里的美洲印第安人像极了西藏人。⁶20世纪50年代初，在麦卡锡时代的新墨西哥州陶斯市，酒店经营者在印第安年轻人和二战老兵中嗅到了一个"红色阴谋"的商机，他们在美

---

① ［译者注］原著中为22章，实际应为21章。
② ［译者注］原著中此佛名为"Passion Buddha"，它是印度密教与西藏当地信仰结合的藏传密宗的本尊神，是在对生殖崇拜产生的性力思想的基础上产生的。

国土著人居住时间最长的普韦布洛村安装了一些基本的现代生活设施。为什么要这么做呢？因为11世纪的生活场景一旦被电灯和自来水等现代化的东西所破坏，那些寻找新鲜感的人们就会立刻兴趣全无。这也许和某些人现在的感受一样，如果穿工作服操作汽轮机的人越来越多，手摇转经筒的人就会越来越少，那样的话拉萨就被毁掉了。

1976年我们在拉萨的时候，一个在西藏旅游的作家就曾做出了类似的反应。他在《时代周刊》上伤感地说："作为世界奇迹的传统西藏正在消亡。"在他的眼中，新西藏这个重获新生的奇迹似乎并不存在。而实际上西藏所发生的一切变化——使用"重生"这个词最基本的含义形容也不为过，生活上发生的上述变化和免费医疗制度的建立，使西藏人口比1959年增加了10%。也许那些依然沉溺在旧西藏记忆中的人不愿乘飞机来到社会主义的新拉萨，他们却愿意凭借某种倒退的"超自然力量"飘到过去的旧拉萨。但是，这种想法已经太过陈旧！

20世纪70年代，西藏的确出现过一些错误的做法，持"西藏是正在消亡的奇迹"等类似观点的观察者也许受到了它们的影响。当时在全中国（不仅仅是西藏），由于"四人帮"的煽动，过去一些好的、正当的做法遭到随意批判，这种做法违背了基本的历史事实。随着教育和科学的进步，有些习俗的去留也许可以留给人们自己做出选择，但也遭到了无端的干涉。如果这些缺点就是他们看到的全部，那就完完全全误解了中国革命的基本政策，误解了那些在实践中已经得到证明的民族政策。

在这些政策之下，几个世纪来热情勇敢的西藏人民用自己的勤劳智慧创造的伟大成就正在得到发扬和保护，尤其是建筑学、古代桥梁建筑、医药、工艺品制作、音乐、舞蹈、藏戏，以及没有遭到寺院蒙昧主义破坏的那些丰富的古代文学等方面的成就。现在，所有这些都属于创造它们的西藏人民，包括那些曾经奴役过他人的少数人。古老而丰富的藏族语言也同样得到保护和发扬。在旧社会，95%的藏族人是文盲；现在在资金的支持下，绝大多数学龄儿童正在学习用自己的母语进行阅读和写作，语言中也去掉了那些讨好上层人的奴性词语和贬低下层人的轻蔑词语。如果公平地讲,假如真的有人要批评,近几年来由于挫折和耽误,我们在当代藏语语言文化的建设方面没有做出更多的成绩,这也是为什么现在正在积极做出进一步努力的原因。但是,没有人能够否认已经取得的初步成绩,它们也为未来的发展扫清了道路,并做好了不可缺少的基础工作。

"世界屋脊"和中国的其他地区一样,"四人帮"横行的十年和"极'左'路线"引起的混乱造成了极坏的影响,有些影响是全国性的,比如对教育领域的影响,而对民族和宗教事务的影响则是地方性的。但是在西藏,由于毛泽东和周恩来的直接关怀,自治区领导层保持了相对的连续和稳定,加之远离内地,西藏躲过了很多破坏。总体而言,如果与其他民族自治区相比,西藏受到的不良影响则要少得多。

为了防止受到破坏,1973年毛泽东发起了针对中国民族基本政策的"再教育"运动,目的就是要维护并且保证民族政策能够得到更好实施。1976年我们在西藏的时候,这场运动正在进行之中。1980年,又再次重申要采取新的重要举措来促进西藏自治区的发展。

1979年夏天,在首次赴拉萨参观的西方主要媒体记者中,有部分人对中国共产党和毛泽东主席在西藏受到如此尊敬感到吃惊,甚至有人将其称为"时代的错误"。如果我在20多年的时间里做出的直接观察有任何参考意义的话,我认为所谓"时代的错误",应该是这些人自己的观点出现了偏差。藏族人对党和毛主席的这种情感发自内心,不值得大惊小怪。而了解这一点他们却晚了整整20余年!

西藏人民拥护共产党和毛泽东,自西藏解放以来,这已经内化成为西藏发展和进步的核心。1977年,第三次自治区人民代表大会召开(1971年召开第一次自治区人民代表大会),包括守卫西南边境的解放军部队代表在内,5.5万名代表中的3/4出身农奴或奴隶,1/4的代表为女性。会上选出的7名主任中4名是藏族(正主任不是藏族)①,中共中央委员里面也有藏

---

① [译者注] 据中共西藏党史大事记的记载,1977年召开的西藏自治区第三次人民代表大会选举任荣为主任,副主任为天宝、阿沛·阿旺晋美、杨东生、郭锡兰、巴桑、热地、杨宗欣、牛瑞騆、洛桑慈诚、乔加钦等10人,藏族副主任应为6人。

族领导人。

的确，西藏作为社会主义中国大家庭的一员，它所走的道路与任何殖民地或半殖民地的道路有所不同。正如事实和数据反映的那样，西藏获得了大批援助，同时从未受到过主要民族的剥削。当然，西藏在经济上也出现了一些错误，造成了劳动力和资金的浪费，类似的情况也同样出现在了中国的其他地区，但是中国从未因为任何地区或任何人的利益，从西藏地区和其人民那里拿走任何东西。

然而，记者们却忽略了这些事实，尽管他们只在这里做短暂访问，却似乎更喜欢把西藏和"殖民"这个字眼扯上关系，并且故意对西藏社会发生的变化视而不见。1979年甚至有人撰文说：与西藏旧的封建时期相比，农牧民的生活变得更加"小心谨慎"和"沉闷"。过去，奴隶主可以随时杀害农牧民，后者连看一眼或说句话都会遭到鞭打，难道现在农牧民的生活真的变得比过去更加小心谨慎吗？！

但即便在这些报道中，藏族老百姓的生活得到改善的事实也得到了普遍承认。这是一个让人感到欣喜的变化，昔日的那些老生常谈式的谎言已经被揭穿。

同时揭穿的还有"大批汉人涌入"造成藏族"种族灭绝"的荒谬言论。现在大家普遍承认，藏族人口大大增加。20世纪70年代末，西藏非藏族人数数量占西藏总人口的7%左右，而且多数是流动人口，并不长期居住西藏。

随着时间的推移，外界对西藏发生的基本变化或量变将会有更加普遍的了解。最重要的是，昔日的农奴和奴隶作为藏族人民的主体，正在依靠着自己的力量和愿望冲破旧世界，迈向新世界，并且一天天成长起来，勇敢面对和解决前进道路上出现的种种困难。

下面，让我们来认识一下他们中的一些代表人物。

【作者注】

¹ 在旧西藏，将穷人当马骑是有文字记载的。在陡峭的山路上或过河时，富人就让奴隶或农奴将他们驮过去。当主人上马时，奴隶或农奴就趴下来四肢着地，像上马石一样让主人踩着上马去。

² 通常如此，但并非一成不变，因为早期送往内地求学的人中，相当多的都来自剥削者家庭。但许多这样的家庭对进步持支持的态度。

³ 见附录一，重大农民起义列表。

⁴ 1979年，一座拉萨新建的宾馆里安上了太阳能电池板。新闻采访者报道了用太阳能为全市供热的长远规划。

⁵ 为了做对比，曾经一度在香港的一家外国宾馆里，有一家装潢特别的酒吧，它的价格昂贵品位低俗，被称为"鸦片窟"。后来因在香港的中国人的抗议影响下，其改名为"酒吧"。

⁶ 这种相似性绝非巧合。长期以来很显然的事实是美国的印第安人来自亚洲。最近，美国的学者发现证据表明，距今年代较近的大多数移民，大约在3000年前，起源于中亚地区的牧民，而这个区域正好是西藏的所在地（还有新疆和蒙古西部）。现今，部分移民后裔形成了美国亚利桑那州和新墨西哥州的印度族群。相对来说，他们移民较晚，这就解释了为什么北美印第安人和中亚地区牧民两者不仅体格相似，艺术和手工艺品（布纹等）也基本相同。语言上和中亚的亲缘关系也是值得注意的，尤其是纳瓦霍人和阿帕切族人。

庄园里的革命

第三章 克松庄园的新主人①

就政治上而言，拉萨是旧西藏农奴主统治的中心，而实际上农奴主统治的基础却位于农村的庄园里。在1965年和1976年，我们两次参观位于山南的克松庄园，它也是索康·旺钦格勒祖籍所在地，是他众多封建领地之一。索康·旺钦格勒是达赖噶厦地方政府的最后一个噶伦，1959年叛逃印度[1]，后来又移居到美国。

我第一次见索康他还在噶厦政府任职。与许多拉萨贵族一样，他身穿丝袍，神态慵懒，苍白的脸上两眼混浊，嘴巴微张，并且总是一副似笑非笑的表情，好像在刻意掩饰着什么，这种表情与西藏老百姓淳朴诚实的表情形成了鲜明的对比。在西藏，也只有这里，富人与穷人的差别才会如此巨大。而索康就是其中的一个典型代表。

1955年第一次访问拉萨，我们记者曾经租住在索康的一座藏式风格的宅邸里，屋内的所有用品均从印度进口，我还特别注意到屋顶的横梁是修桥用的钢梁，但是和西藏传统的木梁一样，蓝色的背景上都极不协调地画着一些花卉的图案。这些横梁长约一米，用牦牛翻越喜马拉雅山运到这里，然后再铆接在一起（这种做法在当时拉萨的上流社会颇为流行）。可以想象，不知道有多少农民或牧民被迫加入运输队伍，冒着严寒和大风，

---

① ［译者注］ 原著中的标题应译为"农奴和奴隶统治下的克松庄园"，此译比较生硬，故译者改为"克松庄园的新主人"。

艰难地翻过海拔5000米的关卡，才把钢梁运到这里。

房屋的周围是英国式的大草坪，与英国汉普顿宫有些相似。草坪地边缘是精心栽种的大丽花和其他各色花朵拼成的花圃。而高墙之外，就是拉萨无家可归饥肠辘辘的穷人，他们正在和狗抢夺着一些残羹冷炙。

1965年在克松庄园，我们掌握了索康和他奢华生活背后的真相，这是十年前无法实现的。这座有400年历史的庄园，比索康在拉萨的宅邸更像城堡，因此也更加坚固。几十年来只有管家住在这里，索康和家人另居它处，但是克松庄园是他剥削财富的根据地，是索康家族寄生虫式生活的巢穴。正因为如此，我们对克松庄园产生了浓厚的兴趣，因为财富制造地比财富挥霍地更容易发现问题。

索康·旺钦格勒的父辈对这座用石头修建的宏伟庄园十分骄傲。庄园竣工后，为了防止其农奴设计者再设计出类似的建筑，他们竟然残忍地砍掉了他的右手。此外，庄园以克松命名（"克松"藏语的意思为"占了三大便宜"）足以表明他们的剥削有多么无耻。据我们了解，修建庄园的劳力、石头和木头索康家没花一分钱，全部都从奴隶那里勒索而来。庄园下面还活埋着一名8岁男童，寓意庄园将永远压在活着和死去的受压迫者身上，将保持"永远不倒"。2

此外，克松庄园也见证了连续三百多年的封建统治。在第四个世纪，它的主人索康家族和英帝国主义勾结在一起，旺钦格勒的父亲扎萨索康是英印度政府的得力帮手，长期支持印度推行长达一个世纪之久的边境"前进政策"，即所谓的"大角逐"，其目的就是要把西藏从中国分离出去。二战后，在第11小时的军事演习中，美国继承了这个目标，把西藏作为与中国革命对抗的最后一个工具，扎萨索康被召集到华盛顿与美国密使进行会谈，并且请求美国人在武器和资金上对西藏农奴主进行支持。

小劳威尔·托马斯在《世外桃源》①（1952）一书中提到他和噶厦政

---

① ［译者注］ 小劳威尔·托马斯的著述《世外桃源》全称为《世外桃源—穿越喜马拉雅进入禁地西藏》（英文名为 Out of This World : Across the Himalayas to Forbidden Tibet），1950年由 Greystone Press 出版。

府两位"外交大臣"之间的对话,扎萨索康是两位"外交大臣"之一:

> ……两位大臣毫不掩饰直奔主题。他们说:"如果共产党攻打西藏,美国会不会介入?能介入到什么程度?"……他们最迫切的愿望当然是要建立一支训练有素的游击队伍。为了达到这个目标,西藏需要外界在武器上的支持和建议,而且武器最好经过特殊改装,能够适应游击战的需要……而建议则是指如何使用和维护这些现代装备的技术说明以及最先进的游击战战略和方法。[3]

这是有关扎萨索康的记录。儿子旺钦格勒继承了父亲的衣钵,在日喀则英国学校学习后,他成为1941年从英国获得武器事件中一个很重要的角色。当时中国正处于抗战时期,英国作为名义上的盟友,却给西藏分裂分子提供武器与中国对抗。1951年西藏和平解放之初,索康逃往印度。后来,在英国等其他国家的授意下,他又返回西藏,并在噶厦政府任职,成为1959年西藏叛乱的一颗定时炸弹。他弟弟索康·拉旺多杰曾在印度大吉岭英文学校学习,并且接受过英国军队的训练。1947年,他以西藏分裂势力"贸易代表团"成员的身份去了美国和英国;从1951年起,成为在印度噶伦堡的西藏分裂分子的联络员。

上面这些人都曾是克松庄园的主人,由于投靠了帝国主义,无论在个人还是阶级方面,他们都失去了对奴隶实行统治的权力。

1965年,我们曾经参观过索康在克松庄园的卧室,现在里面住着昔日只能住在牲口棚里的家奴们。在庄园的一个大厅里,这些家奴的孩子们作为共青团的成员正在上识字课和政治课,大厅里面还有一个阅览室。赶走剥削他们的管家之后,这些过去生活在这里的人在本阶级领导人的带领下,为自己进行着生产和劳动。过去,他们拥有共同的敌人,现在他们又一起分享着胜利的喜悦。

当然,这些并非解放军1959年平叛后一夜之间实现的,也不是人民政府解除索康和其他噶厦政府官员职位后自动实现的,它们体现了中国千千万万其他民族对西藏百万农奴的巨大支持。而西藏的百万农奴,包括本地的首批共产党员,必须在党的领导下为自己进行革命,这才是最最关键的。新生活不会轻易到来,只有受压迫者和受剥削者他们自己才能真正终结旧的独裁统治,并且通过斗争获得自由,成为土地和自己命运的主人。

1959—1965年六年间,他们发动了一系列的群众斗争运动,先是"三反"(反叛乱、反奴役和反劳役)和"两减"运动(减租和减税),接着又分了主人的财产,成立互助组,提高西藏的粮食产量,逐步在自己阶级里面发展党员,在各村建立由受压迫阶级掌权的新力量。正是通过这些运动,再加上全国人民物质和精神方面的援助,藏族干部队伍才逐渐培养了起来,人民群众对过去也渐渐有了清醒的认识,对将来要完成的工作也有了清楚的了解。

旧的庄园经济

1965年,42岁的阿旺作为村子的领导人向我们讲述了克松庄园的过去和现在。阿旺身材魁梧,头戴宽边礼帽,饱经风霜的阔脸上蓄着八字胡。阿旺曾是索康家的农奴,他笑着说,当时保持农奴这个身份都很困难,因此只好把几个孩子送到庄园做地位更低的家奴或朗生,(如果贫苦农奴家有两三个孩子,只有这样做才能让他们活下来)。在克松庄园,阿旺一共经历过五位管家。因此在经济方面,他对庄园的过去、现在和未来的社会主义计划了如指掌。

阿旺告诉我们,1959年克松庄园有26户差巴(因为劳役而成为地方政府和主人庄园的固定农奴),32户堆穷(不是庄园的固定农奴或佃农,有些人从他们以前的庄园逃跑过来,堆穷一般来说比差巴还穷;但和差巴相比,堆穷能得到极少量的劳动收入,这些人中的一部分为工匠)。除此之外,庄园还有72个朗生,以个人而非家庭计算人数。身为奴隶,他们在家庭方面的权利甚至连牲口都不如。

这些遭受压迫的百姓共有200人左右，种着126公顷土地，最好的地约占土地总面积的40%，全部归索康的"自营地"所有，并且由农奴和奴隶支差代为耕种；剩余土地中29%是农奴家庭的份地，28%租给堆穷，还有3%的地由一些支付租金和提供其他封建服务的堆穷耕种。

当时，每公顷地的平均粮食产量为7.5藏克[4]，大约相当于625公斤（0.625吨）。在此基础上，堆穷还要交相当于6藏克粮食的租金，占粮食产量的80%。

对从自营地和其他渠道得到的粮食，除预留种子和满足庄园需要之外，管家每年要给远在拉萨的主人索康送去63.5吨粮食。

阿旺说：除了粮食，索康还要从克松剥削很多其他东西。作为租金的一部分，26户农奴家庭每年要向索康提供1500颗鸡蛋，24大袋面粉，12担蔬菜，以及火腿和大蒜等其他食品，同时他们还要上交35袋羊毛。

终生从事封建主义研究的学者保罗·维诺格拉多夫[①]在《大英百科全书》（第11版）"庄园"部分写道：对欧洲而言，庄园的生活包括两部分，一部分是以自营地为核心的生产，另一部分作为辅助，给庄园提供着各种服务和所需的物品。西藏的庄园也是如此。

对农奴而言，最沉重的负担来自强迫劳役。索康庄园26户家庭有104口人，一年要提供45个强壮劳力，每人干180天的强迫劳役。也就是说最好的劳力总不在家，无法耕种自家的田地（农忙时节也不例外）。除此之外，他们还要给主人和管家干很多其他差役，比如翻山把粮食运给远在拉萨的索康，路上的吃喝花费还要自己负担。阿旺回忆说，山路实在太难走了，有三个他认识的人被活活冻死在路上。其他的无偿差役还包括：

  长途送货，通常将货物运往拉萨；
  短途送货或送信；
  从索康家的田地里将粮食运送去碾磨；

---

① ［译者注］原著中此人名为"Paul Vinogradoff"。

在索康宅邸之间送货或送信；

在驿站间送邮件；

管家也会有一些特殊要求，可以要求农奴给他们挤牛奶，照看小孩或做家务。

为了进行比较，下面我再从《大英百科全书》"庄园"一节中摘出描写中世纪英格兰农奴悲惨生活的一些文字：

> 农奴生活之艰难在于差役实在太多，不仅要为自己租种的土地出钱出力，在差役方面还要付出更多。他要长期用自家的工具和牛给主人犁地、耙地、收割、打场和运输等，直到干完一年中所需的天数。在庄稼收获或任何需要的时候，主人都可以延长他们干活的时间，农奴对此不能拒绝。同时，如果庄园需要马车，佃农就得提供，甚至包括去100英里（1英里≈1609米）之外的地方。犁地、围栏、水渠维护和剪羊毛等其他劳动也落在农奴的身上，有时甚至连他们自己都不知道还剩余多少时间经营自己租种的土地。此外，他还要提供蜂蜜、鸡蛋、鸡和犁头等东西。

然而与之相比，西藏的现代农奴制度甚至更加恶劣。显然，在英格兰封建时期，农奴和奴隶有所不同，除非农奴也是土地的一部分，否则不会被买卖。但是在西藏，农奴彻底变成了奴隶，随着家庭和土地之间的交易奴隶被买卖则十分普遍。

以上是要向庄园交的苛捐杂税，而这些还远非全部。

除了庄园，农奴们还要向噶厦地方政府缴纳税纳差。每年除现金税负，还要交相当于1.5吨粮食的实物差，官员出行要无偿提供乌拉差役，这一点尤其让人感到无奈和痛恨。其他方面还包括要随时提供青稞面粉、清油和坐垫，为官员出行备好马匹和马夫，稍有怠慢就会遭到鞭打。农奴对噶厦政府的差役还包括提供运粮工具，给马提供饲料，为制衣坊提供染料，运送木头和羊毛，还要为马备好铃铛。最后，噶厦政府还要征收"耳朵税"（因为藏族人都戴耳环或耳坠）、出生税和死亡税。

除此之外，农奴还要向喇嘛寺庙缴纳实物。克松要给寺庙提供1000斤粮食，每天提供3匹马，每1.7公顷土地提供一个劳力，共需74个人。每次喇嘛诵经，农奴还要提供酥油、清油和食品，供诵经仪式和喇嘛吃喝之用。[5]

仅仅听到这些，我似乎已经感觉到有无数重负压在我的肩上，也认识到像阿旺这样的藏族人为什么要学习马克思主义，为什么对马克思主义劳动价值论有关"剥削就是无偿占有劳动者劳动"的说法理解起来那么容易。在资本主义社会，工资、租金和价格掩盖了剥削的本质；而在封建主义的西藏，人们以直接和原始的方式体验着剥削。因此，马克思向欧洲人解释什么是剥削的时候往往需要做很多深入的分析，而对于这些没有受过任何教育的人来讲，它的意义是不言自明的。也因为如此，西藏的农奴总是用劳动力和劳役的解放来憧憬自己在政治上的解放。

农奴们另一个沉重的负担来自高利贷，阿旺愤怒地对高利贷进行了详细描述。

在克松庄园58户农奴和堆穷家庭中，除一户小工头没有欠债，其他人截至1959年，欠粮79吨，平均每户约1.4吨。欠喇嘛庙的债每年要付20%的利息，向管家借粮的利息为40%，1951年前从噶厦政府借粮的利息为25%（1951年，解放军进藏和1959年西藏民主改革时期，利息减为10%）。现金债务的利息每年通常约为25%，克松庄园平均每户欠40块银圆的现金债务。

最后，每年克松庄园的农奴和堆穷还要付7%的利息，约合1.6万块银圆，但这些钱他们从来就没有借过！十三世达赖喇嘛的财产管理部门将这笔钱转给了位于拉萨的甘丹寺，并且允许甘丹寺从克松庄园的劳动人民那里收取利息。从那时起，甘丹寺的喇嘛每年都会定期过来收债，凡拖欠者，喇嘛有权将其处死，或强迫其用劳役来偿债。这笔巨债一直压在克松老百姓的头上伴随他们一生。

相比农奴而言，堆穷还有少许的人身自由，但在经济上更加贫困，受到的剥削也更多，更没有人身安全。1965年时任克松乡副乡长的白玛桑堆曾经也是一名堆穷。他说："过去，每家每户五六口人经常只有一床被子。"这些堆穷不属于庄园，因此按惯有权利，即使他们付出了劳动，也无权得到劳动报酬。相反，他们还要被强行租种一些小块儿的份地，主人或管家可以任意确定租金。他们可以在上面修小屋，但费用自理。由于缺少主人的保护（主人有权惩罚他们，但不保护他们），上层人可以随时殴打或将他们处死。如果先前的主人找到这里（很多人都是逃出来的），他们就会被当作逃犯抓起来，下场往往非常凄惨。如果原主人更贪钱财，堆穷自己也不想回去，最好的结果是额外付一笔人役税。简而言之，堆穷的"自由"往往是虚假的，这些"没有主人的人"如果不尽快依附于某个庄园，不但会落得一无所有，而且还会成为所有人的"猎物"。[6]

朗生虽然不用纳租纳物，但他们没有基本的人身自由，因为他们本身就是别人的财产，一无所有。他们没有住的地方，白天被赶到地里干活，晚上为了防止逃跑还要被锁在主人的院子里，吃的和牲畜一样。在走廊上纺线或干其他活的人，衣服的裙边有时会被绑在地上，以防止他们逃跑。迄今为止，还从未听说有人在晚上监工解开绑缚之前能够逃走。在此期间如果要方便的话，只能像被绑住的牲口一样就地解决。他们和牲口住在一起，干的活比牲口还要苦，受到的对待却更加残酷。

阿旺他们曾经亲眼见到过有6人被活活打死，36人被冻死饿死，16人被折磨致残。奴隶受到这样的对待，反抗的农奴也一样。赤列多杰由于拒绝额外的劳役，遭到了令人发指的折磨，头发被绑在房梁上，衣服被剥光，先是用包银的锋利木签扎手指头，这些木签取自于小三角彩旗的旗杆，然后被打得体无完肤，扔进滚烫的油锅里。后来，赤列多杰的三个兄弟也被用相同的方式折磨而死，罪名都是所谓的"偷盗罪"，其实这样做的目的就是为了杀一儆百。

下面，我们将此做法与公元十世纪同样处于封建时期的英格兰的残酷做法做一比较：

自由人偷盗要被绞死，女性偷盗要从高处扔下摔死或投进河里淹死，而奴隶则要遭受酷刑或被烧死……偷牛后如果能够跑掉，将会免受惩罚。但无论发生上述哪种情况，国王阿瑟尔斯坦都要求80个奴隶为一组，每人给那个犯罪奴隶的主人三便士。如果是男性奴隶，则要用石头活活砸死……女奴隶要吊起来烧死。在伦敦主持这种酷刑的主教和地方官员说："可以想象，如果没有惩罚，小偷就会变本加厉。"7

出于同样的原因，担心受压迫者逃跑也成为西藏奴隶主和农奴主实行残酷镇压的动机。除此之外，再也找不到其他理由可以让他们残害那些给自己带来财富的劳动者。

奴隶主害怕奴隶们有一丝一毫的反抗，并且担心其他人会加以仿效。1927年，克松庄园的农奴和奴隶们一起赶走了管家。一些为奴隶制辩解的作家曾经说过：在旧西藏，人们"满足于自己的命运"，所以不能将其称为剥削。其他那些承认存在压迫并且谴责压迫的人则认为，起来反抗的后果非常可怕，所以无人敢反抗。这两种说法都站不住脚。反抗从未停止过，尽管人口稀少，庄园之间相距太远，相互之间联系困难，每次只有一处起来反抗。

阿旺说："过去我是农奴，书记尼玛次仁是奴隶，请他给你讲讲奴隶的生活。"

克松乡党支部书记

尼玛次仁32岁，个子不高，皮肤黝黑，瘦瘦的脸上有一双若有所思的眼睛，神情显得有些紧张。作为亲历者，他目睹了别处也许需要一千年才能完成的社会变革。尼玛次仁起初是贵族家的奴隶，后来又变成农奴的奴隶，好几次差点被卖掉或送人，由于不太听话，曾经多次被打得半死。1959年后，尼玛次仁在民主改革运动中表现活跃；1965年，他成为党支部书记和西藏自治区人民代表大会代表。

尼玛次仁说：他家里有五个孩子，他的年纪最小，生下来就和父母一样是索康家的奴隶。一岁那年阿爸遭到管家毒打，回家后就开始吐血，不久就离开了人世。阿妈既要照顾家里的孩子，每天还要出去干一整天活。家里的孩子由于没人照顾，四个大一点的孩子都不幸夭折，两个掉到河里淹死，另外两个被活活饿死。尼玛次仁说："我不知道自己是怎么活下来的，阿妈也没有什么东西给我吃，她总是省下一点口粮拿回来给我，有时别的奴隶也会给一点。"

八岁那年他就开始劳动。没过多久，索康把他送给一个叫扎西的上等农奴。扎西自己也有劳役要做，所以就让尼玛次仁替她干。这个女人既任性又冷酷，不让他们母子见面，并且"每天至少要打他两次"。

尼玛次仁回忆说："奴隶主的孩子也欺负我。有一次他们想打我，我捡起一块石头想还击，管家看见了，就抓住我狠狠地打了一整天。等我艰难走回家后，又挨了扎西的打。她喊道：'你离你阿妈太近了，不是不好好干活，就是表现得很坏。'为此，她把我送给她的一个亲戚做奴隶。在那里，我要看管一百只羊。有一次因为打瞌睡，有几只羊跑掉了，我因此被关到羊圈里。如果饿了，新主人就会把羊粪往我嘴里塞。当时我只有九岁。"

在那里，尼玛次仁的衣服烂得没法再穿，他得到一件尼姑穿过的旧衣服，这也成为他仅有的一件衣服，晚上睡觉的时候还要当被子用。他回忆说："那件衣服上到处是虱子，尼姑穿红色的衣服，颜色很刺眼，所以没人愿意靠近我。有时候病得厉害，他们就把我赶回扎西那里。为此，我经常要连走带爬三天，才能回到那里。回去后，扎西看到我狼狈的样子，并且全身散发着臭气，就大声地训斥我说：'你的命很邪恶，你带来了坏运气。'说完就把我赶了出去，也只有在那个时候我才敢去阿妈那儿。阿妈见到我的时候，还以为是哪个快要死的乞丐，认出是我后，她难过得晕了过去。阿妈把我拥在怀里，我们母子两人抱头痛哭。

"虱子差点把我吃掉，它们从我嘴里鼻子里往外爬，阿妈从别人那里要了一些清油让我喝下去把虱子吐出来。继父是个热甲巴①，阿妈便托他给我找一些死人穿过的衣服，这些衣服别人都不要，我们没有衣服只好将就着穿，阿妈把我穿过的那件尼姑服烧了。渐渐地，我的身体也开始恢复。"

扎西听说我的情况后就派了一个奴隶来到我家。那个奴隶带来了她的命令："如果尼玛还活着，他就是我的人，今天必须回去干活。"阿妈向那个奴隶求情说："我们都是穷人，请你转告她，我儿子还病得很重。"由于惧怕扎西的淫威，那人最终还是把尼玛次仁领了回去。

扎西不只是冷酷，她还有一套自己的理论。这些想竭力改变自己社会地位的人无论在哪个社会都有，他们背叛了自己的阶级，仰仗着压迫者的施舍苟且偷生，思想上和行为上处处为压迫者考虑。她常常对尼玛次仁说："你们这些奴隶都是我们的敌人。如果不对你们厉害一些，你们就会起来造反。"有一次尼玛次仁给她家放牛，牛吃了索康家的庄稼，为此尼玛次仁在庄园里遭到毒打，回去后扎西把他的手绑住吊起来接着打。

说到茶，奴隶们都是用带有苦味的草泡茶喝。酥油茶被认为是西藏的传统饮品，但像尼玛次仁这样的人，喝酥油茶只能是一种奢望。他说："我见过酥油茶，但从来没有喝过。"

本来逢年过节应该吃点好东西，但实际上比平时吃得还要差。尼玛次仁说："望果节的时候主人们说：'今天要让你们感受一下什么是好日子。'实际上，给我们吃的是从装酥油的袋子里刮出来的酥油碎渣，又硬又难闻。大米对我们来说也是一种难得的美味。有一次，扎西特别开恩，给我们吃了一些剩了五天的米饭，当时米饭已经馊了难以下咽。而我们只好硬着头皮在她面前吃完，当时大家都想吐，但还要强忍着向她表示

---

① ［译者注］ 原著中为 ragya-pa，转写自藏语的发音，汉语中为"热甲巴"，是指执行藏族和蒙古族丧葬习俗天葬的人。

感激。

"不单单扎西说过我的命不好，我自己也这么想。当时我最大的愿望是找一个能对我好一点的主人，但是去哪里找啊？恐怕永远也找不到！你可能要问我为什么不逃跑？我亲眼见过逃跑的人被抓回来受尽折磨。为什么不自杀呢？这个念头我也想过，可一想到阿妈，我就放弃了。有时，我真想大病一场死掉算了，但每次生病我都挺了过来。

"20岁的时候，我遇到一个流浪的女乞丐，我们有了一个孩子，但是只能像阿妈养我那样偷偷地养着。"

从尼玛次仁的叙述和表情中，我看到了西藏那些最穷苦的人，虽然他们因为奴隶的身份不能成家，但他们之间往往会产生最真挚的爱情，家庭的观念也更具有自我牺牲的精神。而相比而言，贵族对爱情往往既随意又任性，他们处心积虑地设计着自己的婚姻，想得更多的往往是怎样能从中积累更多的财产，或者以姻结盟。即便是关系很近的亲戚之间也经常反目成仇，强奸女奴隶的做法已经司空见惯。

尼玛次仁说："一直到1959年3月，我24岁的时候才看到了希望。参加平叛的人民解放军来了，看到奴隶们饿着肚子，没有衣服穿，他们就把自己的衣服和食物让给我们。毛主席领导的中国共产党为我们指引了进行民主改革的发展道路，对于这条道路我们坚信不疑，而且一定要永远走下去，没有什么能让我们再回到过去，即便想一想也不行。我们终于挺直了腰杆，也终于敢说出心里话了。

"但是，那些旧主人和他们的追随者不会轻易放弃，这一次他们改变了策略，一些在叛乱中没有逃跑的人开始讨好我们穷人。大家想想看，我是个奴隶，他们来找我，并且说：'不要轻信汉人的话，他们对你们没安好心，那些藏族干部都是些马屁精。'但我知道应该听党的话，听汉族同志的话。他们是汉人，但对我们像阶级弟兄一样好。我向上级检举了这些人的做法，而且成为改革的积极分子，奴隶和农奴们还推我做农民协会的领导。

"民主改革也把妻子送回到我的身边，我们又团聚了。我们有了自己的房子，还分到七只羊，一头牛，15.5藏克土地[8]，有新衣服穿，有一套家具。1959年9月，我和其他改革积极分子被送到北京、武汉、南京、天津、上海和鞍山等地参观，我们还见到了毛主席，也看到了西藏只有通过努力才能实现的未来。社会主义让大家有了财产，并且过上了新的生活。1960年，我加入中国共产党。"

克松的前进之路

从尼玛次仁和其他农奴和奴隶以及"那些没有主人的人"那里，我们知道了1959年后发生的事情。当时，他们已经是克松的干部。

在他们的带领下，大家参观了庄园的房子。37间房子过去都归管家、管家的随从和他们的家人所有，现在里面住着昔日的奴隶。在那里我们还见到一户人，分住在四个房间里，主人卓嘎次仁46岁，双目失明。她说她出生在"牛肚子下面"，孩子们也跟她一样。她自豪地向我们介绍了她的四间屋子，床上崭新的厚毯子，衣橱里的新衣服，还有灶头上的青稞饭和其他食物。1959年前，她家没有人尝过茶或酥油的味道，现在每人每年要用掉12块砖茶和15公斤酥油。她家分的地里打的粮食足够家用，结余的部分卖给国家，卖粮食的钱又能买生活必需品。他们还分到两头耕畜，一把好犁和其他工具，还有六只羊，家里人老老少少都能吃饱肚子，大家的心情都很舒畅。

阿旺向大家介绍了克松庄园分发生产资料的情况。他们首先召开了管家批斗会，大家讲出了埋藏在心底对克松庄园的仇恨。随后，大家对庄园的财产进行登记，并且平均分配了庄园的土地、牲畜和农具。1959年秋是他们的第一个收获季节，粮食产量和索康时期的产量持平。阿旺说："但是和以往不同的是，我们没有卖余下的粮食，我们也不用向别人交钱。和过去相比，我们吃的粮食还是要多一些。但我们还很穷，这也是我们1959年11月响应党的号召，从每家每户单独劳动转变为互助组的原因。"

这个决定让1964年每公顷土地的粮食平均产量增加到两吨左右，五年间粮食的产量增加了66%，这也是他们得到的第一笔共同财富。1965年，他们购置了43套新农具和92头耕畜。过去，克松庄园的地每年只翻一次，现在每年要翻三次，接下来就是粮食产量的连年提高。

灌溉情况也得到了改善。当时，索康的管家每年要给自家地浇三次水，大多数农奴和堆穷根本无水可用，灌溉水渠的维护情况也不好。就像阿旺说的那样："难道大家愿意让索康分到更多水吗？"现在大家一起劳动，情况就不同了，互助组修了一座水库和多条用于灌溉的新水渠。1965年春天，40个人整整花了一周时间用于完善灌溉的设施。

克松周围都是其他组的土地，耕地的面积不能扩大，所以要提高粮食产量，就只能提高单位面积的产量，而且要施更多的肥料。过去的肥料主要是庄园里牲畜的粪便，现在通过互助组的安排，可以节省出一些劳力，加上人们高涨的劳动热情，能够派出一些人手去山上的牧场拾粪。1963年，为了方便拾粪还专门修了一条路；1965年，地里施的肥料是1959年的12倍。

除草也能够提高粮食的产量。在旧西藏人们很少除草，甚至还认为除草"不吉利"。

阿旺说："不光是地种得更好，人也变得更好了。1959年这里只有管家识字，现在72个大人已经在夜校学习，包括我们的党支部书记。"说着，他朝尼玛次仁示意了一下。"62个孩子上了学，学校的三个老师也是在这里接受的培训，他们过去都是农奴和奴隶，他们分别是25岁的拉珠，20岁的次仁，还有才刚刚19岁的朗珍。

"有了互助组，那些没有劳动能力的人也得到了照顾。阿达措姆现在75岁，8岁起就给索康当奴隶，63岁的时候因为眼睛失明，被索康赶了出去。整整六年时间，她都睡在田边的地头上，幸好有一条流浪狗可以靠着取暖。民主改革中她分到两藏克耕地，政府每年救济两套新衣服，家里的地互助组帮她无偿种着，大家都把她当作大家庭的一员，宁愿自家的地少施肥，也不会忘记她的地。1962年，她家的粮食产量是168公斤，1964年粮食产量增加到742公斤，几乎增加了4.5倍。现在，她生活得很幸福。"

1965年夏天，克松乡的农民正在筹划下一步的发展，但是它已经超出互助组这个简单集体组织的能力范围。他们了解到国内其他地区已经开始实行合作社和人民公社，这些曾经穷困潦倒的人，尤其是大多数年轻人，对这些做法给予了积极的响应。从技术上来讲，首先要着手完成的事情是实现电气化。作为大自然的馈赠，西藏到处都是流速极快的山间溪流，第一座水电站虽然已经建成，如果要建小型农村水电站网，就只能依靠集体所有制的力量来实现。

阿旺说："现在我们正忙着建水电站，20名社员在搬石头垒大坝，县政府还分给我们一台发电机，几个年轻人已经去拉萨学习如何发电，要不了多久的时间，大家也能用上电灯，这可是索康当年都没有过的东西。现在，我们正在为人民公社的成立做准备，30个年轻人学会了记工分，我们还培训了6名会计，全体老少都盼望能早点实现人民公社。有一个老爷爷叫次仁罗布，今年72岁，他经常念叨着说，希望能在他去世前看到人民公社成立。当然，他的这个愿望一定能够实现。

"实行民主改革后，大家对能够摆脱索康的压迫已经感到十分知足，并且不再抱有其他什么想法。但是党让大家不要只满足于眼前的成就，一定要开阔眼界。现在，几乎不需要人督促，不管多早去地里，你总能看见有人比你去得更早。从现在开始，发展将会越来越快。"

他们发展得的确很快，老次仁罗布没等多久时间，克松人民公社于当年宣告成立[9]。

※　　　　※　　　　※

1976年我第二次去克松参观，当时尼玛次仁和阿旺还担任着领导的职务。

我们又绕着老庄园走了走，而且每迈出一步总会有新的发现。

当时拖拉机正在刚刚收完庄稼的地里复耕（1965年克松村还没有一台

拖拉机，现在已经有四台拖拉机）。复耕是为秋播做准备，几年前这可是大家连听都没听说过的事情。当时由于还没有能适应西藏气候的越冬农作物品种，加之没有机器，种这些庄稼需要的准备工作总不能按时完成。

在打谷场上，过去用连枷打需要几个月的时间，现在有了柴油机做动力的打谷机，谷子打完后直接装袋运走，再把麦秆堆起来就完事。还是同样的地，1976年的粮食产量是1965年的三倍。

黄昏，我们坐在村子新会议室里面说话，房间的照明用电来自克松村已竣工多时的发电站。尼玛次仁和阿旺告诉我说，从互助组到人民公社不简单也不容易。以私有财产为基础的土地改革和互助组极大地改善了人们的生活，但无法回避的是，一些人变得更富，有些人却变得更穷。对于那些劳力和牲口少、劳动工具也不足的家庭，就需要拿钱给家里条件好一些的家庭，因为人家帮他们种地，收庄稼，喂牲口。慢慢地，这些人从民主改革中得到的好处就没有了，有些家庭只好把地卖掉，还有人开始出租自己的劳动力，而另外一些少数人又开始了剥削。

简而言之，现在封建主义已经不复存在，但是一个尖锐的新问题又出现了，到底是走让部分人富起来的道路，还是走共同富裕的道路？是走资本主义道路，还是走社会主义道路？

仅靠自己务农依然困难的那些贫困家庭渴望社会主义，而那些富起来的人则想走另一条道路，还有些中间派仍然没有做出自己的选择。当时，封建主义的残余势力自然卖力地夸大这个分歧，并且别有用心地煽动人们跟党作对。一个曾作过管家随从的家伙编造了这样两个说法："哪里有肉，鹰就会扑向哪里，""在公社，大家要穿铁衣服和铁鞋子。"第一句话是说过去几年收获的东西，都被社会主义"拿走"了，第二句话是说参加公社修水利修农田，会让大家倾家荡产。

因此，人民公社制度最先实施于那些缺少牲口缺少劳动工具的社员。人民公社制度要和生产条件更好的互助组进行竞争，并且要证明自己具有更多优势。

只有在粮食产量、平均收入和集体提留资金带来的生产条件改善等方面优于互助组,支持互助组的人才会加入公社,他们包括19个中等收入的家庭,2个富裕家庭和2个一般家庭。

1972年,克松公社具有了社会主义的性质,土地和生产资料都归集体所有,社员自己出钱购买的牲畜和工具都被集体赎买,大家除了劳动的收入外,再无其他收入来源(享受抚恤金的人除外)。

截至1976年,公社连续迎来七个大丰收。1973—1974年间,粮食的产量已经超过国内北方地区的平均粮食产量(每亩400斤,每公顷3.6吨),公社用上交国家的粮食和其他产品换来的集体收入购置了以下设备:

  4台拖拉机
  3台柴油发动机
  9台脱粒机
  4台扬谷机
  8台条播机
  9辆胶轮马车

全公社孩子入学率达到80%,还有一个诊所和3名赤脚医生,可以对一些常见病进行处理。

除了在这些设备和服务上的投资,以及给社员支付劳动报酬,公社提留1.2万元用于扩大生产,2.1万多元用于办福利。在粮食方面,一部分粮食分给了社员,一部分给国家上缴税金和卖给国家,除过预留的种子和饲料外,集体的粮食仍然结余了40吨,每家每户的余粮都够吃好几个月,60%的家庭有了存款,不少人靠公社盖了新房。

1959年民主改革前,在当地农奴主势力的统治下,克松人根本不可能加入共产党。截至1965年,村里发展了6名党员和6名共青团员。到1976年,党员人数增加到19人,团员人数增加到37人,党员和团员一共56人,全部都来自昔日的农奴和奴隶阶层,他们是当地社会主义发展的坚强领导核心。

在技术方面，来自农奴和奴隶家庭的8名年轻人经过培训，掌握了农机的操作和修理技术，其他还有会计师、电工和老师。还有3人在外地当干部，7人到西藏的新工厂当工人，6人在部队服役，5人在大学学习。

看到这些数字，大家似乎感到旧社会是一千年前的事情。

但是人们没有忘记过去！1976年，克松公社举行了阶级斗争的展览，用保存下来的文物、事实和数字，向人们清楚地展示了奴隶制下的克松历史。和自治区其他地方一样，过去的一些情景用泥塑的方式进行了再现，几个世纪以来，这种艺术形式在西藏通过为寺庙制作无数人物形象而得到高度发展（当时制作的神的数量比人还要多）。现在，这种艺术得到了改进，成为劳动人民的代言人。

展览中展出的物品还有一些著名起义的档案，其中就有至今让人仍然记忆犹新的1927年起义。

在这里，大家又一次看到庄园的监狱和奴隶主对奴隶的残酷折磨，奴隶主的目的就是要用这些东西来威慑和镇压奴隶反抗。作为"法律和宗教"的补充，这些残忍的惩罚手段使受压迫阶级被迫屈服于自己的命运。而这些残忍惩罚手段能够在西藏存在几个世纪，表明了人民的反抗不仅存在，而且正在累积和爆发，这正是奴隶主最恐惧和害怕的东西。曾有人说过，人民的不满是最近才"从外面引入到西藏"，或者是人为灌输的，这些说法都荒谬之极！

这也是逃往国外的西藏旧统治者一直喋喋不休的主题。达赖喇嘛的大哥土登晋美诺布在与一位西方作家合著的书中这样写道："……在西藏，有钱有势的人从未操纵过他人对生活的满足感，因为大家都很满足。"[10]

对这些作者而言，寺院的经济和社会作用是"作为土地的拥有者，为当地的农民提供帮助"。[11]

作者最后在结论部分写道："就我对西藏的了解，我敢说没有什么比它更完美了。"到底对谁来说完美？！！

让我们再来看看纽约自然历史博物馆里面的一些藏品。1981年，我在那里见到了一些旧西藏的艺术品和场景。在一个描写西藏贵族的大型画作前摆放着这样的说明：

"贵族的财富来自对土地和草场的所有权，农民通过种地支付税金，农民和地主关系的核心是他们彼此相互需要：农民需要生存，贵族需要劳力。"

如果不问"贵族的财富不是来自农民和牧民，又来自哪里？"这个问题，这种说法听起来是何等的美妙？！

克松的展览记录着人民取得的胜利，记录着人民重新获得对自己身体、土地和劳动的所有权，记录着克松走社会主义道路后开展的各种运动，记录着大家摆脱了无知和迷信实现的自我解放。

克松人民公社成立后的十年间取得的成就有数字和人物典型为证。克松新修了10条灌溉水渠，9条旧水渠也得到了改造，1400块分散的小块耕地被改造成41块平整宽阔的大片耕地。

所有这些都在有关67岁白玛拉姆一生的展览里得到呈现。

大约40年前，白玛拉姆还是个堆穷，她带着三个孩子从数百公里外的地方逃到克松。克松庄园立刻抓住她大儿子做奴隶。一家四口在一个乱石堆里安了家，两个年幼的孩子只能依偎在阿妈的怀里取暖。

1959年实行民主改革，白玛拉姆家分到一公顷多的土地，当年就收了2吨多粮食。按每人每年需要粮食330公斤计算，粮食的一半就足够全家人一年的口粮。剩下的另一半粮食除了留作饲料和种子之外都卖给了国家，卖粮的钱又买了家具、床和衣服。

在互助组时期（20世纪60年代），白玛拉姆的生活水平得到改善，但总体来说改观不多。

1975年人民公社成立，白玛拉姆家分了4吨左右粮食和324元现金，收入比以前翻了一番，这还不算家人外出务工得到的收入。

在封建农奴制社会，白玛拉姆一家是一无所有的流浪者。作为阿妈，她无法改变这种生活，孩子也只能一辈子做奴隶。现在，白玛拉姆已经退休，过着安逸舒适的生活，大儿子为公社赶马车，小儿子参加了解放军，女儿是赤脚医生，女婿是公社民兵连的领导，五个孙子都在上学。

克松村发生的这些变化是一幅革命的图景。对于压迫者而言，天堂般的生活已经一去不返；而对于受压迫者而言，新的生活和新的世界已经到来。

【作者注】

1 1971年的一份报纸称其为索康·拉旺多杰，……他曾在华盛顿大学写过西藏现代史。

2 这种活埋习俗一直持续到1959年西藏农奴制度晚期。我见过一位预定的受害者，在他还是个孩子时，就被指定为"被活埋的人"，于是他逃走了。

3 回到华盛顿后，托马斯夫妇将这些思想传达给美国的高官，但为时已晚。关于这一点，他们写道：

> 如果美国给西藏提供任何形式的军事援助，我们国家必须为西藏的独立承担责任。但是如果中国的红军将我们的援助称作虚张声势，我们如何让军队越过喜马拉雅山？我们如何提供军事援助？

进驻西藏的人民解放军的确把美国的援助称作虚张声势。此后，华盛顿派出部队和代表支援1959年农奴主叛乱，后来证明此举以惨败告终。

再后来，1970年美国国会和新闻界的通气会详细披露了中央情报局在西藏为时20多年的努力。大卫·维斯在《说谎的政治》（纽约，1973年）第8章中谈到科罗拉多州附近的赫尔营里训练藏族叛乱者的"高级机密"；1975年9月5日，克里斯·穆林① 在香港《远东经济评论》杂志上撰写题为"中央情报局：西藏的同谋者"② 的文章，文中给出了该阶段的所有事实。

4 为了便于读者理解，我使用的是公用的度量标准（通常带有英式单位的等价物）。实际上，藏族人所讲的藏克（通常按汉语的发音音译为"克"），是用来度量粮食和耕种土地面积的单位。一藏克粮食大约是14公斤（30磅）。一藏克的土地是用传统的耕作手法能撒一藏克种子的面积，和中国其他地方所用的单位"亩"

---

① ［译者注］原著中此人名为"Chris Mullin"。
② ［译者注］原著中此文名为"The C.I.A., Tibetan Conspiracy"。

（大约1/15公顷或1/6英亩）大致相当。用藏克所表示的单位面积的粮食产量就是一藏克的土地上能产出多少藏克的粮食，即：简单地算就是所收获的粮食是所播种子的倍数。一藏克的旱地（撒种稀疏）比一藏克的水浇地（撒种要密得多）的面积要大得多。

5　10世纪和11世纪[据Dorothy Whitelock的《英国社会的开端》（伦敦，1952）]撒克逊英格兰的教堂也向庄园征收许多税，包括开垦高山草甸税，指的是每一个工作队交的1便士税；什一税，指的是每户每年呈给罗马教皇的1便士献金；教堂捐（每块"地皮"上产出的许多最好的粮食），指的是一年交三次的轻税以及丧葬费（开放的墓地价格最高）。

　　在克松庄园里，死亡税需交给世俗当局，但仍要给喇嘛付念经费。

6　西藏的堆穷在中世纪的欧洲有对应的阶层，例如在查理帝国时期的庄园里，就有类似的阶层叫作lidies。在法国，设法逃到外面谋生的庄园里的农奴或依附于庄园的人要由他原来的主人缴纳人头税（chevage）。在有农奴制存在的地方就有农奴逃亡。

7　马里恩·吉布斯，《封建社会》（伦敦，1949年）。

8　仅在一公顷的土地上。

9　由于西藏和中国其他地方的不同，西藏在互助组和公社之间没有中间阶段——农业合作阶段。从个体经济到半社会主义然后再到社会主义所有制的转变就在公社进行。

10　土登晋美诺布和特恩布尔，《西藏》（伦敦，1972年）。

11　同上，第347页。

第四章 《大英百科全书》中的帕拉庄园

1955年第一次进藏，帕拉家族偌大的封地引起了我特别的关注。在《大英百科全书》（1951年版）"西藏"部分，帕拉家族占据了显著的位置，准备进藏前我还专门复印了其中的部分内容。那么，帕拉家族是怎样成为《大英百科全书》一个重要参考的？我想大概有两方面的原因：第一，帕拉庄园临近日喀则，去那里十分容易，英印政府在那里长期设有办事处、贸易站、邮局和监狱；第二，大约一个世纪以来，帕拉家族本身与英帝国主义对西藏的入侵密切相关。后来，我在庄园里见到许多英国民间代表和军事代表的照片，帕拉家族常常在那里款待他们。

查尔斯·贝尔爵士在这些照片中出现的次数最多，他曾经是英国驻锡金的行政长官，还担任过英国驻西藏的行政长官。几十年来，他在英国对藏政策中扮演着重要的角色，也是西方舆论的主要影响者。对于他和帕拉家族的关系，贝尔曾经写道：

> 索南旺杰出身于西藏贵族家庭，他是我在西藏时期的向导，也是我思想的启发者和朋友，我到西藏之前他就为我做过事。一连七代人，索南旺杰的先辈们都曾在西藏噶厦政府任职，这是西藏俗官能够得到的最高荣誉。到他父亲那一辈的时候，这种状况出现了变化，而他……后来帮助了一个秘密考察西藏的印度人，随后索南旺杰进入我所在的办事处为政府效力（英印政府）……这个帕拉庄园的后代给了

我诸多的帮助。[1]

因此，帕拉庄园与帝国主义之间有着千丝万缕的联系。下面我们再来说说它们在西藏封建时期的地位。

《大英百科全书》"贵族"小标题下有关西藏的文字这样写道：

> 帕拉庄园有1300个农场和13个草场，每个草场大约15～20户家庭。[2] 租户以劳务、粮食和现金等方式支付租金，贵族按比例拿出部分现金和粮食上缴政府。贵族也可以把农民欠自己的差役转移给政府，让农民为官员的出行提供交通（乌拉），等等……

该书的"农民"（应该写为"农奴和奴隶"才合适）小标题下是这样写的：

> 农民要离开土地须征得地主的同意，农民的请求往往不会得到允许。即便得到同意，农民还要支付很多钱才能赎回自己。
>
> 农民必须要使用一个特殊的词称呼地主……较大的封建主拥有大批佣人，他们给主人纺线织布，织的布除供主人自己使用，还可以出售给他人。
>
> 奴隶可以自由活动[3]，但是每天早晚都要点名。

在书中"牧民"的小标题下，可以看到帕拉家族有2万多只羊。

1955年我们一路记者曾经去过日喀则，但没有去帕拉庄园看看，即便当时我们去了，恐怕情况也是一样。庄园的主人当时还住在那里，他们也许会设法讨好我们，大家恐怕连跟农奴交谈的机会都没有。1955年，帕拉家族还呈现出"上层社会进步人士"的形象，是中华人民共和国的忠实公民，拥护民主改革，就像他们后来修建"托儿所"表现的一样。

直到1965年，我去帕拉庄园的行程才得以实现。当时，原来的主人由于参加1959年叛乱已经逃往印度，农奴成了庄园的主人，他们也敢于说出心里话。那个时间才是访问帕拉庄园的最佳时间，因为要了解底层的情况，最好的方式是等他们获得翻身之后。

截至1965年，帕拉家族的自营地已经成为江孜县第二解放乡的中心。帕拉·土登沃丹⁴作为庄园最后的主人，曾经当过十四世达赖喇嘛的仲尼钦莫（大管家）①。当时乡政府也设在这里，有些房间像博物馆一样依然保留着原来的面貌。红旗在我们头顶上飘扬，庄园现在的主人在大门口迎接我们。他过去曾经是一名马夫，常年和马住在一起，吃的是剩菜剩饭，不管哪个主人骑马，他都要手和膝盖同时着地趴下，让主人踩着脊背上马。

在客厅，大家坐在昔日主人用厚垫子装饰得十分漂亮的凳子上，一群昔日的农奴和奴隶向我们诉说着庄园的过去。这个庄园有120个房间，分别属于两个家庭，一位是常住拉萨的帕拉·土登沃丹，另一位是他弟弟帕拉旺久。帕拉旺久长期住在这里，有十个上等佣人和一百多名家奴来服侍他。一个奴隶告诉我们说："当时我们的生活连狗都不如，帕拉旺久养了四条狗，三条养在楼下，每天要吃一公斤粮，养在楼上的狗和主人吃同样的东西。而当时奴隶只能吃到一些用很差的青稞熬的稀粥，这些青稞要么已经发了霉，要么就掺着杂草，并且粥很稀，经常能看到碗底。"

他们还愤怒地向我们讲述了奴隶主是怎样惩罚和羞辱奴隶的，这些惩罚和羞辱通常是按庄园的"习惯"做法和主人一时兴起为庄园制定的规则来实行的。女*朗生*要生孩子，只能生在外面，不能生在庄园里或庄园的外屋，生完孩子三天后不回来干活就要挨打，或者被关进帕拉庄园的私牢里。生病的奴隶要么自己爬出去，要么被抬出去，"禁止死在"庄园里面。"违反这个规则的尸体"不能从门口出去，只能从墙上扔到外面。

他们还给我们说：帕拉庄园规定，本庄园的奴隶只能和本庄园的奴隶通婚，否则就要受到惩罚。白玛朗杰的妻子不是帕拉庄园的奴隶，他因此

---

① [译者注] 原著中此官职名为"ex-chamberlain"，也有译作仲尼钦莫，是达赖喇嘛的大管家。许多书中又称其为达赖喇嘛的副官长。

被关进大牢暴打1000下,腿上被打得几乎体无完肤,还要翻过来接着打。白玛朗杰最终活了下来,但腿部落下了残疾。

尼玛桑珠和来庄园干活的铁匠相爱,并且怀了身孕,主人骂她是"黑骨头"(属于贱民铁匠阶层),并把她赶了出去让她去饿死,襁褓中的孩子也不让带出去。奴隶们回忆说,帕拉家族把他们当成像狗和猴子一样会表演的动物,如果干活学得稍慢一些,就要被压到热水里烫,放到火炉上烤。他们八岁就要下地干活。

达瓦次仁一岁那年阿妈去世,奴隶主把她的财产据为己有。[5]

人民解放军到来之后,帕拉庄园的两兄弟才决定要参与民主改革。有一次在内地参观,他们看到专为劳动的妇女修建的日托所,回来后他们说也要在庄园里建一个类似的托儿所。我们见到了那个托儿所,在一个小院子里面,托儿所四周都是猪圈。互助组的组长介绍说:"托儿所大概放了60个小孩,一半孩子死于饥饿、疾病或食物中毒,仅1953年一年就死了15个孩子。其实,他们办托儿所的真正目的,是在白天把女奴和孩子分开,这样她们就能干更多的活。托儿所由一个年龄很大的老妇人照看,她尽管很用心,但因为孩子太多,照顾不过来,他们经常躺在自己的屎尿里,有时候甚至还抓起来吃。"

帕拉家族的贪婪和淫威毁掉了所有家庭,情况相对好一些的佃农也是如此。拉巴江村是一个佃农,帕拉家族霸占了他家的小果园,绝望中他跑到拉萨向达赖喇嘛的法庭申诉。但是帕拉家族在那里也很有势力,他们胡乱写了个条子,就把拉巴江村打发回去,并且将他在庄园阴暗潮湿的私牢里关了十年。1958年,西藏叛乱和民主改革前不久,拉巴江村离开了人世。请大家注意,即便是贝尔这样偏袒农奴主的人,在写给达赖喇嘛的信中也曾经提道:"法律禁止直接上诉,上诉者会因此被立刻投入监狱,但即便这样,他们最后也想获得一个合理的裁决。"[6] 但是为了一个合理的裁决,拉巴江村等了整整十年也没有等到。下面,我们把这个例子和达赖喇嘛书中轻描淡写的无耻言辞做一番比较,这本书也许是他逃到印度后由他人代笔所写。书中写道:在西藏政教合一的制度下,"人们觉得在所有官员之上有一个他们绝对信赖的地方，最后的申诉在那里能够讨得公道。而实际上，沐浴在达赖喇嘛宗教荣耀中的统治者都是遵守传统且有教养的，不可能成为一个不公正的独裁者。"[7]

就财产权而言，这个事例表明一直到20世纪中期，西藏庄园的农奴和12世纪英格兰封建时期的农奴在地位上十分相似。当时的规则是"农奴的一切都属于贵族"，并且农奴"在依据法律反对主人方面没有任何权利"。[8]

离开所谓的托儿所，我们又来到帕拉家族昔日的住处，它们反映了西藏变为半殖民地后封建农奴主的生活方式。这种变化使得帕拉家族需要金钱才能享受到外国的奢侈品和其他的玩物，以及它们所代表的身份，这也进一步加剧了奴隶主对庄园奴隶和农奴的残酷剥削。当时，房里只剩下一部分私人物品（很多东西1951年和1959年已经被装船运到印度），但也有很多东西值得一看。衣柜里存放着很多用珍贵的锦缎和英格兰布料做的衣服，还有达赖喇嘛政府官员所戴的进口斯特森官帽；女性用的装饰品则有大颗的藏式钻石吊坠，以及价格不菲的瑞士金表。为了供自己打扮和寻乐之用，帕拉进口了英国牛皮做的镶银化妆盒，各种高档体育装备（包括马具、滑冰鞋和羽毛球拍），还有整箱的苏格兰威士忌。庄园寺庙进行传统宗教仪式要用到的物品包括用处女大腿骨包银做的长号和人头盖骨做的酒杯。所有这些财富和奢侈品有些留在国内，有些已经被运往国外，它们都是穷人和被压迫阶层辛苦劳作和苦难的结果。

现居国外的车仁·仁青卓玛①提供了一些有趣的第一手资料。在帝国主义入侵西藏时期，西藏上层社会十分喜好国外（以及国内）的奢侈品。她写道：前夫擦绒一直担任受英国支持的西藏地方政府的俗官，"对任何新东西都好奇，喜欢买餐具、收音机、手表和照相机"，他还"收藏玉器和名贵家具"，并"把一名厨师送到印度学习西餐的制作"。[9]为了得到

---

① [译者注] 仁青卓玛（Rinchen Dolma Taring）是贵族擦绒（Tsarong）的前妻，后来又嫁给大贵族车仁·晋美旺秋。

一个对宗教虔诚的美名,"他叫裁缝用不同颜色的优质缎子做了100件楚巴①(一种大襟长袍)、100件真丝上衣和50个红色丝带",上面都编有号,等他死后发给做法事的神职人员使用。

帕拉庄园所有的财富都来自农奴和奴隶,现在我和他们坐在一起,听他们讲自1959年来发生的变化。他们的话语既简短又意味深长,将过去和现在的生活进行了比较:"过去我们没有房子,现在我们有房子住。过去没有衣服穿,也没有东西吃,现在都有了。过去我们没有像样的衣服穿,现在我们每人至少有两件体面的衣服。过去我们为种子和食物发愁,现在再也不用了。过去常常有孩子死掉,现在他们都活了下来,并且都上了学。"

1965年,这个原来是庄园的村子有38户人,成立了3个农业互助组,耕种着77公顷土地。过去,由于要给帕拉家族做劳役,粮食的产量很低。而到1965年,粮食的产量几乎翻了一番。在帕拉"自营地"时期,帕拉庄园有15头耕牛和18只奶牛,我们去的时候牛和羊分别增加为27头和43只,而且都归翻身农奴们所有。

1959年实行民主改革之初,90%家庭需要政府的救济。到1965年,几乎无人再需要救济。

这个进步也得益于国家的支持(提供贷款,免费发给农具等),但主要原因还是人民解放后获得的主动性。在帕拉庄园监工的皮鞭下,种地几乎不用肥料,地里的草比庄稼还要多,病虫害也十分流行(消灭病虫害,除了请喇嘛诵经,禁止使用其他任何方式)。民主改革使农民的身心都得到解放,地里的草除干净了,农药也替代了咒语。仅1964—1965年冬,全乡用28万袋沙子、塘泥和木灰改良土壤,互助组对劳动力的优化配置更加促进了这些措施的落实,村里还栽了很多树,农民们正在谈论下一步从互助组转向合作社,甚至直接成立人民公社的事情。

"现在,红色印章掌握在人民手中。"这些话在新西藏使用的频率很

---

① [译者注] 原著中为"chuba",是一种藏族服装名称,为一种大襟长袍。

高，从帕拉庄园的昔日奴隶那里，我们也听到了这句意味深长的话语。在旧西藏，红色印章曾经是贵族和上层喇嘛的特权，其和判死刑、肉刑、强迫劳役和奴隶交易总是联系在一起。现在，它掌握在人民解放行动下组建的人民政府手中。

1965年，帕拉乡当地政府（人民委员会）由23名代表选举产生（这些代表是从乡里548人中以无记名投票的方式选出），他们中有5名妇女，18名昔日的农奴和奴隶，以及5名"中农"。根据联合统一战线的政策，乡里还邀请了一名庄园昔日的管家做顾问，此人没有参加1959年的叛乱。

新上任的领导不讲排场，自己也亲自下地劳动，而且成分越低的人受到的关注越多。我们听说有位委员盖房子很在行，他刚刚帮一个年龄大身体差的农奴修好了房子；还有一位委员在尼洋河水位上涨威胁到青稞地的时候，脱下衣服包住大石头堵住河堤上的一个溃洞。

这些都是1965年我们在帕拉庄园和临近庄园了解到的情况，这里已经成为江孜县第二解放乡的中心。离开的时候，我们刚好从新修的小学门前经过，当时，放学的铃声刚刚响过，小学生们在操场上互相追逐嬉戏，他们的叫喊声久久回荡在我们的耳畔。

《大英百科全书》"西藏"条目下的那些内容已经过时得太久太久。

※　　　※　　　※

1976年，在帕拉庄园基础上成立的互助组成为光明公社的一部分。当时，人民公社已经成立十年之久。

公社的领导们说，促成公社成立的原因与克松庄园的情况十分类似，支持者和反对者之间的斗争源于在私有财产上固有的贫富两极分化，互助组本身无法消灭这种分化，而且这里的贫富分化发展得十分迅速。当时的一个解释是，因为帕拉庄园靠近江孜老商贸城镇，帝国主义的长期入侵通过附近的印度边境在这里撒下了资本主义的种子。

1959年，获得土地和牲畜的农奴和奴隶中有部分人很快发现，把土地和牲畜利用起来比较困难。作为家奴，他们过去主要干一些诸如扫地、养花、喂狗、纺线等这样的活，对怎样种地了解不多。现在虽然按人头分了土地，但那些老人和孩子多、劳动力少的家庭根本种不了，有些人因为急用钱，就把牛马卖给一些家境较好的社员。

但是，这些家境好的社员又利用多余出来的牲畜去乡里搞运输，有时候他们还会把牲畜租给别人干农活。没多久，每头牛一天的使用费用跟四个人劳动一天的费用不相上下。在当时的自由市场上，牲畜的价格也因此不断上涨，再用原来的价钱根本买不到牲畜。穷人家没有牲畜，就只好把地撂荒或者卖掉，靠给别人干活谋生，甚至还有人把民主改革中分的衣服和家具也卖了。

刚刚富起来的那部分人在朝一个不同的方向上走，甚至出现了有人不种地不参加集体劳动的情况。种地的人少了，产量没有得到相应的提高，穷人开始说互助组是"互助但没有让大家共同受益"。因此，他们最渴望的是实行更先进的集体所有制。

与西藏其他地方一样，光明公社成立了。1967年，紧随互助组之后成立的人民公社，经济上仍然像一个初级或者半社会主义的合作社。虽然在劳动中，人民公社把土地、牲畜和工具集中起来大家一起使用，但仍然是谁投资谁受益，投资的多少决定着收入的多少。在政治方面，也同国内其他地方一样，从一开始人民公社就是地方政府的基本组成部分，并且承担了已经不复存在的第二解放乡的职能。

虽然贫富分化的速度慢了下来，但是在人民公社成立的初期它仍然存在。有些社员牲口多工具多，得到的分红也足够他们不需要再参加劳动，这些人还想去别处赚一些不费力气的钱。对于由以前的农奴或奴隶组成的家庭来说，全部收入或者主要收入依靠劳动取得，而且只能生产出更多的盈余来冲抵分红，他们迫切要求成立人民公社。到那时候，如果不参加劳动，将无权得到别人的劳动成果。

1970年，人民公社完全转变为以社会主义为基础，所有东西都由集体共同拥有和共同使用，土地全部收回，并且不进行补偿。集体通常采用分期支付的方式来赎买社员手中的牲口和农具,它们也不再作为"股份"决定"分红",参加劳动是取得收入的唯一来源。

当然,问题和斗争还远远没有结束,社会主义教育也需要不断加强,公社社员对封建残余势力采取的新手段依然保持着警惕。他们告诉我们说:"对我们的干部进行腐化是他们采取的主要手段。过去在他们的眼中,奴隶连狗都不如,现在他们让我们像亲戚和朋友一样加入他们。我们强调要忠于自己的阶级,这是一个原则问题。干部必须和群众一样参加劳动、生活和学习,不追求特权,始终做劳动人民的一员。"

1959年帕拉庄园还没有党员,1965年只有5名党员,而截至1975年,党员数量增加为27名,年龄最大的55岁,最小的20岁。

下面这些数字是我们得到的有关全公社人口数量和粮食产量的数据,它们显示的增长是全方位的。

表4-1 1959年、1966年、1976年互助组和公社的人口数量和粮食产量对比

	1959年	1966年	1976年
家庭数量(户)			
互助组	31	35	42
人民公社	205	221	251
人 口			
互助组	161	173	197
人民公社	985	1015	1315
土地(公顷)			
互助组	86	89	90
人民公社	420	470	534
粮食产量(吨/公顷)			
互助组	0.67	0.84	1.92
人民公社	0.60	8.77	17.4

20世纪70年代中期,由于引入了冬小麦的种植,帕拉庄园的粮食产量和西藏其他地方一样都实现了增加(这种变化带来的问题请见下页。)1972年,互助组和公社的粮食产量实现了自给自足。1975年,每公顷土地分到的粮食大约是224公斤。同年,由于粮食的盈余卖给国家的部分如下:

表4-2 互助组和公社的粮食盈余对比

	粮食盈余(吨)
互助组	17.5
公社	207.5

除此之外,储备的粮食(种子除外)数量如下:

表4-3 互助组和公社的储备粮食对比

	集体储备(吨)	家庭储备(吨)
互助组	1.8	7.6
公社	33	50.2

人民公社购买了一台手扶拖拉机,一台柴油发动机和其他农机(脱粒机、扬谷机和条播机),还购置了14辆马车;1976年,基本完成了农田基建和土地平整工作,为机械化生产做好了准备。县里的一条灌溉水渠也正在修建之中,贫瘠结块的土地也用河沙进行了改良,既能提供肥料又能供应肉类的养猪业也发展了起来,1980年粮食产量的目标是每公顷3吨。

无论是互助组还是公社时期,儿童的入学率都超过了90%。

50岁的公社妇联主任桑姆说:"听到毛主席去世的消息我十分震惊,我不相信这是真的,当时我脑海里又出现了过去农奴主的形象。接着,毛主席的形象又把他们完全挡住。毛主席把我们从地狱里拯救了出来,旧时代已经过去,并且坚决不能再恢复,继续进行革命的任务落在我们的肩上。"

和西藏其他地区的公社一样，随后对政策开展的回顾和反思，揭露了"极'左'路线"对公社犯下的很多错误，有些是全国性的普遍错误，有些具有地方性的特点。比如，（就公社社员而言，如果承担了自己应承担的集体劳动）无论什么私人性质的生产劳动，不管是农业还是牧业，只要以个人的形式在市场上进行销售，即便没有构成对他人的剥削都要加以限制，或者称其为走"资本主义"路线，这种做法无疑是错误的。在公社的组织里面，一些模式没有考虑西藏的特殊情况而从内地全盘照搬过来。在阶级政策方面，有一些农奴被重新划为"富农"成分，并且成为斗争的对象。这些做法不仅不合理，而且是一种倒退。在粮食政策方面，冬小麦的种植受到了重视也引起了争论，并且被认为是一种错误的做法。的确，粮食产量虽然得到了提高，但是在西藏的自然条件下生长的小麦（高海拔、高紫外线辐射等）不能满足群众的需求，它们很难磨成优质的面粉。而长期以来作为高原传统主食的青稞，却由于过分注重冬小麦的种植，种植的面积和产量都受到了影响，因此，出现了人民群众喜爱的传统主食供应不足的局面。

尽管出现了一些问题，将来其他的问题也不可避免，但有一点是值得肯定的：帕拉庄园和别的地区将永远不会回到过去，西藏人民在自身的环境中走社会主义道路的能力将不断增强，这种方式也最容易使他们的生活质量得到迅速改善。而且随着经验的不断累积，走社会主义道路的机遇将会得到不断提高。

【作者注】

1 查理斯·贝尔，《西藏今昔》（牛津，1924年），第94页。

2 贝尔为帕拉庄园的财富还加了另外的证明。"宗山附近的帕拉谷仓，我通过测量发现它可以容纳1万立方米粮食，这只是帕拉家族的财产之一。"（同上，第43页）。

3 由于我们在克松庄园见到奴隶们被封闭在他们的劳动场所，因此点名间隙"能自由活动"是不真实的,西藏的奴隶一直受到监视,有时甚至根本不能自由活动。

4 根据克里斯托佛·马林所写的《1975年9月5日远东经济评论》,帕拉·土登沃丹是1959年叛乱前夕,美国中情局为了及时了解西藏的情况,被空投到西藏的伞兵。由于对叛乱胜利的前景不太看好,他曾极力主张美国向西藏投掷原子弹,以尽快结束在西藏的战争。帕拉骨子里的传统观念在与帝国主义者之间的勾结中显现出来。他们完全不顾自己民族的安危,完全不顾对"进步"短暂虚伪支持的借口(借此与中情局过往甚密),完全不顾西藏分裂主义和帝国主义者间不可避免的联系。

5 没收农奴的遗产在欧洲的封建时期也存在过。例如,在11世纪的法国,"乡下佃农的'永久管业'意味着他们自己没有任何物品,他们只允许有动产,而且他们没有权利将这些财产传给后人"。如果农奴的孩子事实上继承了这些遗产,他们要"为得到这些财产交很重的税,或者放弃占有一匹马、一头牛或其他特别值钱的财产"。(《大英百科全书》中的《庄园》一文,第11版)这些做法和1959年前的西藏非常相似。

6 贝尔,《西藏的宗教》(牛津,1931年),第182页。

7 《达赖喇嘛自传;我的祖国和人民》(伦敦,1964年),第61页。

8 《农奴制》,《大英百科全书》,第11版。

9 车仁·仁增卓嘎通嘎,在她的《西藏的女儿》(伦敦,1970年)一书中。

第五章 两个开端的回忆

东嘎乡：西藏人民公社的第一个试点乡

西藏第一个农村人民公社的试点工作开始于1965年7月，有趣的是试点工作先从一座寺院展开。原因并非因为喇嘛庙是革命的主要对象，而是由于与一些世俗资产相比，寺庙的财富积累往往更具剥削性。

在这一方面，西藏与封建时期的欧洲惊人得相似。[1] 在英格兰中世纪后期，教堂获取财产也极度依赖农奴制度。对此，《大英百科全书》做出了这样的描述：拉姆齐修道院①长期实行强制劳动，一直到15世纪中期其失去对世俗贵族财产的掌握很久以后。历史学家马荣·吉布斯曾经这样写道：

> 要了解封建制度，就必须了解教堂在其中扮演的角色，而让这两者之间的关系理想化和神圣化是罗马天主教堂等宗教机构的权力。教堂本身拥有土地，是封建社会经济、社会和政治结构中一个不可缺少的部分……当然，神父向不同阶级传授着不同的道德规范，他说富人只要施舍就能上天堂，而穷人要上天堂则需要耐心和勤奋。[2]

违逆世俗的主人可能只是犯罪，但是如果和教堂对抗，那就是亵渎神

---

① ［译者注］原著中为"The Abbey of Ramsey"。

灵。在这方面,政教合一的西藏更是有过之而无不及,其主要原因是因为西藏37%的土地归喇嘛庙直接所有。

曾经受到最严重压迫的人民一旦摆脱出来,对于进步就求之若渴。在西藏民主改革中,寺庙的土地分给了农奴和奴隶。在发展的过程中,他们组建了互助组,接着又成立了人民公社。

这是离拉萨不远的东嘎乡曾经发生的事情。过去,它和另外150座庄园一起均属于哲蚌寺。这个乡有120户农民,470口人,他们都曾经是农奴或奴隶,而且奴隶的数量不断上升已经成为当地的一个特点。农奴们一个个都对欠哲蚌寺的债务感到十分绝望,他们不仅因此分不到任何东西,而且还让他们沦为奴隶,彻底变成任人宰割的劳动机器。一部分人在变成奴隶之前逃走了,也有部分人因为同样的命运,抛妻离子从其他庄园逃到东嘎乡。作为东嘎乡的管理者,哲蚌寺在这里可以随意更换奴隶、孩子和大人,从而使东嘎乡的很多父母与孩子失去了联系,有些人甚至对自己父母的情况一无所知。

东嘎乡有167公顷贫瘠的土地。民主改革前,山南的克松庄园每公顷土地平均粮食产量为1.59吨。与之相比,东嘎乡的粮食产量极少超过每公顷0.84吨,不仅土质薄,地里石头多,而且还密密麻麻地长着被当地人称为"让巴草"的野草,要除掉它需要大量的劳力。而对农奴而言,要完成喇嘛庙安排的繁重劳动,根本没有多余的精力去除草,尤其在最繁忙的时候更是如此。因此,在一些收成不好的年份里面,农奴有时甚至连种的种子都收不回来,而且一到收获的季节,"地里面都变成了红色",穿着红袍的和尚们成群结队跑到地里面,确保交给喇嘛庙的粮食能够得到保证。所有粮食都要在和尚的监督下封存在麻袋里,而真正的种粮人却只能望粮兴叹。难怪人群中流传着这样的说法:"收割完了,农奴也完了。"

农奴即使想通过其他的渠道挽回一些损失也根本不可能,因为就连地畔上长的草都属于哲蚌寺,如果想在那里放牧,要首先向喇嘛庙敬献哈达,得到允许后才能进行。

水也属于哲蚌寺,农奴灌溉首先要得到允许,同时还要奉上哈达和鸡蛋等诸如此类的礼物。

山也归哲蚌寺所有，如果要到山上砍柴，只能砍一些小灌木，捡些落叶。

人民的生活甚至穷苦潦倒到这种地步："晚上睡觉如果盖住头，腿就会露出来受冻，护住了腿，就要冻着头。"

公社党支部书记索南扎西说："这些惨状还只是我们以前生活的一部分。为什么今天还要讲这些？是因为我们一定不能忘记过去！这种记忆也坚定了我们走社会主义道路的决心。如果大家动摇了，新的贫富差距就会出现，共同富裕将不可能实现。"

东嘎乡向人民公社的转变完全基于当时自身的条件。这里和其他地方一样，1959年民主改革完成后成立了互助组，粮食产量大幅提高。索南扎西解释说："刚刚实行改革的时候，我们就注意到互助组也不够彻底，当时还存在劳力不足的问题，有时又会出现劳力得不到充分利用被浪费的情况。虽然大家都一起劳动，但还要一块地接一块地去耕种，这是互助组无法回避的一个矛盾。要改善灌溉的情况，只有沿堆龙德庆河筑坝，需要的劳力投入规模比互助组更大；我们也想对土地进行改良，但只有等成立了更大的集体组织，才能够购置需要的设备，并进行高效利用。

"个人经济也会产生贪婪和自私，互助组依旧建立在个体经济的基础上。所以，有些人付出的少，却总想让别人帮他。他们越是这样，就越比别人富有。如果任其发展下去，这些人从别人的劳动中得到的好处就越多。"最后，索南扎西总结说，建立互助组是一大进步。但对于由此带来的发展而言，互助组已经成为下一步发展的绊脚石，而且现在已经到了再发展一步的时候。

索南扎西说："对这一点我们都十分清楚，而且还进行过讨论。村子有3个互助组，23户家庭，1964年9月，我们就自行组建成立了农业生产合作社。当然，这个合作社还属于初级半社会主义的形式，也就是说土地仍然归社员个人所有，收入多少由劳动多少来决定，而且收入依然和投入土地的多少挂钩。但与互助组不同，合作社的经营、生产和发展不是以单个小组为单位进行，而是大家以一个大集体为单位共同实施。新的投入也建立在这个大集体的基础上进行，合作社添置了新犁和播种机，并且加以高效的利用，大家也随之变得更加团结。尽管土地仍然归个人，租土地要交租金，劳动也要得到相应的报酬，但大家都把农场看作是大家共同的事业。

"提高粮食产量需要修建拦河坝，这个工作必须尽早进行，但是合作社这个组织的规模仍然太小，效率也不高。人们常常说：'一捆柴燃不起大火。'"

索南扎西说："这就是大家决定要快步进入人民公社的原因，成立人民公社也是全国其他地区发展的方向。当然，我们没有经历过其他地区人民公社成立经历的所有阶段。但我们相信在目前条件下，时机已经成熟。虽然经验不足，但是有党和毛主席的领导，我们对此充满了信心。"

就这样东嘎乡人民公社开始成立，西藏自治区党和政府领导也从拉萨来到这里，出席了人民公社成立的重要仪式。我们参观的时候公社管委会有9名成员，其中2名为女性；在成员的阶级构成中，5名成员以前是奴隶，3名是以前的贫苦农奴，1名为"中农"；公社还有一个由5名成员组成的监察委员会。东嘎乡4个自然村组成公社的生产队，生产队又分为14个生产小组，生产小组是记账和分配的单位，会计和工分记录人员也得到了培训。生产小组有较大型的生产工具，如畜力播种机（从前，西藏的播种都要靠手工完成），还有一些新型犁具，其余工具仍然归个人家庭所有，生产小组也可以使用国家刚刚发下来的35个新型钢犁，但它们仍然归人民公社所有。

但是，和其他地方的公社相比，东嘎公社也存在着重要的差异，大多数生产队和生产小组土地所有权仍处于半社会主义集体合作社的水平，也就是说尽管实行统一管理和统一劳动，但土地仍然在个人的名下，按土地份额分成的做法在这里依然实行。而国内其他地区一年前甚至更早的时候，就成立了人民公社，实行土地和生产工具彻底向社会主义集体所有制的转变。但在这里，这种转变本身要在公社的框架内稍晚一些时候进行。

有记者问："这里的土地还归个人所有吗？"索南扎西回答说："尽管土地仍属于个人名下，但实际上这个问题已经几乎不存在。目前，唯一不同的是由生产小组管理的土地和村民房屋附近的自留地，自留地种什么由村民自己决定，自留地打的粮食也不进入村里总账进行再分配。"

我们告诉索南扎西他的解释既具体又深刻，给大家留下了深刻的印象。他回应说："大家都清楚，我们不打无准备之仗，准备的方式就是把群众调动起来，对每件事都进行充分的讨论，这也是我们对每个细节都十分清楚的原因。"

索南扎西继续说："尽管公社才成立两个月，它的优势已经显现了出来，大家想事情往往都会从更宏观的角度去加以考虑。比如，之前我从来没有想过要做绿肥，现在我们就在用绿肥；公社会提前预留好劳力，防止和其他的事情发生冲突。根据土壤情况的不同，可以对庄稼实行更好的安排和照管。大家从来没见过庄稼能长得这么好，包括一些年岁很高的老人。"

说着说着，党支部书记索南扎西又提到了人民当家做主的"精神进步"和"不断提高的自我意识"，这很显然是他最喜欢的主题。他激动地表扬了马夫洛桑，说他在一个温度很低的晚上，用被子给自己负责照看的马匹取暖。对于这件事，洛桑是这样解释的："我感冒了只会影响到我一个人，如果马冻病了，那就是集体的损失。"赶马车去拉萨的时候，洛桑记账没有写上吃饭的花费。他说："不管在哪儿，我都要吃饭。"

索南扎西自豪地说："现在，大家都变成了这样的人。"

东嘎乡自然环境优美，公社管委会的办公地点是一个用红色石头修建的旧房子，位于一片绿色小树林的深处，管委会很多委员住在另一个结实好看的楼里。

在楼上一个通风很好的房间里，我们见到了住在这里的次仁央宗，她44岁，身体看起来很结实。当我们感叹房间的窗子真大的时候，她说："坐在这儿，可以看到整个院子，过去管家就是从这里监视我们这些在下面干活的奴隶的。"从房间的一个角落里，她拿起一个厚厚的铜勺，勺把足足有一英尺长。"过去就是用这个勺子给我们盛饭，每人一天两勺。管家如果不高兴了，还会用它敲我们的头。有时候使得劲儿真大，人的头盖骨都被敲烂了。"

离开那个房间的时候，我们见到一个固定在墙上的铜质转经筒。[3]我们问她："你们现在还转吗？"女主人笑着回答说："我吗？不！再也不转了。过去他们就是用这些东西把我们的头转晕的。现在我们知道并不像他们说的那样，人生下来就有什么命好或命坏之分。如果命好，为什么我过去是住在马厩里的奴隶？如果命不好，为什么现在我住在这么好的地方？"显然，如果辩论起来，没有哪个神学家能够说服这个性格直率的藏族妇女。

副书记曲礼住在隔壁的房间里，他给我们看他过去穿过的破衣服，都是小心保护才留存下来的。曲礼说，在当奴隶的20年里，他经常被拉到哲蚌寺挨打，想逃跑的时候脖子上被戴上厚厚的木枷，腿上还要戴上沉重的脚镣。讲这些的时候，他显得十分平静。忽然，他正在上学的儿子难过地哭了起来。当时，他站在门背后不易让人看到的地方，脖子上戴着少先队员的红领巾。他哭，是因为听到了阿爸的叙述，就好像自己又经历了阿爸遭受的苦难一样。

楼梯平台处橘红色外墙上有很多用粉笔写的数字。

"这些数字是什么？"我们问。

"哦，这是孩子们给公社记账演算留下的，他是算得最好的孩子之一。"曲礼一边微笑着对我们说，一边把手放在儿子的肩上试图安慰他。由于悲伤，他的双肩还在不停地抽动。

历史永远不会在这里重演！永远不会！

邦堆：人民公社使大家用上了电

乘坐一辆路虎越野车从拉萨出发，沿着年楚河畔崎岖的山路，一路颠簸4个小时就到了邦堆。在那里，我们参观了西藏的第二个人民公社，它

1965年7月20日成立,比东嘎人民公社仅仅晚了两天。邦堆公社似乎更代表着未来,它的三个村子家家户户都用电照明,公社会议室和自己建的学校里也是这样,照明用电均来自公社自行管理的一个小型水力发电站。

和东嘎乡一样,邦堆过去也是寺庙的属地,201公顷耕地大多数属于被尊为"神王"的达赖喇嘛的驻锡地布达拉宫。民主改革时期,这些土地被分给89户奴隶和农奴家庭(共428口人),成立了11个互助组,后来又合并成为7个规模更大的互助组。

在人民公社成立之前,互助组的粮食产量从平均每公顷780公斤提高到1155公斤,耕畜数量从72头增加到121头,奶牛从167头增加到226头。加之没有了昔日的苛捐杂税,所有收入直接受惠于民,因此到1964年,邦堆公社的家庭购买力是1959年民主改革前的6倍。

和东嘎乡一样,这里的人也认识到互助组并不能带领大家走向共同繁荣。尽管在效率和经验的积累上,这种初级合作方式是必须经历的一步,但也带来新的贫富分化的种子。它隐藏在互助组的简单形式里面,通过个人经济和集体劳动之间的矛盾显现出来。

在邦堆,冒出"资本主义尾巴"的例子来自一个叫尼玛次仁的家庭。[4] 在封建农奴时期,尼玛次仁从农奴变为一无所有的奴隶。民主改革后,由于家里人口多,土地划分按人口进行(包括小孩在内),相对而言他家分的地和牲畜都比别人家多。互助组的其他成员虽然人口少,分的少,但成年人和壮劳力多。因为小孩不具备劳动能力,这样一来,其他人就要为尼玛次仁家的地辛苦劳动,就形成了尼玛次仁对他人劳动的剥削。根据互助组的规定,在收入方面,尼玛次仁比那些给他带来额外收入的人还要高,但别人用他的牲畜还要付钱,这无形中又增加了他的收入,其结果是他开始采取一些剥削的做法,比如本人很少参加组里的劳动,碰到不喜欢的活甚至直接不去,只有在回忆过去的苦日子时候,尼玛次仁才会去参加集体劳动。即便这样,他依然可以不用劳动就能获得收入,因为在这样的组织形式下,他最初的优势形成了收入的不公,这种不公只能减少,而无法进行回避。

现在来看一个相反的例子，看看像贡布一样的昔日奴隶，怎样从互助组成员变为被剥削者。就土地和劳力而言，贡布家的情况和尼玛次仁大致相反，虽然他干活很卖力，但是在民主改革后的几年里，与互助组其他的成员相比，他家的经济状况变得更加糟糕。

总的来说，邦堆实行互助组5年后，在收入上大约25%的家庭又开始走下坡路，大多数人保持基本稳定，或逐渐得到改善，但是一部分人的收入过高。

因此，有这样一个问题摆在了大家的面前：到底是继续走社会主义道路，还是再次回到人剥削人的旧社会？在党的领导下，社会主义道路通过组织和发动贫苦大众取得了胜利，而且还做出了更多的努力，将所有能争取过来的人都争取到了这条道路上。

贡布就是其中的积极分子之一，他过去是奴隶，现在家里的经济状况也不太好，1965年他还是一名公社民兵。另一个人叫扎西卓玛，过去也是奴隶。在互助组时期，她的生活情况得到了相应的改善，但还是无法忘记过去。看到新的贫富差距再次出现，她强烈反对。她的家庭内部也出现了斗争。在与丈夫争论的时候，她丈夫主要想个人怎么去赚钱，扎西卓玛却认为："好日子对我来说就是大家都能过上好日子。"1965年，扎西卓玛是公社监察委员会的领导，在她的劝说下丈夫也成为一名委员。

邦堆公社的成立并非一蹴而就。1965年2月，12个较贫困的家庭组建成立了合作社。在耕地、播种和庄稼生长的初期，他们证明了以集体形式种地所具有的优势。与此同时，还有另外16个家庭没有成立合作社，他们合并成为两个联系更紧密并且更加成熟的互助组。作为互助组的共同财产，他们有一个可以把青稞磨成糌粑（炒青稞粉，藏族人的主食）的小型磨坊、两头耕畜和两个新型犁具。劳动力的有效合理分配提高了他们副业的收入，如发展集体企业，从事伐木和养猪等。

这些典型案例说服了更多的人。支持成立人民公社的人写信给党支部，不识字的家庭还让人以他们的名义代写。仓木卓玛家有五个壮劳力，他们也认识到互助组存在的种种不足，并且不约而同地要求成为公社社员，89户家庭中82户提出了申请，人民公社从此成立。

和东嘎公社相比，邦堆公社在经济方面进行的试验也许更加成熟。公社的三个队中有一个29户家庭的小队，占公社耕地面积的1/5，从先前的合作社过渡到社会主义土地集体所有制，按照劳动的多少而不再按土地的多少进行收入的分配。所有大型农具，包括犁和耙，都从社员那里赎回，大部分耕畜仍然由个人拥有和饲养。如果集体要用它们从事劳动或运输，则需要给主人付租金。集体若需要购买耕畜，则要经过集体的商议同意。各家各户的羊也集中起来由集体安排统一放养，放牧人凭放牧的天数计算报酬，羊生产的肥料归集体所有，而且每出生两只羊有一只羊归集体所有。就这样，集体的羊群慢慢地多了起来。

邦堆公社的另一个特点是它有一名叫旦增的女书记，今年24岁，过去也是奴隶出身，因为工作出色而当选。大多数公社委员会成员与38岁的党支部书记次旺多杰一样，昔日都是奴隶。在那里，我们参观了长势喜人的小麦和青稞，还参观了1所小学。公社一共有3所小学（65名小学生），还有针对成人的夜校班，有阅览室和图书馆。旦增告诉我们说，年轻人成立了一支田间宣传队，表演的节目有革命歌曲演唱，还有革命样板戏等，他们还成立了一个27人的民兵武装小组，其中10人是女性。

临走之前，我们参观了公社的小型水电站。水电站虽然看起来十分简陋，但它的效率较高。发电站有一台功率为10千瓦的涡轮发电机，1个拦河坝，1个用绞盘控制的水闸，1个布满开关的控制板。门口处的杆子上挂着一颗很亮的电灯泡，电线则通过电线杆被拉往三个村子。两名共青团员负责着电站的运行，两人的年龄都是21岁。他们说只用了三天时间，就从安装设备的拉萨纳金水电站工人那里学会了怎样发电。他们兴奋地向我们介绍了发电站的运行情况以及电站带来的变化。其中一个青年说："发电站让夜晚变短了，我们有文化，什么事都能干。"由于水力资源丰富，公社正计划安装一套新的发电机组。毫无疑问，我们参观的是全西藏第一个电气化村。

没有人民公社，邦堆的农民不可能有发电站。

1976年我再去参观的时候邦堆又迈进了一步,最早的那个发电站增添了设备,并且实现了扩容。当时庄稼收割即将开始,粮食产量与以前相比大幅度提高。人们自豪地带我们穿过一个果园,里面种着大约1000棵苹果树,每棵树都挂满了果子。在旧西藏,苹果只在一些高级贵族的花园里培育,一次10棵树左右。因此,苹果几乎可以说是一种身份的象征,农奴或奴隶根本吃不到,很多人甚至连见都没有见过。现在,很多地方都种上了苹果树,苹果已经成为新生活的象征。

在这里,全年的无霜天数只有160天,这些农作物的栽种不仅象征着人类战胜了自然,而且还象征着公社所具有的集体优势,尤其是革命精神和科学精神战胜了昔日根深蒂固的习惯以及对命运的屈服。

年轻的巴桑身材矮壮,皮肤较黑,担任邦堆人民公社革命委员会主任,他本人就代表着这里发生的巨大变化。巴桑一出生就是奴隶,幼年时期还当了三年喇嘛。1959年民主改革后他获得自由,又到邦堆第一人民小学上学。十几岁的时候他担任过合作社的会计,后来合作社又发展成为人民公社。1966年,20岁的时候他入了党。1976年他30岁,除了担任公社管委会的领导,还是民兵连连长和学校领导层的成员。

1976年,全国兴起农业学大寨的热潮(几年后,巴桑和其他积极分子曾到大寨参观学习过)。经过不断的努力,邦堆公社以前一千多块分散的土地被改造成大约200片连片土地,后续的清理和平整工作还在进行之中。这些土地90%都可以灌溉,连续追肥使土壤变得更加肥沃,优良种子(从种过的种子中挑选出来,有些种子是他们自己的年轻人在实验田里通过杂交培育出来的)的使用,进一步提高了粮食的产量。

农田建设和灌溉不仅仅涉及土和石头,还要和一些古老的禁忌进行较量,比如这个小山头是神圣的,不能平掉,那条小溪有神灵,不能被改道,那片草地神说了不能动等等。诸如此类的说法,都被那些对社会主义抱有敌意的旧势力加以利用,也影响了那些根本不能称为"反动的人",但他们只不过还没有抛弃旧的思维方式罢了。

巴桑说:"我们用革命和科学进行了还击。首先,我们举办了新旧社会对比的展览。在老人的记忆里，住在这儿并经历过旧社会的人大概有400个，24人为了不被饿死而逃走，6人被农奴主活活打死，还有60多人死于天花。我们让大家明白了这一切都是剥削造成的。在邦堆，喇嘛作为庄园的代理人，过去行使着当地政府的权力和神的权威，强征361种封建税负和贡品，违反者要遭到鞭打和折磨。喇嘛赞美压迫，并且以做法事赶走坏天气为名，让人们提供供品。所有这些都是展览的内容。

"接着，我们向人们展示了1959年平叛后，民主改革推翻了封建主义。我们要让人们知道，党如何帮助大家，如何使我们成为自己身体、土地和庄稼的主人。接下来邦堆公社响应毛主席'团结起来'的号召迈出了第一步，农业产量得到了提高。但由于受小型个体经济的限制，粮食产量提高的幅度不大。再后来是人民公社的成立。总之，我们用大家熟悉的事实，让大家明白毛主席教诲里面说的那个真理：只有社会主义才能救中国！

"所以，我们不仅是为自己工作，也为社会主义的胜利以及将来实现共产主义而工作。我们启动了更大规模的科学种田。现在，我们的人口增加了，以前逃出去的很多人又回来了，乡亲们不会再被饿死，也不会死于一些常见的疾病。虽然吃饭的人多了，但我们不再像民主改革后一段时间那样还需要救济粮。相反，我们的农业生产还出现了粮食的结余。为了保持这种势头，我们一定要把自己从所谓'命运'的反动思想中解放出来，从一些自私自利的思想中解放出来。所有这些展览都一目了然，生动有效。"

在经济上，邦堆曾经一度依赖国家的补贴才能维持，现在的情况已经得到了改善。自1973年最后一次支付社员上交的工具和牲口费用后，公社的集体资金增长很快。

巴桑说："除了改良土壤、灌溉和施肥等，公社也正在尽力改进生产工具，和西藏所有地方一样，劳动力缺乏是制约产量提高的一个主要矛盾。为了制造出更好的劳动工具，一个由工匠、农民和干部组成的八人小组已经成立，他们设计出兼有三种功能的多功能耙子，能平整土地、打碎土块，还能拔草，还有用水力驱动的扬谷器，以及畜力作垄的工具。过去需要十几个人才能完成的工作，现在只需要一人即可完成。"

巴桑还告诉我们，1976年邦堆的粮食产量比实际需要的粮食多了一倍，多余的粮食都卖给了国家。

不久前，公社用集体积累的资金购买了一台75马力拖拉机，其可以完成公社大多数土地的耕地任务，还买了一台动力脱粒机和扬谷机。[5]

巴桑带着明显的喜悦说道：公社现在90%的7～12岁孩子都在上人民小学[6]。100多人已经小学毕业，113名孩子刚刚被录取。我们在那儿的时候刚好是西藏庄稼收获的季节，学校放了假，孩子们回去帮家长干一些农活，我们还看到他们正在地里劳动的身影。

公社有7个生产队，每个队都有一个托儿所和幼儿园，看护着108名学龄前儿童。公社还有一个成人夜校、一个业余剧团、一个民兵分队和一个诊所，队里的"赤脚医生"在里面工作。

邦堆的手工业除纺织结实防水的西藏传统氆氇外，还成立了一个缝纫组。类似的单位和学校一样，农忙时节都停止生产，以便更好地搞好农业生产。

除了原来的社员外，还有8名年轻退伍军人及其家属加入了邦堆公社。

巴桑说："我们目前取得的成绩还只是万里长征的第一步。"

【作者注】

1 《大英百科全书》，第11版，《隶农制》一文。

2 马里恩·吉布斯，《封建社会》，伦敦，1979年。

3 转经筒，过去在西藏到处都可见，是一种金属圆柱体，尺寸有各种大小。大的比一人还要高得多，小的可以拿在手里。筒内装有刻有经文的纸，转经筒的人相当于念了经筒中的所有经文，人们认为这样能帮助转经者来世有好命。巧妙的设计和平衡使得经筒很容易转动，有的经筒是用水力来转的，这是连四轮马车都没有的旧西藏唯一的"机械装置"。

4 为了不至于把同一名字但不同的人——克松庄园的党委书记——弄混。

5 给我们列出的其他的公社所得包括，55个钢制步犁、8个七排播种机和13辆马车。计划种植10万棵成材树，为公社和学校共建25所房子。此外，还预存了4万元用于扩大生产。对于西藏一个只有600余人的小公社来说，这是可观的。

6 公社经营且提供校舍，但国家负责教师的工资和其他开支，这和国家经营并承担全部财政支出的学校是不同的。

第六章　结巴公社和藏族妇女先锋次仁拉姆

结巴公社是西藏另一个著名的人民公社，它的发展离不开妇女领导次仁拉姆，离不开新西藏妇女地位的整体改变。

次仁拉姆一出生就是奴隶，幼年时期和成人后曾多次被卖给或送给其他奴隶主。她和丈夫也被活活拆散，出生在牛圈里的孩子连自己的父亲是谁都不记得。其中一个襁褓中的孩子在一个寒冷的晚上被冻死，尽管她祈求奴隶主允许将他带到屋内。直到1959—1960年民主改革后，次仁拉姆才和丈夫再次团聚。现在她的丈夫在公社工作，活下来的儿子参加了解放军，女儿从西藏东南部的林芝护士学校毕业后做了一名"赤脚医生"。

1965年，我第一次见次仁拉姆，当时她39岁，已经是西藏非常有名的共产党员，是"朗生生产互助组"的党支部书记。这个互助组是西藏自治区集体农业第一阶段的先锋。朗生的意思是指奴隶，这个互助组以朗生命名，是因为它的所有成员以前都是奴隶。同年，次仁拉姆当选西藏自治区第一届人民代表大会代表。

在她身上，你丝毫看不出由于职位晋升带来的任何变化。她依旧是一名劳动妇女，是解放让她重新焕发了青春与活力，过去的苦难成为激励她自觉不断努力建设现在和未来的动力。次仁拉姆精力充沛，说话干脆利落，棕色的眼睛温暖亲切，笑容不断出现在她轮廓清晰晒得黑黑的脸上。她是刚刚焕发潜力的西藏女性的杰出代表。

1976年我们再次见面时，她刚五十出头，既成熟又有活力，当时她已经是西藏自治区副主席①，西藏自治区领导委员会的成员和全国人大代表，但是她依然步伐矫健，从未停止下地劳动；她还穿着家乡的长筒靴，羊毛翻在里面的无袖羊皮背心。几个月后我在北京又见到她，她依然是这样的装扮。当时，她在北京参加一个全国性的会议。

次仁拉姆工作的地点也没有变，依然和她的组员们——昔日的奴隶在一起。现在，互助组成为次仁拉姆领导的结巴人民公社的一部分。

※　　　　※　　　　※

1965年，在西藏南部泽当县，次仁拉姆向我介绍了互助组的一些主要成员。

这些成员也体现了公社的主要特点：在解放的基础上，人民公社依靠自己的努力成长了起来。尽管政府随时准备给予必要的帮助，社员们一开始就决定要"用自己双手劳动，不想伸手请求救助"，他们是中国人民熟悉的"穷棒子精神"的典型代表。在中国革命的过程中，无论何时何地，毛泽东主要依靠了这种以阶级为基础的自力更生精神。让人尤为吃惊的是，这个由昔日奴隶组成的藏族集体，其主要成员都是女性。

"我们的主要方式是回忆旧时代的生活以激励我们建造新生活，"次仁拉姆说。"让这里的同志讲述他们自身的经历吧。"

他们开头的讲述让人不禁想起了美国内战前南方黑奴的生活（如果不与几百年前欧洲中世纪早期的情况进行比较）。

互助组组长土登33岁，他的体格、肤色及鹰一样的特征与美国西南部的土著人极为相似[1]。土登过去曾经是叛徒夏扎的奴隶。1914年，夏扎这个贵族在由英帝国主义操纵的文件上签字，给中国和英属印度划分了边界，即所谓的"麦克马洪线"，把中国西藏的很多领土划给印度（中国政

---

① ［译者注］根据原著译为西藏自治区副主席。经译者查证，次仁拉姆应为西藏自治区人民代表大会常务委员会副主任。

府和西藏地方政府从未承认过这条线的存在）²。与次仁拉姆一样，土登的生活充满了社会和家庭的悲剧，也充满了愤懑和抗争。与他自己喜欢并私自成婚的奴隶一道，土登曾经千方百计地想从夏扎家逃走，但最终都被抓了回来，并且受尽了残酷的折磨，接着又被转卖给他人，这样也把他和妻子拆散了。现在他们夫妻团聚，并有三个孩子，一个出生在民主改革前，另外两个是他们团聚之后出生的。

年轻的索南旺姆28岁，民主改革前住在狗窝里。她也因为私自成婚给新郎带来了麻烦。主人用刀子捅她丈夫，然后又给他戴上铁镣，致使他落下了终身的残疾。后来，他又被流放到森林里伐木。当时索南旺姆已经怀孕，在悲伤和劳作的双重压力下孩子没有保住。1965年，她已经成长为互助组的积极分子，丈夫回来后也入了党，成为结巴乡的一名领导（这个乡后来发展为结巴人民公社）。

另一位年轻女性叫旦增普赤，她的两个孩子被先后卖掉，她和丈夫也被生生拆散。民主改革后他们夫妻团聚，并且两人都成为互助组的积极建设者。

这四个家庭是1961年互助组成立后十一个家庭中的一部分。互助组一共分到6公顷土地，其中2/3的土地贫瘠产量低；除此之外，他们还分到3头耕牛和6头跑运输的毛驴；生产工具非常匮乏。

互助组最初的困难是，组员们过去只是住家仆人或只喂养过牲口，对种地几乎一窍不通。这不是一个好的开端！但即使这样，1961—1964年间，他们还是将粮食的平均产量提高了两倍，每公顷土地粮食产量约为2.5吨，而且他们还在努力想把最肥沃耕地的粮食产量提高到每公顷5.25吨。这么高的产量不仅在西藏前所未闻，即便在土地肥沃的内地长江南部地区，也相当不错。³ 1965年粮食获得丰收，在旧西藏被称为"生也一无所有，死也一无所有"的翻身农奴。人均收获半吨粮食，不仅各家各户（1965年是16户）粮食供应充足，还有余粮可以出售，换来的现金还可以购买其他的必需品。

次仁拉姆解释说："我们还能够做得更好，大家走到一起就是为过上好日子，就像我们藏族人说的那样：'只要大家拧成一股绳儿，羊毛也能捆住雄狮。'其次，大家思想上都很坚定。我们遇到了很多困难，将来肯定还会遇到更多。但是，这些困难和我们在庄园挨的皮鞭相比又算得了什么？！

"1961年，我们已经有三名党员。党和毛主席曾经教导我们说：穷人只能依靠团结、自力更生和革命干劲才能站起来。所以，三个党员要求自己一定要做好群众的榜样，大家总是牺牲自己的利益去帮助别人，自己能做的事情一定不去麻烦别人。无论什么时候如果有人动摇了，其他人就会说：'永远不要忘记过去，要坚持住，真正的共产党员必须实实在在为人民服务，只有这样才能树立起党员的声望和威信。'如果不能全心全意帮助阶级兄弟提高认识，依靠他们带领他们前进，我们进行的政治学习和召开的会议就纯粹是浪费时间。"

这种精神鼓舞了一个又一个组员，困难也一个接一个被克服。

第一次播种的时候，组里决定在地里施更多肥料，但当时仅有6头毛驴，需要20天才能干完，超出了他们计划的时间。于是，组里决定发动组员自己把肥料背到地里。截至1965年，组里每年投放到地里的肥料增加了一倍。

互助组面临的另一个难题是需要清理地里的石头，这种情况在西藏非常普遍，他们从每公顷耕地里面拣出了750筐石头。

为了弥补工具的不足，第一次翻地前，他们安排一部分人去临近的互助组干活，以此来交换他们的牲畜和工具使用。还没等到牲畜和工具过来，留在家里的组员们已经开始在仍处于半冻状态的地里用锄头挖地。

由于大家都缺少经验，要播种的时候就派人出去学习怎样播种，比如一把要撒多少颗种子，走多少步撒一次种子等诸如此类的细节。

还有一些人外出当"学徒"学习锄地，回来后再传授给其他人。一个人在前面锄，其他人跟在后面学习模仿。旧西藏曾有这样一个顽固的思想：男人不锄地，女人不耕地。现在，大家对这个说法均不以为然，组里的劳动力也得到了更好的使用。

当年秋天，组员们投身于庄稼收割这最后一场战斗，收获的粮食比上一年增加了50%。

第二年冬天，他们丝毫不敢懈怠，在雅鲁藏布江上用石头筑起了一座拦河坝，新修了一些灌溉用的水渠。第三年冬天，他们找到了增收的一些其他渠道，比如给人运东西，砍柴卖，做扫帚，缝纫，从事养殖业等。这些副业的收入并没有取代粮食生产，而是进一步促进粮食增产。

1965年，另外五户人带着土地、家畜和生产工具加入了进来，互助组的规模得到进一步扩大。一部分生产工具是用余粮出售得到的收入购置的，而绝大部分工具都在当地制造。一些组员会打铁，他们就用捡到的废钢铁制作工具。通过暂时减少大家的牛奶用量，贮存冬饲料，互助组的牛犊数量得到了进一步增加。

人们在精神上和身体上获得了双重的解放。在西藏，过去人们一直认为，庄稼种下去后再施肥会"把庄稼烧死"。事实证明这个说法站不住脚，互助组在地里施尿素取得了很好的效果。

西藏有一种高产的白青稞，以前只供贵族食用，据说如果农奴和奴隶动一下它就会"噩运当头"，不仅"人会死掉，草场也会枯死"。

为了打破这个禁忌，次仁拉姆在组里的试验田里试种了这种青稞。当时收获的青稞产量是种子的23倍，她还在家里用这种青稞做饭吃。最后，这种青稞对人无害的事实被公之于众。从那以后，不仅互助组种这种青稞，吃这种青稞，全乡人都开始效仿。

过去随时会倒掉的旧房屋也得到了修缮，一些组员还建了新房。

在1959年时，互助组还没有一个孩子上学。但是到了1965年，所有适龄儿童均入学接受教育，有些人甚至还会记账。

下面是我们得到的一些数字，它们记录着这些翻身奴隶的生活所发生的变化：

表6-1 "朗生"互助组1961年、1964年情况对比

	1961年	1964年	增长百分比
人口和土地			
家庭户数	11	16	45.5
壮劳力	19	31	63.1
土地（公顷）	6	8.9	48.3
其他生产方式			
耕畜			
驮牛（杂交牦牛）	3	13	340
马和骡子	1	7	600
共计	4	20	400
其他动物			
驴（运输）	6	21	250
奶牛	—	7	600
羊	60	130	116.6
生产工具			
犁	2	33	1550
小型农具	90	500	456.4
肥料施用（千克/公顷）	270	525	94.4
年粮食产量			
总产量（公斤）	8820	23,362.5	164.9
产量/公顷（公斤）	1470	2626	78.5
平均每户粮食产量	801.7	1456.25	81.6
每年消费的主要辅食（以互助组为单位总计）			
肉（公斤）	19	445	2242.1
酥油（公斤）	11	160	1345.5
茶（公斤）	—	250	—
衣服方面			
（能穿的好衣服）（总计）	270	500	85.1

从这些数字可以看到，牲畜和农具的数量以及互助组成员的消费都大大增加，增长的幅度比产量增长的幅度还要大。这主要是由于农奴主的剥削已经不复存在。

互助组1965年的粮食产量（我们参观后得到的数据）共计26吨，平均每公顷3吨，组员每户分到的粮食是1.6吨（500公斤/人），牲畜数量增加到200多头。

当我们见到次仁拉姆和互助组成员的时候，他们正在讨论下一步成立人民公社的事情。

※　　　　　※　　　　　※

1965年9月，西藏自治区成立时，中央政府派出高级代表团广泛听取了西藏干部和群众的意见。次仁拉姆应邀出席，并在拉萨举行的一个论坛上讲出了她自己的愿望。与其他很多人一样，她是这样说的："我希望西藏不久能成立人民公社。"

结巴公社成立于1966年，次仁拉姆担任公社的党支部书记。十年后的1976年，她用两个下午的时间给我们介绍了这十年间发生的事情。下面是她讲话的主要内容，只省略了一些与其他兄弟公社相似的细节部分。

※　　　　　※　　　　　※

具有社会主义性质的互助组正在大踏步向前发展，但不劳而获的现象依然存在。互助组没能阻止贫富分化的再次出现。公社则不同，它消灭了剥削，提倡多劳多得，不参加劳动就分不到东西，这样就更加公平，它也是党指给我们的共同富裕之路。

在大家一起学习了毛主席的讲话，统一了共同向前发展的想法后，结巴人民公社成立了，这个做法在当时也引起了一些争议和论战。财产较多的那些人想维持现状，阶级敌人也在到处散布谣言，有人甚至嘲笑说：

"加入人民公社将会变得一无所有，大家只能从一个碗里找食吃。"还有人抱怨说："加入公社将会失去自由，公社大大小小的领导会盯着让大家干更多活。"

当初，这些人反对成立互助组，现在他们又喊出这样的口号："保持互助组永远不变！"其实，他们真正不可告人的目的是想摆脱任何集体的形式，重新爬到穷人脖子上实行剥削。对于这些人，一定要予以揭露和打击。但是还有很多倒向他们的人其实并不反对社会主义，对这些人只需要好好地谈一谈。对这两类人加以区分极其重要。

在发展的每个阶段，自治区党委都给予了我们应有的帮助，它号召大家学习毛主席有关在农业上要加强合作的著作。1973年，我们准备正式启动向大寨学习的活动。1975年，全国首次召开"农业学大寨"的专题会议；之后，这项活动在西藏全面铺开，当时我们正在大规模兴修农田和水利。

不出意料的是，原来的农奴主和庄园的代言人想竭力破坏我们的努力。他们给社员们说："这些工程只会带来更多劳动和麻烦。"干活的时候他们行动迟缓，拿的工具和筐子也是家里最烂的，并且经常请病假，还对分派的任务唉声叹气。这是他们斗争的新形式！他们的态度与那些翻身农奴和奴隶的态度形成了鲜明对比，后者总是拿出家里最好的工具，干活也十分卖力。

几个月后，我在北京再次遇到次仁拉姆。当时"四人帮"已经倒台，她跟我讲人民公社还面临着其他一些困难。

1975年，人民公社正在积极酝酿着新的计划。紧接着就有人开始泼凉水，《红旗》杂志刊登文章对所谓的"唯生产力理论"进行了攻击，这导致一些干部中出现了疑惑。难道说发展生产加强农田建设让我们站到了"错误路线上"吗？

当时，我们不知道党中央的主要喉舌已经被"四人帮"控制。我们只是不明白，改革或干其他事情怎能离开粮食生产，离开其他产品的生产？！如果那样做，人们吃什么？口号能当饭吃吗？

过去的一些奴隶主和管家认识字,他们看了《红旗》上的文章后挖苦我们说:"你们说的那些'努力劳动实现社会主义',就是'唯生产力理论',这个路线是错误的,现在正在批判。"他们和"四人帮"唱着一样的调。像往常一样,只要有敌人捣乱,我们就召开群众批评大会。其实当时我们也在和"四人帮"做斗争,只是当时对于他们我们还不太了解罢了。

※　　　※　　　※

1976年,由于结巴公社坚持了自己的作法,其公社的粮食总产量达到868吨,平均每公顷6.18吨,超过了土地肥沃的长江以南地区人民公社每公顷6吨的产量目标。对于西藏来说,这真是个了不起的成就。

这个成绩与四年前的情况形成鲜明对比。1972年"四人帮"横行,公社的粮食总产量跌到288吨,很多家庭开始出现粮食短缺。但即便在当时,次仁拉姆也在带领大家努力扭转局面。她带着一个肥料筐、一把锄头和一袋糌粑去公社第一生产队。当时那个队很穷,人们经常说它是"一条皮包骨头的尾巴,瘦得连羊的屁股都盖不住"。在那里,她发现很多社员根本不去集体的地里干活,而只愿意待在自家的自留地里,或者在家纺线卖钱。出现这种情况不是他们本质上比别人更自私,而是因为路线上出现了混乱;口号喊得很响亮,但没有采取实际的措施进行社会主义教育。次仁拉姆成功地将大家的思想再次统一到发展农业和壮大集体经济的道路上,人、马和车(大多用于干私人的活)重新回到地里参加劳动。

仅仅一年后的1973年,第一生产队粮食上已经实现自给自足,不再需要从市场上购买粮食,当年分的粮食使这个队每家每户都有了充足的余粮。不只是这个生产队,全公社其他生产队也把余粮卖给了国家。

1974年,公社的粮食产量超过了全国农业计划为北方各省制定的每公顷3吨的产量目标。

1975年,粮食产量达到每公顷3.75吨,该产量是黄河以南几个中部省份要实现的目标。

1976年,虽然受到"四人帮"新一轮的干扰,但粮食的产量还是"超过了长江流域的省份",每公顷达6吨多。

1977年,结巴公社实现粮食产量973吨,粮食总产量和每公顷地的平均产量均高出1976年的20%。

※　　　※　　　※

下面,我们再来回忆一下次仁拉姆当时说过的话:

与西藏真正先进的公社相比,我们还存在着差距,我们也正在学习。这里仅以尼玛公社的领导仁增旺久给干部提出的要求为例。我们认为,他提出反对给任何级别的领导和他们的家庭成员特殊照顾,这种做法是正确的。我们要全心全意为人民服务,不能让人民失望,我们要改掉自己思想上和工作方式上的错误。对干部中出现的两种"倾向",我们也进行了批评:第一种倾向认为,我们有官职,我们和普通人不一样;第二种倾向认为,当干部"很麻烦",因此最好降低干部的责任感。现在,我们公社的领导经常定期到生产队去,在社员面前坦诚揭露自己思想上和行动上的错误,并且请他们进行补充、分析、批评和建议。这样做有助于领导干部提高对自己的要求,且能对个人主义和小农思想以及相应的做法保持足够的警惕。

与此同时,对有些做法我们没有贸然进行尝试,它们也许在经济上取得进一步发展后才会有效。比如我们没有合并或取消社员的自留地,从前人们总把最多的精力和最好的肥料首先用在自留地里,然后才考虑集体的土地。但1975年我们决定,无论如何都应该把集体放在首位。现在,大家对集体土地的关注超过了自留地,但是后者也没有被忽视。这才是二者的正确关系。

翻身农奴组建的互助组现在发挥着什么样的作用?

这里说的是第二生产队,它继承了过去的"穷棒子精神"。在公社成立之前，这个生产队独此一家没有贫富之分。现在，它无论在生产、学习还是在对国家的贡献等方面依然处于领先的地位，它始终坚持勤劳节俭的作风，不浪费任何粮食。从1973年起，各家各户都有了余粮。

妇女在你们队发挥了非常重要的作用，那么妇女在全结巴公社的整体情况怎样？

妇女不光在种地上很突出，在牲畜养殖和管理方面也是如此。

旧西藏不允许妇女耕地，现在她们不仅耕地，而且还干着原来只有男人才能干的事情，她们还学会了操作机器。

在牧区，妇女过去只能挤奶不能放牧。现在，公社13个放牧的人中有7人是女性，超过了总人数的一半。

从前，妇女没有政治地位，说的和想的都不算数，她们没有被真正当人看。现在，公社队长以上级别的干部有24名，其中12名为女性，占到干部总数的一半，29名党员的情况也是如此。如果打仗了男人要上前线，没有什么活是女人不能胜任的。

毛主席曾经说过：女人能顶半边天。男干部能干的女干部一样能干，全中国妇女得到彻底解放的时候就是中国革命胜利的时候。和男同志一起完成革命的任务，是我们的目标！

在西藏的革命进程中，妇女发挥了重要的作用。在批判所谓的"命运"理论中，我们也走在了别人的前面，所有人的命运都得到了改变，尤其是我们妇女的命运。因为我们遭受到的磨难最多，所以我们对革命的感情和渴望也最强烈。过去，即使妇女想做事情，我们也没有权利。现在我们有了权利，就一定要靠我们自己把权利用好。

【作者注】

1　这种相似性不仅是形体上的。这一点人们可以从编织的设计中看出，还可从他们明显的同信萨满教这一背景中看出。这有力地表明在遥远的过去，亚洲腹地的部落都在向外扩张。一些部落流浪到青藏高原，一些穿过亚洲北部古老的区域或跨越白令海峡上的冰桥。

2 见本书背景历史资料,第452—454页。

3 在全中国的"农业规划"中,南方省份的目标是到那时无论如何全面实现每公顷6吨的产量目标。

第七章　国营农场的阶级斗争、生产劳动和科学技术

查尔斯·贝尔是大英帝国一位官员，也是一名作家。在1904年英国入侵西藏春丕河谷中，他发挥了重要的作用。对于帕里的情况，他曾经这样写道：

"帕里海拔1.43万英尺……庄稼在那里无法成熟。"

"帕里的庄稼不能成熟"，过去当地人也普遍这样认为。有人曾经说过：如果帕里的庄稼成熟了，那就预示着"整个西藏将会有灾难"。作为世界上海拔最高的地方之一，帕里的老百姓生活穷困潦倒，主要以翻越喜马拉雅山给贵族和商人运送货物进出印度为生。

不但老说法认为庄稼在帕里无法生长，现代农学家也持同样的看法。他们认为这里4000米（13,124英尺）的海拔是农作物生长的最高极限。帕里每年平均温度只有1度，全年无霜期平均为71天（有些年份无霜期只有46天）。而青稞作为西藏的主要农作物，需要100天才能成熟。

但是从1960年起，帕里的青稞真的成熟了，产量为每公顷1.8吨左右。到1965年，青稞已经占到当地粮食消费的一半，土豆、胡萝卜和油菜籽等其他作物的种植也获得成功。

更进一步说，这样的成就不仅没有给"全西藏带来灾难"，反而形成对封建农奴制度最后毁灭的一击，而且挽救了当地人民，使他们摆脱了封建社会的枷锁，为了自己的利益最终团结起来，在农业上实现了新的"突

破"。当然，这个成就是在全国其他民族大胆的科学工作帮助之下取得的。经过反复实验，在帕里冰雪初融的时候，一个抗寒早熟的青稞品种在四月中旬得以播种，农田管理也采用了一些新的方法，比如大量施肥，根据天气预报采取相应的霜冻预防措施，挖水渠从山上引雪水灌溉等。

所有这些做法为全西藏提供了宝贵的经验，因为在高海拔地区发展农业对于粮食增产至关重要，并且扩大了播种的面积。后来，西藏西部的阿里高原也采取了帕里的做法。据报道1965年，在阿里很多海拔4000米以上的地区，青稞的产量达到每公顷2.25吨。

现在，让我们从高海拔地区转向西藏海拔最低的位于西藏东南部的察隅。那里的气候相对温和，全年平均温度15.8度，它也是西藏历史上最早种茶的地方。茶叶贸易是旧中国汉族统治阶层和商人剥削西藏人民的一个重要手段，当地的统治阶级也参与其中，并且攫取了一定的利益。茶叶贸易也是帝国主义入侵西藏的一个方式。1835年，英国从锡金获得对大吉岭的控制后，也开始在那里种茶，其目的是要让茶叶贸易从中国内地转向英属印度帝国，进而帮助西藏从中国分离出来，和英属印度产生联系。

新中国成立后，包括藏族在内的社会主义中国各民族大团结消灭了茶叶贸易中的剥削。不久，作为当地饮食中不可缺少的一部分，西藏也开始种茶，以满足本地区的需求。

1965年的拉萨，普通劳动者吃上了新鲜西红柿和一些他们以前从未见过的水果。在察隅，人们也开始种植水稻。在旧西藏，水稻非常稀少，即便是有钱人招待客人，也只将其作为一种饭后小食，客人们往往出于礼节，只象征性地吃一点。

察隅也开始种植玉米、芝麻、甘蔗甚至香蕉，而且它们都有现成的市场需求。

毛泽东曾经说过：阶级斗争、提高粮食产量和开展科学实验是革命运动的三个主要方式，它们也是人类了解世界、改变世界从而改变自己的主要方式。我们发现所有这些都与两个国营农场发展的历史交织在一起，它们一个叫"七一"农场，以党的生日命名，最近又更名为西藏自治区农业研究所①；另一个叫"八一"农场，以解放军建军之日命名。

"七一"农业科学试验场

1952年，在1951年《关于西藏和平解放办法的协议》精神的指导下，"七一"农业科学试验场成立。该协议阐明：

> 要逐步发展西藏的农业、养殖业、工业和商业。根据西藏的实际情况，逐步提高人民的生活水平。

1965年，试验场组建了植物栽培、农具制造、土壤化肥、园艺和植物保护等5个研究部门，负责将实验和科研成果运用到具体的生产劳动中去。试验场的任务之一是提高西藏高原青稞、油菜籽、小麦和萝卜等传统农作物的品质。同时，还要推广引进新的农作物，并在当地进行重新培育，它们包括：

> 主要粮食作物：高产冬小麦和春小麦，耐寒杂交小黑麦，越冬杂交小麦，青稞和土豆；
> 工业用作物：甜菜和黄麻；
> 蔬菜：辣椒，西红柿，黄瓜，洋葱，瓜类，茄子和西葫芦；
> 水果：苹果，梨，桃，樱桃和李子。

这些农作物在旧西藏大都没有，即使有数量也很稀少。仅以水果为例，也只有有钱人才能够享用。

---

① [译者注] 按照原著译为西藏自治区农业研究所。经译者查证，西藏自治区农业研究所的全称应为"西藏自治区农牧科学院农业研究所"。

"七一"农业科学试验场的主要工作包括寻找克服西藏农业自然条件不利因素的方法。在过去的社会条件下,这是不可能完成的。这些不利的因素包括:

高海拔:大多数作物生长在海拔3000～4000米的地方("七一"农业科学试验场的海拔是3654米)。

低气温:每年平均气温7.9度。

昼夜温差大:白天暖和,夜晚寒冷。

无霜期短:每年110～120天。

降雨量少:每年平均降雨400毫米。

试验场的负责人张太英① 说:"这些都是实际的困难。但作为辩证唯物主义者,我们不仅要考虑不利因素,也要寻找和掌握有利因素,西藏的有利因素也很多。" 他列出的一些有利因素包括:

阳光充足:每年平均光照达3000小时,是北京的两倍。由于海拔高,空气新鲜,而且阳光光照充足。

昼夜温差大:在庄稼生长的季节,晚上的温度接近零度,白天气温较高。

张场长说:"你可能会问,为什么温差大既是有利因素又是不利因素?原因是这样的:白天温度高,有利于植物的生长和养分的吸收;晚上温度低,植物呼吸减少,有利于植物休息,以便把更多的能量用于生长,这样也能长得大。你们也看见了,这里的萝卜和白菜个儿都很大。

"面对这些有利和不利的因素,我们的任务是要改进农作物的品种和

---

① [译者注] 原著中此人名为Zhang Taiying。经译者查证,似乎应为"七一农场"首任副场长张纪增。

种植方法，充分利用一切有利因素，克服不利因素，最后经过很多实验，辩证地分析西藏农业生产的整体条件，掌握作物生长的规律。只有这样，才能把不利因素变成有利因素，这也是对毛泽东思想的活学活用。依靠这个思想，我们不仅引进了新作物，而且还在全国创造了一些新的纪录。"

下面是张场长提供的一些纪录，它们包括：

冬小麦：拉萨地区10月份播种，次年8月收割。1965年，小型试验田每公顷产量8.73吨，内地省份平均产量3.75吨，最高7.5吨。到1976年，在一些小型实验中，西藏小麦最高产量为每公顷12吨，为全国的最高纪录。在实际的生产中，部分土地的平均产量为每公顷6吨[1]。

白菜：每公顷产量150吨。

西红柿：每公顷大棚的产量为37.5吨。

苹果、梨和桃子：1965年，大多数果树第一次挂果，最好的树每棵能结果75公斤。由于桃子对低温敏感，农场培育出了矮化桃树。

试验场的农具部门推广新型犁具和畜力播种机的使用，使种子的发芽率提高为80%，而旧的手工播种方式发芽率仅为30%。当地牛和弗里生① 谱系牛通过杂交，已经培育出杂交新品种。适应当地气候但体型较小的当地猪和家禽，与外来种猪和种禽杂交后，已经培养出新的品种。

与西藏所有的新生事物一样，"七一农场"② 在与分裂分子和封建势力的斗争中逐渐发展起来。农奴主政权对此感到惴惴不安，他们盼着农场早点垮台，而且只给了农场100公顷石头遍地灌木丛生的荒地，就这片地他们居然向中央政府索要4万块银圆。经过各部门工人和职工的集体努力，农场取得了上述辉煌的成就，而且很快开始向附近群众发放改良的种子，农场自己也开始进行粮食生产，并且获得大丰收。截至1965年，

---

① [译者注] 原著中为 Friesians，是一种黑白花种牛。
② [译者注] "七一"农场为"七一"农业试验场的简称，作者在文中多次使用这个简称。

"七一"农场每年向拉萨市场供应蔬菜1500吨,猪肉1万公斤,牛奶约2万公斤。

民主改革前,"七一"农场与外界的联系仅限于西藏自治区内,2/3的动植物实验材料需要从国内其他地方运进来。1959年后,农场摆脱了旧的政治束缚,不仅在研究规模上大大增加,而且研究工作也发生了彻底的改变。截至1965年,3/4的实验工作围绕西藏当地的物种展开,3/5的实验人员到农民中间向他们学习经验,并且将其与现代科学结合起来,为当地迫切需要解决的问题寻找方案。

农场扩大对外的服务范围包括了两个阶段:首先从农场向拉萨地区其他各个点延伸,然后向西藏南部、西部和北部各地区辐射。农场选中的互助组(后来是公社)不仅将示范种植面积增加了一倍,而且同时开展了很多研究工作。科研人员和翻身农奴们一起生活,一起工作。

1955年和1965年我本人进藏访问期间,"七一"农场职工数量成倍增加,总人数达到346人。其中科学家和农场技术人员49名,工人274名,管理人员23名。很多翻身农奴开始是工人,后来逐渐成长为技术员。有些人还到内地接受了高等教育,一部分成为了干部,包括担任当地农业县的县长和党委书记。

张场长说:实行民主改革和集体化改变了生产关系,农场的主要任务是利用生产关系的转变帮助扩大西藏农业的生产力。

※　　　※　　　※

1976年我第三次去"七一"农场参观,当时它已经更名为西藏自治区农业研究所,这表明它已经在这条道路上取得了长足的发展。

对于那次参观我有两个最直接的感受:

首先,前两次参观农场做讲解的都是汉族农学家,这次变成了藏族农学家,她叫尼玛,快40岁了。尼玛在十多岁的时候还是一个目不识丁的农奴,十多年前来到这里接受了政治和科学方面的培训。那么汉族科学家在做什么工作？1955年和1965年我见到过的一些汉族科学家还在农场工作，但就职务或职称而言，大多数人已不再担任领导，其角色已经转换为参谋和顾问。担任领导的是那些过去曾是他们下级和学生的藏族科研人员。对于这些藏族研究人员的发展，他们感到十分自豪和激动。

第二，尼玛带领我们参观了一个有关农场产品的专门展览，当时她讲的话让我非常感动。她说："在旧西藏，所有这些品种都不可能存在。现在通过长期的试验，它们已经适应了这里的气候，不仅在我们当地种植，在很多其他地方也都获得了丰收。"

因此，我的三次参观对应着不同的时期。1955年，农场的很多工作带有示范性质，让人们对各种新的进展有所了解。1965年，这些新进展的实施工作已经在当地土地条件下开展。1976年，在当地科技人员和群众的参与下，农业科学在当地农业生产上开始大范围推广和使用，并且在很大程度上使其开始在西藏"落户"。

作为西藏较大的农业科学网络中心，试验场现在主要从事新品种的试验和测试工作，然后将经过改良的种子（包括繁殖配种的牲畜）提供给生产单位。

对于新品种的开发，我们听到了一个非常感人的事迹，它清楚地表明西藏作为中国这个多民族大家庭一员所具有的优势。为了在规定时间内增加实验作物的繁殖代数，农场将种子空运到几千公里外位于亚热带地区的海南岛兄弟研究所。在那儿，兄弟研究所特意安排自己的一名技术人员守在实验田里，在一年生长两季的条件下进行迅速繁殖，然后又将种子空运回拉萨。

与庄稼生长一样，动物养殖在西藏也十分重要，有时甚至比种庄稼更重要。在羊的繁育方面，研究所已帮助实现西藏羊品种和新疆羊品种的杂交工作，并且取得了显著的成绩。西藏本地羊尽管适应当地恶劣的气候，但是每次羊毛产量只有一公斤左右，杂交新品种保持了羊对气候的适应性，第一代羊的羊毛产量达到每次2.5公斤，第三代羊的羊毛产量达到每次5公斤以上。因此，西藏大多数羊的品种得到了改良，而且改良的实验还在进行之中。但是,要赶上新西兰那样的世界先进水平,仍然还有很长的路要走。

截至1976年,试验场80头奶牛的牛奶产量比几年前翻了一番。试验场还提供种牛配种和牲畜冷冻精液服务。刚开始的时候,由于海拔高,从内地运来的供繁殖用的荷兰种牛经常死于心脏疾病,现在,通过让它们逐步适应环境,这种情况已经大大减少。具体的做法是首先把牛运到海拔2000米左右的地方进行适应,然后再运到海拔3600米的地方进一步适应(3600米是这个农场的海拔高度),最后再运到海拔更高的地方。

试验场还正在繁育一种产奶量高的牦牛(牦牛奶脂肪含量高,但产奶量很低)。

在养猪方面,研究所每年要给生产单位提供100头纯种野猪。

同时,作为西藏各类土壤研究区域性的总部,试验场对西藏的各种土壤展开研究,并针对不同的土壤条件寻找合适的施肥和管理办法。一些具有一定条件的公社成为研究所的研究站点,土壤科学家和群众在那里进行着密切的合作。

在化肥方面,研究所对腐殖酸的研究工作正在开展。在西藏一些沼泽较多的草原地区,腐殖酸的储量十分丰富。

植物保护方面主要集中在地方病虫害的研究、杀虫剂和除草剂的实验方面。西藏特有的小麦"白杆"病发病原因已经找到,林芝由于雨量充沛,小麦锈病频频发生,小麦抗锈病的优良品种已经在研究所林芝县分部开发出来。

农场的园艺师也正在进行蔬菜和水果的改良工作,使原产于内地和国外的蔬菜水果能够适应西藏当地的生长条件。新中国成立前,西藏没有西红柿和辣椒,刚刚引进的时候也主要在温室栽种,现在已经开始在室外种植。黄瓜刚引进高原的时候不结籽,每次播种都要从外面引进种子。与此相反的是,白菜在这里很容易长籽,现在这两个难题都已经得到解决。茄子在早期试验中不仅长得小,而且"硬得像石头",现在它们的硬度和正常茄子一样,个头也能长大,每个茄子重达0.5~2公斤。

苹果的种植也增长惊人，研究所（前身是"七一"农场）从一开始就发挥了关键性的作用。在种植之初，苹果树苗要空运到西藏。后来，由于对当地一种野生苹果树的嫁接取得成功，就不再需要把苹果树苗空运进藏。现在研究所的育苗室每年要给西藏自治区提供3～4万棵幼苗。到20世纪70年代末，拉萨堆龙德庆县每个公社都有了自己的果园。

除苹果外，巴氏梨的改良和繁育也取得了成功。

1976年我们参观前不久，研究所已经把大多数水果的栽培工作搬到了位于林芝的大型国营果园。来自西藏很多地方的水果种植人员在那里接受了嫁接和剪枝等技术方面的培训。人们不断给我们讲："西藏水果的未来无法估量。"

1976年，研究所2/3的工作人员长期在试验田里工作，农民农业科学小组的成员（现在所有公社和大多数互助组都成立了农科组）不仅可以免费使用研究所的设备，而且可以和研究所工作人员交流经验。

另一个更重大的方面是，农业科学向西藏农村劳动者打开了大门，专门的教育机构也向他们的孩子敞开了大门。研究所好几个藏族职工的孩子正在内地大学学习农业以及和农业相关的学科，其中包括农业设备、气象学、林业和水资源保护等。

解放军是农场的先锋

"八一农场"占地面积约为670公顷（1530英亩），它是一个部队农场，也是一个建有拖拉机停车场的现代化农场。农场的卡车可以运输产品，也可以运输其他的机械设备。

农场办公室的墙上挂着长征和其他历史性革命战争的图画，还挂着农场种植的农产品标本和示意图。在那里，我们听到了有关农场的感人历史。

农场的陈政委富有诗情地说："1951年人民解放军'跨过千山万水'到达拉萨，粮食是我们当时面临的生死攸关的问题。当时还没有公路可以把粮食从后方运进来，我们只有牲口驮进来的那点东西。按照'十七条协议'的精神，西藏地方政府有义务帮助我们购买粮食[2]。然而，其不仅故意把市场上的粮食囤积起来不卖给我们，也不卖给当地的老百姓。当时，买五个小胡萝卜要花一个银圆，一个茶杯大的麦面馍两个银圆，而且也不准当地的住户出售柴火和饲料给我们。噶厦政府还到处散播这样的谣言：'汉族人吃光了内地的粮食，现在又要吃光这里所有的东西，他们给的银圆不能当饭吃，所以不要和他们做买卖。'一些爱国贵族卖给我们一些粮食，老百姓也送来了一些牦牛粪，但都解决不了根本的问题。虽然噶厦政府竭尽全力搞破坏，但其是无法将党培养起来的劳动阶级军队赶出去的。听从毛主席'自力更生'的教诲，我们站稳了脚跟。

"我们向噶厦政府要一些荒地，他们毫不掩饰地挖苦我们说：'你们几百号人能干什么？！'他们的官员把我们带到了一片长满荆棘的废弃坟场沙地，然后说：'三天之内，你们能挖多少，你们的农场就能占多大的面积。'

"我们的部队和干部无论男女，立刻投入了劳动，大家不分昼夜连轴刨地。当时天气十分寒冷，我们连避风的地方都没有，工具也不够。最糟糕的是大家都饿得发晕，当时还没有可以运送物资的公路，我们每天吃的粮食定量是400克大豆和青稞，而且还经常发了霉。由于反动派不肯借石磨给我们磨面，我们只能吃没有磨的粮食，大家吃了后都拉不下来，而且严重营养不良。迫不得已，大家只好用一些野菜根和从洞里赶出来的老鼠肉来变换花样。尽管如此，我们一刻不停地劳动着，大家甚至放弃了休息，就这样我们把'三天'时间延长为三天三夜。

"我们干活的时候有一个叫鲁康娃的地方政府高级官员来了。他穿着做工讲究的长袍幸灾乐祸地对我们政委王其梅说：'你们高兴于自己的胜利，但饿肚子比在地里打败仗更难受。'很明显，他想把我们饿死。

"那些穷苦农奴就不一样了，看见我们捡野树根吃（这些树根有些看起来像在内地见到的一样可以吃，但实际上却有毒），他们就帮着告诉我们哪些可以吃，哪些不能吃。

"困难是对党员的考验和磨炼，党员都具有那种精神。我们吃饭故意去得晚一些，走得早一些，总想给别人多留一些。我们都想比别人多干一些，同志们的士气很高涨。在和土地的搏斗中，战士们嘴里哼唱着这样的曲子：

> 冻土硬如铁，
> 勇士坚似钢；
> 今天撒汗水，
> 明日庆丰收。

"劳动对于所有劳动人民来说都是相通的。当地的贫苦老百姓开始来到我们身边，他们同情我们，并且不断给我们一些建议。一位衣衫褴褛的80岁老喇嘛告诉我们说：'你们上当了，这块地看起来比实际的情况还要糟，河水涨起来就会涝，没水的时候又会旱。'对于我们的士气和与老百姓的接触，反动派十分恼怒，他们派藏兵用枪指着在地里干活的战士，企图挑起流血冲突。但我们严格遵守政策，挑衅是没有用的。我们在保持警戒的同时不停地劳动。三天之内，我们开垦出首批34公顷土地。

"我们很多人一出生就是农民，但是在高原上种地我们是外行。没有肥料，我们就去拉萨拉粪，没有筐子，我们就把自己裤子脱下来，将裤腿绑起来装东西。慢慢地，那片沙地的土壤得到了改良。1951年第一年，我们收了200吨青稞和豆子。是毛主席思想让我们在和阶级敌人的复杂斗争中取得了胜利。胜利的时候我们当然不会忘记那些贫苦的老百姓。第一次收获的时候我们给老喇嘛送了一根大萝卜做礼物，那个萝卜重15公斤。

"我们取得的好收成鼓舞了驻扎在日喀则、江孜和亚东等藏区所有的解放军部队和中央干部。我们中的一个分队驻扎在浪卡子，在海拔4500米的地方种粮食。这可是连英国和印度的藏地作家都认为无法进行的事情。附近的人都跑来向我们学习经验，很快他们也取得了同样的好收成。"

陈政委强调说，所有部队农场都在荒地上种粮，人民的利益当然不能受到侵犯。部队如果找到灌溉的水源，一定会先让当地的农民使用；肥料也是这样。随着工作的开展，"八一"农场开始向附近群众供应精选出来的优质种子，群众只需要用相同数量的粮食进行交换即可。对于那些贫苦农奴，种子免费提供，农场医生还免费给附近群众看病。兽医帮助群众治疗得病的牲畜也不收取任何费用。庄稼收获的时候，农场派马车给村民运麦子，老百姓忙完自家的活后也会过来帮助战士们收庄稼。

1954年，进藏的公路修建完成，部队农场得到了一批现代化设备（头批两辆拖拉机于1955年运到）。1959年，农场经受了关键的考验，在噶厦叛军的包围下，"八一"农场成功保全了自己。平叛结束后，封建农奴制度画上了句号，有更多的荒地可以再利用。仅1960年一年时间，农场就耕种了附近四个县1330公顷的土地，其中一半的土地都交给了老百姓，剩余的670公顷土地留给部队自产自足。通过拖拉机深耕，提高土壤肥力，使用为当地培育的良种和施用化肥等措施，过去贫瘠的土地都改造成了良田。1964年，农场670公顷的土地收获了800吨小麦、610吨蔬菜和50吨油菜籽，还栽了1280棵果树。在牲畜养殖上，农场有1000头马和牛，2000只羊，50头猪和很多家禽。除了供应外单位外，农场在粮食、食用油、肉类和饲料供应等经济方面实现了自给自足。

与解放军对土地的一贯做法一样，农场继续实行"开垦，生产，自行改造完成基本建设"的政策。农场的基本建设包括开凿一条90公里长的人工河和水渠，以确保防洪、灌溉和排涝的需要。为实现这个目标，需要搬掉50万吨土和石头，栽种大约60万棵树构筑防风林保护带。1965年，农场的各项事业蒸蒸日上，取得的成绩引人注目。

农场当时有9台拖拉机，7辆卡车，还有钢犁和其他畜力农具。一些工具西藏本地已经能够生产。照明、磨面、锯木和其他辅助经营的用电来自纳金水电站。农场工人的平均工资为每月40元。

另一方面，农场作为当地农民的培训学校发挥着重要的作用。截至1965年，9台拖拉机培养了60名司机。藏族工人中2名成为卡车司机，1名成为电影放映员；8人担任了生产队队长、副队长、政治指导员或助理指导员的职务,12人加入共产党,26人加入共青团。农场最为骄傲的是,它不仅培养出技术人员,也训练出了掌握一定技术的革命者。

"八一"农场和西藏其他部队农场取得的成就极大地鼓舞了西藏人民,促使他们从互助组向更大规模的社会主义农业生产迈进。

在1976年,"八一"国营农场和我们见面的是副场长参本。他人到中年,身材健壮,是一名人民解放军军官。

农场把过去的很多土地和新开垦的土地都交给了附近的藏族公社,因此农场的土地面积减少为173公顷。

当时,农场的小麦平均产量为每公顷6吨,几乎比1965年翻了一倍。农场还种了大量的蔬菜和苹果。酥油作为农场的一种产品并不在这里生产,它的加工在农场北边和东边的草场上进行,那里养着5000头牲畜。

当时,农场约80%的工人和40%的干部都是藏族人。

【作者注】

1 冬小麦的缺点,见第65页。

2 第16条"……西藏地方政府协助人民解放军购买和运输粮秣及其他日用品"(资金由中央人民政府提供)。

第八章　新型国营农场——农业机械、灌溉和粮食生产

"七一"国营农场和"八一"国营农场在农作物新品种和新生产方式的引进以及西藏农业人才培训等方面均走在前列。而20世纪60年代成立的新型国营农场，在农业机械化程度和大型灌溉方面也处于领先地位。这些农场面积更大，是大规模粮食生产者。

1976年，我们在两个新型农场停留了几天。它们距拉萨都有数小时的车程。澎波国营农场成立于1960年，林周国营农场成立于1966年[1]，它们都拥有本地区历史上最好的生产设备，生产的粮食（以小麦为主，还有一些青稞）可以供西藏全部人口吃两周。农场还种有其他农作物，饲养的牲畜种类繁多，而且绝大多数农作物和牲畜都是当地改良过的品种。除此之外，农场还有一些小型工厂和矿山，有自己的学校、医疗和其他福利设施。

沿着农场平坦的道路乘车参观，我们目睹了西藏十年前不曾有过的景象。道路两旁是成片成片金灿灿的小麦，大型红色联合收割机穿梭于田间，时而一辆，时而又成双成对，收割机吐出来的麦粒像瀑布一样流到跟在后面的卡车上。配上背景中西藏壮丽的自然景色，湛蓝的天空，一座座绵延的山峰，真是一片"紫翠山岳雄伟神奇，俯视平原土地肥沃"的景象。

在一些地方，波光粼粼的水流在石头砌成的宽阔灌溉渠里欢快地流淌着，然后径直流进田地里。这些水来自西藏第一座大型水库，该水库是国营农场于1974—1975年间建成的。

澎波农场和林周农场是国营农场,均实行公有制,而不是人民公社的集体所有制。在分配的方式上国营农场与公社有所不同,农场向员工支付工资,而不像公社那样依据每年的总收入按份额进行分配。农场生产的产品和获得的盈利都归国家所有,即使出现亏损也由国家承担,国家为农场提供所有生产和福利方面的投资和设备。[2]

与西藏其他地方一样,国家对农场的投资远远高于本地的可支配收入,它们集中体现了党和国家的少数民族政策,即人口较多的民族要扶持人口较少的民族。

这项政策的另一个特点是在这些大型企业里,针对藏族干部的培训和提拔显而易见。例如澎波农场36岁的书记助理藏族人索南旺堆。农场所有生产队的党支部书记,机械操作和修理人员(五个拖拉机队的拖拉机手都是藏族女性)除一人外全是藏族人;澎波农场179名教师中,藏族教师有71人;在医疗服务方面,医院负责人和16名医生是藏族人(其余医生是汉族人),还有77名藏族兽医。林周农场藏族干部的比例稍低,但仍然占到很大的比重。

有关两个农场的规模和技术水平,请参考下面的数字和资料:

表8-1 澎波国营农场和林周国营农场情况对比

	澎波国营农场	林周国营农场
总人数	15,000	14,801
工人*	6400	数据不祥,但大体和澎波相当
农场面积(公顷)	7350	5310
小麦和青稞种植面积**	4400	4000
1975小麦和青稞粮食产量(吨)	10,000	8000
牛和羊	65,000	80,000
拖拉机	55	数据不详,但80%的犁地、播种、培育、打谷等工作和20%的庄稼收割均由机器完成(澎波是95%)
联合收割机	12	
园艺拖拉机	20	
稻谷脱壳机	22	

续 表

	澎波国营农场	林周国营农场
农用拖拉机	44	37
水库容量（立方米）***		
卡孜水库	440万	
虎头山水库		120万
农田灌溉百分比	数据不详	70%

* 包括2000名从事小型工业生产的工人。
** 在生产队范围内，林周农场也修了28公里长灌溉水渠和4座小型水库。
*** 澎波正在修建第二座大型水库。

利用农闲时间，两个农场依靠自己的力量，修建了各自的水库和灌溉支渠，国家则通过提供建筑机械设备、设备操作人员和水泥等方式给予了帮助。在澎波农场，这项工程投入了1000个人力，耗时8个月修建完成。林周农场的职工人数少一些，花费的时间则更长。

澎波农场的耕地面积（主要靠开垦）、粮食产量的增长情况如下：

表8-2 澎波农场1960—1975年耕地面积、粮食产量对比

	1960年	1966年	1975年	1966—1975年增长百分比
小麦种植面积（公顷）	2000	4000	4400	120
粮食产量（吨）	1700	7000	10,000	488
每公顷产量（吨）	1.1	1.7	2.3	91

1971—1975年间，澎波农场贡献给国家的粮食增长情况如下：

表8-3 澎波农场1971年、1975年粮食产量对比

	粮食产量		金 额	
	（吨）	（增长百分比）	（元）	（增长百分比）
1971年	3000	—	220,000	—
1975年	6000	50	860,000	304

人们告诉我们，前几年林周农场粮食产量的增长不稳定。1968—1970年间，由于出现了路线上的混乱（显而易见是林彪路线的干扰），粮食产量出现了下降。但后来，又出现了稳定的加速上扬趋势：

表8-4 澎波农场1972—1975年粮食增长情况对比

	粮食增长（吨）	增长百分比
1972年	5000	—
1973年	5750	15
1974年	6900	20
1975年	8000	16
1972—1975年增长的百分比		60

农场职工的月工资：

表8-5 澎波农场职工月工资量对比

	按照金额（元）	按照粮食（千克）
从事农业生产的工人	27	18.5
从事畜牧养殖的工人	45	—
从事工业生产的工人	45	—

工人们住房和用电免费，同时还享受免费的医疗服务。

1976年秋天，两个农场开始在改善了的住房里重新安置工人。澎波农场计划将3000户左右家庭中的4/5家庭在两年内进行搬迁，一些占用耕地修建的旧村庄要被搬迁到山坡上，以便腾出更多的土地种粮。在农场的第八生产队，我们看到在新址上刚刚建起了1所新学校和28套住房。这些住房具有传统的藏式风格，平均占地面积160平方米，屋内的横梁上涂着鲜艳的颜色，房子外面还有小露台和一小块蔬菜地。人口不足3人的家庭可以饲养1头牛，3至5人的家庭饲养2头牛，每户家庭最多可以饲养3头牛，以保证奶油和其他奶制品的供应（个人饲养牲畜数量上的限制1980年被取消)。对于不产奶的牛,农场还负责予以调换,并且专门安排3人帮助照顾全队的300头牛(生产队还有5000头牛归国家所有)。

林周农场的办公和住宿用房建设计划与澎波农场不同,书记张林是一名老兵,来自著名的八路军359旅[3]。抗日战争时期,这个旅开垦了南泥湾,保证了延安被封锁地区的粮食供应。部队的战斗员、工人和农民还在那里修建了在西北十分普遍的窑洞。如今在遥远的西藏,我们见到了这些窑洞的复制品,而且它们在规模上更大。修建这些窑洞的石头均取自周围山上的优质石材,窑洞不仅拱顶高,而且里面的空间大。白天,白色的拱形房子在阳光照射下十分明亮,夜晚时分则使用电灯照明。所有窑洞的入口均朝南,大门的四周装有花格窗以增加室内的采光,木料上都漆成藏族人喜欢的温暖明亮的色彩。

人们告诉我们说,在采纳这种设计之前经过了藏族干部和工人的讨论和同意。在他们的建议下,窑洞除可以住人,室内的储藏室还可以存放粮食,纺线用的羊毛和酿酒的酒缸也可以放在里面。现代生活和当地悠久的传统在这里得到完美的结合。

当时,窑洞还在修建之中。在现场,著名的林周"铁姑娘"石匠班正在摆放镶边用的石料。她们之所以如此有名,是因为在旧西藏,妇女可以像牲口一样搬运石头,却不从事切割或摆放石头的活路。这些年轻的女性们让人难以忘怀。她们头戴鲜艳的头巾,黑眼睛和洁白的牙齿在被太阳晒得黝黑的脸上闪着光,钉锤发出的叮当声和热烈的劳动号子声交织在一起,飞向西藏湛蓝辽远的天空。生产组鲜艳的红旗在湛蓝的天空中飘扬。

1300多年前,文成公主从唐朝都城长安出发至西藏与西藏王松赞干布成婚,随她一同进藏的汉族工匠对西藏的建筑做出了重要的贡献。现在,不是从西安而是从延安,也不是从一个民族的封建贵族到另一个民族的封建贵族,而是从一个地方获得解放的劳动人民向另一个地方的劳动人民以一种更加牢不可破的方式,直接传递着发展的动力。因此,20世纪70年代末参观林周农场的时候,我回忆起了20世纪40年代初在南泥湾见到的情景。

饱经风霜的农场场长平康说:"在我们这里,妇女能顶大半个天。"

平康场长是四川巴塘人，藏族，个子很高，性格温和，他1950年加入人民解放军，现在依然穿着部队的军服。

"铁姑娘"班的班长次仁央宗是农场助理政治辅导员。和澎波农场一样，林周农场的很多农业机械也是妇女们操作。一位过去也是农奴的藏族妇女负责全农场的灌溉工作，她带领我们参观了灌溉系统中的主渠和辅助水渠。

除了修水库修蓄水池，西藏还首次尝试北京鸭的饲养实验。我们在那里还见到了首批用飞机运来的1000只鸭子。人们告诉我们说，只有一只鸭子死于长途运输。饲养鸭子不是为了供应宴席，而是因为鸭肉是人类可食用的最佳肉类之一。藏族人吃鸭子也是针对旧观念的一种胜利。根据西藏过去的迷信，人们对食用家禽往往都会皱起眉头。

农场的福利还包括学校、医院、诊所、托儿所和老人的退休金。

跟其他地方一样，这里的人们也经历了旧西藏的血泪史。现在的澎波农场第五生产队72户翻身农奴家庭在劳役最重的时候曾欠统治阶级40吨粮食，现金23.6万元，他们要世代支付由此产生的利息。在现存的记忆中，有7户人全家全部死亡，57人逃跑，16人死于寒冷和饥饿，还有11人被杀害。

在民主和社会主义革命中，人们一次又一次回忆着这些悲剧。无论任何时候，只要有人表现出极度自私想占便宜，借钱加收利息，或者利用职位谋取特权，一定有人会提醒他说："那是旧统治者向我们做的事情，我们劳动人民永远不能做他们做过的事情。"

与此同时，"极'左'路线"产生的冲动也得到了抵制。1975年在讨论"资本主义右派"的时候，一些工人想把家里分的地和牛交给农场。农场领导层尽管肯定了这种态度，却反对了这种做法，他们认为这样做较为草率。最后，大家决定把每人分的330平方米土地减少为130平方米，但原来属于各家各户的牛仍然归个人所有，它们为大家提供着藏族饮食中必不可少的酥油。

在对特权的检查方面人们告诉我们，这里没有实行平均主义"一刀切"的做法,而是制定出具体步骤以确保干部保持劳动人民的品质。农场级别的干部至少一年要下地劳动100天,生产队级别的干部每年至少下地劳动200天。

以前只要需要,各级领导干部均可以骑马。现在,大家讨论后认为,如果群众步行而干部骑马,这就是脱离群众。1975年,专供领导干部个人使用的马匹被取消。但如果工作中确需用马,还可以予以提供,这个变化是经过大家讨论后做出的。

在此之后,老百姓是这样评价干部的:"他们马骑得少了,工作干得多了,发布的命令少了,到基层调研的多了。"

澎波农场的书记是位老战士,在办公室一般很难见到他的身影。在地里面却能很容易找到他,为此大家都说他是"赤脚书记"。

【作者注】

[1] 根据汉语的发音,有时指的是澎波和林周国营农场。

[2] 到了1980年,经营中国国营农场的政策有了变化。允许他们直接在市场上售卖部分产品(超过国家的定额分配),允许他们自己保留一笔可观的收益,允许他们购买机器(以前全部由政府拨给),也允许他们决定拿出多少资金进行工厂的加工生产、折扣销售和福利。作者尚不清楚在澎波和林周这种政策是如何执行的、执行到什么程度。但是同年在北京举行的全国各省及自治区的国营农产展览中,西藏农场的产品也去参展了,而且可以销售。

[3] 第359旅是由王震指挥的,他最初是名铁路工人,解放后任国务院农垦部部长,后来任国务院副总理。在大型国营农场的建设中,到处都有南泥湾老兵的身影。许多人在新疆,另一些在西藏。

在地狱的深处

第九章　控诉者

　　这一章写得很艰难，读者读起来也会很痛苦，有坠入地狱之感，但好在结局不错，人间地狱已经被彻底终结。

　　本章提到八个人的故事，七男一女。其中有三人来自拉萨，四人来自日喀则，1965年我和他们见过面，并进行了采访，还引述了一位我并未谋面的年轻人的故事。故事涉及的许多人已经离开人世，但是我见到了其中一些人的遗骨。对于八个活着的主人公，两人被挖眼，一人被挑断脚筋成了终身残疾，一人手臂被枪打断，一人一只手被砍，一人一只脚被切掉，一人被打成聋子毁了容，还有一人如果当时没有侥幸跑掉，将会因为祭祀被活活埋掉。

　　这些活着的和死去的人的故事对旧西藏的农奴制度进行着无可辩驳的控诉，活着的人亲口讲述了自己的遭遇，死去的人他们的白骨就是无声的证据。

皮匠扎西

　　我无法忘记扎西。他个头不高，年龄37岁，英俊的脸庞因疼痛而悲伤，但疼痛并并未掩盖他的清秀。他拄着拐杖在一个女翻译的搀扶下来到屋里，他那裹着绷带的左腿悬着，已经萎缩。尽管已经过去了七年，现在伤口依然溃烂着。

扎西说他是个皮匠，干这种活的人过去在西藏常常被人瞧不起（类似的还有铁匠、屠夫和皮革工）。他的家在当雄草原，他和部落的放牧人都是拉萨哲蚌寺的农奴（在西藏牧区，整个部落实行集体奴隶制，这是一种典型的封建关系）。

他说："过去，皮匠经常要走村串户找活干换一点粮食。当时是1958年，我正带着一袋麦子准备回家，三个衣着光鲜的人骑着马追了过来，他们骂我说麦子是从他们主人地里偷的，当然他们没有任何证据，因为我根本就没偷。即便这样我还是被绑了起来，全身被打得到处都是伤，然后被关进县里的监狱，脚被链子绑在柱子上，一连几天都不给吃的。阿妈听说我在那里，就哭着乞求给我送点吃的，但还是被拒绝了。随后，宗本①的儿子带着几个随从对我进行了审问：'你为什么要偷麦子？'接着，他们在屋子的四周挂起了刑具，想吓唬我开口讲话。"

扎西对我说，他不承认偷过东西。他们解开他的脚镣把他带到外面，他们将他的脸朝下死死按在两块板子上，其中一个人用草原上藏族人随身携带的藏刀把他左腿膝盖下的跟腱挑断。

"当时你想到了什么？"

"我想……这下我肯定活不了了。但我是清白的，他们为什么要这样对我？！他们这样做，似乎不是因为我有他们需要的东西，其实我什么也没有！为什么我这么年轻就要死掉，而且比阿爸死得还要早？如果我死了，阿爸、阿妈、老婆和孩子以后该怎么办？"

"在监狱里，你没有想过给解放军捎话让他们来救你吗？"

"没有。当时还没有完全解放[1]，我们的思想还很迷茫。首先，我不敢那样做。没有特殊的许可，农奴主不允许我们接近解放军。第二，我自己也不知道要找解放军，他们不停对我们说：解放军很坏，他们不信神，也不信教。"

"接下来发生了什么？"

---

① [译者注] 原著中为"dzongpon"，转写自藏语的发音，是"县长"的意思。

扎西说他们把他撂在一个风很大的院子里就走了。他流了很多血，当时阿妈恳求他们允许把他抬到屋里，但没有得到同意。一直等到第十天，他们才允许她和邻居将他抬回家。这时，他已发高烧，腿也肿了起来，伤口都化了脓。

扎西一边说一边把绷带拉开："你们看，现在这腿还化着脓，能活到现在我已经非常幸运。一个月后，阿妈捎话给解放军医疗队，医疗队来了个医生，还给我带了药。看到我们住的条件那么差，他还给我们送来吃的，这件事我们没有告诉头人。"

扎西作为家里的主要劳动力丧失了劳动能力，整个家几乎都要塌了。头人跟他父母说："你家里现在有个瘸子，你们就要替他干活。"就这样，扎西的阿爸被赶出去放牛，阿妈要从早到晚为宗本家做家务。有一次，他们说阿妈没有好好干活，把她绑了起来，一连四天都不让她回家。当时扎西还不能下地走路，家里只有五岁的小弟弟。扎西说："当时家里的炉子灭了，我点不着，给弟弟说了怎么点他也点不着，而且他只是坐在那里哭喊：'我饿！我冷！'当时我也哭了，我不是为自己哭，我是为阿妈难过。担心她是不是还活着，是不是挨打了。我恨我自己只能躺在那儿，什么也帮不了！他们该怎么办啊？"

扎西说："那段日子十分煎熬。"事态的发展证明了那段时间只是黎明前的黑暗。

不久奴隶主叛乱，大批人民解放军来了。紧接着武装工作队开始进行民主改革，和老百姓一起开展"三反"和"两受益"运动。

"三反"是西藏民主改革的第一步，主要包括：（1）反奴隶主叛乱；（2）反奴役；（3）反差役（不付报酬的封建劳役）。"两受益"运动只在牧区开展，意思是让牧民和牧场主双方都能受益，前提是牧场主不参加叛乱。那些参加了叛乱的牧场主财产被没收，并分给牧民。农区实行了"双减"运动，相当于牧区的"双受益"运动。

这些政策的进一步讨论以及牧区和农区为什么在政策上有所差异，在本书其他章节也有涉及。

参加叛乱的牧场主财产被分给了牧民，扎西家分到9头牦牛、6只绵羊和11只山羊。由于身体有残疾，他还分到一匹马。

宗本由于参加叛乱被抓起来调查。他的家人看到他们的地位在阶级斗争中摇摇欲坠，突然摆出了一副要和穷人交朋友的姿态。扎西说："人民解放军武装工作队来了后，宗本的儿子贡布拿着肉、酥油和酒到家里看我。他说：'我们害了你，我代阿爸向你道歉。他当时下令把你弄残的时候喝醉了酒，其实他也不想这样干，我们当时都喝多了。'"

扎西质问贡布："你为什么不敢讲实话？"

听到这个"生来就低人一等"的扎西这样说话，当时贡布感到十分震惊，这种感觉甚至比武装工作队的到来还要强烈。接着，贡布又想做进一步的辩解。

扎西立刻打断他说："那你为什么把我阿妈绑了起来？"现在，当时的受害人变成了主人。

但是，即使在最激烈的革命洪流中，革命也比反动阶级更加宽容。

扎西说："我们召开了一场针对宗本的群众斗争大会。尽管他儿子想软化我，但我还是发了言。当时也没人叫我发言，但是我怎么能保持沉默？！接着，多桑姆堆也发了言，就是他挑断了我的跟腱。他说这么做都是宗本逼他干的，不然就要挨鞭子。贡布是个骗子，但是多桑姆堆说的是实话。作为牧民，他是人家的家奴，就要受人家的控制。如果他不替主人打人，主人就要打他，这些我们都亲眼见过。所以，当他说永远都不会再这么做的时候我相信了他，而且也原谅了他。

"但是，我永远不会原谅农奴制度。这个制度的背后不仅有宗本，还有他身后的寺庙*基索*（寺庙的经济总管）[2]。这个部门最后说了算，就是它毁了我们家。

"几年前家里还有几头牛，自从我们欠了基索的债，牛就全都被牵走了。家里的男孩就数我身体最好，他们把我捆起来去参加藏军，先是强迫我干活，然后又把我拉到拉萨当兵，我脖子上的伤就是当兵的时候被打的。虽然当了兵，但我的身份还是奴隶，还要给长官辛苦卖命。直到有一天我病倒了，不再有什么可利用的价值，他们就把我赶出去等死。在拉萨街头我要了三个月饭后，才有力气回家。回到家里，宗本又开始欺负我，他们说我故意离开家，叫我给他们放牛，还不付报酬。他不光是县里的宗本，也是哲蚌寺在这片牧区的总管事，哲蚌寺还让他做我们部落的头人。有时候，我都不知道他到底是以什么样的身份让我干活或者惩罚我。

"在批斗会上，大家愤怒地控诉着宗本所犯下的罪行。在他的命令下，有些人的眼睛被打瞎，有些人手脚被砍断，还有些人脚筋被挑断。

"他们一边哭一边喊着说：'你杀死了我阿爸！''你杀死了我阿妈！''你杀死了我儿子！''你把我打成残废！'听到这些，我满腔怒火，因为愤怒而哽咽，泪水模糊了双眼。但同时我也感到高兴，所有这一切都已经结束了，我们自己已经给它画上了句号。"

"最后，宗本旺噶怎么样了？"我问道。

"他被关进了监狱，现在还在里面接受劳动改造。"

"那他儿子贡布呢？"

"他没有进监狱，还住在我们这片牧区，在互助组的监督下放牛。但贡布很狡猾，会后他知道既收买不了我也吓唬不住我，就想方设法唆使一些牧民杀害我。他是个胆小鬼，他自己不敢这样做。但他的算盘打错了，那些牧民不但拒绝了他，而且把他的想法公之于众。"时代已经变了。

我接着问："你现在还能干皮匠活吗？"

他打断我说："还能干吗？！鞣皮的时候皮匠需要在池子里用脚踩，我现在一条腿，怎么踩啊？"

"那你现在做些什么活？"

"干一些编绳子这样的轻活，我还在我们组的治安委员会工作。"

我知道对于贡布的下场，扎西现在还有很多话要说，而且贡布应该感到庆幸，扎西不是他那样的人。

"你现在还信喇嘛教吗？"我问扎西。

他马上回答说："不信了。我亲眼看见那些人祈祷，然后又拿着刀和枪杀害我们。我们的敌人是哲蚌寺和它的基索。现在我也想明白了，不再相信什么宗教，别人信是别人的事。"

我伸出手跟扎西说再见，他握着我的手，片刻之后说："我讲的一切都已经成为过去，现在我才活得像人一样，吃着糌粑和酥油，穿着以前想都不敢想的衣服，腿上的伤也得到了免费的治疗。如果在旧社会，即便没有饿死，腿上的伤恐怕早就让我死了很长时间了。对于所有这些，都要感谢毛主席，感谢共产党，感谢解放军，感谢革命。"

"你阿妈现在怎么样？"临走之前我问道。

扎西突然低声啜泣了起来。

我马上警觉地问道："你阿妈怎么了？"

"她一切都好！"扎西一边流着泪一边说。"她没事，身体也好，而且很快乐，我刚才想起了阿妈曾经吃过的那么多苦。"

给我们做翻译的女孩叫尼玛乌多，过去也是农奴，曾在北京上过学。她热情地扶着扎西从椅子上站起来，然后帮他拄上拐杖。

我们一起走到小车旁，它正等着要把扎西送到自治区医院做新的手术。他希望通过手术能让那条伤腿不再发生感染。

※　　　　※　　　　※

1976年到了当雄草原，我又询问了扎西的情况。他们告诉我说扎西的腿还在感染，而且很痛，治疗只能检查损伤的部分但不能根治。但不管怎样，作为一名干部，他在工作上依然十分主动。虽然每次都需要人的搀扶才能上马，他还是经常骑马出去，坐在马背上帮公社放牦牛和羊。

牧民索南次仁

索南次仁55岁，身高1.8米，安静时显得很安逸，行动起来又活力十足，结实的身板让他看起来似乎只有30岁，但是他失去了双眼。

和扎西一样，索南次仁也来自当雄，他的部落属于"三大喇嘛寺"之一的色拉寺。作为奴隶，他的地位甚至连农奴都比不上。大家应该能够猜到，像他这样坚强的人，是很难向压迫屈服的，他身上发生的故事也证实了这一点。由于倔强，索南次仁遭受了一次又一次的折磨，每次诬陷他偷东西成了最好的借口。

1948年，部落的头人诬陷他偷了一包衣服和一头母牦牛。他们先用棍棒暴打他600下，又把他的手捆起来吊在横梁上，身体差一点的人可能当时就送了命。但是他还是幸存了下来，又被送到一个庄园里，戴着镣铐干了三年苦役。后来，那个真正偷衣服的人在行窃的时候被杀，在那个惯偷家里也找到了那些被偷的衣服。由于全部落的人都知道了这件事情，头人只好先放了索南次仁。当时他并不知道，他坚持不承认偷过东西，以及后来他得到释放，这些已经使压迫者铁了心将来一定要再一次收拾他。

1951年，他回到当雄。色拉寺的管家和部落的头人相继对他说："好，你没有偷衣服，但你必须承认牦牛是你偷的，你要赔偿那头牦牛的损失。"

索南次仁说："我没有偷，我当然不会赔。"

"你这个狂妄的奴隶。"他们吼着说。

接下来是索南对后面所发生事情进行的描述。

"他们一起冲过来把我摔倒在地，然后把一袋石头放到我胸口上使劲压，一直到我的眼珠子鼓出来。一个叫次巴的家伙像拔萝卜一样把我的眼珠子挖了出来。对于发生的一切我当时都很清楚，我也没有晕过去。我只是满腔怒火，也感觉不到什么疼痛，只觉得耳朵里传来一阵撕裂的声音。他们走后，我喊着要水喝，血不停地从我脸上朝外冒。随后，家里人把我抬了回去。"

他一五一十地叙述着当时的情景，心情显得十分平静。

不到一个月的时间，眼窝上的伤口长住了，他也可以起来活动。他说："现在不管到哪儿，都需要儿子拉着我。我懂得怎么鞣皮子，有活的时候就去干一下，没活的时候只好去讨饭。"

八年来他的生活一直如此，一直到西藏平叛结束。后来在批斗会上，他当着次巴的面说：

"我控告他犯下的罪行。如果仅凭个人的感情，我会把他打死，即使这样也不能平息我胸中的怒火。但是他本人没有参加叛乱，所以要给他一个改造的机会，这是党的政策。现在，他在大家的监督下参加劳动。"

民主改革中，索南次仁从一无所有到分到2匹马和18头牦牛。到1965年，他家——他、他的妻子、他的儿子和儿媳妇——已经有了成群的牲畜，他们还开垦了一些地种粮食。

最后索南次仁说："现在，我们只有三个人在家。今年春天，我儿子参加了解放军。对此我感到非常高兴，他现在可以保护我们得到的一切。"

裁缝丹增旺措

裁缝丹增旺措是个城里人，今年40岁。他的相貌不同于草原上的人，他个子不高，神情略显紧张。想到自己的遭遇，他经常会失声痛哭。丹增旺措的遭遇表明，拉萨那些死气沉沉的贵族们其冷酷和残害百姓的花样相对于草原农奴主和他们代理人的凶残程度而言，有过之而无不及。

丹增旺措满脸坑坑洼洼，是被一种叫"皮掌"的拍子多次抽打后留下的。这种拍子用多层牛皮制成，过去在西藏经常被用作惩罚人的工具。丹增旺措的听力非常差，耳朵边缘布满了豁口，就像是被咬过一样。

他说："我阿妈是裁缝，她和阿爸都给贵族多仁家干活。我一出生就是奴隶，很小的时候就开始给他家没日没夜地缝东西。有一次，我不小心把一件绸缎长袍给熨坏了，他就过来打我，两边的脸各打了一百下，一直打到我整个脸血肉模糊。我没能按他希望的时间回来干活，他就说我'装病'，还把我捆到柱子上，不给吃也不给喝。还有一次线没了，我停了一会儿没有缝，他就跑过来朝我吼道：'你这个没用的东西，就知道闯祸。'说完就把狗放过来咬我,我的耳朵就被咬成了这样。

"多仁杀死了我阿妈。有一次,为了照顾做劳役而染病的阿爸,阿妈晚到了一会儿。多仁把她推倒在地,用一个很重的火盆砸她的头,鲜血从她的眼睛往外冒。不一会儿,阿妈就躺在那儿不动了。多仁说:'屋里面有一具污秽的尸体。'然后,他们就把已经失去知觉的阿妈从二楼的一个窗户扔到街上,阿妈就这样惨死在那里。

"有一次,多仁叫我老婆加拉做一道他喜欢吃的菜,当时她已经怀孕六个月。她出去取柴的时候多仁说她未经允许就离开了屋子,多仁用一块脏布捂她的嘴,然后把狗放过来咬她肚子。

"多仁家养了8条狗,吃的是用酥油和糖拌的细面,他骑的马也吃得很好,我们给他干活,却从未尝过那些东西的滋味,住的是光线昏暗的地下室。为了填饱肚子,我们去寺庙附近捡一些扔出来的生面团吃,这些面团是祭祀中献给卓玛女神的,还有一些乌鸦经常也等在那里和我们一起抢食。

"有一次我老婆在院子里干活,小儿子跟在她身后。恰好多仁从那里经过;孩子饿了,傻乎乎地跟他要吃的。多仁把糖撒到地上的狗屎上,然后把孩子的脸摁到上面说:'你不是要吃糖吗?让你吃!'

"后来,儿子被送到喇嘛庙当和尚。那些级别高一些的喇嘛比贵族好不了多少。如果孩子哭或者有什么事惹恼了他们,就会被绑在皮袋里吊起来,然后他们一边旋转袋子,一边用拳头打孩子。"

在喇嘛庙里,有一次孩子得到一些大喇嘛在仪式中祈福过的形似奖章的青稞面饼①,他不知道家里为此要给庙里所有500名和尚布施茶饭。为了凑够做茶饭的钱,丹增旺措把自己仅有的一件舍不得穿的羊毛袍子当了。后来袍子被赎回来的时候已经被虫子蛀坏了。

农奴主的叛乱被平息后,丹增旺措感到非常高兴。其实他与解放军和汉族干部已经有过交往。20世纪50年代中期,他和一些裁缝被派往中央政

---

① [译者注] 原著中为"jigjie",转写自藏语的发音。

府接待处制作传统藏式坐垫。让他们感到既高兴又吃惊的是每人每天居然能得到好几个银圆,但这些钱最终都被派他们去的封建官员拿走了。丹增旺措生气地说:"这些贵族骗了我们,也骗了坚持要给我们付工资的汉族干部。负责管理拉萨裁缝的贵族官员还借此给我们安排了额外的任务。他说:'你们每给汉人做一个坐垫,就要给我们做五个。'让我们干活还不给我们手工费和材料钱。当时我没有按时做完,还被罚了12朵次①(约合50元)。"

平息叛乱后实行了民主改革,这里的一切都发生了变化。但是在"诉苦"会上,丹增旺措再也不能批斗主人多仁了,因为多仁已逃往江孜,并且死在了那里。丹增旺措和家人分到多仁的一些财产,还搬到庄园的房子里面生活。

1965年,丹增旺措和妻子在一个缝纫合作社上班,女儿在国营商贸单位工作,儿子也早就离开了喇嘛庙。他说:"过去农奴主让他吃狗屎,现在革命送他去咸阳西藏民族学院②上大学。"

丹增旺措继续说:"旧制度被认为是神圣的制度。但在那个制度下,我没有吃过一顿饱饭,只有无穷无尽的苦痛。有人曾经告诉我,这辈子吃的苦只能受着,这都是由于前世犯下的罪孽。过去,我自己也这么认为;现在,我知道这些都是假话,农奴主统治阶级才是我们苦难的根源。现在,西藏属于我们劳动人民!"

来自日喀则的五名受害者

在班禅喇嘛的驻锡地日喀则,我们见到了另外五位旧社会的受害者。

---

① [译者注] 原著中朵次的拼写为 dotse。
② [编者注] 西藏民族学院,位于陕西咸阳,前身是1958年创建的西藏公学,是西藏和平解放后党中央在祖国内地为西藏创办的第一所高等学校。1965年经国务院批准更名为西藏民族学院。2015年经教育部批准更名为西藏民族大学。

都达瓦，47岁，身材很瘦，但腰板挺得很直。他是奴隶身份，在次旺多吉家做仆人。次旺多吉是堪布会议厅[3]的森本或土地管理人。1955年的一天，都达瓦在院子里堆草垛，主人16岁的儿子南杰在玩枪。都达瓦对他说："小心，枪会走火的！"南杰说："我正想打一枪，你来给我当靶子。"话音刚落他就开了枪，子弹正好击中都达瓦的左上臂。当时被打断的胳膊仅靠一点皮连着，后来又彻底掉了下来。都达瓦说："我把那节断肢晾干，就是要让自己和孩子们不要忘记我曾经的痛苦。"说完，他伸手从袍子里取出那节断肢放到我们面前，它已经变成黑色，并且已经干枯。

我问他是不是怪那个孩子，他说："不，我不生小孩的气，这并不是对我的惩罚。农奴主总以为他们可以对农奴或奴隶为所欲为。"

次登，48岁，留着一撮小胡子，头发很长，总是一副若有所思的神情，因为没有按照要求交实物差被挑断了跟腱，活动能力受限。次登原来有20头牦牛，由于受了灾，牦牛数量有所下降。因此，一连三年他没有给堪布会议厅交过牦牛。到了第三年，也就是1948年，一个官员来让他交牛，并且牛的头数是按原来20头牦牛计算的。次登不想把家里的牛全送出去，就买了些羊毛来代替，这种做法在当时也是允许的。但是，那个官员十分生气，并且诬陷他偷羊毛，叫人把他右腿的跟腱挑断了[4]。

次旺是一名农场工人，49岁，身材魁梧，脸上棱角分明，目光柔和又有耐心，讲起话来不急不慢，从容不迫。次旺曾是谿卡庄园丹成加布的农奴，他被人诬陷说偷青稞，还被骗说如果"招供"了就会从轻发落。但是问到"你把青稞藏哪儿了？"这个问题的时候，因为没有偷，他根本无法作答，主人就说他故意"隐瞒"事实，要砍掉他的右脚。次旺说："当时全村人都被召集了起来，外面的锅里酥油已煮开，我的脚被砍下扔进了锅里。接着就宣布我的所有财产都归主人所有，我也从差巴（农奴）变成了堆穷（没有主人的人），并且被从庄园赶了出去。"当时是1953年，是西藏和平解放后的第二年，六年后才开始实行民主改革。

石朗，34岁，身材很高也很结实。他的前妻次仁卓玛个子不高，身体较差，比石朗看起来老很多。他们讲述了人民解放军来了之后，封建贵族是怎样用恐吓和欺骗的手段来控制老百姓的。当时,他是日喀则附近一座寺庙的农奴。由于天旱,夫妻俩养的羊死了40只,因为害怕罚款和鞭打,他们便逃往他处。后来听说解放军废除了封建制度[5];他们于1955年安心地回到家里。堪布会议厅的一名官员随即把全村人召集到一起,当着全村人的面砍掉次仁卓玛的右手,挖掉石朗的双眼。当时那个官员还挖苦着说:"该死的,现在让你们去找共产党。"

随后夫妻两人被强行拆散,不能再在一起生活。石朗靠给人杀牛宰羊四处漂泊才活了下来,次仁卓玛则跟着女儿在外面乞讨。

1965年,政府给他们发放了抚恤金。虽然已经不再是夫妻,两人仍然是好朋友,这一点可以从他们对彼此的温柔和体贴中清楚看出。1956年,他们的女儿加入革命队伍,赴咸阳西藏民族学院学习。1965年,她成为了一名干部。

上述这些人我们都与他们当面交谈过,在众多有类似遭遇的人中,他们只是极少的几个例子。1965年9月西藏自治区成立,位于拉萨布达拉宫对面的西藏革命展览馆落成,50多名这样的"控诉者"向千千万万的代表和参观者诉说他们的遭遇。他们也只是有类似遭遇的人中极少的一部分。

已故亡灵的控诉

在西藏封建农奴制度下,到底有多少人被杀害、致残或夭折,至今仍然没有一个准确的统计数字。然而有这样一个不争的事实:在一个半世纪的时间内,西藏人口下降了约3/5。清朝乾隆统治时期(1736—1795年),为了税收和管理之便,曾进行过多次较彻底的人口普查,官方统计当时西藏的人口约为200万。但到了1949年,西藏人口锐减至87万左右[6]。从一些间接得到的事实可以概括的是,由于直接杀害、贫困和疾病而死亡的人数,在人口下降中占了不小的比重。与我们交谈过的数百名翻身农奴中,大部分人说父母(特别是父亲)在壮年时期被残酷折磨而死。因此,将旧封建农奴制度称为"吃人的制度"毫不夸张。

在西藏革命展览馆里，那些已经离开人世的亡灵也在诉说。

在那里，我们看到一堆堆农奴、奴隶和穷苦和尚的尸骨，均发现于封建庄园和喇嘛寺庙之中，而且有清楚的证据显示，他们均死于暴力，不是被打断四肢，就是被打碎头骨。

在一个特殊的展区中，我们看到十个喇嘛做法事用的喇叭。根据制作的要求，这些喇叭需要用16岁处女的大腿胫骨做材料。

展览馆里还有一个箱子，里面摆放着15件祭祀用品，有风干的人手，人头骨做的杯子和鼓，还有108颗珠子穿成的念珠，其分别用108个不同人的头骨磨成珠子制成。

一些特殊的仪式还会用到人体的其他部位，它们都通过官方的渠道来获得。有一个盖有达赖喇嘛印章的文件要求提供人头、人血、人肉、脂肪、内脏和右手，还有小孩的人皮、寡妇的经血和砸碎过人头的石头。在一套用于宗教仪式的物品中，我们还看到被割下来的年轻男性生殖器，用一种特殊的纸包着。

寺院的法令还有处死"巫婆"和"魔鬼"的规定。我们看到了一具被烧焦的女尸，身体蜷缩在一起，她因生了三胞胎而被寺院认定为巫婆从而被活活烧死。这具尸体曾经被放在一座喇嘛庙里面，身上穿着丝质的袍子，头戴王冠，以坐姿的形式被摆在一群神像中间。

事实上，西藏旧的世俗法令一直沿用到1959年，它们不仅允许农奴主阶级残暴的做法，而且还做出了以下明确的规定。

上层人杀死下层人不算什么。而更具讽刺意味的是，如果上层人杀死"下层阶级"（包括乞丐、屠夫和铁匠），只需赔偿"一条草绳"即可。

但是，如果下层人胆敢在语言上或行为上违抗上层人，"就要遭到挖眼、挑筋、割舌、砍头，从高处扔下摔死，扔到水里淹死等刑罚，还可以被当场直接处死。"

贵族和僧侣免于普通的审判，也免于最残酷耻辱的惩罚形式。而对于平民的惩罚而言，无论贵族还是神职机构，无论他们地位高低，无论主人还是管家，都可以将平民任意处死。

这一点和查理大帝时期的西欧极其相似。一个研究该时期历史的权威专家曾经这样写道："封建制度第一时期的一个最显著的特点……是那些狭隘的统治阶级被赋予了生杀大权……所有掌握神权的人，要么自己，要么通过代言人，实施着血淋淋的审判。"关于官员他继续写道："'上层的司法'关系到中央政府或一些大贵族，'下层的司法'关系到当地政府或小贵族，但实际上这种差别趋于消失。教会人员可以免于民间法庭的判决，但是"他们对奴隶拥有生杀大权"，并且这种权利的使用范围还逐渐扩大到庄园的农奴和所有其他平民。因此，人们不禁要质问："从今以后，对于那些附属于他人的人来说，自由人和奴隶之间到底还有没有界线？"[7]

欧洲公元8世纪和9世纪的所有这些特点，都存在于1959年前的西藏。

这一点在一个藏族分裂分子的文章中得到证实。他最近回忆道："如果使用其他办法无法得到真相，就会借助严刑审判（听证的时候进行鞭打）。（原文如此）年轻的时候，经常看见犯人受到无情的鞭打。在鞭打的间隙，两个执法官会对犯人进行审问。"他同时还提到了一些类似这样的做法，比如"挖眼，割舌或者砍头，把犯人扔到水里淹死，从高处扔下摔死"。

对此他又是怎么评价的？"制定这些法令（传统的西藏法典）……是在某个历史时期完成的，但它们依然适用于20世纪50年代。西藏作为一个国家，它的独立性永远是我骄傲的源泉。"[8]

虽然作者在书中很多章节竭力突出他的观点有多么现代，但大家可以看到，在他的那个阵营里，"现代"一词有多大的局限性。

活 埋

喇嘛教的迷信允许甚至有时强制要求在一些重要建筑或者画像下面活埋一些男童，并且认为这样才能使它们"保持永远不倒"。我们发现三个世纪前在克松庄园（见本书第34页）就有类似的做法。贝尔提到的一个例子尽管在时间上不甚明确，但距现在更近。在描写春丕谷的一个塔的时候他曾经写道："里面有一个佛塔，塔里面有一个铜瓮。很多年前修塔的时候先往铜瓮里倒上人血，然后放入一对8岁童男和童女的尸体，而杀死他们就是出于这样的目的。尸体摆放的时候要头朝下，脚朝屋顶。"[9]

1965年，我们在西藏革命博物馆见到另一个活生生的例子，一个男童蜷缩的遗骸，他和另外三个男童一起被活埋在山南贵族塔巴安阳群培庄园的房屋下面。

1965年，西藏革命展览馆落成。有一个男孩在展览中讲述了1959年他如何侥幸逃脱被活埋的命运。当时解放军已经进藏八年，农奴主还没有和改革对着干。但就在同年，他们发动了叛乱，妄图维持旧的封建统治。

19岁的扎西达瓦昔日曾经是农奴，现在是一名教师，他用口头和文字的方式叙述了自己刚到西藏加查县曲科杰寺当和尚时发生的事情：

……一个年长的穷喇嘛悄悄跟我说：从前，曲科杰寺供奉吉祥天母的神庙倒塌。寺里因为害怕有灾难降临，便抽签进行占卜，结果有5个13岁的男童被关到木箱子里，活埋在神庙的四个角落和神庙的中央。当时5个孩子都哭着大喊救命。

1957年神庙再次倒塌，寺里已经决定重新进行修缮，并下令要再活埋五个男童做祭品。1959年，达赖喇嘛计划要来我们寺，寺里的监事决定重修神庙，四个木箱子被重新挖出来。从那些骨骸看，男童死的时候的样子是托着下巴蹲在那里。

神庙重修期间来了一个男人，在50名刚到寺里的小和尚中寻找年龄是13岁的。他知道我13岁，当时还量了我和其他同龄小孩的身高。

五天后，一个穷和尚把我叫到屋里小声对我说，我已经被寺里选中，并且已经量好我的尺寸。和我一起的还有一个叫丹增旺布的男孩，他也刚好13岁。

后来，我们两个人冒着大雪，逃到雅鲁藏布江江边。当时我们都没穿鞋，双脚流着血。一个好心的船工帮我们渡河，还给了我们一些吃的和茶。

返回我家所在的村庄后，我们刚好看见人民解放军平息叛乱。民主改革时期，我家分到了耕地、一头耕畜和一些生产工具……我也上了小学。现在我是县里夜校的老师，而且还是郭西卡乡[①]安全委员会成员。丹增旺布也是夜校的老师。在最近召开的一次会议上，我和他都当选为模范教师。

后　记

有人为旧制度辩解吗？ 尽管铁证如山，旧西藏那些吃人制度的维护者依然还在狡辩。

下面，让我们来听听他们是怎么讲的。

首先，有些参加西藏叛乱的农奴主极力否认农奴制度的存在。在印度噶伦堡的孜本夏格巴是这些人的主要代表之一，他向"国际法学家委员会"提交了备忘录。该委员成立于"冷战"时期，并且专门为冷战服务。夏格巴狡辩说：

> ……西藏根本不存在任何形式的农奴制度。和其他亚洲国家一样，西藏的土地最终归国家所有。长期以来，一部分土地以庄园的形式发放给那些为国家和寺院做出诸多贡献的个人；作为回报，他们主要以提供实物或服务的形式上交税金。寺院通过祈祷和进行宗教仪式为国家服务；其他地主通过担任政府官员、参与管理事务为国家服务。然而绝大部分的土地归农民所有，他们直接向政府交付税金，除

[①] ［译者注］原著中此地名为 Koshi，经译者查证，加查县只有郭西卡乡与此读音相近，故译为郭西卡乡。

此之外再无任何其他的义务。在寺院和地主的大庄园里，佃农自己租用土地以维持家用，他们可以通过实物向地主交租金，也可以让一名家庭成员去地主家做家仆，或者到地里干活，供地主差遣使用。家里其他的成员则享有充分的自由。[10]

对于这种狡辩，谁都可以看出它多么自相矛盾，并且无法自圆其说。如果土地归国家所有，农民又如何成为土地的"所有者"？事实上地方政府自己就是农奴主，是西藏"三大领主"（地方政府、地主贵族和喇嘛寺院）之一。

农奴制度如果不存在，"一个家庭成员"在地主家供地主"差遣使用"是什么？家里的其他人真的享有"充分的自由"吗？在世纪之交，日本和尚河口慧海①在《西藏的三年》的书中这样写道："庄园的贵族……在权利甚至生命方面，是庄园其他人绝对的主人。"如果这不是农奴制度又是什么？！

最后，让我们引用一位美国学者的话。他从1959年参加叛乱的人那里得到了有关西藏旧社会的资料[11]。他总结说：

> 西藏的特点是其存在一种制度上的不公平，其实就是无处不在的农奴制度……就人口而言，除了大约250～300个贵族家庭外，其余主要的人口是农奴……那里并没有所谓的"自由"农民。

"西藏不存在任何形式的农奴制度"还是"无处不有农奴制度"？任何人只要看看事实，就能对二者何种说法正确做出判断。

对于残酷的惩罚，夏格巴说：

> ……另外有必要指出是，西藏现存的法令不认可任何针对犯人进

---

① [译者注] 原著中此人名为"Ekai Kawaguchi"。

行的残忍或不人道的惩罚。1898年，十三世达赖喇嘛颁布一道法令，规定除叛国罪以外，所有犯人均免于死刑……过去，违反这条法令的情况也许存在，但是非常少，拉萨中央政权对所有违反这条法令的案件都进行了严厉的处置。[12]

在这一点上，我们该相信夏格巴还是相信我们曾经见过的农奴？对于过去那些事情发生的经过，农奴们根本无须"证明"自己的父母亲戚被杀或致残，他们只是原原本本地讲述了那些事情。除夏格巴外，那些选择逃跑的贵族也讲述了类似的事实。作为两个统治家庭（一个是出生的家庭，另一个是婚后的家庭）的成员，车仁仁青卓玛夫人对旧社会十分留恋。对于热甲巴阶层的作用她写道：在惩罚犯人的时候，他们实施"挖眼或砍断四肢"，同时"为一些特殊的宗教仪式给和尚提供人头盖骨和大腿胫骨"。[13]

让我们再回到夏格巴的描述，难道我和其他参观者看到和交谈过的受害者都是因为"叛国罪"才遭到惩罚的吗？根本不是！那难道是假的吗？那他们的眼睛、胳膊和腿到哪儿去了？* 有人"严厉处置"残害他们的人吗？农奴主发动叛乱后，人民的确对他们进行了处置，但是根本不像他们那样残忍。对于夏格巴赞扬的拉萨当权者，难道他们自己和他们任命的人（宗本，等等）不是主要凶手和残害他人的人吗？

根据夏格巴的描述，他显然认为农奴制是一个很美妙的东西，叫他为此道歉对他来说是一种冒犯。下面，我们转到帝国主义分子黎吉生所做的描述，这段话也曾经被国际法学家联盟引用过。黎吉生是1947年英印政府派到拉萨的驻藏代表，他的观点和夏格巴的观点在某些地方十分相似，就像是用同一支笔写出来的（其典型的公务语言和风格与夏格巴的有所不同）。

---

* 这些例子均发生在20世纪70年代以及奴隶主统治的最后10年（即20世纪50年代），而并非1898年前。而对于1898年之后声称禁止类似做法的情况，河口慧海在书中（第384页）这样写道：他在西藏的时候，挖眼和砍手……当众砍掉手腕等惩罚手段非常普遍。"拉萨有很多没有手和没有眼睛的乞丐。"

黎吉生签署的声明相对而言更加谨慎，就像一个知道自己办的案子有多糟糕的律师说的话一样。下面，我将引用一些他说过的曲里拐弯的话：

> 理论上西藏所有的土地归政府所有，而贵族、地主和大寺院从政府那里得到大庄园……
> 在大庄园里农民拥有一些土地，不需要交租金，但是他们不得不耕种地主农场的土地，同时还要提供名目繁多的各种服务——比如免费运送人员或货物，修路，派家庭成员参军等等。

这个版本和夏格巴的版本不同，它没有矢口否认农奴制在西藏的存在，而只是尽量避免使用那样的词语，竭力使一切看起来很正常，甚至让人感到欣慰：

> 土地拥有者类似家里的父系首领，其手下要向他表现出习惯性的顺从，除此之外，他们之间不存在什么分歧。[14]
> 在这样的社会里面，通过服务获得报酬的想法很正常；……并且受到习惯的保护。达赖喇嘛是这个习惯的维护者，每个藏族人都有向他申诉的权利。但是大家都清楚行使这个权力的难度和所需的费用，尤其是那些需要走好几个星期才能到首府的人，这种情况给了地主们相当大的活动空间。[15]

对于这个"权利"的真正本质和要行使这个权利的下场，可以从帕拉庄园拉巴江村的故事（本书第58页）以及贝尔相关的评论中看到。

下面继续引用黎吉生的话：

> ……还有一个因素阻止地主跨越这个习惯的限制。由于劳动力经常性的匮乏，农民如果逃跑的话就会遭到最残忍的惩罚。

幸福的父系社会！但为什么"逃跑"的是普通农民而不是受土地束缚的农奴？

现在听听黎吉生对惩罚是怎么说的：

> 从前，法律上的惩罚包括肉体惩罚，如砍手脚、挖眼等。1898年十三世达赖喇嘛颁布法令，除叛国罪外禁止实行所有类似的惩罚。在一些更加偏远的地区，地方官员或地主有可能偶尔非法将人打残和严刑拷打，他们拥有对农民的管辖权；但是西藏的舆论氛围在进步，虽然速度也许慢一些，但已经在不断远离那种类似的惩罚。

在这里，黎吉生以自己的名义只是将这些事情说得不痛不痒，而夏格巴则进行了直白的粉饰。

尽管接触到的事实被轻描淡写地称为"指责"（比如公开发表的西藏照片上那些缺胳膊少腿的农奴以及受害人的证词），夏格巴和黎吉生对此也故意进行了回避，包括两人之间存在的相互矛盾和他们本人出现的前后矛盾。"国际法学家委员会[①]"凭借自己的智慧宣布它将"……采纳夏格巴先生和黎吉生先生的陈述"。在宣布这个决定之前，委员会的一个成员英国人哈特利·肖克劳斯爵士宣布辞职，一位印度委员对"证据"收集的方式表示了强烈的不满。

在从这个话题转移之前，我们再来看看黎吉生先生提出的另外两个论据：

> 呈现的西藏生活照片对于西方人的眼睛来说也许显得有些陈旧，但是还是值得从一个合适的角度做出判断……

以及

---

① [译者注] 原著中此委员会名为"International Commission of Jurists"。

可以断言，对于长期以来建立起来的生活方式和社会中存在的不公，藏族人不是被动予以接受，而是接受得很主动很满足。[16]

这个论据归根到底是说，我们评价一个类似中世纪的农奴社会，就必须采用中世纪农奴主的标准和他们做的自我描述。但是现在已经是二十世纪！

事实上，这些辩解者（他们的观点长期以来一直充斥着西方的新闻界）甚至远远不如13世纪的教皇英诺森三世。对于那个时代的农奴他虽然没有做过什么实际的事情，但至少没有隐瞒农奴面临的困境。

农奴为贵族效力，他们因受到胁迫而满心恐惧，厌倦强迫劳役，对殴打感到苦恼，并且随时会失去一切；如果一无所有，他们会被迫去赚钱；而一旦拥有了什么又会被强行夺走；贵族的过错是对农奴进行的惩罚；农奴的错误是贵族有理由掠夺他们……唉，多么极端的奴役形式！大自然让自由民来到人世，但命运却将他们变成了奴隶。农奴必须受苦，无人为他叫屈，他不得不独自哀伤，并且不允许有人和他一起哀伤。他不属于他自己所有，也没有其他人为他所有。[17]

※　　　※　　　※

据说20世纪60年代末，历史已经迫使黎吉生反映一些客观现实。对于西藏的封建农奴制，在一本他与别人合著的书里这样写道：

中世纪时期的西藏（大约公元10至15世纪）和欧洲中世纪时期有诸多相似之处……欧洲中世纪时期在文艺复兴中结束……而藏族人没有经历过类似的文艺复兴……[18]

然而，他仍然宣称今天的藏族人"受他们自己特殊文化形式的熏陶和限制，改变对他们来说是不可能的"，所以他们反对改变。

这样鼓吹中世纪的做法的确让人感觉很安慰，但是请等一下！还是这本书，说西藏解放（该书谬称为"中国占领"）对"穷人和下属有利，因为在旧制度下，他们可能从来没有过过好日子"。这本书还告诉我们，1959年叛乱后，也许只有占人口5%的"少数藏族人，选择到印度避难"。不管多么勉强，这里我们都要清楚地承认，在旧秩序下，西藏95%的人（包括穷人和下属）遭受着痛苦，所以他们向往新的制度。

那么如何面对"西藏中世纪农奴制度不能改变"这个问题？其实这个问题早就得到了解决，这个毁灭西藏人民的种族灭绝制度被西藏人民判了死刑，并且已经执行，西藏人民正在大踏步迈向未来。

不管怎样，事实是不容改变的。甚至那些长期站不住脚的维护者在很多时候也一定会发现，对于他们而言，改变不是"不可能"，而"抵制新制度"也是徒劳的。

不幸的是，从对帕拉庄园进行的种种美化算起，《大英百科全书》在这方面并未做出多少改进。

几十年后，该书第15版（1980）"西藏"一篇继续为西藏的农奴制度鸣不平，而且还鼓吹西藏分裂。这篇文章的社会管理和社会情况部分好几处署名是TSWD，在历史部分的署名是HER，其他一些部分署名是TVW。文章的索引指出，这些缩写的拥有者都是我们的老熟人，他们是孜本夏格巴，黎吉生先生和怀利教授（本书第7—8页和第11页针对怀利教授的一个奇特看法进行了分析）。

这些作者推荐的参考书目很多都偏向他们普遍认可的说法，这也是旧势力及其维护者对和西藏有关的信息进行长期垄断的一个表现。

想通过这个参考书目获得客观、最新资料的读者，应该看些更靠谱的而不是这些逆时代潮流的大杂烩。

※　　　　　※　　　　　※

还有一些新面孔也在为这些站不住脚的观点进行辩护，勃列日涅夫时期的苏联作家成为夏格巴和黎吉生观点的响应者。

1975年，《雪域之国的人与神》①一书在莫斯科俄罗斯科学院的支持下向俄罗斯普通读者发行。这本有关西藏的书讨好式地引用了两人的观点，还向俄罗斯读者推荐了一些"由移居国外的藏族人和英美学者合著"的书籍，并且说它们包含了"丰富的资料"，"值得密切关注"。

而莫斯科的期刊比这本书中的观点走得更远。1977年2月27日出版的《新时代》杂志上，作者艾莉梅·帕诺夫叙述了对在印度的西藏叛乱者营地的访问，面对从"野兽和鸟类以他们祖先尸体为食的地方"带出来的"象征他们破碎家园的圣石"他大为伤感。接着他继续攻击说"毛主义者给西藏人民带来了苦难，应该受到谴责"。而对于西藏真正造成"人吃人"现象的旧农奴制度却没有进行批评。

事实上，帕诺夫重复着西藏分裂分子和他们的外国支持者散布的所有谣言，其中包括"两万名儿童全部被强行带到中国"的谎言。除此之外，他还编造了一些别的谣言。有些谣言实在太离谱，连逃亡的西藏叛乱分子都觉得太难为情，在该书重印出版时予以删除。

在该书的部分章节中帕诺夫带着对社会主义中国的仇恨，用怜爱的语气详细描绘了一个宣扬宗教魅力的叛乱分子。这个人吹嘘说他曾经杀害过解放军战士。这本书对叛乱分子和其阵营的描写非常理想化，连叛乱分子自己的出版物都发现其存在不妥之处，但帕诺夫对此视而不见。他采访过的一些高级喇嘛，修得"与西藏一样"的寺庙和残障的聋哑看门和尚，这些同样深深地打动了这个"苏维埃"作家。在他的眼中，无论任何蒙蔽主义和中世纪的东西都是好的。

煽情也成为这个《新时代》作者让自己的"圣石"在俄罗斯传播的工具！

"在每块石头里面，"他吟诵道："我读到了未曾写出来的字迹——

---

① [译者注] 原著中此书名为"People and Gods of the Land of Snows"。

'铭记',尼古拉·洛维奇①曾经用它为自己的喜马拉雅山帆布油画命名。"

有些人会想起尼古拉·洛维奇,他是一个神秘主义画风的贵族画家,来自旧日的圣彼得堡。他在十月革命后逃跑,寻找到了他称为"阿尔泰喜马拉雅②"的广阔疆域并为之痴迷。今天的克里姆林宫战略家和先前的沙皇一样,认为西藏全境在这两座山脉之间的地区,注定要落入俄国的保护之下。洛维奇被重新塑造为一个爱国者,升格为预言家,并让石头以他的口吻开口讲话,这些并不单单是因为他那明亮的蓝眼睛。

这又是阿富汗的前奏!在阿富汗他们打着"反封建"和"反蒙蔽主义"的旗帜,一旦这一原则被废弃,越过边界将成为他们的下一个目标,插上他们的旗帜也易如反掌。

【作者注】

1 西藏和平解放是用来描述人民解放军在1951年进驻西藏的专业术语。人民解放军进驻西藏是中国人民赶走帝国主义斗争中的一部分。从本书所描述的许多事件中可以看出,西藏劳动人民的社会解放要更晚一些,是在1959年,那时随着民主改革,农奴主叛乱得以平息,封建制也彻底垮台。

2 所有寺院里都有基索,它负责运营寺院的牧场,向人们索要贡献,经商等,表面上看,它维护所有喇嘛的利益,事实上,它只为喇嘛中的最上层谋福利。

3 也叫班禅郎玛岗,位于日喀则,是旧西藏班禅政府的行政机构。

4 杜达娃的情况不是孤例。早前,在成都的民族研究所,来自西藏东部康巴的学生益西告诉我他哥哥洛桑的遭遇。因为是奴隶,他哥哥不得不在头上顶着靶子让主人练习手枪射击。洛桑后来幸存了下来,成了一名共产党员,并在他的家乡昌都附近成了群众性的人民武装组织的领导。武装力量转到农奴手里。

5 论首次提到改革,日喀则地区要早于拉萨,但并没有进行,石朗和他妻子得到的消息为误传。部队从进藏的第一天起就拒绝接受任何封建劳役,而当地官员

---

① [译者注] 原著中此人名为"Nikolai Roerich"。
② [译者注] 原著中此地名为"Altai-Himalaya"。

1959年叛乱前还一直要求农奴这么做。

6 这两个数字指的是西藏旧行政区划下的前藏（以拉萨为中心）和后藏（以日喀则为中心）。今天的西藏自治区也包括昌都地区，多年来，它一直是1955年废除的西康省的一部分。昌都地区的人口，1955年给我的数字是30万。而1949年给我的西藏人口的数字是不足120万。1965年，西藏（不包括其他民族的人们）的人口数为131万，比起1949年的数据，有了11万人或9%的纯增长（原因是死亡率下降而出生率增长）。人口增长大多发生在1959年后。这使得近年来的年均增长率远高于以前的增长总数。

1976年，人口达到170万，比1949年增加了近50万人（超过40%），比1965年增加了39万人（大约23%），年均增长率约为2.1%。1976年，汉族人口占7.4%，这个数字和1965年的没有太大变化。

7 马克·布洛克，《封建社会》，英文版（伦敦，1961年），第365—370页。

8 达瓦诺布，《红星照耀西藏》（伦敦，1974年），第76—80页。

9 贝尔，《西藏今昔》（牛津，1924年），第78页。

10 《西藏和中华人民共和国：驻西藏法学调查委员会为国际法学委员会撰写的报告，日内瓦》，1960，第316页。

11 默文·C. 戈德斯坦，《农奴制和流动性：对西藏社会"似人力租赁"制度的拷问》，美国密歇根大学《亚洲研究》杂志，1971年5月，第521—522页及第539页。戈德斯坦，美国凯斯西储大学人类学副教授，娶了前噶伦先喀·居美多吉的女儿索康·旺钦格勒。

12 夏格巴，前文已引，第317页。

13 车仁·仁增卓嘎通嘎，《西藏的女儿》（伦敦，1970年），第9页。

14 读者们可以通过本书中农奴们自己的叙述来判断这一点，也可以再参照戈德斯坦已经引用过的话语："西藏……的不平等已成惯例。"

15 理查森，前文已引，第75页。

16 同上，第75页。为西藏的农奴制辩护是永恒的主题。诺埃尔·巴伯甚至将他的书命名为《失去意义的领地》（纽约，1970年）。

17 引自A. L. 莫尔顿，《英国人民的历史》（伦敦，1951年），第71页。

18 大卫·施耐尔格罗夫，黎吉，《西藏文化史》（纽约和伦敦，1968年），第16页和第267—268页。

西藏领导干部

第十章 藏族干部：从长征到今天

第一代：参加过红军长征的藏族干部

中华人民共和国成立后，无论谁盲目地支持"中国侵略了西藏"这个谬论，都应该认真思考两个历史事实：一是1300多年来，汉族、藏族和中国其他民族之间的相互联系，很多世纪以来他们都属于同一个国家；二是藏族人民曾长期参与中国共产党领导的中国多民族革命。

藏族同胞参加革命可以追溯到震惊中外的中国红军长征。1935年长征期间，党的民族自治政策首次运用于当时的西康省甘孜藏族苏维埃政府。现在的甘孜州是四川省两个藏族自治州之一。

最早一批藏族共产党干部仍然健在，他们年轻的时候参加了红军长征。起初，他们被红军中不同民族间的团结和平等以及其反对民族和社会压迫所吸引，接着他们受到"中国所有受压迫受剥削的人团结起来进行斗争"号召的激励。从1930年起为了实现全国的解放，他们一部分人接受了全面的革命训练，战斗在偏远地区的革命第一线。在此过程中，他们的政治觉悟和能力逐渐成熟。

由于作战地点的变化，这些藏族干部长期以来无法接触自己的民族和地区，但是他们渴望有一天能回去战斗。作为准备，经党组织特意安排，一些人和其他少数民族干部一起工作，尤其在内蒙古地区，那里的贵族封建势力和寺庙的统治交织在一起，与西藏的情况非常相似。1949—1951年间他们终于回去了，首先回到他们土生土长的藏族地区，然后又回到西藏，在那里他们发挥了十分重要的作用。

桑吉悦希也叫天宝，天宝是他在长征途中取的名字，也更加广为人知。1976年，天宝担任西藏自治区党委书记。另一个参加过长征的藏族干部叫杨东生（协饶登珠）。1979年，天宝当选西藏自治区主席。[1]

在拉萨，这个藏族共产党老战士给我们讲述了他怎样从18岁的穷喇嘛成长为红军战士以及以后的经历。下面是他当时所讲的内容。

※　　　　※　　　　※

我们党始终坚持和实行民族平等。在党的领导下，广西成为第一个有少数民族——壮族——参加革命的省份。韦国清就是一个广西壮族人，现在他是党的政治局委员。

在长征中，其他民族开始和红军进行接触，包括湖南和贵州的苗族，以及四川和云南的彝族。刘伯承司令员和彝族首领曾经歃血为盟结为金兰，很多彝族同胞加入了革命队伍。在四川甘孜和阿瓦地区，也有像我一样的藏族同胞参加了革命。

我们为什么要加入红军？我要提到我的家乡阿瓦地区。在那里，藏族和汉族人民有联合进行反封建斗争的传统，该传统至少可以追溯到18世纪。更为重要的是，红军这支新军队视我们如同兄弟，它不允许使用过去大汉族主义者将我们称为"蛮子"（未开化的人）的称呼，喊出的口号也正是我们想要的，"打倒汉族封建官员和藏族土司！[2]" "分田分畜！" "实行民族自治！"

很自然地我们开始支持中国苏维埃政府，但最初我们连苏维埃是什么都不清楚，不知道它是人还是个组织。

当时国民党到处散布红军的恐怖谣言，甚至说红军吃小孩。所以，一开始我们都逃走了，村里只剩下一些老人，我自己也逃跑了，我的一些年轻朋友也和我一样。但是没过多久，我们又悄悄地跑回来想看个究竟。我们到底看到了什么呢？红军把土司家的酥油和衣服分给穷人！看到这些我们都涌回村子，当地成立红色警卫民兵连的时候我们第一个做出了响应。

这个民兵连非常不"正规"，没有任何统一的服装，只在腰上缠上红布。我们到处搞宣传——"红军和其他部队不一样，红军战士不打人不骂人！支持红军！打倒汉族封建官员和藏族土司！"附近的劳动人民也积极响应我们。

红军离开阿瓦的时候，我们很多年轻人也跟着一起走了，其中就有杨东生书记[3]、胡宗林、扎喜旺徐[4]等。

接着红军开始了没有规律的转移，一会儿前进，一会儿后退，一会儿向这儿，一会儿又向那儿。为什么要这样做？后来我们才知道，这是因为红四军的领导人张国焘叛变了革命，他不想往北前进打日本，就命令自己的部队穿过甘肃和新疆向西走，他称之为："打开通往苏联的国际通道"。事实上对他而言，这是一个恐怖之旅，并且造成了巨大的损失。当时红四军有两千名藏族战士，但大多数都牺牲了。如果没有张国焘的机会主义路线，将会有更多经历过长征的多少藏族老干部现在依然在工作！但是，现在剩下的人已经不多了。

长征结束后，在延安，党想让我们学习知识，以便今后为我们自己的民族服务。当时红军很穷，但无论什么东西都和我们一起分享。尽管我们还不是党员，但却被送到中央党校去学习，当时第7班有藏族、彝族和苗族学员，大家都参加过长征。1937年后抗日战争时期，新的革命根据地发展到回族地区和蒙古族地区，从那里过来了很多学生；延安成立了中国第一个特殊的少数民族学校，蒙古族老一辈革命家乌兰夫任校长，当时录取的一些人现在是内蒙古自治区的领导。

1945年日本投降，我们这些藏族同志被派往内蒙古工作。在解放战争时期，我们战斗在从北到南各个战场的前线上。1949年北京解放后，中央组织部到处寻找我们。杨东生当时在长江下游的第四野战军，一些藏族战士曾经在这个军战斗过并献出了生命。我本人是在北京被"找到"的，当时是第一届人民政治协商会议的代表，就是在这次会议上建立了中华人民共和国。

　　随后,我们参加过长征的藏族战士随解放军到四川,后来一些人又来到西藏。

※　　　※　　　※

　　另一个参加过长征的战士叫索南(也被称沙乃)。早在1955年我就见过他,当时他是四川甘孜藏族自治州副主席。他个头不高,圆圆的脸,很乐观,当时年仅37岁,已经是一位将军,任军分区副司令员,同时也是解放军第一藏族团的领导。有关他的故事在我们下面的谈话记录里面会谈到。

※　　　※　　　※

　　1935年我17岁,当时正在放羊。我家是农奴,所以要给贵族交粮食和木材。红军在我们村停留了13个月,我从来没见过那么好的人,那么好的伙伴。1936年他们离开的时候我跟着他们一起走了,当时对于政治我了解很少。

　　我们村有20名左右其他藏族青年也参了军。大家都来自条件很差的农村,曾经过的都是苦日子。但是那次长征的条件实在太艰苦了,一些人倒下牺牲了,特别是在无人居住的草原沼泽地区。除了野草根我们没有其他东西吃,当时非常需要马来运东西,但为了能有力气继续前行,我们甚至要吃一些军马。

　　在毛儿盖,当地的藏族民众听信了国民党的谎话,向我们的队伍发起进攻。尽管我们当时都饿着肚子,但还是要冲过去。此外还有人在战略要地腊子口等着拦截我们。我们知道他们上了国民党的当,所以我们就穿上了本民族的服装,他们对藏族开枪的时候会犹豫一下。在一片树木繁茂的斜坡上他们伏击我们,并且朝我们大声喊:"离开那些汉人!我们准备开枪了。"我们也抓住机会向他们喊话："不要开枪！我们部队不要你们任何东西，我们只是从这里经过要去打日本鬼子。让我们过去！"由此我们帮助部队和藏族兄弟双方都避免了伤亡。到达甘肃省和陕西省后，我们找到了吃的东西和住的地方。在定边，我们追赶上了毛泽东主席的队伍，当时就像回到家一样，不会再被张国焘牵着鼻子走了。

对于我们藏族红军战士，毛主席给予了特殊的照顾。1936—1940年期间，我被送到中央党校学习。刚开始的时候学习对我来说实在太难了，而我们这些学生对于教我们的老师来说就更难了。我不会说汉话，只会说藏语，而且还不是标准藏语，我讲的藏语是我们本地方言。我既不会读也不会写，汉字对我来说实在太难，所以我就学习了拉丁字母，这可帮了我的大忙。从那以后，我喜欢上用拉丁字母给汉字拼音。

接着我又到延安民族学院学习了五年（在经济系学习）。我负责食堂和采购，那是具体实用的经济学。最后我又回到党校参加更高级课程的学习。

1945年日本投降后我被分到内蒙古，在乌兰夫手下做了两年经济工作，然后又在土地革命中做群众工作，我觉得后者更适合我。我接受的教育不连续，从事经济工作对我来说十分困难。

1947年解放战争中，我们发动了对国民党的全面进攻，我又回到了部队。1949年我参加了解放天津的战斗。重新到党校学习后，我参加了挺进华南的战斗。这就是我曾经受到过的全部教育，从做实际工作到上学，然后再从学校到实际工作，然后又周而复始。

1950年对四川藏族地区的解放即将开始，党委要求我所在的单位尽快把我调往北京，让我和本民族同志一起做准备工作。1951年，我在甘孜组建了藏族士兵团，它是共产党领导下历史上第一个藏族武装力量。

你可以说我是党长期培养少数民族干部的一个典型，过去我是农奴放羊娃，现在我承担着很多责任。我常常想：尽管能力差，但我不能让党失望。每每想到自己做的工作很少，辜负了党的期望，我心里就很难过。不过我才37岁，还能继续学习，还可以为人民工作很长时间。

不幸的是他无法再为人民工作了。1976年我向天宝打听索南的情况，得知他几年前已经因病去世。

※　　　　　※　　　　　※

有一张珍贵的照片幸存了下来，由埃德加·斯诺拍摄于20世纪30年代中期。当时红军刚刚结束长征，这张照片反映了天宝、杨东生和扎喜旺徐年轻时候在延安的情景，见本书插图第13页。

※　　　　　※　　　　　※

对于这样的历史，怎么会有人说共产党与藏族人——尤其是与农奴和奴隶——"对立"。其实很久以前在长征时期，他们的心就已经向着共产党，很多人长眠在红军的烈士陵园里，还有些人在抗日战争和人民解放战争中献出了自己的生命。党教育了他们，并且把那些幸存下来的人送回去，让他们去把自己民族的人民从一千年来的压迫中解放出来。

共产党和藏族人对立吗？

同样的错误还包括制造出"康巴人"这个名词，它指的是住在西藏东部和其周边的藏族人，但也曾被错误地用来称呼20世纪50年代末的叛乱分子。

它是封建统治阶级顽固分子和他们的走狗玩弄的新花招，这些叛乱分子是旧制度的维护者，妄想通过最后的努力重新恢复过去邪恶腐朽的旧制度。

很多参加过长征的藏族人都是康巴人，索南便是其中之一。后来，还有很多康巴人跟随着这些人的脚步向前进，为给西藏人民带来新生活的革命事业努力奋斗。

第二代藏族干部：1950—1951 年

　　第二代藏族干部很多现在已是西藏中层和高层干部，他们主要来自西藏周边省份的藏区。他们于1950至1951年接触到党和人民解放军，此时适逢党和人民解放军进藏前夕。过去自己遭受的苦难和现在新的感受，加上对老红军的记忆，使他们将革命看作自己阶级和民族的希望。

　　洛桑次诚，现任西藏自治区副主席，是一位第二代藏族干部，1976年在拉萨的时候我们和他有过交谈。他身材瘦长，表情和手势十分丰富，闪烁的目光既热烈又富有幽默感，不但体力充沛，而且精力过人。他的谈话通俗准确，表现出他对本地区工作全面细致的掌握。他可以不用笔记从一个地区到另一个地区讲出它们的粮食产量和潜力，然后又详细描述某个偏远草原上的大片土地，虽然长期被认为不适于耕种，但又有一些模糊的证据表明几个世纪前那里曾经种过庄稼。他可以从本地区畜牧业的发展开始谈起，然后又转向为什么农民喜欢骡子而不喜欢马，牛对高海拔的反应，以及为什么引进产毛量很高的羊。尽管这种羊似乎非常适应西藏的气候和牧草条件，其仍然需要和当地的长腿羊进行杂交——牧民们以为这种羊不去陡坡上吃草是因为其"很懒"，其实是因为它们腿太短。他顺便还就羊毛和羊肉的产量将国内西藏、新疆和其他地区的羊与新西兰的羊进行了比较。他的讲话既魅力十足，又让人印象深刻。

　　洛桑次诚告诉我们他父母是昌都人，为了逃避压迫从四川巴塘逃了出来。15岁他开始做木匠的学徒，做门窗做凳子就干了六年时间。1950年人民解放军来巴塘，他和其他小伙子都被吸引住了。人民解放军给了这些年轻人一些学习的机会，其中就有他。但当时他是家里的主要劳力，他父母不同意。因为相信迷信，他找人算了一卦，算卦的人建议他去上学，他父母也就这样被彻底说服了。他上的学校在康定，当时解放军第18军正在那里做进藏前的准备工作。

　　到康定后不久，他又得到了一个机会，可以去内地进一步学习，也可以跟部队一起去西藏，当时他选择了后者。他回忆说："我喜欢和藏族人在一起，对西藏的情况我也更熟悉，那里既不是那么陌生，也不是那么遥远。"1963年，他又到北京中央党校学习了一年半，当时他已经是一名党员，在斗争中得到了很多锻炼。

讲这些的时候他的表情既风趣又热情。这个不识字的木匠学徒后来到底做了什么，党又把他塑造成了什么样的人，我们已经做出了描述。

郑英，1976年任日喀则地委书记兼地区政府副主席，也是第二代藏族干部。他身材魁梧，皮肤黝黑，做事从容不迫。他出生在四川藏族自治州甘孜一个负债累累的农民家庭，家里有五个孩子。1950年17岁的时候他参了军，穿着军装来到西藏；1953年，在民主改革前艰难和复杂的时期，他复员转到江孜共产党党支部工作委员会工作。在农奴主发动叛乱的前前后后，他都始终处于斗争和变革的第一线。我们见到他的时候西藏已经处于社会主义阶段。作为一名主要的领导干部，他在农业生产的组织方面积累了丰富的经验，这些经验让日喀则地区的农业发展取得了显著的进步。

1976年任山南地区革命委员会副主任的是一个来自青海省的藏族人多吉本。青海省在1949年获得解放。多吉本家是半农奴佃农，和西藏的农奴阶级堆穷类似，给一个有田有畜的大农奴主家做差役还债。他说："夏天我们给他们种地，冬天给他们放羊，我们一年四季连吃的都没有。"在青海，劳动人民遭受的压迫更多，既要受到国民党军阀和官员的压迫，还要受藏族僧俗上流社会的压迫。

多吉本继续说道："小时候，从炎炎夏日到数九寒冬我穿的唯一一件衣服是一片没有衬里的羊皮，我也从来没有穿过鞋。十岁那年，家里从喇嘛寺借了三藏克①（measures）青稞。利息上涨得太快了，没过多久家里的牛羊都被牵走还利息了。解放前，除了欠债我们一无所有，是毛主席领导的党和军队把我们救出了苦海。从那时起，我们家和全体人民才开始过上人的生活。

---

① [译者注] 原著中使用 measures 这个单位，含意并不明确，译者推测可能为藏克（1藏克=28市斤），故译为3藏克。

"解放前，我只上过一年小学。解放后，党送我到青海民族学院和青海干部学校学习了三年。那就是我接受过的教育。现在我是一名领导干部，一定不会忘记自己的穷苦出身，永远不会忘本。"

西罗旺扎，1976年是一名藏族工业干部，担任西藏自治区机修厂副厂长。该厂当时是西藏最大的几家工厂之一，有好几百名工人。西罗旺扎42岁，身材瘦高，态度温和，头上有少许白发。在他介绍完工厂的情况后，我们向他询问了他本人的一些经历。

刚开始我们只是随便问了一些问题，没想到他的回答比流传到今天的藏戏内容还要丰富。他的个人经历将中国革命第二代藏族干部和第一代藏族干部活生生地联系到了一起。

西罗旺扎的家乡位于川西大渡河附近。在中国革命生死存亡的关键时刻，英勇的红军跨过了大渡河，他们的英雄伟绩使大渡河享誉中外。1935年，西罗旺扎出生，也就是那一年，红军完成了这个历史壮举。西罗旺扎回忆说：七岁的时候他就听说红军的种种传说以及人们对红军的敬仰。红军离开前曾告诉他们说："再过八年左右的时间，我们还会回来。"快到第八个年头的时候，人们回忆着当年红军说过的话，再后来大家就渐渐不抱希望了，但是红军后来真的回来了。当时是1950年，这一次是解放军来了，而且留下来不走了。

西罗旺扎说："事实上当年有少量红军战士在我们附近的地区隐蔽了下来。他们因为伤病被留在这里，在当地老乡们的保护下，他们度过了那段艰难的岁月。富人和国民党对此事从不知晓，我自己也是解放后才知道的。解放后，我们召开过一次会议，他们至此才公开自己的身份。"

与此同时，西罗旺扎也受尽了苦难。很小的时候父亲被迫给国民党修机场死在那里，是姐姐一手将他抚养到十岁，之后他以给人放羊为生。

"1950年解放军来了，我们高兴得嗓子都喊哑了。他们跟我们说，中国人民志愿军正在朝鲜打仗。我想参军，但是因为年龄太小，加上身体弱，没有被接受。就因为参军的事情，主人用木棒打我的腿。你们看，这就是当时留下的伤疤！"

西罗旺扎卷起裤筒，露出当年膝盖骨被打碎后留下的伤疤。

"1953年，乡上一个干部看我走路一瘸一拐的，就用马把我驮到党委机关。在那里我得到了一份轻松的工作，吃穿问题都得到了解决，同时我也开始有了新的想法。两年后我去了西藏。原本我要被送到成都的民族学院学习，但我的想法是，如果要去什么地方，就一定要去拉萨。当时我还信佛教，一心想到大昭寺为死去的阿爸祈祷，但让我没想到的是请喇嘛念经还要付钱。极度失望之中，我离开拉萨去了日喀则，在共青团委机关当通信员。在那里，我的思想慢慢开始转变。记得有一次念经的时候被书记看见了，他问我：'你亲眼见过神吗？'我当时十分生气，反驳他说：'你们不是主张宗教信仰自由吗？'他用平静温和的口气对我说：'对于我们人来说，难道就没有什么其他的东西可以信吗？'之后我们两个又谈了很多，我也开始明白除了宗教的确还有许多其他更实际的信念。1956年，我加入了共产党。

"1957年，我被送到陕西咸阳西藏民族学院学习。1960年，又被送到北京学习机械，膝盖上的伤在那儿也得到治疗和康复。当时教我的工人师傅问我走路为什么一瘸一拐的，我给他讲了自己过去的经历。他听完后非常吃惊，并且和工厂的领导一道安排我去积水潭医院看病，这可是中国最好的骨科矫正医院。医生从我腿里面取出一些碎骨，21天后我就痊愈了，又可以重新开始工作。对此，我十分感激共产党！

"1963年，我在青藏线格尔木汽车修配厂工作。1970年，我来到这里工作。"

这一代的藏族干部有数百人之多，他们都有着类似的经历。

第三代藏族干部

近年西藏逐渐成长起来的藏族干部是"第三代"干部，他们是从西藏本地走出来的第一批干部。

第三代干部中有一位名叫巴桑出身奴隶的女干部。20世纪70年代末，她担任西藏自治区党委书记兼政府副主席，同时还是中国共产党中央委员会的委员。

9岁那年巴桑成了孤儿，从那时起她就开始了奴隶的生活。20世纪50年代中期，年仅13岁的巴桑再也无法忍受主人妻子的虐待和折磨（至今身上还有伤疤），便找到解放军寻求保护。1957年，她被部队送到内地学校上学，1959年在学校入了党。之后，她作为学生，回到西藏参加平叛和民主改革。开始的时候她只是县妇女工作部门的干部；她的忠诚、才能和干劲引起了大家的注意，不久便被提拔为副县长。十年后，她进入自治区党委担任党委书记。后来，她还成为中共中央委员，并且两次当选全国人民代表大会代表。

热地是自治区藏族高层领导干部中最年轻的一位。和巴桑一样，他也担任过自治区党委书记和政府副主席。1959年民主改革时期，他刚满21岁，是一个没有文化的农奴牧民。在那场变革运动中，他的才干和勇气得以展示。随后在党的教育下，他的悟性和才能得到进一步的发展。1972年，刚刚30岁出头的热地担任家乡那曲地区的地委书记。1982年，当选中共中央委员。

热地的经历体现了藏族干部成长过程的另一个共同特点，那就是具有丰富经验的汉族老干部积极培养藏族干部，然后再让他们来接任自己的职位。1976年，热地在那曲的前任和导师张绍先任商贸局局长，而热地在地区政府架构中是他的直接上级。

多吉才让也是一位自治区党委成员，比热地小一岁。1979年，他担任日喀则地区党委第一书记。日喀则地区有19个县45万人口，粮食产量占西藏全区产量的1/4，畜牧业占西藏全区畜牧业产值的1/3。

当时西藏所有地区的地区级领导均由藏族干部担任，西藏全区70个县有60多个县的县领导是藏族干部。

焕新，民主改革时期的农奴，任北部牧区安多县领导。他曾步行加骑马去过全县所有偏远的公社，为安多县畜牧业经济从贫穷到繁荣做了大量的工作。

拉珠，白朗县第一书记，民主改革前是贵族庄园的家奴。

拉巴，1973年起担任阿里地区（西藏西部）普兰县书记，帮助该县甩掉了本地区最穷最落后的帽子。

这样的例子还有很多很多。

第三代以后的藏族干部在民主改革时期年龄还小，在这里我并没有提及。他们没有经历过解放前的日子，大多数人从孩提时代就受到了教育，越来越多的人已经完成或正在接受技术方面的培训。这些培训将有利于他们投身到西藏自治区现代化建设的工作之中。

※　　　　※　　　　※

在这里，也要写一下"四人帮"对干部造成的伤害。

在中高层干部中，"四人帮"寻找一些软弱的投机主义分子或野心家。这些人不通过党和国家的正常渠道汇报工作，而是趁混乱向"四人帮"打小报告，听他们差遣。随着"四人帮"的垮台，这些诡计都无果而终。

在基层，"四人帮"对干部的主要迫害来自"极'左'路线"。其导致一些平息叛乱和民主改革中成长起来的公社和互助组干部被无故免职；"参加民主革命总体而言不能过渡到社会主义革命"的错误观点也有了一定的市场；案例中重新划定阶级成分的错误做法使阶级斗争的范围得到进一步扩大。

例如，在一个错判案例中，一个叫巴都的公社干部无故被重新划为"农奴主代理人"成分而成为阶级敌人，他不仅被撤销职务，而且被清除出党。而事实上他只是中农成分，犯的一些错误可以通过日常的批评教育进行处理。被免职后，巴都依然忠于新社会，尽职尽责做好分派的工作。现在，巴都的干部名誉和党员身份已经恢复，拖欠的工资也得到补偿。为防止类似错误发生，该错判案例被广泛通报。其他有相同遭遇的干部也得到了同样的处理。

这样做不仅纠正了错误,也把很多基本没有问题的好干部重新调动了起来。

【作者注】

[1] 1981年,阿沛·阿旺晋美接替天宝,任西藏自治区主席。天宝则任家乡四川省省委书记,四川西部的许多地区形成了两个大的藏族自治州。

[2] 土司是在旧皇权专制统治下藏族和其他民族地区向人们征收贡物的地方首领,后来成为民国政权和国民党政权的一部分。

[3] 杨东生(协饶登珠)1976年任西藏党委书记,1978年任国家民族委员会副主任,1981年在他63岁时当选为西藏人民代表大会常务委员会主席。

[4] 扎喜旺徐,20世纪70年代末在国家民族委员会从事领导工作,1981年任青海省政府主席。藏族人是青海人口中的重要组成部分。

第十一章 阿旺嘉措——在拉萨主城区得到锻炼

1965年，我第一次见阿旺嘉措，当时他只有24岁，但已经是一位经验丰富的老革命了。他出身农奴，生在拉萨，长在拉萨，担任八廓街党委副书记。八廓街是拉萨的核心地带，曾经是农奴主统治的核心地区。每逢节假日，这里的封建地方政府大楼装饰一新，而周围的环境却是一片狼藉，称其为破烂中的浮华丝毫不为过！

阿旺嘉措的父亲是铁匠，被迫为达赖噶厦政府做劳役。1951年人民解放军来的时候他正在病中，就去了解放军开办的免费诊所就医。在那里，阿旺嘉措的父亲听说一所新小学要开办了，而且是全西藏的第一所现代化学校，不仅为贫困学生传授知识，还提供吃穿。1952年，他领着自己11岁的孩子去上了开班课。

尽管受局势所迫，农奴主同意开办学校，但他们并不情愿让学校接收那些贫困学生。他们要求，8岁以上的农奴学生必须拿出每学期中的一个月和全年所有的假期为他们无偿劳动。既要干活，又要跟上学习，在这样的双重压力之下，一些学生不得不退学。

在老师中进步人士的帮助和鼓励下，年轻的阿旺嘉措和其他同学没有放弃，而且第一堂政治课就深深地印在了这个孩子的心里。中国共产党和中央人民政府给受压迫者送来了教育机会，但是西藏的贵族们却想把它夺走。

1953年，阿旺的父亲病情进一步恶化。封建官员对这个送孩子上学的农奴毫无怜悯之心，他们一天也不想让他离开铁砧。"阿爸身体太虚弱了以至于他每天干活的铁锤是我帮他扛去的，"阿旺回忆道，"在那儿，从日出到日落，他不得不抡着铁锤干活。"困乏加快了这位铁匠的死亡。因此，又一个铁的事实印在这个孩子的脑海之中：解放军医生想法去救治他的父亲，农奴主却夺走了父亲的生命。

阿旺嘉措的阿妈只好顶替死去的丈夫做徭役。除了自己本身的徭役外，阿旺不得不多干活，为他们租住的棚舍抵债。沉重的石头磨破了后背，伤口又溃烂成肉疮无法治愈。除了疼痛，还有羞辱：八廓街贵族家孩子要把阿旺当马骑。因为他们的地位，阿旺也不敢拒绝。有时他们也会扔给阿旺一枚小铜币。

学校不但管饭，还给家里送去青稞面粉和酥油。在学校的帮助下，阿旺嘉措有机会继续到1956年建校的拉萨中学上学。在学校，他的视野开阔了。"阿爸临终前告诉我要上学，要提高自己，为家报仇。"阿旺回忆道："我现在逐渐明白了，我们穷人必须要做得更多。我们必须获得知识才能改变自己和所有劳动人民的命运。我们学习非常认真，不像那些贵族子女，他们太懒，总以为学不学都能统治我们。"

阿旺和他的朋友们加入了少先队，那些反动派本来就对农奴上学很恼火，这下无疑更是火上浇油。

"我们放学回家要路过布达拉宫和八廓街，"阿旺回忆说，"那些旧西藏军队和在附近游荡的农奴主打手看到我们就会抓住我们的红领巾，威胁说，'我们会拿这个勒死你们！'我们毕竟是孩子，自然感到很害怕。但是我们也很生气很倔强，没有摘掉红领巾。"

有一位1959年后在其孩童时期随父母移居国外支持西藏叛乱的作家，回忆自己当时在拉萨上学的时光，证实了受到的威胁和恐吓。他写道："一天下午，我戴着红领巾，非常自豪地走在河堤上，突然遇到一群年轻喇嘛。他们追了上来，拽住我的红领巾勒我的脖子，当时差点勒死了我。"[1]

1959年叛乱前夕，通告四处张贴，说任何人只要不退出汉人学校就会被处死。叛军从其他地区涌进拉萨，到处洗劫财物，强奸妇女。旧西藏军队本该出来维持秩序，但他们却公开站在叛军一边。对于18岁的阿旺嘉措和他的农奴阶级同学来说，这是一次非常严峻的考验。他们没有退学或者躲避，而是走上街头，加入了宣传组。他们先是唱歌跳舞，等人群聚集起来后就开始公开演讲，反对日渐逼近的叛乱。

当时最危险的地方是大昭寺旁的八廓街，那里曾是农奴主地方政府部分机构所在地，阿旺经常在那里演讲。阿旺回忆说："我们知道拉萨穷人的心和我们在一起，他们想打破农奴制，也希望解放军能镇压反动派，但是仍不敢大声说出来。谁要公开站在我们这一边，就可能会被带走、鞭打，甚至处死。尽管这样，人们还是想方设法不让反动派驱散演讲的人群，他们小声抗议说'让他们讲！'并且把我们围在中间，保护着我们。从他们的眼神可以看出来他们听得有多仔细！

"为什么我们敢置身于危险之中？因为我们知道，如果我们这些接受过新思想教育的学生都畏畏缩缩，那人民就没有希望了。所以演讲的时候，我们直截了当，我们和中央政府支持改革，我们是为了人民的自由和进步。叛乱分子想继续维持农奴制和奴隶制，要向帝国主义敞开大门。我们知道，我们的职责就是要站出来实现百万农奴的解放，这是我们自己阶级的解放。如果这样做了，我们就会胜利。即使敌人杀害了我们一些人，其他人也不会退缩。"

反动派的确企图谋害阿旺。一天晚上，在一个漆黑的巷子里，三个男子尾随着他，用刀将他捅伤。庆幸的是路人把他迅速送到了医院。医生说，如果再晚送来一会儿，阿旺可能就会因失血过多而死。阿旺嘉措给我看他身上的刀疤，并且说道："不出我们的预料，那些顽固分子残害百姓是为了维持他们的统治。他们的阴谋没有得逞，我依然活着。他们被推翻了，我还在这儿做着革命工作。"

叛乱骤然爆发的时候，拉萨的穷人，甚至包括好多上层人士和喇嘛，没有给叛军任何援助和慰问，他们反而去帮助解放军。

接下来就是民主改革，拉萨地区昔日的农奴和奴隶得到了土地、牛羊和政治权利。1960年,因为刀伤,阿旺的身体还很虚弱,但已经是一名民主改革干部。1962年,他加入中国共产党。1965年,阿旺分管八廓街地区的组织、生产和教育等工作,也就是在那里,敌人们曾企图用红领巾将他勒死,也是在那里,他面对敌人的武器敢于演讲。八廓街上很多昔日流落街头的乞丐现在住进了反动派逃走后留下的房子里。其他住户中有工人和手工艺人,而且有越来越多的人加入了互助组。住户中还包括一些商人和一些没有参加叛乱的贵族。

大昭寺是八廓街的中心,也是喇嘛们的至圣之地。1965年,朝圣者仍旧绕着圣殿虔诚地转经。我问起阿旺对这些朝圣者的看法。

"我是一个马克思列宁主义者,也是一名共产党员。"阿旺说道,"理所当然,我也不再相信那些。但是,人们的信仰古来就有,和几百年来的习惯交织在一起。这些朝圣者来自各个阶层形色各异。西藏很多老年人仍然信教;30至35岁的人中有些信有些不信;绝大部分青年人不信,尤其在他们掌握了一些科学知识之后。我们共产党员当然不传教,但是我们的确保护信仰自由,你可以信,也可以不信,这些都不会受到干涉,在这些方面不存在任何强迫。人们的亲身经历和所接受的教育才能帮助他们理解这一切。"

阿旺接着说,"我们这些昔日的农奴和奴隶过去受压迫,现在我们在领导人民。我们依靠那些曾经最受压迫的人民,但是我们也希望联合一切能联合的力量,共同建设社会主义新西藏。"

"现在你每天还从布达拉宫经过,每次看见它,你的感受如何?"我问。

"有好长一段时间,我感到很难过。布达拉宫是我们劳动人民修建的,所以我很崇敬它。但是压迫阶级还住在那里,下面还有地牢,所以我又憎恨它。现在,我用不同的眼光来看待它,我们建造了布达拉宫,现在它就是我们的!但是,它曾经象征过农奴制和阶级压迫,对此我仍旧痛恨。希望那一切永远别再回来!"

这就是阿旺嘉措,他适时出现在那段匆匆而过的历史中,尽管这段历史距今已经久远。他曾就读于西藏第一所小学第一个班级,他不仅受到学校教育,也从社会斗争中受到教育。在"世界屋脊"上,像他这样的新干部有成千上万,他们勇敢,谦虚,而且献身于未来。

※　　　※　　　※

我再见到阿旺嘉措的时候,对于西藏、全中国和全世界而言,当然也包括阿旺本人,那段多事的十年已经过去。当时他35岁,更黝黑,更结实,也更成熟,但眼神还是那么清澈,表情还是那么丰富,说话还是那么快,行动还是那么矫健。

1976年,他担任拉萨市蔡公堂区书记。

"在过去几年里,西藏进行的一件重要事情是从民主改革到社会主义革命。特别是人民公社的成立,我们实现了粮食上的自给自足。农业是经济的基础,很多像我一样的城里人去农村帮助指导农业改革。1974年我离开八廓街,来到拉萨蔡公堂区当书记。"

阿旺接着讲,这个区绵延15公里,有三道沟,每一个沟是一个公社。讲到区农业发展、人民生活和给国家做出的贡献,阿旺嘉措扳着手指头算了算,下面是我汇总的数据:

表11-1　蔡公堂区1965—1975年农业生产和产品分配表

	1965年	1975年	增长(倍数)
粮　食			
产量(吨/公顷)	1.5	5.5	3.6
总农产量(吨)	350	2000	5.9
粮食配给(公斤/人)	175	280	1.6
剩余售给国家(吨)	无	500	
牛			
总计(头)	2000	12,000	6
人均(头)	1	4	4

阿旺说：1959年，蔡公堂大约有500户家庭2000人。1976年，增加为760户家庭3500人。人口出生率提高了，死亡率下降了，一些在外流浪的人也回来了，还有些家庭从城里搬到了乡村。

随着青壮劳力的增加和劳动规模的扩大，从1965年起，蔡公堂区耕地面积增加了一半，同时还新修了很多灌溉水渠。

以前，幼畜存活率很低，现在存活率已经增长到97%，这要归功于良好的护理和充足的饲料，还有七名受过培训的农民"赤脚兽医"。

十年前，这里没人听说过农业机械，现在公社有六台大型拖拉机，三台为国家免费赠送，三台为集体盈余资金购买（国家补贴了一半费用），还有收割机、脱粒机和扬谷机等农业机械。大型设备归公社所有，小型设备归生产队所有。

三个公社有150吨余粮，以备可能发生的灾荒或战争，同时还积累了60万元，可用于增添设备和发展生产。

怀着特殊的感情，阿旺嘉措回顾了自己当初艰苦求学的情形，并且谈到蔡公堂区学校的情况。解放前，这里没有一所学校，现在有九所学校，接纳所有适龄孩子上学。11个年轻人去内地高校学习医学、农业机械等其他课程，其中5个是女孩。总的来说，希望他们毕业后能够返回这里工作，而不要去城市。

200名成人文盲已经实现脱盲，160名加入科学种田小组。他们一边耕种试验田，一边学习文化知识。

蔡公堂虽然距离拉萨设施先进的免费医院不远，但还是成立了区医疗站，各个公社建有诊所，为生产队培训了27名赤脚医生。区里还修建了18个托儿所和幼儿园，方便年轻的妈妈们腾出身子参加农业劳动。38位老人和丧失劳力且无家照料的社员均由公社集体赡养。阿旺激动地说："如果在旧社会，他们恐怕早就饿死或冻死了。"

藏族干部人数的增加也让阿旺嘉措感到高兴，区里17个干部都是藏族人。他说："我们这些干部以及我们的家属，并没有职务上的特权。区级干部每年至少要参加田间劳动180天,公社干部每年要参加劳动300天。

"除了和群众一起劳动一起学习,我们还经常邀请贫下中农到办公室听取他们的意见。他们直言不讳,希望我们干部解决问题能够干脆利索。"

我问:"你现在还关注八廓街那里发生的变化吗?"

"还关注着呢,我家人还住在那里。"接着,他兴奋地说起了那里发生的变化。

"我们上次见面后,八廓街的手工业社会主义改造已经开始。铁匠、木匠、裁缝和泥瓦匠都成立了合作社,你也亲眼见到新修了很多房子。那里新开了一家免费诊所,为人们提供西医和中医藏医治疗;两个新开的公共食堂提供汉藏两种风味快餐;八廓街人民小学也很有名,很多在那里上过学的人现在已经成为干部、技术工人和解放军战士。"

30岁的次仁卓玛接任阿旺嘉措成为八廓街的新书记,街道所有领导干部都是藏族人。

"你家里的情况怎么样?"

"我家过去的情况你都了解,现在他们都生活得很好。阿妈过去在一个合作社的食堂上班,去年已经退休,现在身体还很好。我的两个兄弟都上了大学,一个学的是英语,被分配到邮局工作,另一个在气象部门工作,我最小的妹妹在八廓街食堂帮忙。我爱人也来自农村的奴隶家庭,在区里干一些农活。和我一样,她也是党员;我的兄弟姐妹都是共青团员。我们有四个孩子,三个男孩,一个女孩,他们都在上学。"

【作者注】

[1] 达瓦诺布,《红星照耀西藏》(伦敦,1974年),第131页。

第十二章　丹巴见参——从农奴裁缝到县长

丹巴见参，27岁，是拉萨一户裁缝的儿子。1965年，他新当选为山南地区隆子县县长，该县位于西藏雅鲁藏布江以南（江的下游是印度的布拉马普特拉河）。先前，他与克松庄园的农奴和奴隶一道接管了庄园，并且规划了新生活。

下面是他的自述，这是培养藏族革命干部的典型案例。

※　　　　※　　　　※

作为裁缝，我家要给当地政府、贵族和头人当乌拉。我们要为自己住的地方交租，做劳役，还要支付人头税。主人们好吃好喝好穿，尤其每逢节日，他们更是海吃海喝，没有节制；而给他们做衣服的我们却缺衣少食。由于缝纫活路必须在主人家做才行，大多数时间我们一家人甚至不能一起生活。

我一岁的时候阿妈就去世了，养家的重担就落在阿爸的肩上，为此他欠了很多债，哥哥只能当奴隶来还债。我自己13岁就被送到墨竹工卡县去服侍一名叫索南多杰的世俗官员。

索南多杰的管家经常打我，我都快被逼疯了。1955年，我跑回拉萨，满身瘀伤，长着虱子的衣服破破烂烂。当时人民解放军在藏已经有四年了，但我对共产党还是了解不多。我只知道他们看病不收钱，穷人还能上他们办的学校。我去问了邻居普次旺堆，他是最早上学的那一批，当时还是个学生，他介绍我上了社教班[1]。现在，他是西藏共青团团委副书记。

很快，我就感受到党对我们穷人的特殊关怀。我被送到四川成都西南民族学院学习了三年半，一直到1959年4月。在这所学校里，我的老师和同学来自20多个不同的民族，集体的温暖和关心让我明白了这样一个事实：我们都是一家人，一起在为新生活而努力。在认识到我们是为新生活而学习之后，我学习更加努力了，甚至连课间十分钟也不浪费。不久，我就加入了共青团。

1959年3月，农奴主发动了叛乱，我们藏族学生志愿要求返回西藏参加平叛。同年4月，组织安排我到山南地区克松庄园[2]，领导那些获得解放的农奴和奴隶在新分到的土地上开展生产劳动。可我对种地一窍不通，该怎么领导他们啊？！我把自己的顾虑告诉了我们干部工作组的汉族领导陈涛。他鼓励我说："一切都是慢慢来的，大家都是从不懂开始的，要和群众多探讨学习，边做边学。"

这一年9月，秋收临近，其他干部都去开会了，只留下我一个人负责秋收。我记得陈同志告诉过我："有困难，找群众。"所以，我去找索南和拉多两名老农，向他们求助。

和农民一起生活一起劳动，对我的帮助最大。白天，我和他们在地里干活；晚上，听他们讲当前的困难，讲过去的故事。对我来说这既是农事教育，也是阶级教育。以前，我觉得自己过去也吃过苦，对阶级压迫了解得够多的了。但当时每天跟他们在一起，对阶级压迫我有了更深的了解。

我记得昔日的农奴次仁曾经说过，"鸟儿有翅膀，可以自由飞翔；但是我们有腿，却不能自由行走，甚至连雪山融水都不能喝，整个世界都属于贵族。"我也听说到有多少家庭逃走了，有多少人死掉了。有一次，我们一起在地里干活，有人突然就指着地上说："就在这儿，管家旺秋打死了农奴穆都平措。因为有流血，这里的土地颜色好长时间都和其他地方的不一样。之后他老婆疯了，扔下家里的三个孩子，不知道跑到哪儿去了。一次，老小想从炉子里拿吃的，因年幼不懂火的厉害，结果烫伤了手，落下了残疾。8岁的时候，次仁开始给庄园做乌拉。14岁那年，有钱人在新年的酒宴上开怀畅饮，而他却死在牛棚里，虱子爬满了全身，嘴巴、鼻子和眼睛里都有。类似的遭遇也发生在很多其他孩子的身上。"

在那个年代，活过60岁的奴隶并不多，而过了60岁就"自由了"。由于身体太弱不能干活，奴隶过了60岁就被直接赶出庄园，无家可归，食不果腹。乌多卓穆眼睛瞎了，59岁时获得了"自由"，沿街乞讨了三年，一直到叛乱平息之后才回来。现在，他与退休工人一样，有养老金领。

次仁，昔日的奴隶，是我们一个互助组的组长。一次，他哭着向我诉说他女儿格桑的情况。格桑是个漂亮活泼的姑娘，大家都记得她。18岁那年，她发高烧，神志不清，喝了灌溉渠里的水，管家说她"弄脏了水"，将她活活打死。

谁要是揪几根马鬃，也会被处死。如果挎着空篮子，会被认作是磨洋工或者准备偷东西，会遭到鞭打。

这些事情发生在朗生（奴隶）和差巴（农奴）身上。堆穷或"黑户"是从别处逃来的外来户，他们没有主人，得没完没了地缴税。有句俗语说，他们抬头看天也得缴税，甚至连天都是贵族的。

通过他们，我认识到全世界只有共产党才想着要解放他们，只有在党的领导下，他们才能真正站起来。1959年8月，来克松五个月后，我成为一名党员。

同年12月，我离开克松庄园，开始担任昌珠区政府区长。职务的提升让我更加担忧，自己刚从学校毕业，还没有太多经验，不知道该怎么开展工作。

但我相信有党的领导和支持，我能掌控工作。当时我们的书记姓姚，是一名汉族同志。就像当初陈同志一样，姚同志也鼓励我、帮助我，但是他不想让我一遇到问题就去找他。他敦促我说："你必须要学习，先从毛主席的《愚公移山》开始吧。"通过这篇文章的学习，我明白了全体中国人就像愚公一样，从零开始，坚持不懈，推翻了帝国主义、封建主义和官僚资本主义三座大山。现在已经解放了，自己又有很多基层工作的经历，为什么就不能学习去做一名领导呢？

　　在成都上大学的时候我已经学了些汉语，于是便试着开始读毛主席的原著。当然，我发现有很多字、词和引文不懂，这也促使我要提高自己的知识水平。我查字典，让其他同志给我讲解，渐渐地我对世界有了更多的了解。

　　我还读了《为人民服务》，这是毛主席为赞扬一位革命模范写的一篇文章。这位模范就是张思德，是一名普通的警卫战士。为让同志们在冬天能够取暖，他在执行烧炭任务时牺牲了。这件事让我们认识到，只要是为人民服务，不管做什么工作都很重要。但如果你只想着自己，不管你的职位多高，能力多强，你都没有价值。那么，怎样才能当好一名区长？答案就是要多听取群众意见，多与群众沟通，要了解群众需要什么，全心全意为他们服务。认识到这一点后，我开始信心百倍，开始思考自己该做什么，该学习什么。

　　1961年，提高土壤肥力是我们面临的一个问题。我们需要堆肥，但是我们那里几乎找不到做堆肥的原料。那年冬天，我带领群众从旧矿井里挖泥运到地里。站在烂泥里，我的双脚又湿又冷，但心里却是热乎乎的。

　　1962年，政府免费给我们区发了钢犁。旧的藏式木制铁头犁只能犁条沟，不能翻地，但无论我怎么劝说，一些农民还是不同意更换。他们认为新犁太重，牛拉不动，我也说服不了他们。党建议我要有耐心，要多用商量的口气说话，切忌高谈阔论，要安排田间示范，实地证明我讲的不是空话。我这样做了，新犁在几个月内就得到了普及，这大大促进了生产。现在大家都夸新犁好，新犁翻完地后，杂草很快被晒干或直接冻死，土壤也因此变得更加肥沃。所以在我们区，我们不需要像老做法那样留田休耕。

　　结果证明，农民们也不是在所有事情上都保守和不正确。那些老式木制犁不像我当初头脑发热说的"只适合搁在博物馆"，播种前我们仍会合理使用木制犁。新式钢犁则在春秋两季深翻土地时使用。

　　1963年，我开始担任区委书记。接着，我又从党委回到政府机构任职，现在担任县长。我的前任是一位汉族同志。今天，绝大多数县领导是藏族人。

在当选县长之前，我认为整体情况都很好，自己也没有什么问题。人民生活有了很大改善，生产有了很大提高，自己在工作岗位上也做得很好。尽管我没有这么说，但上级党委同志还是觉察到了我的自满情绪，他们提醒我说："我们共产党员必须要戒骄戒躁，不能停止学习，要坚持群众路线。"当时，我的第一反应是"你们在给谁说呢？不管怎么样，我没有自满。"但经过仔细思考，我认识到我开始在原地踏步，沉浸在自己的优点和别人的缺点上。因此我走出办公室，和互助组一起犁地，除草，施肥，收庄稼，从他们那里听到了很多批评意见：这个应该做却没有做；那个做错了，这样做会更好些。我的自满情绪得到了纠正，工作上有了进步。只有和人民并肩劳动，把心里的想法毫无保留地说出来，问题才能很快得以发现和解决。

1964年庄稼成熟后，我们面临着一个矛盾——如何在降霜前完成收割、晾晒、搬运粮食、拾取落穗和秋耕等所有工作？我们只有180台新犁，但土地已经增加到800多公顷。当时我没有闷在屋里想办法，而是和一个17人的互助组一起劳动。这个组只有4名男的，1人还不在家，是不是就没法按时完成工作了？根本不是！西藏有一个老观念认为，妇女犁地、赶牲畜和捆庄稼是不祥之兆。破除这个老观念就能弥补劳力上的不足。只要这个迷信依然存在，即便我们四个男的都到地里犁地，也干不完男人们的活儿。但是这个观念根深蒂固，人们一下子能转过这个弯吗？即使随便说说这件事，会不会就引起争吵？对此我很担心，但其实是我想多了。这个想法刚一提出，有位妇女就大声说："这些都是农奴社会的观念，不把我们妇女当人看。头脑里要是有这样的观念，我们永远也到不了社会主义，我来第一个捆庄稼。"其他人无论男女，也都很快同意了这个做法。因此，在处理这个"民族习俗"事情上，反而是我们干部在犹犹豫豫。群众都准备好要放弃封建习俗了。互助组很快就把此事做好了，全区马上效仿。永远不要低估人民群众！

另一件难事是在我们的第一批互助组里，有些组人员太少。我原以为把他们合并起来会有很多困难，其实不然。

所以你看，不管干部以前做得多么好，一旦脱离了群众，都会变成官僚主义者。人民群众已经准备好向前进，但此类干部的思想还停留在过去，而且他的职位越高，情况就越严重，受到影响的事情就越多。不管是谁，如果不能天天向群众学习，就不能领导群众。这样的领导对于群众又能发挥什么作用呢？

像我这样一个农奴裁缝的儿子，能成为一个认真负责的干部，根本不是我有什么能耐，这都要感谢党。是党解放了我，培养了我，甚至在我还没有意识到自己走偏之前，帮我重新走上正道。

现在，我们县所有干部都是藏族人，和我受到了一样的培养。其中9名是区级干部，40名在乡镇担任乡长、副乡长、书记和副书记。

【作者注】

1　社教班是20世纪50年代开展的针对西藏社会各个阶层（包括上层社会在内）年轻人的成人培训班。这种培训班强调在抵御帝国主义入侵和共同建设国家的过程中全国人民的共同利益。

2　见第3章。

第十三章 拉萨人民警察次仁平措

1955年，西藏仍处于农奴主地方政权统治之下。拉萨的旧警察给我留下了极其不好的印象——他们身材高大，脚蹬皮靴，头戴阔边毡帽，一只耳朵上戴着绿松石耳坠，肩挎英式来复枪，手持皮鞭。当时警察的名称来自印度英语"波里斯"(polis)，这个词反映出组建他们的目的，是为了保护有帝国主义渗透的封建主义。如果有贵族或大喇嘛出现，他们立刻显得既恭敬又顺从；对中央政府的干部、人民解放军或我们这些外国记者，他们露出谄媚的笑容。但是如果是城里的穷人即使小心翼翼从他们身边经过，他们也会立刻变得傲慢不屑，甚至会野蛮殴打，瞪眼威胁，并且粗声谩骂这些穷人。

很多人都痛恨这些跋扈的谄媚者，就连小洛厄尔·托马斯这样对旧西藏统治阶级满口赞扬的人在书里[1]也插入了一张旧西藏警察的照片，并附有下面的文字说明：

"拉萨警察头戴西式软檐帽，一只耳朵上戴着耳坠，这是他们最显著的特征。人们告诉我们说，这些西藏首府执法官员是大家最想除掉的一类人。"他们是唯一一类人吗？显然，托马斯并没有将每天被杀害的农奴和奴隶计算在内，但他对旧警察的评论已经揭露了一些真相。

依然是在拉萨，1965年农奴主叛乱平息后，民主改革终结了封建制度。我走在新修的柏油大街上，看到警察在指挥交通。他们面貌焕然一新，未持枪械，身穿束腰的棉布制服，头戴红色五角星帽。

其中一个人不时向行人、司机或骑自行车的人（有市民，农民，头发蓬乱的牧民，还有穿制服的汉族和藏族干部和人民解放军战士——身份在这里似乎并不重要）挥手致意，并和他们轻松交谈，看不出双方有任何不平等的迹象。他们大多数谈的是交通规则，因为在拉萨，与这些现代化的街道一样，交通规则也是全新的。陪同我们的藏族干部骄傲地说："我们的人民警察都是藏族，而且他们都是昔日的奴隶或农奴。"

我建议道："我们采访一个警察吧！"但他们正在指挥交通，不便接受采访。第二天在客房内，我和次仁平措从中午一直谈到黄昏时分。

次仁平措25岁，中等身材，体格健壮，栗色的脸上有一双质朴的眼睛，手掌既厚实又宽大，他是西藏随处可见的那种人。如果不是穿着制服，我甚至会当他是"干农活的"或"干体力活的"。但这是在西藏，我问他的时候他回答说："我过去是奴隶。"

接着，我又询问了他的经历。他说："日喀则附近有一个庄园，八岁的时候我去那里给一个上等农奴做家奴，这个人当时是庄园的管家。在那里，我能吃到的只有难吃的黑豌豆饭，而且还经常吃不饱，穿的破衣烂衫没有一块巴掌大完整的布。我也没有鞋穿，冬天就光着脚，脚上皲裂的口子血肉模糊——这些口子很疼，第二年春天才能愈合。主人从来不干体力活，我除了在他家做苦工，还要代他去给他的领主作劳役。我经常问自己：'人生下来为什么这么不平等，一些人从不劳动，但越来越富有，而另一些人从不休息，却贫困而死？'那时，存在于我们所有人脑子里的迷信思想给出了答案：'贫富都是天注定的'。但是我还是忍不住一再去想：'做穷人也是天注定的吗？'"

拉萨明媚的阳光将我们的房间照得透亮。次仁平措讲着讲着，天色渐渐暗了下来。在光线昏暗的房间里能听到两个声音，一个是次仁平措的声音，一个是翻译藏族干部扎西巴桑的声音。正如他们的名字很相似一样，他们说的话、若有所思的眼神和激动的神情也几乎一模一样。因为，扎西以前也是农奴，也是受压迫者。在西藏，我经常能够清楚地感受到这种身份的急剧转变，这种转变引人注目，它不仅是藏族人民之间的转变，也包括藏族人和汉族人之间的转变，这种转变是基于同样的阶级情感和曾经受辱受压迫的经历。

次仁平措继续说："1956年我16岁，地方政府邀请一些富裕的藏族家庭送他们的孩子去日喀则一所新学校上学。有个家庭不想让儿子去，就和当地头人商量让我代替——就像找人代替劳役一样，只不过这次的任务是去上学。也有一些反动派为了迎合中央政府，假装支持新学校，与此同时他们散布谣言吓唬人们，说汉族人正阴谋将所有的藏族年轻人送往内地省份，然后再将所有的老年人杀掉——他们甚至还说汉族人吃人肉。我阿妈就受到了这种谎言的愚弄。虽然她自己也在挨饿，但还是借钱为头人买了礼物，跪在地上哭着恳求放过我。"

"你那时是什么感觉？"我问。

次仁平措又笑了。他说："我非常害怕，但同时也很兴奋。我想：我已经做了八年奴隶，情况该不会比这更糟吧?! 说不定我吃的东西还能多一点儿，也不用这么辛苦地劳动。以前谁听说过奴隶还能上学？甚至我可能还会学到一些有用的东西。我不相信汉族人杀人吃人的说法。的确，我以前从来没有同汉族人说过话。因为如果那样做，主人就会惩罚我的。但我看到过人民解放军修公路，他们不朝身边劳动的农奴或奴隶大喊大叫，还给他们发工资，发好吃的食物，还发鞋子。因此，我不能相信那些谣言。

"从我刚到学校开始，"次仁平措提高了嗓门说，"我感到太阳似乎第一次照到我身上。我再也不用穿那些破破烂烂的衣服，学校给我发了衣服，既暖和又舒服，我以前从来没穿过这种衣服。我洗了澡，理了发。你能相信吗？我以前从来没有好好洗过脸，最多就是在小溪旁，用手掬些水，再用破衣服把脸擦干。现在，学校给我发了脸盆、毛巾、肥皂、本子、书、钢笔和铅笔。我有了自己的棉被和床铺；以前在主人的房间里，我只能睡在地上，不管白天还是晚上穿的盖的只有自己的破衣烂衫。作为奴隶，我以前是不能碰床铺的，更别说用它们了。

"因此，第一天晚上我竟然睡不着，也不和室友说话，甚至脑子都不转了，我觉得这一切都像在做梦。汉族老师不但热情，而且富有爱心。

跟他们说话我觉得十分困难，可一旦说起话来，我就觉得如释重负。我们睡在同一个房间里，用着同样的东西，吃着同样的饭菜，他们也平等地称呼我们，这一点是我不敢相信的。而我和主人在一起时又是怎样一种情形呢？每次讲话，他只冲着我吼几个字，并且通常都是骂人的话。而我必须低着头，将双手放在膝盖上，伸出舌头以示尊敬，嘴里连连说'是，是'。而且声音还不能太大，不然他就会以傲慢无礼为由打我。那睡觉呢？他早早躺在毯子和垫子上，而我到后半夜还睡在冰冷的地上。天刚蒙蒙亮我就要起来给他倒夜壶，收拾东西，伺候他在床上吃早饭，接着他要一直懒洋洋地在床上躺到中午。伺候他吃饭，我必须低着头用双手将碗捧到他面前，只要有一点点小错，他就会将滚烫的热茶泼到我脸上。而我自己只能在角落里吃剩饭。他们通常将奴隶称作'白痴'，但如果你以'白痴'为由说没听明白他的命令，他就会揍你一顿。规矩是：主人想什么，奴隶就得做什么。

"巨大的反差让我高兴得瞪大了眼睛，觉得自己就像一只小猫到了一个温暖的地方。但我开始并未想到要为人民服务，只是想，好运终于降临到我头上了！我还是有些怀疑和害怕，毕竟这些人都是汉人，他们为什么要对我这么好？他们会一直这样吗？因此，不管听人们说多少次我和他们是平等的，无论是见到藏族干部还是汉族干部，我还是会向他们鞠躬，并像以前一样伸出舌头说'是'。他们会反对我这样做，并且说：'不要再那样，我们是阶级兄弟，过去我们也和你一样受压迫。'但是过了差不多一年，甚至在我开始慢慢明白我和他们是平等的之后，我还是表现得像西藏下等人一样谦卑。我身上的奴隶习惯是如此根深蒂固。

"后来我又去拉萨的西藏行政干部管理学校学习。我又开始担心起来，在那里我还能受到相同的对待吗？是的，我受到的对待几乎相同，但也有些不同。日喀则的学校是针对藏族各个阶层的统一战线，但这所学校是专门为贫苦大众开设的。在这所学校里，我渐渐有了阶级意识。刚入校时，我还相信主人说的话：'是我养着你们，否则你们就会饿死。'现在我开始思考，农奴主拥有西藏所有的土地和财富，但是谁在劳动，谁在生产？后来有一天，一个问题像火花一样划过我的脑海：到底是谁在养活谁？是我们农奴和奴隶养活着主人！"

谈到这些的时候，次仁平措脸涨得通红，拳头紧握。扎西翻译的时候，我看他也身子前倾着，双拳握紧放在膝盖上。

次仁平措说："就这样，我树立了生活的新目标。我以前这么想，一定要努力学习，只有这样，将来才会过上轻松舒心的生活。现在我对自己说，那样的生活并不是一个真正男人该有的生活追求。我们所有的努力都应该是为了贫苦大众，为了劳动人民生活的改善。除此之外，再没有任何事情值得我们那样做。学习毛主席著作使我有了新的认识。"

"你们的课主要是政治课吗？"我问。

"不是。我们要花很多时间学习藏语读写和算术。"

"没有汉语课？"我好奇地问。"那所学校没有"，次仁平措回答道："我后来利用业余时间掌握了一些汉语。"

"我们这些学生有些来自拉萨的穷苦家庭。有些人每晚都回家，旧噶厦政府给他们施加各种压力要他们退学。噶厦政府的人会在大街上羞辱他们：'你们这些学生就是吃汉人屎的双头怪物！'"他继续说。

"星期天我们上街，噶厦的官员和士兵以及反动的'保护信仰部队'成员会殴打抓到的单个学生。他们能根据发型辨认出我们，而且还折磨我们说：'剪掉头发的人都是汉人奴隶！'

"1958年底和1959年初，噶厦政府策划着叛乱，并在拉萨各地公开宣传这一做法，墙上到处贴着威胁性的通告！'所有去汉人学校上学的人必须退学，否则格杀勿论。'有一些学生，尤其是上层阶级家庭的孩子，受到通告的影响而害怕，他们的确退了学。我自己想：'你们说我们是长着两个头的叛徒，其实你们自己才是那个样子。你们如此害怕穷苦人民站起来，你们竭力将西藏出卖给帝国主义分子。'噶厦政府鼓吹所谓的'西藏独立'，但是我们这些继续留在学校的学生这样向老百姓解释：'西藏在中华民族大家庭里已经一千年了。在这一千年里，西藏太黑暗了，所有民族群体都在受压迫。现在，我们正在走向光明，过去的那些寄生虫要挑拨

离间我们，以便能继续骑在我们头上。他们痴心妄想！'

"我们所想挣脱的不是藏族与中国其他民族之间的联系，而是西藏人吃人的农奴制度。革命是为了所有民族群体，我们坚信未来属于我们。

"在拉萨，叛乱三天之内就得到了平息。尽管我们要求加入平息叛乱的队伍，但没有得到允许。叛乱刚刚平息，我们就离开校园去为西藏社会革命而工作——这也是我们多年来的愿望。一个月来，我负责看守抓获的叛乱分子。这些以前总骚扰我们学校的噶厦政府第二军团的老爷们打扮得像花花公子一样。以前，见到这种人时，我们穷人必须弯腰鞠躬，否则就要挨打。现在他们被推翻了，落在我们手里，我们简直不敢相信这个事实。我首先想到的是：'以前你们欺负我们。好，现在我要让你们见识见识我。'但我没有公报私仇，我连他们一个指头都没动过。当时，我已经意识到我是劳动人民的代表。为了人民的利益，对这些被打败的叛乱者有这样的政策：惩处重罪犯，对于受到蛊惑或威胁而加入叛乱的人不予追究；对于那些被抓获的人，不管他过去怎么样，只要已经悔改，而且帮助人民，就要予以奖励。每一种情况必须要拿事实说话。党相信我能遵守这一政策，我也信任党。

"这些官员中有些人以前放高利贷，"他继续说，"过去为了得到贷款，人们不得不奉承他们。现在他们尽力奉承我，还贿赂我，我可不吃那一套。'我们正在砸烂旧社会的一切，'我告诉他们。'不要认为我们都像你们一样。'然后他们又以小恩小惠讨好我，给我一些他们家人送来的糖和上等酥油。每一次我都批评他们，每一次他们都道歉说：'我们真的还不适应新社会，我们只是想尽量表现得礼貌一些。'

"对我们礼貌一些？他们压迫我们的时候为什么没想到要这样？"次仁平措问，他绛紫色的脸庞皱了起来。

"此后，我被分到新成立的人民警察部门，在交警队任职。"他继续说，"民主改革前你到过拉萨，你知道当时的拉萨是什么样子——车辆很难通行，街上到处是车碾的沟槽，散发恶臭的水坑，流浪狗，垃圾，还有粪便。乞丐也到处都是，不是生病就是快要死了。现在，你自己看，到处都在整修，道路和卫生条件也一直在改善。

"但是，那时起步仍很困难，作为新的人民警察，我们都没有经验。首先，我们要认识到自己工作的重要性，因为我们肩负着保护人民群众生命、健康和财产安全的重任。我们是人民的一部分，和人民一起向前迈进。在教会别人之前，我们自己先要学习。

"拿机动车交通说吧，几年前拉萨的汽车还很少，现在越来越多了。无论男女老幼，都需要向他们解释交通规则。而且许多人买了自行车，他们需要知道谁有道路优先通行权，信号灯的标志是什么意思。从前，这里的人们对这些事物没有经验，我们也没有。我们从内地请来一两名教导员，但是我们自己也必须学会如何根据这里的情况来最有效地指挥交通。我们是怎样解决这些问题的呢？主要是通过做群众工作。我们召集与司机和城镇居民的会议；我们制止超速和超载；我们每半年检查一次车辆的制动压力、电路系统等等。这是我工作的一部分，我已经学会了开车和车辆安全检查。"

"人民是如何看待你们这些警察的？"

"这是我们每个人都面临的最大考验，"次仁平措说。"这个问题的答案能够反映我们是不是在为人民服务。我给你讲一下洛桑琼杰的故事吧！她70岁了，没有家人，当过尼姑和仆人。有一天，她突然病倒了，我们送她去医院。我注意到她家的房间非常潮湿，我就要了她家的钥匙趁她不在家时帮她晾晒被褥。她从医院回来后，我常在下班后去看她，帮她洗衣做饭。她对我说，'你真是毛主席的好干部，就像我的儿子一样。'我给她买了毛主席的画像。有一天我到她家，看见她在对着画像祈祷。这样做当然就和迷信一样，我们不提倡这样做。但对于这样一个老人来说，这是她表达自己对新生活感受的方式。这件事情告诉我，我们不能辜负人民的希望和期待。现在一到假期，老人就邀请我和她的朋友去她家。我会早早去帮她准备。上次去我给她洗了窗帘。"

"我们时刻记着，"平措接着说，"我们的工作具有双重性。首先，每个人都有自己的任务和专长。其次，我们是人民的一部分。因此，只要他们有困难，我们就要帮他们。夏天，河里涨水了，我们卷起裤腿和人民一起抗洪。如果排水渠堵了，我们就自己去疏通，不能把脏活留给他人。冬天，我们砸开水井周围的冰块，这样人民从井里取水就不会滑倒。"

"人民会把你们同以前的警察相比吗？"

"当然会的，而且经常这样。就在几天前，一位老人对我说：'看看你们和他们有多大的不同啊！以前我从警察身边经过，即使他不踢我，也会踢我的驴。如果有贵族经过，他就会朝我吼'臭要饭的，滚开！'"

"现在，当初那些曾乞讨过的人当了警察？"

"是的。"次仁平措说。

"能给我说说你家人的情况吗？"我问他。

"1956年我被送去上学，我阿妈和姐妹们都没有任何牲畜。1959年民主改革中，他们分到一头奶牛、两头公牛和十只绵羊。从前他们无家可归，现在他们住在头人家的两层房子里——头人参加了叛乱，他的财产分给了人民。他们有了家具、床铺、黄油搅拌器和烧水的铜锅。当然，他们也分到了土地。我大姐在镇人民政府做妇女工作，我叔叔以前是头人的奴隶，现在是我们村治安委员会的领导。"

"你以前的主人现在怎么样？"

"他还是那样，财产一点都没有被动过，因为他没有参与叛乱。按照我们的政策，他是统一战线团结的对象——是我们要努力改造并尽力说服其加入我们的人。我自己回家后，并没有专门去拜访他，只是偶然碰到，'你已经变成了新人，'他尴尬地说。'是的，我想我还不能跟你说同样的话，还不到时候。'

"我和我们自己人——以前的穷人一起生活，这是令我高兴的事情。

"我尤其高兴的是能和阿妈在一起。与我当初离开的时候相比，她看起来身体好了很多，也年轻了许多。她起先都没认出我来，毕竟这么多年过去了。后来她就哭了起来，我也哭了。然后她又笑了，我也笑了。我在家里待了一个月，和互助组的人一起去田里干活儿。我也根据自己的了解，向他们讲党在农业互助上的政策，这是当时农村的大事。

"我在拉萨结了婚,有了孩子。妻子名叫琼达,她家人以前也是乞丐,但是现在她受的教育比我还多。她在北京的民族学院上过一年学,现在是生产部门的一名干部,是名共青团员。

"我自己1960年加入共青团,1963年,党组织接受我加入中国共产党,但我依然履行着团员的职责。现在我们一起讨论毛主席的《纪念白求恩》,我们是这样评价白求恩的:作为一个加拿大人,他将毕生精力甚至是生命奉献给了中国人民的革命事业。这是我们自己的国家,如果我们不尽力为这里的人民服务,不为其他国家的人民着想,读到他事迹的时候怎能不感到羞愧?"

因此,我感觉自己仿佛见到了白求恩。多年前他第一次来中国,在洒满阳光的屋子里,他神采奕奕地站在我们身旁。如果他能知道自己不为名利不知疲倦的努力,在遥远的西藏帮助昔日农奴和奴隶激发出了同样的精神,使他们通过革命当家做主,他该有多么高兴啊!

※　　　　※　　　　※

遗憾的是,1976年我再到西藏没有见到次仁平措。我听说他离开了这个城市,也没有再做警察。和阿旺嘉措以及许许多多活力四射、勇于奉献的年轻人一样,作为党的干部,次仁平措轮岗去了一个农业县从事农业工作。

【作者注】
1 小洛厄尔·托马斯,《世外桃源》(纽约,1950年)。

军队解放了人民，
人民拿起了武器

第十四章　人民解放军在西藏

1951—1965 年

俄国十月革命大约一年后，列宁曾经谈过无产阶级军队的特点和影响，他的话既简洁又让人印象深刻。他回忆起自己一次乘火车的旅行。途中，他遇到一位老太太，其正和别的旅客聊得起劲。

她把革命军队和旧军队做对比，她说革命军队保护穷人，而旧军队却保护资产阶级和地主的利益。以前，穷人如果未经同意从树林里拿走一根树枝都要高价赔偿。她说："但现在如果你拿着一捆树枝在林中遇到一名战士，他甚至还会帮你一把。你再也不用害怕拿枪的人了。"

我觉得这算得上是对红军最好的称赞了[1]。

这篇文章中说到"拿枪的人"，让我不禁想起了华成和（音译）。
1955年，我在波密县扎莫见到了这位普通士兵。他身材瘦小，不太说话，家在几千里之外，是中部省份一位佃户农民的儿子，从十岁起就开始给地主放牛。在解放战争中，他被抓壮丁抓到国民党军队。后来，他和同村的一些人一起逃走，加入了人民军队。

他告诉我说："我们再次入伍前，有一个学习班，主题是'我们为啥穷？'大家都谈到了在国民党统治下，自己当农民以及当兵受压迫的亲身经历，当时好多人因为悲愤而开始抽泣。很快我们就明白了蒋介石的统治和帝国主义才是劳动人民饱受贫穷和屈辱的根源，要铲除它们的影响就必须深挖其根源。后来，我们成长为优秀战士。我们什么都不怕，只担心旧的奴隶制度会再回来。"

1950年，志愿兵被征召去解放台湾和西藏，当时台湾和西藏仍然在帝国主义和反对派的统治下。华成和积极响应，被分派参加西藏战役。"在空气稀薄的情况下，我们每个人都背负着40多公斤的装备，徒步翻过18座大山，有些地方海拔甚至超过5000米。有两件事情促使我们一路前行：一是我们牢记着自己、自己父母和祖辈受过的苦难，二是我们看到西藏人民仍然遭受着苦难。我们没有在藏族同胞家住宿，即使零下30摄氏度的严寒天气，我们仍然住在帐篷里。

"我们从群众那里买东西或让他们帮忙做事情时，都会付钱。对此，一部分贵族企图加以阻拦。他们威胁要惩罚那些卖给我们东西或者给我们做事的农奴，而且还说我们的瞎话。起初不少人都相信了，我们对此没有追究。除了那些压迫者，这些群众从来没有见过其他人。所以我们让事实说话，我们给他们挑水，给他们修倒塌的房屋。结果呢，这些群众开始请我们去他们家住，也只有那个时候我们才这样做。在他们家住我们还付给他们租金，群众也不愿意要。我们受过培训，绝不能违反他们的风俗，绝不能伤害他们的感情。即使饿着肚子，我们也从不在河里钓鱼。我们从未踏进寺庙一步，路过神殿我们只从右面走过，正如喇嘛教徒表达敬意所要求的那样。如果有战士在这些方面表现涣散，我们就会批评他，我们领导也会向藏族群众道歉。

"1953—1954年间，我们正在修川藏公路，这远比一场战役还要难。我们精神抖擞，大家清楚正在修的这条路能够保卫国家，能够加强各民族之间的联系。好生活咋能靠马和牦牛驮到西藏呢？！

"当然，没有人民群众的帮助，路是修不起来的！我开始学习藏语，并当上了一支修路小组的组长，领导40多名藏族工人。他们有些人穿的靴子磨破了，我试着用碎牦牛皮给他们做了新鞋底，这一招是我在部队里学的。我们的午餐时间为一个小时，但是我20分钟就吃完饭，剩下的时间用于修鞋补鞋。所有战士都和我一样，帮忙做些必需的事情。"

华成和告诉我："当时，无论做什么都得经过贵族。宗族头人来到路上，虽然他们从未碰过镐和铲，我们还必须给他们付钱，这当然不是因为他们做了什么活，而是因为他们的地位。他们有些人征召农奴做乌拉来修路，并侵吞他们的工资，对于这种做法，我们并不同意。我们把工资交到每个人的手里。当然，个别特别胆小的农奴也会把钱交给贵族们，对此我们也不能干涉，但那样做的毕竟是少数。他们拿着钱去我们部队商店买东西。

"刚开始有些藏族人还是很害怕我们。这也难怪，民族之间曾经出现过很长时间的疏远，而我们不仅仅是汉族，还是军人。他们见过旧反动派的汉族军队和藏族封建军队，这两类军队对穷人都蛮不讲理。起初，不管我们说什么，藏族人即便没听懂，都会回答说'好，好，这就去做'。慢慢地，我们给他们讲明没必要盲目服从。如果他们不喜欢某件事，或者认为这件事还能做得更好，他们应当直接说出来。当他们开始这样做时，真的帮了我们大忙，因为他们了解这个地方，而我们不了解。

"最初的陌生感消失后，一下班我们常常坐在一起说说话。没过多久，他们就倒出了各自的苦难辛酸。益西是一个农奴，他告诉我们他曾如何被无情鞭打，但又让我们不要再提此事，因为打他的那个头人就在现场。一天，一个藏族修路工突然激动地说，'告诉我们咋样才能挣脱压迫，我们照做就是！'我该怎样回答呢？我们严格执行'十七条协议'，我能做的只有告诉他们，'我跟你们一样。我给你们讲讲我的故事吧。'这样做后，他们也就理解了。

"扎西次仁是一位藏族修路工人，因为年纪大，我们都叫他阿爸。他喜欢我们这样叫他。他说，'你们待我比我儿子都要好！'他把所有的收入放在一起，有100多元，比他辛苦一生见过的钱都要多。他想给我们买点礼物，其他工人也想这样，我们都谢绝了他们的好意。工程结束后，我们举办了告别晚会。藏族工人带来了藏式糖果和糕点,我们准备了汉族风味的食物。我们互相为对方高歌,扎西老人也带来了他自创的歌曲:

> 天上星星多多,
> 只有北斗七星最亮;
> 村里人儿多多,
> 只有亲生父母最亲;
> 世间众生多多,
> 只有解放军最好!

他让我们把这首歌寄给毛主席,我们后来确实寄了。"

扎西次仁全家包括妻子和两个孩子都在工地上。华成和说,他们离开的时候需要一头牦牛把衣服驮走,这些衣服都是在部队商店买的。部队商店卖的东西没有什么利润,也没有因为从内地长途运输到这里而加价。藏族人刚来的时候,他们说"要给解放军修路",后来他们说"部队在给我们修路"。提到此事,华成和心情十分激动,声音都有些发抖。

※　　　　※　　　　※

1955年,解放军克服史无前例的困难的精神,解放军的榜样宣传作用以及他们对民众的影响,我都有所耳闻。

修路的领导们讲述了一部分技术人员曾想推迟这个项目的情况,他们说:"我们还没有掌握足够的数据,设备和材料也不足,咋可能在这种高海拔地区修建这么长的公路呢,全世界都没有人做过这样的事呀。"但是党中央从政治层面来看待这个问题,"公路没有修好,我们就不能说西藏人民得到了解放。"这一点成为修路战士的核心动力。

2271公里的川藏公路和2100公里的青藏公路[2]主要是用镐、锹、锤和凿子修建的,绝大多数地区海拔很高,呼吸困难,同时还要面对农奴主持续不断的破坏。不管怎样，工程已经完工，修路的过程使西藏农奴对革命和革命军队也有了初步的认识，虽然他们心中的这些种子生根发芽并变成行动的动机尚需时日。这个过程将是漫长的，并将经历如下几个阶段：最初是相识，抹去坏的记忆和新的诋毁，接着是感激，再下来是和他们生活相比较，然后是部分斗争，最后是阶级觉醒。

人们告诉我，路修得离拉萨越近，农奴主的阻拦就越大，农奴主害怕失去政治上的影响和经济剥削。在工布江达谷地，农奴主害怕失去牦牛运输带来的收入，所以就阻挠施工，不给工地上的藏族工人供给食物。对此，解放军战士进行了回击，他们从自己的口粮中挤出一部分给藏族工人吃，还从山上采摘野果充饥，教藏族工人如何更好使用镐和锹干更多的活，挣更多的工资，同时又便宜卖给他们食物。那些藏族工人一下子就明白了谁才是他们的朋友。

那段时间招募劳动力必须通过西藏封建头人。那些头人坚持要统一收走工人的工资，只给他们一点点吃的东西。正如华成和描述的，部队最后成功让工人了解了计件工资法——工资直接发到工人手中，他们可以从军需供应站买吃的和其他东西。在此之后，农奴们做完分配给自己的工作回去后，心里很是愤怒，不愿上交自己的收入。他们说："地主又不养活我们，我们为什么要给他们钱呢？"一些人买回靴子衣服，穿几天后再买套新的。主人问道"钱呢？"他们指着靴子衣服说，"这就是钱。"当然，农奴主不会穿下人穿过的东西。按劳计酬和报酬归工人的思想第一次扎根于藏族人民的头脑中。

假期不用上工，但工资还是照发，这是西藏前所未闻的事情。怀孕女工还有一个月的带薪产假。如果藏族修路工人生病了，解放军战士会背着他们到诊所免费治疗。

一次，山洪暴发冲毁道路，80余名藏族工人被困，处境险急，生命危在旦夕。解放军战士把树砍倒，扛在肩上搭成便桥，站在齐脖深的湍急水流中，让藏族工人安全脱险！后来，解放军战士遇到困难或危险，很多藏族工人冒着生命危险去帮助他们。

仅在1951—1953年，公路沿边的部队医务人员免费救治了成百上千名藏族同胞，这其中既有修路工人，也有当地的居民。

1954年，数百万吨冰川融冰落入一个高山湖内，致使那曲河的河水暴涨。洪水像一堵墙，有些地方甚至有5米之高，吞噬了整个江孜地区，日喀则部分地区，超过100个村庄受灾。解放军部队拯救了大量幸存者，并提供了应急食品、衣物和2万米的帐篷帆布。随后，中央政府送来了救济粮、种子、材料和资金，部队帮他们重建家园，补种庄稼，恢复手工艺品生产，帮助他们在特殊救济项目上多挣钱。在旧西藏，这样的洪水可以使西藏第三大重镇江孜荡然无存。

一年之后的1955年我再次看到江孜的时候，4/5的被毁房屋已经得到重建。崭新的江孜—日喀则公路和新的灌溉系统见证了灾后恢复工作做出的努力成果，尽管贵族和高僧竭力想独吞灾后重建的利益，他们甚至通过增加百姓在租金和劳动等方面的负担来弥补自己的损失。一位政工干部告诉我们说："食物、住处和工作等方面的组织是件难事，但这还不是最重要的，真正的胜利要消除震惊和冷漠，唤醒和保持希望。"

正因为解放军战士的这些举动，和他们有过接触的农奴和奴隶，起初为了和民族压迫时期的"旧汉人"有所区分，称解放军为"新汉人"，接着又开始称解放军为"金珠玛米"，"无私之神"，甚至"菩萨兵"，以便将解放军与之前他们了解的其他军队区别开来，尽管他们清楚解放军不信神。反动派也不能再用造谣中伤的把戏来孤立解放军，或者将他们赶走。普通百姓通过观察解放军，与解放军一起工作，也开始觉醒。从这些觉醒的普通百姓中走出了西藏解放后的第一批干部，读者从本书中也会看到这一点。

此外，部队反过来也得到了教育。和藏族百姓一起工作，看到他们的贫穷和精神，部队战士彻底克服了脑海里那些残留的旧思想，比如挥之不去的大汉族优越主义，还有"有恩于穷人和落后地区"的家长式态度；党对部队开展的阶级教育也具体化为对藏族受压迫人民的阶级友爱和尊敬。

这两点认识融合的过程为孤立藏独反动派打下了基础，也为后来平息叛乱和后期的民主改革打下了基础。

阶级斗争的复杂性存在于很多方面。首先，这涉及要和既有地方力量——西藏农牧主阶级打交道。但是自始至终，其目的就是要唤醒西藏多数民众，使他们能够与中国其他民族的阶级兄弟一起，在本民族的前进发展中发挥决定性的作用。

1951年5月23日，中央政府与西藏上层签订的《中央人民政府和西藏地方政府关于和平解放西藏办法的协议》[3]（简称为"十七条协议"）发挥出积极作用。该协议保证了中国领土的完整，挫败了得到帝国主义支持的分裂分子的图谋，这个关键的第一步使得变革成为可能。在该协议下，西藏的统治者的职责包括着手"帮助解放军购买食品、饲料和其他日常必需品"。既然已经做出承诺，他们只好尽量避免公开反对这些事情，实际上他们不可避免以达赖的名义向地方贵族发号施令。

协议第4条写道："对于西藏的现行政治制度，中央不予变更。"第13条写道："进入西藏的人民解放军遵守上列各项政策，同时买卖公平，不妄取人民一针一线。"

解放军作为一支政治军队，时刻宣传革命思想是其职责。起初，解放军并没有直接宣传要抵制当时的西藏社会制度，而只讲到全中国团结起来抗击帝国主义，讲到了其他地区和省份发生的巨大变化，解放军在西藏的影响是通过实际行动而产生的。

部队不但没有从藏族同胞那里白拿过任何东西，而且还努力避免造成任何不便，对于可能产生的任何负担都自己承担。甚至肚子饿了，部队也会尊重当地的饮食忌讳，不捕鱼，不捕猎。如果买东西影响了市场或者造成市场供应的短缺，他们就不去市场上采购，而常常靠吃野菜或田鼠肉充饥。进藏以来，部队遵守规定，利用荒地生产供应了部队所需的一半粮食，其余的则从其他省份调入，这样就不会和当地百姓争粮食。部队组建的国营农场（本书的其他章节做出过介绍）也开始逐渐满足百姓所需，同时也积极促进西藏当地农业取得更大发展。

至于今后的发展，关键还是群众和他们的思想。协议第11条讲到，

"有关西藏的各项改革事宜，中央不加强迫。西藏地方政府应自动进行改革，人民提出改革要求时，得采取与西藏领导人员协商的方法解决之。"

最终，部队不强求改革的工作作风反而成了人民要求改革的一个因素。农奴主不能再发号施令的时候，他们没有选择协商，而是选择了叛乱，企图通过武装胁迫，扼杀人民的希望。正是农奴主们撕毁了"十七条协议"，武装对抗解放军。此时，也只在此时，解放军代表人民自己的强制力量扫除了障碍，让改革得以实施。

为了实现目标，解放军通过八年多与当地群众的联系和工作经验，组织了5000多名官兵（50人一组，或个人援助民兵队），在当地开展了五个方面的工作。

（1）团结劳动人民；

（2）全力进行民主改革；

（3）建立人民国家政权；

（4）成立党团组织，吸纳成员（西藏发生叛乱前，农奴主不可能允许这样做）；

（5）大量培训藏族干部。

就这样，解放军终于在西藏开始发挥全面作用，正如毛泽东1929年教导的那样：

> 红军不要只管打仗，除了消灭敌人武装力量外，还要承担起宣传群众、组织群众、和武装群众等重要任务，帮助他们建立革命政权和党组织。[4]

所有这一切是在中国共产党西藏工委的统领下开展的，当然也得到了逐渐成长壮大起来的地方民众和县级党组织的配合。

※　　　　※　　　　※

1965年，按照一贯的做法，驻藏部队在司令部设有群众工作处，每个连部也设有群众工作组。人们告诉我们说，在党的领导下，在地方政府机关和人民团体的配合下，部队和人民肩并肩开展阶级斗争，在西藏特殊的环境下开展生产和科学试验。

部队政工人员再次向我们强调说，群众工作有双重意义。它不只是对西藏昔日奴隶和农奴单方面的帮助，部队也从这些受压迫藏族民众的坚毅和炽烈情感中得到了教育，他们自身的阶级意识和实际效果得到了提高，与西藏劳动人民的团结也更加紧密。

除了开展正面的群众工作，部队也严防任何人做出有损团结的事情，无论什么误会或事情发生，都要认真进行处理，而且经常要反复三四次，直到找到一个满意的解决方案，并且还把它做成政治教育的材料。尽管1965年的宗教虔诚已经不那么普遍，这种做法也被用于处理任何对民族感情和宗教感情不妥的行为。同样，这一点也适用于任何涉及军车、群众以及家畜的交通事故。在这种情况下，负有责任的军车司机既要受到惩罚，也要进行赔偿，涉事单位的同志还要当面道歉。如果有人受伤，部队还会派人带上食品和鲜花去医院看望。主任说："群众知道我们军队和以往的任何军队都不一样，他们也拿我们和旧军队相比较。他们说：'你们已经赔偿了损失，就不要再惩罚战士了，而且我们知道解放军不会故意伤害我们的。'从阶级感情上说，他们愿意原谅我们的失误和缺点。但是，我们部队对这些事情还是很认真的！"

1976 年

1976年，西藏的方方面面都发生着巨大变化，但是人民解放军的精神从未改变。军区的一名高级政工干部给我们提供了一份某部队在此期间的角色和活动概要。

概要有5个标题：

- 部队如何开展打仗、政治工作、经济建设和生产等三大任务；
- 藏族群众如何帮助人民解放军；
- 藏族战士的征募和角色；
- 组建人民民兵；
- 政治理论学习。

他把每个标题逐条展开，详细如下：

军队作为战斗、政治和生产力量

部队的军事任务是保卫国家西南边陲，为战争做好全面准备。从这一点来说，部队是国家国防体系的组成部分。

政治任务十分关键，它也包括群众工作。干部和士兵分组进入农区、牧区、田间和边境地区宣传马列主义、毛泽东思想和党在不同领域的方针政策。一边宣传，一边还要参加地方革命建设。在这些事情上，他们受地方党委的领导。

部队投身西藏农业建设，这一点很重要。其规模可以从1970—1975年间的这些数据得到反映：

表14-1 部队1970—1975年在西藏的农业建设

日投工数[5]（万）	90
大寨式梯田建设（块）	6200
灌溉渠挖掘（公里）	400
运到田间的堆肥（万车）	1600
粮食种植面积（公顷）	6330

部队医疗单位继续发扬给藏族群众提供免费服务的光荣传统。在这六年间，他们为群众做检查和治疗超过550万次，培训了750名农牧民"赤脚医生"。仅在1976年上半年，除部队医院和诊所的工作外，53个医疗巡回组日均出诊2390人次[6]。

在偏远边境地区，当地居民数量少，部队就承担起从开垦荒地到开展小学教育几乎所有的工作。在一些学校，优秀藏族战士给孩子们教授普通课程，汉族战士则给他们教授语言。

部队始终保持着对自然灾害的快速积极反应。1975年，在一次地方抗旱工作中，部队战士每天投入2万人，卡车往返数百趟，安装泵站65个。在加查县的一次抗洪中，部队战士从洪水中抢救了580吨公社粮食，他们还搬运救济物资，重建损毁的大坝和水渠。

当群众和他们的牛群处于危险之际，总是部队战士挺身营救。普布扎西、白玛、洛桑丹增和其他藏族解放军英雄舍己救人的事迹，在西藏甚至全国广为传颂。

部队官兵受到了教导，不仅要做群众的模范，更要向群众学习。毛泽东在很多年前就提出了这个原则，它来源于解放军自身的特点。"向藏族群众学习"是党对所有官兵的一贯要求。多年来，这种学习的方法已经发展成为一种体系。

首先，部队置自己于群众的监督之下。部队经常邀请当地居民和地方干部对他们的工作和行为进行评论和批评。

其次，为了配合部队当前开展的工作和不同时期的学习任务，部队会邀请群众与官兵交流，他们包括旧社会苦难最重的农奴和奴隶以及新社会建设中表现最优秀的藏族人。比如某边境单位听说有位叫次仁的老太太，旧社会曾经受到残酷压迫，反对派杀害了她的女儿，她仍然坚持为社会主义奋斗。战士们走了40公里的路，邀请次仁来到军营，帮助他们理解阶级斗争依然存在，并且要像她一样信念坚定。拉萨军区则邀请了另一类代表——张正红[①]，一名来自南京的女学生。她抛弃了家里的舒适和宠爱以及父亲的大汉族主义，离开南京自己温暖的家，来到西藏农村，成为一名公社社员。

第三，在农业学大寨运动中，官兵们组成一个个小组，和昔日的农奴

---

① [译者注] 原著为 Zhang Zhenghong，此为音译。

奴隶们一起参加公社劳动。150名官兵在山南地区的亚玛公社劳动。另一组来到琼结县，帮助开垦新田地，建设灌溉设施。几乎所有的部队分队都和附近公社建立有联系。

第四，各分队在行军途中，利用中途停留时间进行了社会调查，和当地百姓谈论他们过去和现在的生活。返回驻地后，官兵们会分析并传阅这些材料，以此活跃和丰富本分队的政治学习。

这名政工干部说："总的来说，我们大家无论职务官衔高低，都能从西藏劳动人民那里学到不少东西。我们学到了他们对过去受压迫的恨，学到了他们对党、毛主席和军队的深厚感情。他们无惧困难，生活俭朴，对劳动不知疲倦，是我们永远的学习榜样。和他们相处得越久，我们就越尊敬他们。"

人民如何帮助解放军

西藏劳动人民一直在比较解放军和他们以前见过的军队，他们看到了解放军的实际行动，认识到解放军是一支新型武装部队，和他们有同样的阶级感情，是在为了劳动人民的利益尽心尽力。因此，解放军需要任何帮助总能得到群众的迅速回应，而且还往往是群众主动提出的。

很多公社，生产队，牧场，家庭，甚至包括个人，都有了"拥军志愿者"，不论部队在哪里，志愿者都主动帮助洗衣服和缝缝补补，这一点也反过来教育和感动了战士们。在亚东县，有一位名叫央宗的老阿妈自愿做养路工，把一条通往边境哨所的道路保养得既平坦又整洁。当地军区向她表示了感谢，她说："我们今天的生活幸福安稳就是因为有人民军队守卫边防，我当然也要做些力所能及的事情。"

昌都地区的一个边境检查站附近生活着一些僜人。旧西藏的统治阶级把僜人称作野人，不允许他们去森林外面生活。解放军来后，僜人分到了土地和房屋。一年夏天，哨所战士外出参加长期军事演习，僜人就派来了最好的水稻种植能手帮助照顾战士们的庄稼地。战士们回来后发现，庄稼不但没荒，僜人还帮着完成了庄稼的收割和脱粒，收好的粮食就存在部队的粮仓里。

喜马拉雅山上有一条山溪，一个驻地边防班靠它用水。后来溪水干了，山下的公社就从一个冰封的湖里凿冰取水，然后再送到山上的哨所。为了解决问题，公社还派来200名工人，在公社书记的带领下，给部队修建了一个蓄水池保证未来的供水。

在边境巡逻方面，民兵和部队官兵一起共同巡防，牧民们也积极给联合巡逻队提供牛毛帐篷，帮助部队驮运货物。

入伍的藏族战士以及他们在部队中的作用

1970—1975年，每年入伍[7]的藏族战士有几百人；1976年，入伍人数超过1000人。事实上，所有昔日农奴和奴隶家庭的年轻人都想参军服役，他们的家人也很急切送他们入伍。但是，西藏经济发展特别是农业方面缺乏劳动力，很难匀出身体健壮的青年参军。随着农业机械化的启动和新一代健康年轻人的成长（1959年民主改革初期出生的青年人现在刚过18岁），现在藏族青年的参军人数有了一些回旋的余地，但数量还很有限。

1976年，西藏驻军几乎每个连队都有三四个到七八个藏族战士，或者更多，藏族战士比例最高的是边防部队。藏族士兵中，38%是共产党员，32%是共青团员，好多人已是部队的骨干。

部队的政工干部说："解放军中的藏族战士和群众联系最为直接。他们大大加强了军队和人民的团结，加强了各民族间的团结。"

部队中服役的青年战士是西藏干部的重要来源。军队干部从现役战士中选出，地方干部从退伍战士中选出。许多退伍战士成为了党的书记，或者在公社、生产队、工厂和商店担任领导职务。

事实上，第一批成长为军队干部（军官）的藏族军人是长征时期从四川和其他省份的藏区入伍的。1950—1951年间，同样是在这些地方，这种培养藏族军队干部的做法又重复了一遍。西藏培养藏族干部真正开始于

1959年，也就是农奴主叛乱平息和民主改革时期。

到1976年，1950—1951年那批藏族军队干部中的一些人已经晋升到师级，1959年那批中的一些人已经晋升到团级。事实上，部队在自治区开始征兵之前，作为补充力量的藏族军官队伍已经在解放军各级部门中配备，这是毛主席教导在军队建设上的应用和体现：

> 要彻底解决民族问题，完全孤立少数民族反动派，没有大批少数民族出身的共产主义干部是不可能的。

全区大约有800名藏族现役军官，其中两名军级干部，一两名在师司令部工作。北京解放军学院是军队院校最高学府，军区共派出5名军官前往该校政治系学习，其中藏族军官2名。团级及团级以下干部中藏族干部数量众多。许多人像大扎西[8]一样，被分派到县武装部从事民兵工作。无论哪一级军衔的干部，绝大多数都是农奴和奴隶出身。

汉藏干部的团结及藏族干部全员参与部队学习和活动受到持续密切关注，这就要求双方都要克服语言障碍。军队是整个国家的军队，汉族同志帮助藏族干部（还有战士）学习汉语。那些还没有学习汉语的藏族干部，部队会给他们配翻译，学习的教材也尽可能翻译成藏文。与此同时，全区汉族人员也要求学习藏语，至少学会口语。政工干部说，汉族干部学习藏语的勤奋劲与积极性相对于藏族干部学习汉语稍显落后，这是我们需要改正的一个不足。

政工干部总结说："实践证明，藏族同胞战士是我们的核心力量，是藏汉群众联系的纽带，他们的忠诚、决心、勇敢和勤奋在工作中已经得到了充分体现，在各个部门情况均是如此。"

民　兵

如全国其他地方一样，西藏民兵是革命军队的重要组成部分。解放军致力于民兵队伍的建设，这是毛泽东早就制定的方针。他指出，要把野战军、地方武装力量和民兵结合起来，把拿武器的群众和没拿武器的群众结合起来，要全民皆兵。

民兵的起源可以追溯到"武装工作队"，它的成立是为了平息1959年叛乱，保护西藏劳动人民在民主改革中得到的庄稼和牲畜，帮助部队守卫边防。

在此基础上，一个主要由藏族民众组成的边防民兵部队成立，其目的是要打击旧秩序复辟的企图，反击境外入侵。其中大约5万名民兵曾参加过1962年抗击印度入侵的自卫战，他们的主要职责是供养和运输。在边境一带，他们持续不断巡逻，时刻准备着，一旦需要，就会和部队一起并肩作战。

在社会上，民兵总体上配合着正规治安人员，与他们一起维护革命的秩序。

在生产第一线，民兵是公社和国营农场里的突击手，他们是新田地开垦、灌溉项目建设、科学种田和破除封建迷信等方面的标兵。

在整个农村地区，民兵防空部队像对待敌人攻击一样对冰雹的预警做出反应，他们用化学炮弹打散云团，以快速反应和精准炮击相结合的训练为生产服务。

地方党委把民兵建设作为主要任务之一来抓，解放军部队也派员帮助人民武装部开展工作。

马克思主义理论学习

我们获悉驻藏部队投入很大精力学习马克思、恩格斯、列宁、斯大林和毛泽东的著作，主要自学原著，而不是学习转述本或者注释本，并且把学到的理论努力运用到当前的任务中去。

在这一方面，部队要求指挥官要树立榜样，熟悉经典著作是重点，辅导讨论为辅。部队学习的组织者负责二者之间的协调。

部队还举办脱产集中学习班，通常为期两个月。1970—1976年间，2000多名团级以上的干部参加了11期学习。学习班要求学员仔细阅读全国范围内推荐的六本马克思主义主要著作，每期都要完全掌握一两本著作，[9]为其他著作的理解打好基础。短期班主要面向连级和排级干部，也有一些普通士兵参加。回到各自单位后，这些学员会帮助其他同志学习。

针对当时的国内问题和个人世界观存在的问题，部队还采用了"在斗争中学"的方法。

部队也选用了一些有关国际局势的文章。1976年，学习的重点是从时事新闻里理解战争的危险，因为帝国主义还存在，特别是新的社会帝国主义具有侵略本性。

野外训练的重点是毛泽东的军事著作和战略战术思想。

1970—1976年，驻藏部队一共学习了20多本马克思主义基本著作[10]。

1966—1976年的十年时间，驻藏部队除了常规政治学习外，还成立了1000多个理论学习志愿者小组，85%的成员是下等士兵，其余则是连排级干部。

※　　　　※　　　　※

表14-2　驻藏部队1973—1977年间为藏族群众所做的工作

投入的劳力和项目	
生产与建设劳力（人/天）	1264,471
犁地/收割（公顷）	4750
大寨式梯田修建或改良（公顷）	1220
积肥与运输（吨）	598,000
植树	310,487
军车支农服务（车次）	3362
给公社提供农机（套）	2164
修理公社农机（套）	6305

续 表

部队协助开挖灌溉河/渠（公里）	516
牛羊棚建造（套）	300
建设转移土方（立方米）	77,547
供给公社汽油（升）	27,070
建筑工程用炸药（公斤）	6909
雷管（套）	4068
导火线（米）	1660
化肥（吨）	15
水泥（吨）	12
种猪（头）	46
人员投入	
抗击灾害的部队人员	2993
政治工作组的部队人员	1104
医疗人员	4848
部队协助培训公社农技员	6217
部队协助培训"赤脚医生"	1065
培训兽医	85
服务百姓	
免费医疗	954,341
免费理发	86345

【作者注】

1 列宁，《在红色军官日的讲话》（Speech on Red Officers' Day），1918年11月24日。著作，莫斯科英文版，第28卷，第195页。

2 这些数据代表了当时的实际距离。后来，随着起点的改变和路程的缩短，给出的数据是川藏公路全长为2413公里，青藏公路全长1965公里。

3 协议内容请见附录二。

4 毛泽东：《纠正党内的不良作风》，1929年12月，《毛泽东选集》，第1卷，第106页。

5 几乎相当于全西藏普通劳动人口一年的劳动，比农业人口的劳动要多得多。

6 1977年达到的另一组数据，见本章末的表格。

7 这里所指的只是在西藏晋升职位的人，不包括其他省份招募的藏族军官。

8 见第16章，"新西藏战士大扎西"。

9 马克思、恩格斯的《共产党宣言》、《哥达纲领批判》和《反杜林论》；列宁的《国家与革命》、《帝国主义，资本主义的最高阶段》和《唯物主义和经验批判主义》均已译为藏语。

10 除了已列举的6篇，还包括：马克思的《法兰西内战》和《路德维希·费尔巴哈和德国古典哲学的终结》；列宁的《唯物主义和经验批判主义》、《无产阶级革命与叛徒考茨基》、《共产主义运动中的"左"派幼稚病》、《伟大的开端，无产阶级专政时期的政治经济学》及《论马克思》；斯大林的《论列宁》；毛泽东的《人民民主专政（第七届中央委员会第二次全体大会上的报告）》、《实践论》、《矛盾论》、《论正确处理人民内部的矛盾（在全国宣传工作会议上的讲话）》及《人的正确思想从哪里来？》。

团级及以上级别的干部都学习了马克思的《资本论》。

第十五章 旧西藏军队

现在，我们再来看看封建神权制度下的旧西藏军队。与其他封建机构一样，旧西藏军队镇压人民，靠盘剥人民而生存。

为了养活旧藏军，噶厦地方政府专门留出庄园马康给他们，农奴辛苦一年的劳动成果80%都用于供养他们。农奴要提供的东西如下[1]：

100万银圆
150万公斤青稞
8.1万公斤黄油
1.3万公斤茶叶

同样是这些农奴，他们负担了军队的绝大部分劳役，马康每40公顷左右耕地就有一个男子被强征入伍。

军队指挥系统反映了当时的社会秩序。旧藏军的高级职位与所有西藏政府的职位一样，不是由一人担任，而是由一个和尚配一个俗人来担任，并且两人都必须出身贵族。五名团长（即代本）也必须是贵族，他们不是职业军人，而是从军队和地方职位相互打乱的官员名单中指定。例如，团长常常过去是宗本（即县长）。在他之下则是营长、连长、排长和班长，这些都是常备部队的一部分。通常情况下，普通人是不可能晋升到这些级别的，这些军职只能由贵族担任。

这样的军队虽然镇压百姓还算凑合，但其力量实在太小，基础太薄弱，自然无法有效抵抗从印度边境入侵的英国侵略者。在更早一些时期，1888年和随后1903—1904年荣赫鹏入侵西藏的战斗中，西藏地方军队和征用的兵力的确英勇抗击了帝国主义，江孜要塞（宗山）是他们曾经不惧艰难奋勇作战的地方，现在这里立有一座国家纪念碑，它肯定了藏军对保卫西藏人民做出的功绩，也肯定了他们对保卫中国领土完整所做的贡献。保卫战最终失败了，其原因并非因为缺乏勇气，而是由于双方火力相差悬殊，加之没落的北京清王朝未能给予足够的支持。随后的几十年里，旧藏军丧失了保卫西藏的功能，沦为了外部势力渗透西藏的工具和帮凶。

50年多年前的1924年，一位美国作家格罗佛·克拉克曾说过，在印度有一位英国特工，除担任其他职务，他还是拉萨军事力量的头目：

> 此人不仅是警察首领，也是藏军司令，掌控着西藏的邮政和电讯服务。他对达赖的个人影响也很大……此人曾在印度大吉岭做过警察。首次和达赖见面的时候，他和查尔斯·贝尔爵士都在印度。[2] 1919年，他曾陪同查尔斯·贝尔爵士到访过西藏；1923年11月，他重回拉萨……碰巧，仁青当时刚刚提出向拉萨增派大约600名英军士兵的请求，这些士兵名义上是做达赖的保镖。而实际上：藏军装备有英军老式步枪；在过去的几年里，6000多杆步枪、一批机枪、几门大炮和大量弹药从印度运往拉萨；有藏族人在印英军队受训；藏军普通演习命令用的是英语而非藏语；藏军穿的是英式制服。[3]

再也找不出比这个更加典型的描述了，一支被殖民主义思想侵蚀了的武装部队，驻扎在殖民主义者企图吞并的地区。

在英国官员看来，西藏的军力是他们实现帝国主义目的的潜在炮灰。贝尔自己曾经写道：

> 这也不是不可能，再过些时间也许就会发现，征募藏族士兵到

印度军队是很有必要的,就像现在以同样的方式招募廓尔喀人一样。一些藏族人已经在为尼泊尔征募的廓尔喀兵团服役了,我认识的一位藏族人在布尔战争期间在南非新马补充部门工作。此类计划,尽管限制在极小的范围内,也许会对印度和西藏都有利。这个计划还为时尚早……直到汉藏纠纷解决之前。西藏人口居住分散,为了<u>东部边界</u>[4]防御安全,目前需要预留人员作为储备。

贝尔在描写中国的一个地方,即使贝尔的国家英国政府也承认该地方是中国的领土,但他并没有为此感到难堪。对他来说,西藏已经被英国放弃,但"留下人员"可首先被用来对付中国其他地区(在西藏东面),以便为英国从印度向藏南地区控制西藏扫清道路,然后再让藏族人在英国的殖民战争中打仗。其目的一目了然!

多年后的一本书里写到了英国和他们最亲近的西藏上层阶级追随者共同打造的杂牌军。这本书撰写于解放后,在美国出版。

> 藏军严重缺乏现代武器,指挥落后,甚至不被藏族人自己当回事。和尚们憎恨藏军,把它当成外来的杂种。贵族们不信任藏军,把它看成潜在的威胁。普通老百姓害怕它,把它当作公害。[5]

事实上,藏军变成了帝国主义分裂中国的工具。几十年来,拉萨调遣藏军并非用于外部防御,而是用于劫掠周边省份。

1950年在中华人民共和国成立后,藏军曾企图在当时位于西康省的昌都地区阻击解放军进藏。作为其长期以来的使命,藏军不仅服务于西藏封建主义,也为帝国主义的利益服务。藏军的武器是英国的,广播通讯掌握在英国侨民手中。这些侨民干的事不仅仅是敲击键盘,其中有一位名叫罗伯特·福特,他后来曾经写到,他也提了一些"建议",比如"把一些布朗式轻机枪放到山里,用炸药炸掉桥梁"。[6]昌都格达活佛想要避免战争,支持包括藏族在内的全国民族团结,但是被人毒害致死。在写道这个事情时，福特吹嘘道："我知道谁杀害了格达，我希望他永远不会被发现。"[7]

在拉萨，英国无线电话务员长雷金纳德·福克斯自封为"独立西藏的外交部长"，他也把自己想象成作战部长。西藏革命展览馆展出了他的一封密信，信是写给"藏军总司令"的，日期为1950年1月17日，内容是鼓动对解放军进行"顽强抵抗"，发动世界舆论，这样"美国就会感到他们应该立刻提供大量的军事支援，很可能要动用空军来完成"。这封信里清楚地说出了他对西藏无论是穿便装还是穿制服普通百姓的恐惧。为了对付他们，福克斯呼吁开展大规模恐怖活动。他建议："所有神的忠实臣民，为了安全起见，避免受共产党影响而变节，都应当后撤至少20英里……他们中间有很多共产党的特工和间谍……*必须对他们斩草除根，一点也不能耽误。否则，他们会继续策反藏军。*"

1950年10月，昌都战役爆发，最终以旧藏军的溃败而告终。但中央人民政府并没有宣布它非法，也没有虐待军官和士兵。福特甚至这样写道："凯旋的解放军明确表示，他们对西藏宗教没有任何异议，和西藏人民也没有什么过节。西藏人民受到了很好的对待。尽管也遇到了严重的物资供给困难，但解放军却没有坐吃地方。战士们有严格的纪律，要尊重老百姓和他们的财产，要尽可能和他们交朋友。"至于那些藏军俘虏（正如福特自己所述，凡落入藏军手中的解放军都惨遭杀害），解放军"只是让藏军排好队，发给他们安全通行证，再发些钱，让他们和老婆孩子一起回拉萨"。

高级指挥官也没有被处死。阿沛·阿旺晋美是达赖噶厦政府掌管政治和军事的官员，被俘后应该被枪毙。相反，解放军给他讲了进藏部队的目的，他看到了解放军言行一致。多年后，阿沛给安娜·路易斯·斯特朗这样讲道：

> 清政府[8]给我们留下了坏印象，而国民党更糟。起初，由于国民党和外国人到处散布谣言，我们对北京新政府很是怀疑。1950年，西藏

有很多国民党和帝国主义的特工,对于共产党的政策我们并不清楚。所以,我就带领藏军进行抵抗,那只是一场短暂的战斗,我们抵抗不了解放军,最终解放军打下了昌都。1950年末,我开始学习共产党的政策,认识到他们倡导国家各民族平等团结。从那时起,我的顾虑就打消了。

几百年来,昌都人民饱受封建剥削和战争灾难。解放军胜利后,民众的负担减轻了。解放军成立了一个委员会,代表贵族、平民和僧俗等所有当地群众。解放军开始调解地方部落间的战争和争执,盖起了医院,建起了学校。我不再害怕新政府了……[9]

从1950年10月到1951年7月,解放军没有从昌都地区向拉萨传统控制地区挺进。阿沛接到授意,要把中央人民政府的建议报告给达赖喇嘛,而达赖喇嘛本人当时在靠近印度的亚东,随时准备逃往印度。达赖指派阿沛作为行政长官,和拉萨的其他官员一起前往北京。1951年5月23日,《关于和平解放西藏办法的协议》在北京签订。在得到拉萨认可之后,解放军才恢复行军,并严格遵守协议条款和平进藏。西藏境内再没有发生任何战斗。

随后,根据"十七条协议"(第15条),成立了解放军西藏军区,阿沛被任命为副总司令,同时他还是噶厦政府的成员。1956年,阿沛担任西藏自治区筹备委员会秘书长。1965年,阿沛被推选为自治区政府第一任主席,并于同年正式就任。1979年,阿沛担任全国人大常委会副委员长。

在此期间,该怎样处理西藏军队?"十七条协议"第8条这样写道:

西藏军队逐步改编为人民解放军,成为中华人民共和国国防武装的一部分。

反动的西藏农奴主从未遵守过这一条,他们紧抓藏军不松手,把藏军作为对抗进步的最后一张牌,最终在1959年发动了叛乱。

在同样的动机下，他们也违背了"十七条协议"第15条，该条款规定在西藏建立"军政委员会"，甚至中央人民政府承诺"尽量吸收西藏当地人员参加工作，包括西藏地方政府及各地区、各主要寺庙的爱国分子"。人民政府的确在军区任命了藏族高级军官，但是军政委员会始终没有成立起来。

农奴主蓄意破坏是出于阶级原因。农奴主政权紧紧抓住藏军为他们的剥削特权服务，其动机并非是"民族的"，这并非是把藏族人的参与排除在防御之外的问题。农奴主们真正害怕的是西藏受压迫阶级逐渐进入军队领导层。

尽管阻碍重重，人民政府和解放军1951—1959年艰苦时期制定的相互平等、共同进步的民族政策还是产生了巨大影响，它分化了上层阶级，甚至分化了西藏军队。

1959年，对于孤注一掷且受到外国势力支持的叛乱，一些贵族官员并没有义无反顾地参加。桑颇·才旺仁增时任藏军总司令，是噶厦政府成员之一，他坐车从街上经过，没有携带任何武器，结果被叛军从车上拽出来，猛击头部，并撇下不管。（有记载说，他们本来袭击的目标是阿沛，他们原以为车里面坐的就是阿沛。）担任五大代本（团长）之一的尼玛明顿多杰没有参加叛乱，后来他在拉萨教育局工作。即使顽固分子小心保存下来的军队也没有全部参加叛乱，这是顽固分子受到真正孤立的一个标记，这也使叛乱平息变得容易很多。

毛泽东对人民既充满耐心，又满怀信任，一开始就预言顽固分子肯定会受到孤立。早在1952年的一次党内指示中（直到1977年才公开），毛泽东就建议在"十七条协议"中提到的"重组藏军"和"建立军政联合会"两个问题上不要过于匆忙：

> 目前不要改编藏军，也不要在形式上成立军分区，也不要成立军政委员会。暂时一切仍旧，拖下去，以待一年或两年后我军确能生产自给并获得群众拥护的时候，再谈这些问题。在这一年至两年内可能

发生两种情况：一种是我们团结多数、孤立少数的上层统战政策发生了效力，西藏群众也逐步靠拢我们，因而使坏分子及藏军不敢举行暴乱；一种是坏分子认为我们软弱可欺，率领藏军举行暴乱，我军在自卫斗争中举行反攻，给以打击。以上两种情况，无论哪一种都对我们有利。在西藏上层集团看来，目前全部实行协定和改编藏军，理由是不充足的。过几年则不同，他们可能会觉得只好全部实行协定和只好改编藏军。如果藏军举行暴乱，或者他们不是举行一次，而是举行几次，又均被我军反击下去，则我们改编藏军的理由就愈多。……[10]

叛乱发生后，噶厦政府单方面撕毁"十七条协议"，使其失去了效力。
绝大部分藏族人已经明白，此时的任务已不再是逐渐改革封建当局和军队的问题，而是彻底用革命摧毁的问题。1959年3月28日，周恩来签发国务院令："即日起解散西藏地方政府，由西藏自治区筹备委员会行使地方政府职权。"同日还发布了公告，将要设立军事管委会，其任务之一就是"组织西藏爱国人民的自卫武装，以代替腐败透顶、已经叛变、毫无战斗力、而且为数只有3000多人的旧藏军"。

就这样，旧藏军不复存在。同时，西藏人民民兵队伍在平息叛乱中应运而生。随着时间的推移，越来越多的藏族人加入了解放军。

作为个人，旧藏军的成员受到了区别对待。只有那些参与叛乱的骨干分子受到了惩处，而那些仅仅受命行事的人被释放回家；昔日身为农奴的士兵一起分享民主改革带来的好处，所有平息叛乱的有功人员都受到奖励。1965年，我看到很多昔日的各级别藏军人员在耕田种地，在手工合作社上班，而那些有文化的则当了办公室人员或者教师。

※　　　　　※　　　　　※

藏军士兵除一些人被解除武装、关进监狱或被遗弃外，还有些人越过边境逃往印度，他们这样做要么是因为害怕，要么是受到了叛军军官的胁迫和怂恿。在那里，各类外部势力多年来一直企图整合利用这一部分人，夺回他们在西藏的权力和影响力，或者开展可能针对中国的军事行动，这一点也为西方作家所证实，其中包括叛军的英国朋友乔治·帕特森。[11] 但是，1963年帕特森曾经沮丧地写道："藏人越来越易受到汉人宣传的影响……"[12] 那就是说他们想家了，开始感觉受到了误导。

几年之后，有些人返回家乡，身份是回乡公民而非入侵者。他们厌倦了逃亡，并且被自己听到的西藏新生活所深深吸引。

1965年在山南，我见到了其中的一位。他叫普次旺堆，36岁，体格健壮，说话有点慢。我问旺堆："你是怎么当兵的？"他回答得很详细。作为农奴，他们十口之家一直生活艰难。1959年，庄稼收成不好，乌拉苛捐杂税更是雪上加霜，所以他给一个家境较好的农奴做了替身，把自己卖给藏军。那位家境较好的农奴在庄园种地，需要服兵役。普次旺堆把卖身之钱都给了妻子，这样她就能养活孩子了。

1959年，普次旺堆所在的第二团驻防布达拉宫，该团的军官命令开始叛乱。他回忆道，无论公开宣言用了什么华丽夸张的词语，事情传达到队伍的方式还是显示了贵族们对普通士兵的轻蔑。他们说："政府一直养活着你们，现在让大家看看你们没有白吃饭！"很快，驻防残兵被解放军打得落荒而逃，好多人半路上开了小差。但是军官们还在催促剩下的人说："不要相信共产党，他们会让所有年轻人当兵，老年人饿死，把小孩遣送到内地。"到达印度边境时，纵队人数不断减少。有两个人在旺堆面前扔掉装备，准备回家，但又被后方军官截住，遭到暴打，之后又被逼继续前行，身上也被解除了武装。"我们跨进印度的时候，我心想，'我再也不能见到亲人了。'"

到印度的时候天正下着倾盆大雨。由于食物缺乏，好多士兵接近崩溃，有些人开始哭泣，这时候军官说："你们到了国外算是幸运的，如果回去，你就没命了。"但是大家之间相互议论说："我们在印度干啥啊？我们又不懂语言，不懂习俗，没地没家。"

普次旺堆说，在印度，有人告诉士兵们说："在西藏，人们都快饿死了，你们出来了应该感到高兴。"讲到这里，旺堆突然停了下来，并且大声说道："现在我明白了，那是在说谎。在旧社会，种地的人没吃的，织布的人没穿的；现在人民掌权了，有地有房。民主改革前，我的村里只有两户人家日子富裕，其他人都缺少粮食，还要背负沉重的乌拉差役。我家过去有1头驴，现在有6头。过去我们只有10只羊，现在有40只，我妻子还养了4头奶牛。甚至我叛逃在外时，她也分到了她那一份。我回来后，也得到了我的那一份，还有一笔贷款来维修我家房子。"

接下来，旺堆又讲了更多他逃亡的故事。最初，他的部队到了阿萨姆邦的米什米，那里是热带森林。六周后，因为刚从寒冷高原过来，一些人因水土不服生病死了。幸存活下来的人吵闹着要去山地国家，结果就到了锡金的甘托克，在那儿他们修了两年路，结果却不能直接拿到工资，钱被交给藏族的头人，头人再给他们每天三安那① 的钱。西藏的农奴在西方媒体里被描绘成"自由战士"，这些士兵们在国外仍然是农奴，生病或者意外受伤都得不到治疗。士兵们被告知："没钱看病！"在旺堆的56人修路队中，两年中死掉了4个人。

普次旺堆讲的这些，我后来在西藏叛乱分子自己的一个出版物里得到了证实。1965年12月，新德里印刷了一份时事通讯，其通栏大标题为"来自达赖喇嘛陛下的临时总部"，这篇通讯对在印度北部山区参加修路的藏族人的境况表示不满：

> 在这里，无论男女都在路上工作，住在路边临时搭建的帐篷里，居无定所。冬天雪大，修路会暂时停工几个月；如果可能，这些修路工将到山下去做临时工……藏人觉得印度平原气候太炎热……藏人是外国人，未经许可不能自由去往印度任何地方……与所有生活在山区的人一样，藏人容易患上传染病……

---

① [译者注] 安那是印度古时的货币，相当于1/16卢布。

普次旺堆接着讲道:"后来,事情很快有了转机。我们得到通知,青壮年应该去西里古里,那里有其他工作。但是我们在那儿也没有停留,而是继续前往加尔各答,然后到了大吉岭。在那里军装下发到我们手上,这让我们很是惊讶,我们成了印度士兵!但是那些印度军官歧视我们藏族人,他们说:'你们是乞丐,没有我们,你们就没法活了!'再后来,我们又被派往阿格拉接受训练,并且配有英式半自动武器。"旺堆是用英语说的"半自动武器",他掌握了一点英语单词。"他们教我们说1, 2, 3, 4,拉!这些是我们在飞机上跳伞时说的。负责训练我们跳伞的人来自美国,身穿便服,根本不管我们有多害怕。时间一到,就把我们从飞机里推了出去,我们能做的就是紧闭双眼,说1, 2, 3, 4,拉开绳子。有的人落地时摔断了腿。"

最后,普次旺堆所在的部队被转移到拉达克,那儿离西藏很近,他们可以收听到家乡的广播。一天晚上,普次旺堆悄悄溜出营地,走了一天半,躲开了检查站,跑到解放军边境巡逻站自首。

回到拉萨,普次旺堆很是惊奇。他说:"过去我一直认为拉萨是个大城市,但你可以很快绕城转一圈,而且城里很脏。现在的拉萨真的很大,很干净,路也修得好,还有电灯、学校。之前,我做乌拉从我村子到拉萨需要几天的时间。这一次我搭汽车回家,几个小时就到了。路上我看见沿河新修的筑堤。过去修筑堤我们要上缴税款,但不知怎的,从没修好过,仅修的一点只给我们带来了更多的乌拉差役,大庄园从中得到了利益。现在,群众给自己修堤,还能挣到工资。我现在开始明白,在逃亡期间,传到我们耳朵的事情是咋被歪曲的。"

回到家人和朋友身边,普次旺堆受到了欢迎。他邀请我们说:"到我这儿来吧,看看我现在生活得咋样!"

因为没有时间,我们谢绝了他的邀请。但是我们已经听得足够多了,知道好多在国外的昔日藏军士兵愿意回来——他想以普次旺堆选择的这种方式回来,而不是按照那些要让他们做炮灰的人安排的方式回来。

1976年,我们又询问了普次旺堆的情况,听说他已经是公社的一名优秀建设者。

※　　　※　　　※

我和普次旺堆谈话后的几年里，很多事情得到了披露，它们证实了旺堆故事的真实性，并且证明了保留和利用反动藏军的企图不仅是绝路一条，而且十分滑稽，普通藏族百姓受到蒙蔽而参与其中也是一个悲剧。

关于印度军队中的西藏叛乱分子的情况，英国记者克里斯·穆林撰写了一篇报道，刊登在1975年9月5日发行的香港《远东经济评论》周刊上。这批逃亡藏军兵力有好几千人，这就是说在连续多年的征兵中，比这个多好几倍的藏族人曾经服过兵役。他们的训练营位于德拉敦，离德里不远。如普次旺堆所说，美国人在阿格拉给他们开展特别跳伞训练。多年来，这支力量一直被用于边境的巡逻。新兵也被告知，他们会最终"解放"（即入侵）西藏。其实，无论从哪个角度来看，他们变成了别人的牺牲品。穆林说，在孟加拉国建国之前的印度军队行动中，这些人被派去和巴基斯坦作战，其中有40多人死掉了。

与这支部队并肩作战的还有一支"秘密部队"，受美国中央情报局直接领导，与美国人在老挝和柬埔寨组建的类似部队一样。

美国武装和指挥官为了军事行动的目的要把西藏从中国分裂出去，特别是把西藏从中国革命分裂出去，可追溯到1949年洛厄尔·托马斯父子二人对西藏的访问时期。1950年回到美国后，他们见到了杜鲁门总统。在美国干涉中国其他地区惨败之后，杜鲁门总统此次没有给出任何具体的承诺，尽管他表达了对分裂分子的"同情"。

后来，一边是达赖喇嘛在中国中央政府担任高职表忠心，一边是达赖在国外的两个哥哥继续与美国保持联系，一位是在噶伦堡的嘉乐顿珠，另一位是在纽约的土登诺布。1957年，达赖在噶伦堡的哥哥嘉乐顿珠组织了西藏游击队的训练，起初的地点是在台湾，但很快又转移到了美国。同年的一次秘密行动中，在巴基斯坦东部的一条废弃的道路上，接受美国中央情报局训练的藏族新兵被达赖的哥哥土登诺布开车接走,并换上美军制服飞往美国基地。在那里,中央情报局人员告诉藏族新兵说:"中国也是我们的敌人,所以我们会帮助你们作战。我们之间的关系会长期保持,而不是两三年。"

1957年8月,接受中央情报局训练的两名藏族特工被秘密空降到拉萨附近,其目的是要"组织反抗"。在达赖喇嘛的夏宫罗布林卡,两名藏族特工秘密会见了一名叫作帕拉土登的官员[13],并很快通过无线电报将此事向美国做了报告。他们发现拉萨太过危险,随后又转移到藏南的山南。1958年,美国给那里的叛乱分子空降了武器。1959年拉萨发生叛乱,其在几天之内就被平息。达赖一帮人通过山南逃往印度,一名空降的特工半路加入。达赖后来亲自告诉穆林,在逃亡的路上,他们和中央情报局通过无线电保持着联系。

穆林说,1959—1962年,美国中央情报局从叛军中特别挑选出170名士兵,送往美国科罗拉多州的赫尔训练营。几年以后,美国记者大卫·维斯披露了一些细节[14]。1958年,赫尔训练营开始有"毕业生",他们中的一些人可以帮助联系到达赖喇嘛。赫尔训练营的直接负责人是中央情报局秘密行动头子理查德·比塞尔,就是此人后来组织策划了登陆古巴猪湾的行动,该行动得到中央情报局的支持,但最终以失败而告终。在最高层,艾森豪威尔总统与中央情报局局长艾伦·杜勒斯就如何处理"西藏危机"充分交流了意见。

关于赫尔训练营,有两个方面是确凿无疑的。

第一,赫尔训练营的行动是最高机密。维斯说,1961年,一家私人飞行学校的一名员工无意间看到藏族人从彼特森基地的运输机里走出来,结果就被美军士兵用枪口抵住,锁在一个挂架上,并要其发誓将会守口如瓶。后来,科罗拉多地方报纸泄露了此事,《纽约时报》华盛顿特区分社想了解此事。美国国防部长麦克纳马拉没过几分钟就致电《纽约时报》,要求该报停止调查,因为披露这件事将会"危害美国的安全"。

第二,赫尔训练营行动与1959年农奴主叛乱一样,在西藏人民筑起的铜墙铁壁上摔得粉碎。

根据穆林的介绍，1959—1962年间在科罗拉多受训的170名特工中，绝大多数6人一组被空降到西藏，"这些人中90%音信全无"[15]，这无疑是"一场军事灾难"。而这种结果的出现无外乎有这样的原因：西藏面积广大，仅有少数地区驻有解放军部队，这些空降者自然能躲过解放军的检查。因此，唯一的可能是，空降者被已经获得解放的农奴和奴隶逮住，这些昔日的农奴和奴隶现在好多人就是民兵，他们都配有武器。这一点在拉萨西藏革命博物馆得到了证实，这里完整保存着相关特工的名字、照片和随身携带的物品。他们的失败并不只是一次空降的失败。随着人民的觉醒，特工们的整个计划彻底泡了汤。

除伞兵，美国中央情报局也在加速打造一支地面"部队"，其骨干分子也是在赫尔营接受训练。这支部队根本不把尼泊尔国家政府放在眼里，其前沿基地就设在尼泊尔与世隔绝的木斯塘。这里居住着西藏的少数民族，成千名反叛军人靠空投得到补给。资助人是达赖的哥哥嘉乐顿珠，他得到了美国中央情报局现金上的支持。起初，反叛军队对西藏进行过一些简单的渗透活动。但是穆林说，到1963年，类似的突袭已经"几乎无法进行"。其他有关这支秘密军队的情况就剩下了内部出现的争吵，而争吵的主要内容也无外乎总是围绕着中央情报局的钱，例如"一些钱被中饱私囊，普通士兵只要能够得到自己极其微薄的配给钱，就十分幸运了。"不管是解放前还是越过边境后的苟延残喘，旧西藏社会本性未变。

穆林还告诉我们说，1972年尼克松总统到访北京，美国开始真正面对中华人民共和国这一现实，并且考虑与之建立关系。此时，中央情报局对"秘密部队"丧失了兴趣。此后的资金资助则来自其他渠道，想必也越来越少。1974年，尼泊尔军队开进木斯塘清剿叛军残部，曾是首批赴美接受伞兵训练的叛军头目被击毙，一些侥幸活下来的人则逃往印度。穆林说，这标志着"康巴战争"也随即结束。

对于身处国外的藏人而言，他们面临的选择和当初一样，要么继续受旧僧俗统治阶级顽固分子的压迫和欺诈，[16]继续做他们反动思想的俘虏，继续受外国势力利用或随意抛弃；要么回到多民族的中华人民共和国，帮助建设社会主义新西藏。

选择后者的人，不管他们地位如何或过去做过什么都会受到欢迎。这个原则过去这样，现在仍然如此，即"一切爱国者，不管回来的时间早还是晚，都会受到欢迎"。他们可以回到自己的民族中，在自己的土地上创造自己的历史。

不管境外藏人最终做出了什么选择，现实已经做出了证明，西藏的革命将不会倒退。

【作者注】

1 原本要求以当地的货币和重量单位来计算。为了方便起见，本书全部使用公制单位来计算。

2 格鲁佛氏·克拉克：《西藏，中国和大不列颠》（《北京导报》报社，北京，1924年）。

3 贝尔，在他的《西藏今昔》（伦敦，1924年）中称此人为"一位老朋友，萨尔达·巴哈杜拉·拉丹·拉，一位在孟加拉警方的锡金人，1910至1912年，在达赖喇嘛和他的阁僚驻印度期间，他代替我照顾他们"，第184页。

4 贝尔，前文已引，第268页。（斜体是我自己增加的——作者注）

5 沈宗濂，柳升祺，《西藏和西藏人》（斯坦福，1953年），第115页。作者为驻西藏的国民党官员。

6 罗伯特·福特，《在藏被俘记》（伦敦，1958年），第51页。如书名所示，福特被人民解放军俘虏。本书写于他释放后。

7 同上，第92页。

8 从1644年至1911年，清朝（满族人）统治着全中国，包括西藏在内。

9 安娜·路易丝·斯特朗，《西藏见闻》（北京，1959年），第44页。

10 为中央委员会草拟的这条指令发送到西南局和在西藏的工作小组，它第一次发表是在《毛泽东选集》第5卷中。英文版中，这条指令在《我们在西藏工作的方针——中国共产党中央委员会指令（1952年4月6日）》这个标题下的文章中。

（为了阅读方便，我将其分为小段落——作者注）

11 乔治·帕特森，《北京对抗德里》（伦敦，1963年），第165—166页。

12 同上。

13 要了解帕拉——西藏大农奴主家族之一，曾有几代人都参与英国对西藏的渗透——见本书第4章，"《大英百科全书》中的帕拉庄园"。

14 大卫·维斯，《撒谎的政治》（纽约，1973年），第13章，《科罗拉多州藏人的案例》，第239—252页。

15 这不再是事实。1978年11月，再次传来科罗拉多受训藏族人的消息，时间在最后一批被俘的空投西藏士兵获释之后。1979年伊始，新华社的一篇特稿报道了好几名释放者在拉萨汽车修理厂工作的场景，其中一人就是宗依益西，他以前是安珠仓贡巴扎西的家奴。贡巴扎西曾是康巴叛乱的重要参与人，他将宗依益西带到印度后来又送出国（显然是去赫尔营）去接受"间谍训练，包括绘图、发电报、徒手搏斗和招募特工"。宗依益西曾两次被空投到西藏，第一次侥幸逃脱，但第二次被抓住。起先，由于害怕被处决，他拒绝坦白。"但是在监狱里我并没有受到虐待，相比我亲眼所见的旧西藏监狱里的酷刑，我开始后悔自己所犯的罪行。"释放后，他再次去家乡探望。"我阿妈还活着，两个兄弟都是社员，粮食产量是以前的五倍。"

和宗依益西一起释放的10名特工中有9人后来都留在了西藏。但是其中一人的家人在国外，他选择和家人在一起。他获得了特赦并获得人民政府颁发的通关文件和提供的路费。

16 印度西藏"流亡阵营"保留了旧制度的特征。20世纪60年代末，迎娶了藏族贵族的美国教授默文·戈尔茨坦基于第一手资料给出了一些特殊的细节。他写道：在这些阵营里，即使叛逃十年后，以前的官员依然实行"传统藏族政治制度中的权利和等级政治模式……阵营中的领导扮演着类似那种……西藏庄园里管家的角色……谈到以前西藏的劳役徭役（乌拉）（一些阵营的义务），这些移民都带着戏谑的口吻。"此外，"实际上他们得到的消息受他人管控……反对和不同意见被认作是背叛……持不同政见者几乎无法获得资金……与当局政见相左的人会发现他们的孩子无法得到奖学金……也不能在与政府相关的部门工作，"等。（戈德茨坦："印度南部的流亡藏人"，《西藏社会简报》，布鲁明顿，1975年，第9卷，第12—29页）。

第十六章　新西藏战士大扎西

1951年，人民解放军进军西藏，向帝国主义关上了大门，给西藏人民带来了新生活的希望。1959年，在农奴和奴隶们的帮助下，解放军平息了农奴主武装叛乱。而在旧西藏，农奴和奴隶们没有任何武装力量。1965年，这些西藏劳动者打碎了封建枷锁，很多人在解放军部队中服役，或是士兵，或是军官。贡布是一位登山运动员，他曾登顶世界最高峰珠穆朗玛峰，在全中国家喻户晓，并且当选了全国人大代表。另一位是普布扎西，为了在暴风雪中保护牧民的牛群而献出了自己的生命。和其他两位汉族解放军英雄雷锋和王杰一样，普布扎西也在全国受到缅怀；他们没有牺牲在战争年代，而牺牲于平凡的工作中。因为解放军受过教导，其不仅要能打仗，还要为人民服务；不仅要保护多民族人民共和国的边疆，其本身就由多个民族组成；不仅要保卫社会主义，而且还要不怕苦不怕累，积极投入到社会主义建设中去。

大扎西是我曾经见到的一位藏族战士。之所以这么称呼他，是为了将他和许多同样叫扎西这个藏族普通名字的人区分开。大扎西担任连队副指导员，是一名军官，还当选了西藏自治区人大代表。他长相普通，性格腼腆，身板一点儿都不"大"，大部分同事都比他高。大扎西名字中的"大"只指年龄，他26岁，比连队里另外六个扎西要年长些。听到他的事迹，我们真实地了解了这个男子汉的各个方面，尤其是他革命的一面，也正是这一面造就了他。

1965年，我在日喀则的一个全藏族连队里认识了大扎西[1]。这个连队有百十号人，绝大多数人的亲属都受到农奴主的谋害，37个人的亲属是被寺庙农奴主——喇嘛庙——谋害的。

下面是大扎西的讲述，他声音不大，却用事实说话。

※　　　　　※　　　　　※

我来自一个奴隶家庭，祖祖辈辈是附近土登喇嘛庙的奴隶。爷爷、阿爸和阿佳（姐姐）都是被喇嘛庙的管家打死的。阿妈带着我逃了出来，在别人家做佣人。我们想着已经逃得够远了，应该安全了，没想到喇嘛庙还是找到了我们。八岁的时候到了给头人干活的年龄，两个喇嘛要带我走。阿妈跪在地上给他们磕头，请求他们，"可怜可怜我们吧，能不能再等几年？"但是他们却说："法律写得很清楚，你们是奴隶，你们想违反法律吗？"然后他们一脚踢开阿妈，把我拖走了。

当时我年纪太小，还不会干活，也不愿意干活。最难过的是我想我阿妈，我一个劲地哭喊着要找她。第一天晚上，他们把我锁在一个小屋里。我在土墙上挖了个洞，钻出去逃到山上。当时天气冷得刺骨，我身上只穿了一件袍子，而且山上有豹子，我想："我没有冻死，恐怕也要被豹子咬死！"第二天早晨，我双腿冻僵了，几乎走不动路。从山上往下望，我看见喇嘛去了我阿妈的屋子。我能想得出他们在打我阿妈，还可能杀了她，想到这里便大哭了起来。当时我嗓子渴极了，但是又不敢去小河边，于是，我喝我自己的尿。过了一天，我再也受不了了，就爬下了山。我阿妈蜷缩在地上，由于受到毒打，她浑身瘀伤，身上还在流血。一看到我，她马上大喊道："快跑！我要死了，你必须活下去！带上一袋糌粑，快跑！"

"我不！"我号啕大哭着说："要死我们一起死！"

"快走！"阿妈流着泪，哭着命令我："马上就走！"

我怎能忍心离开她呢？那天晚上我返回来，帮她收拾收拾，我们一起逃走了。

就这样我们变成了堆穷，逃犯，成了任何人的猎物。阿妈藏在山里挖野树根，我找到一份活儿，当了放牧娃。没多久，一位比我强壮的主人把我抓走，接着又被转卖了好几次。如果情况太糟的话，我们会再次逃跑。就这样一直到我13岁，这一年我们遇到了解放军。

当时我们正在一个村子里要饭，一支部队就驻扎在附近。指导员会一些藏语，他看到我们衣不蔽体，饥肠辘辘，身上沾满泥巴，就问起了我们的情况。听到了我们的遭遇，他把自己的法兰绒内衣和一件大衣给了我们。同一天，他和其他同志商量了一下，给我们找了一个住的地方，还给了一头奶牛。他说："跟我们在一起吧。"

我们不明白他为什么对我们这么好？！指导员解释说："不只你们藏族人穷困，到处都有穷人，我们就是天下穷人的部队。"

后来他告诉我："和你一样，我也是个孤儿，后来我找到了党。党告诉了我们吃不饱穿不暖的原因，那是因为富人剥削了我们。党教育我们要拿起枪和他们做斗争，我们汉族人就是这样才赢得新生活的。"

尽管阿妈和我仍旧要为当地的一个农奴主干活，我们同时也去军营里帮忙，并且得到了报酬，生活也变得好了些。最让我们高兴的是我们看到了希望，这支部队是来解放我们的。指导员和我们谈了很多，渐渐地我知道了阶级、阶级斗争和中国革命。阿妈变得高兴起来，经常唱歌，而且还自己编歌词。我记得有这样一首歌："毛主席和共产党是我们奴隶永远不落的太阳。好日子就要来到，很快很快就要来到。我们会有食物和自由，晚上有温暖的被窝，幸福暖心窝。"

阿妈从没有上过一天学，不会读书写字，但她懂得大道理。一天，她告诉我："你得要加入解放军！"我永远不会忘记，阿妈经常捏着我的下巴，打趣地拽着我的脖子说："儿子儿子快点长，这样你就会早点参军！"

1957年8月，我18岁，我申请参加解放军。阿妈整宿未眠，给我讲我们家遭受的苦难。她说："这就是为什么你要跟着毛主席，像指导员一样成为人民好战士。"

医生检查说我身体合格,我高兴地跳起舞来。那天我领到了军装,照着镜子看自己的新模样。第二天我领到了枪,就一直拿着枪,一刻也不想松开手。我实现了阿妈的愿望,现在我有了枪。我对着枪自言自语道:"我要用手中的枪,向杀害我亲人的农奴主报仇!"

当时我一直想着为家里的不幸报仇,很多藏族新兵也是同样的想法。通过接受教育,我们渐渐认识到我们还有更多的事情要做,我们要替全西藏劳动人民报仇,妥善处理他们遭受的苦难,为所有遭受压迫的人服务。

从此以后,我更加珍爱手中的枪了。它不只属于我,党给我们枪,是让我们用它来为世界上最伟大的事业服务。睡觉时我把枪带绕在手腕上,训练或劳动回来,我给枪抹上油把它擦得铮亮。我知道如果我们穷人没有枪杆子,黑夜将会无处不在,光明永远不会到来。

后来,我学到了更多的东西。手中有枪还不够,更重要的是头脑里也要有武器。只有用马克思主列宁主义、毛泽东思想做指导,我才能用好手中的枪。

为了学习毛泽东著作,我努力学习藏文字母,这样我就能自己阅读著作,我就是这样开始识文读字的。

入伍两个月后,我突然听到阿妈去世的消息!农奴主阿旺次仁说她丢了他们家的一头牛犊,阿妈遭到了毒打,三根肋骨被打断,内出血而死。说实话,他们这样做是为了报复我阿妈,因为阿妈送我参加了解放军。

从此以后党就是我的阿妈,部队单位就是我的亲人,国家就是我的家。1959年,反动派农奴主发动叛乱,我们连申请参加战斗,但我们甚至还没来得及出发,叛乱就被平息了。

1961年,我们重新学习毛主席著作。我们先从《中国社会各阶级的分析》学起,我看到第一句话是"谁是我们的朋友?谁是我们的敌人?"这在任何革命中都是一个关键问题,西藏革命也是这样。我把这句话直接用到我的身上:谁是我的朋友?谁是我的敌人?谁压迫过我们?谁解放了我们?而且为什么是这样?我看到了答案,从我小的时候起指导员就和我谈过阶级的事情。现在，这个思想把我从小看到的、了解到的一切都联系起来了。

如果不亲手实践，脑海里的思想是没用的。如果脑海里没有一个主要目标来指引的话，你双手所做的不仅没有意义，或许还会有害。拿我们的生产工作来说吧，我们部队种的地里缺水，我的任务是每天挑100桶水浇地。我当时感觉很辛苦，后来我想通了："如果从阶级的说法来看这个问题，那是我们农奴和奴隶在用水和干旱做斗争。农奴主从未这样干过，所以过去这片土地很贫瘠。即使他们做过，水也是为他们而不是为我们的。如果我连这点苦都不能为了劳动人民而受，那么我怎样为劳动人民上战场呢？！"就这样，困难在我眼里变得小了很多。

我们还学习了毛主席的文章《纪念白求恩》。我从中得到三个启发：第一，在白求恩的眼里，革命要比他的生命还可贵，即使远离家乡。那么在我们自己的革命中，我要做些什么呢？我要永远把群众的利益放在首位，永远先人后己！第二，白求恩是一名共产党员，我自己也入了党。作为一名共产党员，我应该从他身上学习什么？我要学习他的国际主义精神。第三，作为一名战士，我该从他身上学习什么？我们国家还在受到威胁，世界上还有很多人遭受着压迫。为了服务人民，白求恩不断提高自己的医疗技能，我也要为人民不断提高我的军事技能。

1963年，我成为一名干部。受到这样的信任，我感到非常高兴，同时也有些担心：我，一个昔日农奴，没有受过学校教育，能做好工作吗？这个问题变得很容易回答，因为我是这样考虑的：党把任务交给了我，使我们这些从前受穷而且不被人重视的劳动人民为了自己而改变世界。如果在这个事业中，我们不能克服困难，那么我说的任何关于阶级和国际主义的话都成了废话。

《反对本本主义》也让我受益匪浅。在这部书中毛主席解释到，知识不是来源于书本，书本里的知识来源于生活。"你未出门时脑子是空的，归来时脑子已经不是空的了，已经载来了解决问题的各种必要材料，问题就是这样子解决了。"我刚当上干部，就已经有些害怕了，我跟自己说："要脚踏实地，搞清楚要做哪些工作。多思考，再做事，然后再思考，再学习。"

我是这样面对自己工作中的主要矛盾的,工作准备不足,又想干好工作。没有矛盾,就没有这个世界。面对矛盾,解决矛盾,事物就是这样发展的。就这样,我变得更加坚定,我学着去正确看待我的优点和弱点,我使用的方法是:到实际中去。毛主席说:没有调查,就没有发言权。所以要先调查事实,多和群众协商。就这样我越来越喜欢自己干的工作,我从不让自己远离战士,我工作、学习、生活,甚至玩耍都和他们在一起,就像我当初还没有提干一样。

※　　　※　　　※

从大扎西连里的同事那里,我们了解到不少有关他的事情,这些他自己并没有提过。一个战士说:"他要求每个人都要遵守原则,他自己也一样。他引用毛主席语录'谦虚使人进步,骄傲使人落后',我们知道他的确也是这么认为的。从他嘴里你不会听到他说自己做过的好事。"

他们告诉我,日喀则军区正在把大扎西树立成一个"学习模范"。提干前,大扎西是连队炊事员,天没亮就起床,在灯光下读着毛主席著作。提干后时间少了,但他还是读书到深夜。他收集了很多思想和观点,并且写了300多条注释和评论。

他也是一位毛泽东思想的践行者。

1962年的一天,部队正在雅鲁藏布江的大竹卡,河水突然上涨,新伐的木柴堆在岸边,被洪水冲走了。扎西看到后,脱了衣服跳进河里,救上来几百公斤的柴火。接下来的几天里,他忙着把整个柴堆转移到地势高的地方。

1963年的一天,天黑又下着暴雨,他下班遇见一位妇女拖着一大堆牦牛粪。扎西脱下雨衣给牛粪盖上,并帮忙把牛粪送到了她家。那位妇女请他到屋里把湿衣服烤干,扎西却婉言谢绝了,他不想让那位妇女为他生火而破费。

同年，部队驻扎东嘎村。每逢星期天，扎西都要帮助一位老太太打酥油茶，做家务活，甚至帮她洗发梳头。老太太有一小块地，但没有家人，扎西叫来整个班帮老太太种地。

1964年，扎西受邀去北京观看国庆阅兵，这是很高的荣誉。作为代表，他本可以舒适地乘火车前往。但是在从起点站西宁到终点站首都北京三天三夜的旅途中，大扎西却当起了列车的志愿者，帮忙拖地，打开水，为年老体弱者找座位。他还把自己的座位让给了一个带小孩的妈妈。扎西把小孩放在腿上逗着玩，小孩撒尿弄脏了他衣服。小孩妈妈向扎西道歉，他却说："没事儿，我是军人，是人民的勤务员！"他先给小孩洗了尿布，然后才把自己的军装收拾干净。

一名战士说："我们连里从没有人听扎西说过'我是个军官'这句话，他现在穿的衣服用的卧具还是他当列兵时候的东西。行军回来，他给我们打洗脚水。我们外出劳动他挑最苦最累的活儿干。战士生病了，他帮忙洗衣送饭。他总是想方设法服务当地百姓，同时教导全连战士一起来做。去年春天，我们宿营在一个村子附近，我们把村子所有茅厕的粪便挖出来，运送到村民的地里作肥料。这是大扎西的主意。

"在日喀则，孩子们都认识扎西。日喀则有两所公办学校，一所中学，另一所小学，都邀请他做少先队兼职辅导员。扎西给孩子们讲过去自己的经历和革命故事。同学们来到军营向扎西汇报他们的表现，请他帮忙分析什么做对了，什么又做错了。

"我们敢说，大扎西肯定没有向你提起过他是自治区人大代表这件事。还有去年在北京，他和毛主席合过影。"

※　　　　※　　　　※

杨宇挺[①]是营教导员，他给我们讲了扎西所在二连的好多事情。从

---

① ［译者注］原著为 Yang Yuting。此为音译。

1960年起,二连就是日喀则军分区的"劳动模范",西藏军区的"卫生模范"。

他说:"这是一支少数民族连队,几乎所有战士和干部都是藏族人。为什么这个连队能够做得这么好呢?我们认为这要归功于阶级教育。"

西藏的过去距今很近,有关它的记忆,落后和不好的习惯都还存在,这是不好的一面。而积极的一面是人们痛恨西藏的过去,他们从中吃过苦头。一旦人们认识到某件事和过去的压迫有联系,不管是直接联系还是间接联系,他们内心都会与之做斗争。

"例如,不少新兵仍然相信迷信,但听了大家讲喇嘛庙是怎样对待他们和他们家人的,以及信仰如何造成大家不去反抗,没过多久,他们就放弃了迷信。一位新兵说:'那些上层喇嘛杀害了我阿爸。'接着他又讲出了不少细节,这时就有人会打断他说:'他们甚至向我们征收驴耳朵税和羊角税,'他也讲出了不少的细节。接着又有人回忆起一个宗(县)有两个头目,一个是世俗官员,一个是僧侣官员,他们分别被称作东西宗本。就这样,旧压迫机器的两个方面逐渐变得清晰了起来。

"我们用同样的方式来解决酗酒的问题。一位战士说:'贵族们喝得醉醺醺的,老百姓却要辛苦劳作,还没有东西吃。酗酒是寄生虫的生活方式!现在我们口袋里有部队发的工资,难道我们要和他们一样吗?'其他战士回答说:'坚决不!'就这样,酗酒变得越来越少了。

"在卫生教育方面,谈话大概是这样的:'以前我们怎么可能干净呢?我们身上的破衣服一穿就是多少年。我们生在牛棚里,和牲口住在一起。我们要给主人搞卫生,却没有条件把自己收拾干净。'因此,从阶级角度阐明了要为卫生而战斗。"

我们还听到很多有关自我教育会和自我转变会的事情。战士们讲自己如何从农奴和奴隶变成战士,哭诉自己家如何遭受不为人知的苦难,而他们又如何第一次嘲笑那些曾经让他们感到害怕的统治者,他们如何第一次责怪自己,怪自己为什么忍受得那么久,原因又是什么,并从政治学习的角度对这一切经历进行了审视。他们分析了自己村子的阶级构成,接着又剖析了旧西藏封建宗教制度体系,更广泛更清晰的情景勾起了他们更多的回忆。

由此带来的连队的转变和战士们的转变一样多。

年轻的洛桑曾是个农奴,童年时饱受虐待。他经常反抗,但每次逃跑只会招致更残忍的惩罚。他开始憎恨那些靠人民劳动养肥的人,也憎恨劳动,因为劳动能有什么意义呢?参军后,他期盼能打仗,但对系统训练和工作不以为然。除了报仇和酗酒,他什么都不想。党逐渐引导他去学习,通过毛泽东《中国社会各阶级的分析》中关于流浪者或游民无产阶级的部分,洛桑开始认识到自己的问题。

> 他们乃人类生活中最不安定者……处置这一批人乃中国最大最难的问题。这一批人很能勇敢奋斗,但有破坏性,引导得法可以变成一种革命力量[2]。

洛桑最后说:"我想成为革命力量,而不是我们事业的破坏者。"渐渐地,他克服掉了身上的游民气息。以前他轻视劳动,认为这不是战士应该做的;现在工作中,他不但浑身用劲,而且脑子动得也很快。有一处浅滩,洪水期水大无法通行,需要修建一座便桥。他建议给便桥装上轮子,这样就可以随处使用。在别人的帮助下,洛桑努力钻研,取得了成功。到1965年时,和大扎西一样,洛桑是一名军官,思想工作和行政工作都获得了不少嘉奖,日喀则部队还推选他做市人大代表。

白玛在连队里负责养马,放马时经常经过自己家村子,但工作时从不进村看看。别人问他为什么,他说:"革命者必须认真负责,即使没有人监督也应这样。"

"你咋看这事?"杨教导员笑了笑,然后说:"我们古代汉族英雄大禹的故事流传了三千多年,治水时他三过家门而不入,而我们白玛经过家门的次数则要多得多!"

班长伦珠是连里的一名老兵,班里的一名年轻战士被提拔担任排长,他为此感到很高兴。有人问他:"难道你没有一点不高兴?"他说:"是有点不高兴,那是因为自己没有培养出更多的好干部。"他召集各班党小组开会,讨论如何帮助新任排长。他提醒大家说:"如果我们不培养年轻力量,革命就会半途而废。"

杨宇挺说起这些藏族战士时心里充满了赞许和温暖,这种情况在高原上的汉族干部中我们遇到了很多次。他说:"像贡布,普布,次仁,大扎西,洛桑等等这些人,他们只是变革中一部分代表,短短几年内,他们从农奴或奴隶变成解放军战士,再成长为革命指挥官。"

※　　　　※　　　　※

1976年在日喀则我再次见到了大扎西,他仍然穿着朴素的棉军装,还是那么年轻热情,活泼开朗。看着他,没有人能猜得出从1968年起,他就是自治区革委会(地方政府)的委员;1969年,他当选中国共产党第九次全国代表大会代表。

在军职上,大扎西已经从连级晋升到团政委。现在,他在附近的南木林县武装部工作,主要是训练民兵。简单来说,从手无寸铁的奴隶转变为解放军战士后,扎西一直从事着人民武装工作,而这项工作则是创建解放军以来的主要任务之一。早在40多年前,毛泽东已经对此做过解释:

> ……人民的游击战争,和主力红军是互为左右手,只有主力红军而无人民的游击战争,就像一个独臂将军。具体地说来……就是有武装起来了的人民。敌人视为畏途,主要地也在这一点[3]。

中国革命最杰出的领袖毛泽东逝世一个月后,整个西藏都处在沉痛悼念之中。大扎西跟我说:"没有毛主席,我们农奴和奴隶不知还要再等多长时间才能觉醒和解放!像我这样饿着肚子的无知青年,怎么可能成为党员、解放军战士和干部呢?如果不是毛主席,谁知道我身上的骨头现在会搁在什么地方？毛主席热爱穷人，和穷人亲密无间，并且信任穷人。"

大扎西说："1967—1969年间，西藏发生的一件大事就是组建公社，这儿的公社就是那个时期成立的。在旧社会，饥荒到处都是，我自己总是吃不饱。有了公社，科学种田得以实现，我们的粮食实现了自给自足。"

接着，大扎西给我们讲他现在从事民兵工作。

"南木林县很大，但是人口远比内地稀少，全县仅有4.8万人。1969年我刚来的时候，民兵只有1000人，现在已经发展到4058人，也就是说大概每12人中就有1人是民兵。从县城到最边远的小村子，民兵以营、排、班建制。

"几乎1/3的民兵是妇女，准确来说有1227人。旧西藏把妇女不当人看，而是当作'恶魔'。现在，她们在政治、生产和武器训练上都冲在前面，有谁在以前能想到这些呢？在民兵教育中，我们总是批评那些对待妇女的旧观念。

"年龄大的人们也很热情。根据规定，到40岁就要退出民兵，好多人40岁的时候都不愿退出。如果他们各方面都没问题，我们也不勉强他们退出。甚至60多岁的老爷爷也要求加入民兵，我们说：'在你这个年龄，身体吃不消的！'他们坚持说：'毛主席教导我们要全民皆兵，难道我们不是人民吗？'我们正规兵可以学习他们这种精神。

"民兵在农活中也是一支突击队。我们县的贡嘎公社就是一个农业模范公社，其大概有100名民兵，都很有责任心。去年，贡嘎公社粮食产量达到了国家农业计划要求的每公顷3吨，民兵的作用功不可没。公社民兵每周两次聚在一起，进行政治学习，开展军事训练，维持革命秩序。他们总是和群众在一起。

"在农田基本建设中，这支民兵队修建了很多梯田，平整了很多土地，他们还修了一条7公里长的灌溉渠和一座能承重80吨的桥。这座桥取代了原来的铁索桥，原来的铁索桥铺着窄窄的木板，行人要排成一队才可通过。两座桥象征着两种社会。过去，旧藏军把守着桥向来往行人收费，费用每人每次约合今天的五块钱。每天桥上都能听到咒骂、殴打和尖叫，有时候人还会被推下去而淹死。现在，卡车、马车、行人和牛群通行全部免费、畅通无阻。由于有了新桥，我们县九个区中六个可以通车。我们把旧桥原封不动地保留了下来，用作新旧社会对比和阶级教育。

"民兵还要抗击冰雹灾害，这意味着也要和迷信做斗争。过去'冰雹喇嘛'常常以粮食、奶酪和钱等形式收取很高的费用，他们念一阵儿经，然后向可能下冰雹的云团啐口水，如此来挡住冰雹。如果没有下冰雹，他们就说他们感动了天神；如果冰雹降下来了，他们就会说是人们的罪恶太重，得不到天神的原谅。现在，民兵用高射炮发射一种特殊的炮弹驱散冰雹云，冰雹经常就变成了雨降下来。"

我问大扎西："在正规部队工作和在民兵口工作，二者有没有很大的不同？"

"在目标上没有差别，但是细节上的差别很大。某种程度而言，部队上的事情要简单些。部队主体是军事工作，生产是副业，是为了减轻人民的负担。而民兵是群众的一部分，也是他们日常生活和劳动的一部分，民兵工作每一步都要触及很多政策，比如农业方面的，民族方面的等等。仅靠发布命令，你啥也做不成。人们得思想通了，想去做才行。

"第二，部队组织性很强，而且很集中，部队总是在一起，日常工作和任务都是很明确的。民兵则不一样，群众分散住在远处的大山和山谷里。他们不方便来我们这儿，我们得去他们那儿。

"第三，部队有自己的党组织。所有武装力量的总原则是：'党指挥枪，而决不容许枪指挥党。'民兵也是国防力量的一部分，但在政治上由地方党组织领导。无论我们做什么，都不能和地方党组织背道而驰。

"在军事方面，民兵保卫着桥梁、道路、仓库和人民的劳动成果。同时，民兵队伍又为可能发生的敌人侵略做准备。人民战争不仅仅关系到部队，其关系到全体人民。

"在意识形态领域，我们在年轻人之中树立为中国和世界革命服务的动机。"

我接着问："你给我们讲了你的过去，你会像教育年轻战士那样来教育年轻民兵吗?"

"我会的。这里所有民兵无论男女都有家庭的血泪史。我们民兵拿自己和旧农奴主军队做比较,他们扛枪是为那些残忍的剥削者和压迫者,我们扛枪则是为西藏、全中国和全世界人民。他们欺压百姓,我们民兵受过教育,就像解放军一样,遵守'三大纪律八项注意'。[4]

"不管走到哪里,民兵总在为人民做好事。在旧西藏,孤寡老人失去劳动力后只能等死。现在,国家或公社给他们提供粮食,但是还有很多事情要帮他们做,比如给他们做饭,搬运柴火等。这些事情民兵们都承担了,他们就是这样在日常生活工作中践行着'全心全意为人民服务'的宗旨。"

"就像你多年来做的一样。"我说。

"我做得还远远不够。此外,仅自己做并不能解决问题,发扬光大,让更多人来做才是最重要的。我们是人民的军队。"

我们离开之前,大扎西又回到了他的核心思想——人民的武装上。

"像我当初加入解放军一样,我们年轻的民兵无论男女拿到枪时都欣喜若狂。老年人告诉他们说:'农奴主用枪来镇压我们,杀害我们。毛主席派来解放军,他们用枪让我们重新获得生命,让我们当家做主人。现在枪到了我们自己的手中,到了每个村子。'

"枪能要人命,这是我们农奴和奴隶一直知道的事情。过去,枪是瞄准我们的。现在我们懂得枪是一种阶级权利工具,要么为寄生虫的权利服务,要么为我们劳动人民的权利服务,二者只能择其一。

"最后再说一下枪的问题,人民必须把枪紧握手中,这是毛主席的教导,我们也一直这样做。我们必须紧握手中枪,抵抗任何侵略,直到我们实现共产主义。"

1976年,大扎西还不到40岁,但是他代表着西藏业已发生的跨越了上千年的社会变革和思想变革。

【作者注】

[1] 20世纪60年代晚期,拆分西藏部队的政策继续实行,汉族、藏族和其他民族的战士同在一个部队里。

[2] 毛泽东,《毛泽东选集》,第1卷,第19页。

[3] 毛泽东,《毛泽东选集》,第1卷,第238页。

[4] 1928年起红军中就实行《三大纪律八项注意》。1947年人民解放军总司令重新发布了新的标准版本,具体内容如下:

三大纪律:(1)一切行动听指挥;(2)不拿群众一针一线;(3)一切缴获要归公。

八项注意:(1)说话和气;(2)买卖公平;(3)借东西要还;(4)损坏东西要赔;(5)不打人骂人;(6)不损坏庄稼;(7)不调戏妇女;(8)不虐待俘虏。

团结一切可以团结的力量

日本キリスト教史の研究

第十七章　统一战线的大门始终敞开

毛泽东强调，无论是民主革命阶段还是社会主义革命阶段，中国革命胜利的三大法宝是党的建设、武装斗争和党领导下的统一战线。

这一点在西藏革命中也同样正确。关于党和军队的角色，我们已经讲了不少。统一战线成员包括来自旧社会上层的群体和个人，这些人已经被争取或可以被争取到新社会来。这一点在西藏过去重要，现在也更加重要。统一战线与民族问题、宗教问题交织在一起，也和多民族中国的边境安全交织在一起。

中国共产党在藏区的统一战线工作可以追溯到40年前的长征时期。

天宝（桑吉悦希）是西藏党委书记[1]，也是参加过长征的一位藏族老兵。1976年，他给我们讲起当时在劳动人民中打下的阶级基础，同时也讲到了与上层分子一起建立的共同基础，而正是党的民族平等政策把上层分子吸引到了革命这一边。

下面是他当时讲的一席话。

之前，我们藏族人从来没有见过这样一支军队，能把我们当人看，能代表我们穷人，而且把东西分给我们。从20世纪30年代中期到1949年解放前，群众们一直保留着长征的纪念品。为了保护因伤病而掉队的红军战士，一些农牧民就把他们藏了起来。很多人都在问："红军啥时候再来呀？"

昔日西康省的一个小寺庙里有一位年轻活佛名叫格达，他就被红军统一战线工作争取了过来,在当时的藏族自治革命政府①任职,朱德总司令还和他交了朋友。朱德走的时候留下了一张纸条,上面写着格达和他的喇嘛庙曾帮助过红军,任何过路的部队都应保护他们。这张纸条现保存在北京的革命博物馆。

这张纸条是怎么幸存下来的?那是因为格达一直保存着它。只要红军在附近活动,纸条就对格达有利。在随后的15年中,国民党的反动活动十分猖獗,纸条一旦被发现,格达就可能性命难保,但格达始终保存着它,很隐蔽地把纸条裱糊在庙里塑像的背后。1949年,中国大部分地区得以解放,格达派四人取道甘肃和青海,经过一路漫长艰险的旅程,前往北京见朱德同志。朱德没有忘记他们,热情款待了这四位信使,还给他们做了新衣服。他们返回时,也捎回了朱德对格达的一个答复,说解放军很快就会到西康,要解放西藏。

格达回应说:"朱德是个好人,他没有忘记过去。"格达甚至第一个自告奋勇,要去拉萨解释党的民族政策。西康解放后,格达被任命为省人民政府副主席。但正当他准备去拉萨开始使命之时却被人投毒致死。此事涉及多人,其中包括在拉萨地方军中担任无线电操作员的英国人罗伯特·福特[2]。他曾经写过他知道整个投毒的过程,而且知道是谁干的。由此可见,帝国主义和反动派彼此串通,不择手段,企图破坏西藏的和平解放。

※　　　　　※　　　　　※

解放军方面继续开展统一战线工作,其规模比红军时期更大。当初格达活佛没能在拉萨完成的事情,已经被一位新争取过来的名士完成,他就是阿沛·阿旺晋美,现在担任西藏自治区主席和全国人大常委会副委员长。[3]

阿沛[4]早期的故事和格达相差甚大。

论出身,阿沛是西藏最高级别的世俗贵族,古代帝王的后代,继承并

---

① [译者注] 原著为藏族自治革命政府,经译者查证后应为藏族自治州人民政府。

拥有400平方公里土地和2500名农奴。论官职，他曾是噶伦，是达赖噶厦政府的大臣。中华人民共和国成立之初，在态度和行动上他曾经是一名分离主义者。1950年，他带领藏军赶赴昌都阻止解放军进藏，后战败被俘。

但是，人民政府并没有把他当战俘来对待，而是让他看看政府在做什么，以及如何帮助新解放的昌都人民，同时向他解释关于少数民族的政策，然后又释放了他，让他回拉萨向达赖报告这一切。达赖最终任命阿沛为拉萨代表团团长，商讨1951年的"十七条协议"。阿沛是第一位在协议上签字的藏族人。

1956年，达赖喇嘛当选西藏自治区筹委会主任委员，班禅额尔德尼当选副主任委员，阿沛担任秘书长。1959年，达赖和叛军外逃，班禅额尔德尼成为筹委会代理主任委员，阿沛成为副主任委员。随着民主改革的推进，班禅沦为剥削阶级持续抵抗的中心，直到民主改革完成。1964年，班禅受到翻身农奴和奴隶的批判，其官职被免，[5] 阿沛则继续支持民族团结和民主改革。1965年，西藏自治区正式成立，阿沛当选主席。"文化大革命"的浩劫之后，1981年，阿沛再次担任主席，并当选全国人大常委会副委员长，这一职务从未间断。

自接受革命以后，阿沛从未动摇过。

昌都活佛帕巴拉·格列朗杰也是这样的情况。年轻时他曾是旧社会在当地的世俗和宗教首领，后来逐渐担任了西藏自治区和全国人大的高级领导职务。[6]

※　　　※　　　※

我三次进藏期间，每次都和有关领导官员谈到了统一战线的政策。1976年和我谈的是自治区党委统战部的徐洪森。当时他40多岁，是一个精力充沛的新面孔。他随1951年首批进藏部队进藏。和其他首批进藏的战士一样，徐洪森熟悉藏语，熟悉当地情况。在统战部，他和副部长拉巴[7]一起工作。拉巴是一名来自林芝县的藏族人，36岁，过去是奴隶。

徐洪森说:"统一战线是无产阶级的阶级政策,你可以称它是阶级斗争的一种特殊形式。它的作用不是排斥,而是吸引,即团结一切可以团结的革命盟友,孤立敌人顽固分子。"

统一战线工作中有两种错误的倾向。右倾错误会放弃无产阶级政党的领导,将会妨碍革命从一个阶段发展到另一个阶段,妨碍革命从民主工作发展到社会主义和共产主义,进而危害我们的整个事业。

"左"倾错误否定统一战线的必要性,或者过度缩小统一战线的范围,这样就会抛弃党和工人阶级的领导权。没有了盟友,他们领导谁去革命?革命中可以争取过来的因素,或者革命的单独任务,都可能被"左"倾分子的政策送到敌人的手中,这样受孤立的不是敌人,而是我们自己。林彪走的就是这个路线,他宣称统一战线是"暂时的",而且早已过时。

徐洪森说:西藏自治区能够相对稳妥地处理这些问题(尽管在风雨飘摇的20世纪60年代晚期出现了一些破坏),是因为毛泽东主席和周恩来总理经常而细致的关心。毛主席和周总理严禁以任何形式全盘"推翻"工作经验丰富的西藏领导班子。就我个人所了解到的情况而言,1976年多级部门的负责人依然在位,大部分领导班子成员与我1965年甚至是1955年来访时一致。

徐洪森接着说:就像革命要经历不同阶段一样,统一战线也经历了不同的阶段。西藏的统一战线工作经历了三个阶段。

第一个阶段是从1951—1959年,即和平解放到农奴主叛乱时期。此时唯一的标准是反对帝国主义,热爱多民族的中华人民共和国,拥护"关于和平解放西藏办法的协议",该"十七条协议"也是西藏统一战线的总纲领。任何人只要遵守这个总纲领,不论他来自拉萨达赖喇嘛旗下,还是日喀则班禅额尔德尼旗下,或是东部昌都统治集团,都认可是朋友,其目的是要联合一切爱国力量,孤立和打击帝国主义以及它的反动分裂爪牙。

在我之前的进藏访问中,从1955年起,我已经看到了统一战线政策在旧西藏统治阶级中发挥作用。这绝不是借助"分而治之"的目的而激化他们久已存在的大量内部矛盾。相反,在20世纪50年代,中央人民政府尽所有可能调停和解达赖与班禅两大集团之间以及拉萨和昌都当局之间的历史隔阂。中央政府也做了不少工作，成功调解了四川、西康、云南和青海四省藏族人之间存在的长期不和，使得那些宿怨在几年内烟消云散。[8] 从地域上来说，长期属于西康省（现已撤销）的昌都地区，已被指定和即将成立的西藏自治区合并（1965年完成了这项工作）。

但是一条新的敌我分界线被划定，其取代了以往的混乱冲突局面。敌人就是那些帝国主义的支持者和机构组织，朋友则是这样的一些人：不分阶级，不计前嫌，只要他们愿意跟帝国主义断绝关系，维护中华人民共和国的民族团结。

尽管所有的统一战线工作以争取上层阶级为对象，但目的都是为西藏劳动人民服务，以确保实现劳动人民期望的社会进步和他们对社会的最高领导权。如果西藏沦为帝国主义的牺牲品，这样的期望就不复存在。只要西藏地方统治者能在口头上支持新中国团结，国内的革命力量就会来到西藏，并通过他们的存在和行动来证明西藏新生活的可能和前景。因此，统一战线以"上层"阶级为对象并没有阻碍西藏革命，相反它加速了西藏革命的发展，这一点在八年统一战线工作后农奴主在叛乱中受到孤立和叛乱得到平息这件事上得到了证明。

徐洪森说，1959年后统一战线不只是爱国和反帝，其也是一个民族的民主战线，指导民众反对封建主义。为了能留在队伍中，上层阶级的成员不得不接受民主改革。

与那些自始至终冥顽不化的人相比，包括那些在第二阶段就把自己置身于统一战线之外的人，上层阶级中有一些人员能够紧跟时代步伐。此外，有一批参加过叛乱的人，经过党的统一战线工作不间断的努力——甚至在军事斗争最激烈的时刻和随后的暴风骤雨式改革中这种努力也未停止——他们被重新拉回到人民的队伍中。

※　　　　　※　　　　　※

1976年，我们采访了一个早期的贵族典型赤门索南班觉。他拥有四个庄园（两个农业庄园和两个牧场庄园）。在达赖喇嘛执政时期，他曾在拉萨担任高级秘书，在南边的亚东和西边的阿里担任地方官员。在此期间，他与解放军和中央政府代表相处融洽。但不管怎样，他曾经参加过叛乱。

1959年，他参加了在罗布林卡召开的会议，并在起草的文件上签字。也就是这次会议发动了叛乱。叛军任命他为大昭寺司令官，无论从军事上还是象征意义上来讲，大昭寺都是他们最重要的据点之一。在那里，他和解放军激战两天两夜，甚至在布达拉宫和罗布林卡的据点投降后他们还在负隅顽抗。随后，他一路逃往尼泊尔。

但是六个月后，赤门重新回到了拉萨。

正如赤门所言，他复杂而富有教育意义的逃亡经历反映了西藏僧俗贵族之间错综复杂的内部关系。从拉萨悄悄溜走之后，为了掩盖行踪，赤门先是前往藏北草原，接着向南循原路返回，到达澎波的一个喇嘛庙（在今天的澎波国营农场附近）。那里的活佛是他的表哥。然后，他们一起兜着大圈子避开了解放军，逃往尼泊尔。活佛的妹妹早年和尼泊尔一个藏族居住地区的王子洛甲波结了婚。在赤门和他表哥那场复杂奇幻的历险中，他们在马背上度过了40天，在条件艰苦的农村行程1000多公里。

那他为什么又回到了西藏？赤门是这样跟我们说的：

"起初，我想我不可能再回来了，回来必死无疑。但是，远在拉萨的阿妈、妻子和孩子很快派了一个仆人过来，说他们一切很好，而且说如果我回来的话，也会没事的。我爱我的家人，思念着他们，但我还是有些担心，所以就给他们捎话说我要等等再做决定。我已经到达尼泊尔境内的时候，仆人又来了，同时带来了军管会通行证，以确保我旅途的安全。尽管还是有些担忧，我还是决定要回家了。

"在拉萨我受到了军管会的接待，我向他们坦白了自己在叛乱中和叛乱后的所作所为。他们并没有给我施压，也没有指责我。相反，他们给我解释了对待自愿回乡叛军的政策：不逮捕，不枪毙，不开群众批斗大会，也不认定我们为反革命。之后在我身上发生的一切印证了这项政策的真实性，我和家人都很高兴。

"我还被推选进入拉萨市人民政协委员会，每月不仅有工资，而且参加政协召开的所有会议和学习。我每天的工作就是在办公室里编撰西藏历史文献。起初我只是一名普通的工作人员，后来又担任了政协的顾问。我一直很喜欢读书，尤其是历史方面的书，我能读懂过去的文献，我的新工作与我的能力和爱好正好吻合。"

那么，赤门的家人在做什么呢？

"我的大儿子叫次仁多吉，今年26岁。中学毕业后在兽医站工作，后来被送到甘肃农业学院学习，学的是畜牧专业。我二儿子叫索南才旦，今年24岁，在西藏民族学院林芝分校学习，现在在建筑行业工作。两个小儿子和女儿还在上学。

"适用于我的政策同样也适用于现在所有回乡的人，以后回乡的人也适用，不管回来的时间多晚。在国外，很多藏族人不知道或者怀疑这个政策，有的还相信相反的那一套。即使这样，我相信他们还是想念我们家乡的雪山、绿色的山谷，还有这儿的气候和习俗，毕竟这里是家啊！他们很多人还在印度，那里气候湿热，不适合藏族人生存，而且谋生也很艰难。我认识很多这样的人，一些是叛军中的活跃分子，一些则不是，他们回来会过得很好的。"

※　　　　※　　　　※

在那些上层人士中，很多人最初就选择留在西藏，其中在旧社会里职位最高的是朗顿·贡嘎旺秋，他有公爵的头衔，是十三世达赖喇嘛的侄子。朗顿是一个司伦，是地方政府的摄政，在官职级别上要高于阿沛。其他级别的人士还包括一名达桑（他是班禅额尔德尼的一位高官），一些来自哲蚌寺和扎什伦布寺等主要喇嘛庙的活佛，还有旧藏军的一位团指挥官。[9]

后来，也有一些重要人物从国外回到西藏。

"多吉帕姆，西藏唯一一位女活佛，羊卓雍湖畔著名的桑顶寺主持，她从巴基斯坦取道瑞士回到拉萨。人民解放军首次进藏的时候，她还是一个小孩。多吉帕姆深受新生活的影响。离开西藏后，她很快就开始想家。现在她刚过30岁，已经是西藏政协的副主席。"

邦达养壁，西藏最重要的商人家族之一邦达昌的高级成员，回来前曾给周恩来总理写过信。1963年回到西藏时他已年过七旬，但仍被任命为西藏政协副主席，直至去世。

另一类人员也得到了很好的安置，他们是被关押的叛军活跃分子。他们在监禁的过程中得到转变，并相继得到释放，恢复了全部公民权利。他们从统一战线范围之外的敌人身份，转变成为统一战线内的朋友。

土丹旦达曾担任十四世达赖的秘书，也是在"十七条协议"上签字人之一，后来他撕毁了协议，发动了叛变。尽管如此，他还是于1963年获释，并得到了工作和职位[10]。1978年，土丹旦达当选为全国人大西藏代表。

拉鲁·次旺多吉同样获得了释放，并回到人民团结的队伍中来。拉鲁是叛军中一位重要的庄园主，1950年曾率领"贸易代表团"（实际上是为农奴主的分裂阴谋寻求外国支持）到访多个西方国家。1965年他得以特赦，1977年摘掉了反革命帽子，公民权也得到恢复。1978年，他进入自治区政协工作。

还有一些在"文革"中被分流或受到了打击的人，他们的职位也得到了恢复，或者重新选入统一战线团体工作。这些人包括达赖喇嘛统治下的拉萨市市长崔科·顿珠次仁，旧藏军前副总司令桑颇·才旺仁增，以及康巴叛乱（早于拉萨叛乱）中的一位商人和关键人物邦达多吉。

1979年，土丹旦达是西藏人民政协五位副主席之一，其他几位昔日的贵族，包括崔科和喇嘛教红黄两派的高僧们，一起被推选为政协常委。拉萨清真寺伊玛目哈比卜和西藏自治区内少数民族的上层人士也进入了常委。

1980年7月，拉萨召开会议，对在1964年前统一战线中表现突出的三位人士进行表彰，并为他们恢复名誉。由于"左"倾路线的错误影响，他们当时受到了错误的对待，20世纪70年代末，他们均因病去世。其中两位是班禅额尔德尼的亲密伙伴，他们分别是日喀则地区传统僧俗行政机构堪布会议厅主任詹东·计晋美，以及班禅的经师乌曲·洛桑群培，第三位是索南多杰，曾担任政协常委。本次会议得到了高度关注，国家民委主任杨静仁和西藏党委书记阴法唐也出席了会议。会议由西藏自治区政府副主席帕巴拉·格列朗杰主持。西藏统一战线工作的负责人郑英发表了讲话，称这三位爱国人士为西藏和平解放和社会主义建设做出了贡献。

1978年，班禅额尔德尼回归公众生活后，已经从全国政协常委晋升到政协副主席，后又担任中国最高权力机关全国人大常委会副委员长。

班禅额尔德尼同时担任中国佛教协会名誉会长。1980年底到1981年初，他以政府和宗教两个身份到甘肃和青海两省藏区进行广泛调研，同时也准备赴四川藏区。在途中，他听取了省级领导的汇报，并去一些寺庙参观。之后，班禅通过新华社发表声明，呼吁要全面贯彻执行党在民族宗教方面的政策（班禅批评说"文革"中背离了这项政策）。中国各民族平等，特别是政治上的平等，是民族团结的基石。他说："中国是我们所有民族的祖国，团结就是力量，五个手指握紧比单独一个手指更有力。"

此前，班禅额尔德尼访问了承德（位于热河省，今河北省）。承德在北京以北，曾是中国皇帝的夏宫。在那里的一座寺庙里，班禅带领大家一起诵读经文。那座寺庙由乾隆皇帝下令仿照日喀则扎什伦布寺建造，于1780年建成，以纪念六世班禅额尔德尼在其王宫的短暂停留。在过去的几个世纪里，那里是中国的一座标志性民族建筑。而在北京城内，对西藏有着同样重要意义的还有一座更早的寺庙——黄寺，它建于1651年，是为了纪念五世达赖喇嘛对清朝开国皇帝顺治的朝觐之旅。

※　　　　　※　　　　　※

在拉萨我们听到这样的说法："我们统一战线的目的是，不仅要调动一切积极力量，孤立顽固敌对分子，而且要把旧的或者新的消极或敌对因素变成积极因素。"

"农奴主阶级是统一战线争取的对象,虽然正在消灭该阶级,但我们不是要把它的每个成员都消灭掉。恰恰相反,我们要努力把他们争取到国家统一和民族团结的阵营里来,争取到社会主义革命和建设中来。我们希望他们能给人民做贡献。如果他们中有人后退,或者从事破坏活动,我们就会失去团结的基础,而必须和他们进行斗争。即使那样,我们还是要尽最大努力争取他们,把团结和斗争结合起来,通过斗争为团结创造新的基础,这一点有利于巩固无产阶级专政。"

西藏各级党组织都在做这项工作。自治区党委书记亲自会见这些上层人士,很多报告和政府文件也对他们公开。他们得到很多机会去西藏和祖国各地实地查看。他们忙碌于许多不同的领域。

准确地说,西藏档案文献包括数百万件宗教和民政资料。"四人帮"倒台后,在新的形势下,这些资料的研究与使用变得更快更广泛。1979年有报道称一部历史著作——十三世达赖喇嘛(1876—1933年)的政治传记——正在筹备出版。这本传记以档案文献材料和同时代人的回忆为基础,讲述了20世纪前30多年里的很多重要事件和形势,它应该能给国内外有关事实做出新的阐释。这本传记的编者是十三世达赖喇嘛的侄子朗顿·贡嘎旺秋,去世前他一直在从事传记的编写工作。达赖喇嘛曾培养朗顿担任司伦(地方总理)一职,1926—1934年间,朗顿的确担任了这个职务。

※　　　　※　　　　※

在西藏调整阶级关系的大形势下,1978年统战部下令要求加速完成对所有没有参加叛乱的昔日农奴主财产的赎买工作。他们的封建财产是赎买来的,和就地没收参加叛乱人员财产的情况不同。1959年制定的政策是采取分期付款的办法,在几年内支付完赎买款项,这与从中国民族资本家那里赎买工商业财产的原则一样。但是,从1967年开始,由于"文化大革命"的破坏,全国范围内的支付工作出现中断。在西藏,尚欠770万元的余额没有支付,涉及大约2300人。除了货币价值外,偿付也代表着劳动人民和社会主义政府对昔日剥削者做出的承诺，这些人自己也曾遵守承诺，没有反对革命。

那些上层人士孩子的情况怎么样？他们有的在上大学，有些是干部，教师，或者工人。这些年来，这些年轻人没有被划为旧统治阶级，他们也不在统一战线的范围之内。当他们进入社会工作，他们和其他劳动人民一样，他们受到何等对待并不受家庭出身影响，而取决于他们自身情况。

※　　　※　　　※

统一战线对所有人敞开了大门。早在1977年4月20日，全国人大常委会副委员长阿沛·阿旺晋美在接见到访西藏的日本编辑时讲道：

> 对于1959年叛逃国外的达赖喇嘛及其追随者，我们党的一贯政策是：一切爱国者都是受欢迎的。无论他们站出来的是早还是晚，只要他们真心回到祖国的怀抱，站在人民的这边，政府和人民肯定会为他们的幸福做出合理的安排[11]。

1978年和1979年，北京和西藏很多人邀请达赖喇嘛回国。这些人是昔日的穷人和受压迫者，他们现在已走上自治区的领导岗位，如天宝，巴桑，还有高僧以及统一战线的其他人士，如班禅和帕巴拉[12]。他们说如果愿意，达赖可以回来访问或旅游，然后再由他决定是留下来还是返回国外。

近年来，达赖喇嘛曾经多次表示，如果确信西藏人民生活"幸福"，他不但愿意回来，而且还会放弃分裂思想。对于这一点，班禅额尔德尼在1978年12月做出回应："我敢向你保证，西藏人民比在旧社会幸福几十倍[13]。"

※　　　※　　　※

北京和拉萨也有一些声明提到"四人帮"给统一战线工作造成的一些困难，尤其是对受宪法保护的宗教自由做出的限制。他们说，这些不正确做法，将不会再出现反复。

从目前达赖喇嘛自己的言行来判断，他受到了很多影响，并且正在考虑不同的选择，这反映了客观形势发生的很多变化。第一，西藏新的现实确凿牢固。第二，海外藏族人中有骚动（支持与反对回到他们新的社会主义家园）。第三，国际环境正在变化（中华人民共和国与美国、印度和英国的关系得到改善，昔日支持西藏分裂主义的人现在也不再在原来的立场上行事，或至少是不以同样的方式做事。）

1979—1981年间，叛逃在外的达赖喇嘛一直在说两件事：第一，可以肯定的是，他考虑在不远的将来回国；第二，但现在不会回来，至于什么时间回来还不确定。

经达赖同意，在此期间"一些在外的藏族人"曾在1978—1980年间至少集体回国三次，还有人以个人的身份回国。这其中就包括达赖的哥哥嘉乐顿珠和土登诺布，这两人在政治上依然十分活跃。他们去了西藏和其他省份的藏区，还去了北京，旅程不仅有普通的观光，有与亲朋好友的接触，而且还与领导层有过坦率的讨论。

换句话说，现在中央与国外的藏族人有了接触，这说明双方向着团结迈进了一步，但在此过程中的斗争也少不了。

但是分裂分子新老手段并用。有些新手段似乎在利用新生事物。譬如，"西藏共产党"在国外成立，并且迅速得到所谓"流亡噶厦"的认可。

1979年，达赖喇嘛参加了在蒙古人民共和国乌兰巴托召开的"亚洲佛教和平会议"，随后又去了苏联。此前他曾说过，在过去的十年中，苏联密使一直和他保持着联系。印度主流报纸马德拉斯①的《印度教徒报》在5月20日刊登评论说，这表明莫斯科决心要阻止达赖重回中国。该报接着说：

---

① ［译者注］马德拉斯，印度第四大城市，1996年官方更名为"金奈"。

> 苏联企图在它与中国交恶中利用达赖喇嘛，这是一个潜在的危险趋势，因为在与中国更广泛的对抗中，莫斯科会毫不犹豫地利用新疆和西藏的形势，对这些边缘地区的不同政见加以鼓励。

这段话可以说是对20世纪初沙皇俄国（还有英国和后来的美国）帝国主义政策所做的一个描述。请注意，所有这一切在当时不仅受到列宁的谴责，而且受到苏联的谴责——只要它依然坚持列宁的精神。

1979年，莫斯科自己发动的宣传攻势也证实了这一点。最有趣的例子是一本名叫《中华帝国的崩溃》的书，作者是苏联记者维克多·路易斯，他和"著名"的克格勃也有联系。这本书公开呼吁"在民族路线上分裂中国"。（有关这个主题的其他例子，请参看附录三第509—511页）

在这样的世界形势下，统一战线对于西藏的发展和多民族中国的主权与领土完整有着十分突出的重要意义。现实也很清楚，尽管国内外出现了新的煽动者，但总的趋势还是反对西藏分裂主义。第一，在帝国主义扩张和瓜分中国背景之外，西藏近现代从未出现过分裂主义。第二，分裂主义新的怂恿者和支持者已经出现。参与这个游戏的迄今为止最重要的几个国家政府已经发现，不管他们怎样心甘情愿不遗余力，分裂主义并没有给他们带来什么好处。因此，后来步后尘者最终也将会得到同样的下场。

统一战线与之相对在现实中却根基坚固。伴随着西藏进一步的发展和变革，作为全中国统一战线的一个组成部分，西藏统一战线一定会不断壮大和稳固。前进的道路依然复杂，并且困难重重，但基础更加宽厚的统一战线比以往任何时候都更具多样性，因此也更加成功。

毫无疑问，很多现在旅居海外的藏族人将会回到国内（这样的人将会越来越多）。也有很多人尽管继续住在国外，但已经开始以组团申报或者个人等形式回来探亲（近来游客已经在商店里和公交车上遇到他们）。无论他们选择留下来与否，可以预期，随着时间的推移他们与自己祖国的关系将会越来越紧密。

对于自己未来的道路，达赖喇嘛还在仔细考量，但对他的邀请也一直敞开着大门。1982年春天，在本书即将出版之际，西藏自治区党委书记阴法唐再次重申了这一点。

如果这些正确政策能保持连续，分裂主义注定将会消失，民族团结一定会取得胜利。这是历史的潮流，它符合西藏的利益，符合全国各族人民的利益，也符合周边邻国的利益。因为只要西藏依然是超级大国阴谋的目标，这些周边邻国自己就会有危险，可能被用作垫脚石受人利用。

【作者注】

1 天宝在1979年成为西藏自治区人民政府主席。

2 要了解更多福特的情况，见第205—206页。

3 自1979年起，任其民族委员会主席。

4 见第15章，"旧西藏军队"。

5 如本书其他章节所述，他1978年才恢复了公众生活。

6 帕巴拉的哥哥堪穷·索郎降措，1959年时为西藏自治区筹备委员会的一名成员，同样也没有反对进步，后来他遭到叛乱者的杀害。许多人为统一战线殉难，其中格达活佛是最后一位。

7 也叫卫东（徐洪森）。

8 早年的政策如此包容，以至于我们听说1955年，康区有个参与叛乱的贵族被打败释放不下17次，而且他的社会地位不受任何损害。在后来范围更大的农奴主叛乱中是否还会有第18次，他身上还会发生些什么，我不得而知。

9 其中一些人是日喀则班禅朗玛岗的札萨拉敏·益西次钦；扎什伦布寺的活佛生钦·洛桑坚赞，哲蚌寺的堪布拉珠特克①及康区德格前王子、达赖部队里的代曹德格·格桑旺堆。

10 其余较早释放的人中包括一位官衔为札萨的冉巴②及另一名藏军代曹卡那③。

11 新华社，北京，1977年4月10日。

---

① [译者注] 原著中为"Kampo Landrup Tokay"。
② [译者注] 原著中此人名为"Remba"。
③ [译者注] 原著中此人名为"Karna"。

12 帕巴拉1970年2月成为拉萨新成立的"国外藏胞接待委员会"的主席。
13 新华社,北京,1978年12月31日。

第十八章 康巴农奴那其：拉萨贵族的老师

我是通过安娜·路易丝·斯特朗结识那其的。1959年，这位美国老作家第一次采访那其，当时那其还是北京中央民族学院的学生，刚刚和同学返回西藏参加平息农奴主叛乱之后的大变革。到访拉萨几个月之后，斯特朗再次见到了那其，这位年轻的女性此时正在大昭寺上班——在此地工作对于女性而言是一件前所未闻的事情。大昭寺是西藏最受人崇敬的地方，她在那里帮助喇嘛从参加叛乱的高僧手中接管寺庙，并组织他们开展自己的民主管理。六年后的1965年，安娜·路易丝·斯特朗在北京嘱咐我说："如果在拉萨能找到那其，你一定要去拜访她，转告一下我的问候，并了解一下在我们上次见面后她在做什么。"

我如愿以偿，心里很是高兴，这让我了解到西藏改革的又一个辩证逻辑特征，这个特征是以前无法想象的：那就是农奴现在成为领导阶级，帮助昔日贵族在人民的新生活中找到自己的位置。

那其早年时期的故事可以在斯特朗的书中读到[1]，但在这儿我还是要简要讲一下。那其生在四川省巴塘县，出身农奴，是康巴（东部藏族人）人。长期以来，英美报纸把"康巴"和"叛乱"两个词等同起来，这样做一部分是由于无知，但更多还是为了欺骗。因为事实上康巴藏族最早经历民主改革，也最早经历封建领主及其追随者的反革命企图。康巴人经历了复杂的阶级斗争，康巴人先于其他藏族人成为革命干部，那其就是一个典型。

1959年农奴制结束后，拉萨才成立地方共产党组织。而巴塘十年前就有藏族共产党员，他们领导群众赶走了国民党官员，建立了自己的地方政权。1950年解放军来到这里，年轻的康巴人作为战士和辅助人员参了军。从18岁起，那其就开始在一家部队医院帮忙，跟随解放军参加了1950年的昌都战役，第二年又去了拉萨。安娜·路易丝·斯特朗问她，部队行军对于她这样的年轻姑娘是否太艰苦，她回答说："我10岁的时候就要背我的女主人，解放军给我的活儿可没那个艰苦。"

行军途中，那其亲身体验到中国各民族之间新的兄弟情谊。她说："有一次我们在一片沼泽地宿营，那儿仅有一小块地方是干的，汉族战士就把这块地方让给藏族帮工，他们自己却睡在潮湿的地方。在有陡峭岩石的地方宿营的时候，如果有一块小的平地，他们也会让给我们。我从没想过会有这样的好人。"

到达拉萨后，那其这位昔日的农奴姑娘不再相信封建压迫。看到压迫的惨状，她感到义愤填膺，开始产生革命情怀。她回忆道："我看见老人和病人躺在布达拉宫的台阶上向行人乞讨，还有成群的流浪狗在街上寻找食物。一到晚上，他们就会紧紧抱着狗来取暖。但是贵族们上街则穿着绸缎和皮衣，还有仆人相随。因此，我开始明白人们的苦难来自于这个阶级的暴行，一些贵族拥有一切，老百姓却连活命都难。"

后来，那其被送到北京读书。叛乱发生后她返回西藏，正如她所说的那样："要为西藏的重生工作。"中国共产党西藏工委统战部安排她去大昭寺工作。

那其说，"刚开始我有些害怕，因为从小觉得喇嘛和喇嘛庙很神秘。很久以前，我觉得喇嘛很神圣，有特殊的力量。现在，我受指派来帮助带领这些喇嘛摆脱黑暗的压迫。但是第二天……我就不害怕，我看到那些可怜的喇嘛和穷人一样遭受着苦难，他们不得不像奴隶一样为那些上层喇嘛卖命工作……和农奴一样遭受鞭打和折磨。他们的生活跟我很多年前逃走时的生活没有两样。"

她在那些僧侣群众中工作了几个月，他们中间既有受到诱骗参加叛乱的，也有没参加叛乱的。那其帮助他们"把心中的苦水倒出来"，组织寺庙民主管理，向他们解释新词语"个人自由"的含义，并且说他们可以继续做僧侣，当然如果愿意的话，也可以自由离开。一部分人的确这么做了，有些回家去种地，有些当了工人和老师，还有不少的人结婚成家。

1959年，那其最后对安娜·路易丝·斯特朗说，在分配到大昭寺工作后，她希望能和昔日农奴一起在农奴主的地里干活，但是这已不大可能。根据党的安排，她继续留在统一战线工作，而且一直做着这项工作。

在此期间她结了婚，有了三个孩子。我见到她的时候，她已不再是一个爱激动的学生了，而是年近三十的青年妇女，成熟、聪明、善于言谈。

※　　　　※　　　　※

1965年那其告诉我，离开大昭寺后，组织安排她带领"上层友人"开展学习，这些人是指那些没有参加叛乱的贵族。

我问："你觉得这个工作怎么样？"

她回答说："起初我感觉很难受！那些人是剥削者，我想和劳动人民在一起，但是党组织向我解释了此项工作的重要性。过去，这些贵族对我们为所欲为，他们和那些叛乱分子没什么两样；但他们没有拿起武器主动抵制改革，这也是事实，所以我们的任务是要带着他们在这条路上继续向前走，帮助他们改变，帮助他们抛弃剥削的习惯，帮助他们和人民相处。我认识到，我不能只被阶级仇恨所引导，要在改造世界的阶级任务指导下工作。

"过去，大家和我一样都不敢抬眼看这些贵族，对他们必须弯腰鞠躬，言听计从。现在我们掌权了。如果不是党和毛主席，我怎么有可能带领他们学习？！我开始觉得这个职责很光荣。我是名党员，我们党员了解阶级。我们知道，要改变这些人的看法，让他们明白我们党的观点和政策，这的确是很难。要让他们前进一步，我得要学习很多，党教导我们'要改造别人，首先得改造自己'。

"你可以想象得出，我没受过多少教育，刚开始这项工作对我很难。

有一次学习世界时事，一些贵族开始说到一些事和人名，我对此一无所知。那天晚上，我心事重重回到家里。我跟部领导说："这个工作我不能胜任，派我去做其他工作吧！"领导说我懂党的政策和革命，这是最关键的。其余则是一个信息量的问题，这个可以通过多看书读报得到提高，可以边工作边武装自己。

"我脑子一下就清楚了。这也是一场战斗，要面对，不能逃避。当然，我们这些昔日的农奴，多年来都是文盲，不可能一下子就了解世界上所有的事情，但我们可以学，也只有向人民学习，才能管理好西藏。如果学习小组中有贵族想用难题来难倒我，我知道他们是在想：'现在你们这些乞丐还想做主人，我倒想看看你们到底懂些啥？！'好啊，我想，我们拭目以待吧！你们想嘲笑我们，没门！长远来说，没有我们劳动人民学不会的东西。

"我们胜利后，统一战线是一种特殊的阶级斗争形式，这比农奴主对我们拥有生杀大权的时代要容易些，但是它也更复杂。我们把守法的贵族看作朋友，对这些守法的朋友，我们党员也必须给他们解释我们的原则和措施，帮助他们看清未来。但是他们的态度诚恳吗？并非全部，也并不总是，他们经常会有口是心非的情况。但是，事实最具说服力。举个例子来说，他们没人相信我们会真正区别对待叛乱分子和非叛乱分子，但是逐渐地他们开始明白，我们的确就是这样做的。任何人只要不蓄意阻挠，愿意做有益劳动，都可以在经济上和政治上得到优待。他们清楚自己过去的所作所为，知道这已是很宽大了。渐渐地，他们中很多人开始向党靠拢。

"在我的小组里，绝大部分上层人士被划定为爱国人员。看到西藏褪去旧的落后面貌，他们也很高兴。之前，他们只关心自己，操心自己的职位；现在，他们对自己给我们民族造成的伤害有了一些认识，新的进步也让他们感到吃惊。有的人说：'谁会想到拉萨的变化这么快？之前，噶厦政府从未维修过一间房屋，连大昭寺他们自己的议事厅也是脏兮兮的，味道难闻。'过去，他们认为只有他们这些占西藏人口5%的老爷们才有能耐。现在这个老观念也出现了改变，他们看到这些过去出身农奴的干部，1959年前都曾是他们的农奴，给他们当牛做马，现在这些人中有的是歌唱家，演员，还有做其他工作的，无论什么工作都干得顶呱呱。所以他们很多人都在说：'党员能说到做到。'他们开始明白，历史是不会倒退的。当然仍然有一部分人，他们眼不看耳不听，甘心接受他们统治失败的现实，但绝大部分人开始相信共产党。总之，他们现在的生活绝不比过去差，一些人可能比以前生活得更好，特别是一些上层青年人，他们态度积极，接受了进步思想。"

※　　　※　　　※

我问那其："这些年，西藏哪些变化给你印象最深？"

她想了一下，红着脸说："是今年的选举。[2] 有一次，我们在拉萨选区开会，我激动得全身发麻。看着这些劳动人民穿着节日的盛装，我突然想起我第一次来这里看到的情形：他们没有像样的衣服和食物，甚至连自己的身体都没有拥有权。现在，他们在选举自己的代表。这些昔日农奴和其他阶级的群众，每个人都有选票，当然那些犯反革命罪者除外。

"那是最让人激动的事情。另一件事情是1962年召开的自治区人民政治协商会议，我看到很多穷人和极个别的贵族坐在一起。代表们纷纷站起来说：'我做梦都没有想过能来拉萨，能坐在这么好的地毯上，能为全西藏的未来献计献策。'

"第三件事是城市建设。你去过拉萨百货大楼，看到大家都在买东西。那儿以前只是臭水沟，还有一些乞丐躺在旁边。现在要回想起当初的样子，还真费点劲。我第一次去百货大楼是和老家巴塘的一位老太太一起。她跟我说：'你记得吗，那其，当时你从学校直接来到拉萨，我们还饿着肚子。你说"等着吧，这儿会有马路、公共汽车、商店，而且都是我们的。"当时我笑着对你说："你是仙女还是什么的？你能看到将来？"现在我知道了，你们年轻人就是仙女。'

"老太太也讲到了拉萨的管理——良好的社会秩序和城市卫生。她说：'噶厦政府用皮鞭棍棒没能治理好拉萨，这里天天都有犯罪。现在你们没用皮鞭和棍棒，这真是个奇迹。'"

那其接着说："在城市周边的村子里，人们都预测'今年又是一个丰收年'。今年夏天下了冰雹，我们干部非常担心。但是农民们告诉我们说：'冰雹难不倒我们。'他们比我们还有信心，我们干部要向他们学习。"

"1959年以来发生的一切和你离开大学时候的期待相比，你觉得怎么样？"

"我学了一点知识，但是没有足够的阶级斗争经验。听到叛乱的消息，当时我们还在北京上学，同学们都感到非常气愤。当时的想法就是赶紧回去彻底解放西藏，让西藏和中国其他地方一样，快快走上社会主义道路。我们到达的时候政权已经掌握在人民手中，但是还有一些想象不到的具体困难。第一是粮食，西藏粮食不够。即使在今天，部队和政府机关的粮食都来自内地，这就是说其他民族在为我们种粮食。要赶上内地并不容易，有很多艰苦的工作要做。就像我跟你说的那样，只要基础打好了，事情解决起来就会快很多。从现在开始，他们会发展得更快。

"我给我的三个孩子讲我小时候没衣服穿，我阿妈把我裹在她的破旧衣服里，贴着身子抱着我。孩子们都不理解我说的话。我看着他们心在想：要是在旧社会，我都不知道该怎么养活你们？！也许我早已不在人世，不是病死就是死在农奴主的皮鞭下。现在我们好吃好穿，环境又好。有党的领导，我们将一直向前，永不停步。

"我经常边工作边唱歌。人们问我说：'你是三个孩子的阿妈了，不再年轻了，你中了什么邪了？'我记得在旧社会，当时即使我想唱歌也唱不出口呀！所以，现在我就是要唱歌。"

这段谈话是1965年进行的。

【作者注】

1 安娜·路易丝·斯特朗，《西藏见闻》，1959年，第22—30页（在那里她被称为"拉齐"）和"那其在大昭寺"，《西藏农奴站起来》（第2版，1965年），第7章，第114—132页。1976年，这两本书都在北京出版，第二本还在旧金山出版。

2 为1965年西藏自治区第一次人民代表大会。

工业和工人

第十九章 工业——从无到社会主义

1951年西藏解放的时候没有机械工业,也没有工人阶级。唯一能看作工厂象征的是达赖的造币厂,里面的工人是地方政府的农奴,靠模具手工制造银币和铜币;还有一座功率约为100千瓦的小型发电厂,由英国人建造,但已经年久失修,且只为贵族们提供用电。一位农奴电工的儿子告诉我,因为未能修好电厂,他父亲被关进监狱。这些从一个侧面反映了旧西藏落后工业的情况,尤其反映了西藏社会的落后情况。

社会落后是工业落后的原因。从古代时期开始,西藏就有手工艺制造技术,其中包括金属加工技术,但铁匠处在社会的最底层,甚至是农奴阶层中的最底层。西藏矿产丰富,但是深挖开采被视为亵渎神明,是严格禁止的。在旧西藏,轮子未被用于交通,但是用手来快速转动的转经筒却做工精巧,转动平衡,轻轻一推,就能转动一个半吨重的庞然大物,有些转经筒还用水力来转动。而水力在世俗生活中的唯一应用是磨面,还归庄园贵族拥有,他们对此收费很高。

解放后西藏工业发生了显著变化。从转经筒轮到西藏制造的发电机组;从干牛粪为主要燃料到采煤、石油钻探、地热的初步利用到使用太阳能;从手工金属制造到农业机械制造;从家庭纺织到毛织品的工厂化生产;从手工剥皮、光脚在鞣剂里踩踏到使用机器加工皮革产品;从手工造纸的一次一张到可以生产出很大纸卷的工厂造纸;从油墨木版和手推墨辊一页一页印刷宗教文献到轮转印刷机每年生产数百万种的藏语书报等等;

所有这些变化的基础是社会生产关系的变化。在封建制度下，像农奴和奴隶一样工作的零散手工艺人已经被合作社的自由技工所代替，被社会主义社会先锋队——新兴的工人阶级所取代（他们的队伍虽小，但数量正在上升），越来越多的人加入到机械化或半机械化工业生产之中。

※　　　※　　　※

1955年我第一次去西藏，两条进藏干线公路已经修好，从中国内地绵延几千公里通到西藏。汽车运输早已开始，但是工业面貌和社会面貌一样，基本没有什么变化。拉萨废弃的老电站尽管得到了修理，仍然只有125千瓦的发电能力。在我的记忆中，只有两个新工厂。达赖喇嘛曾请求并获赠到一个小型地毯工坊，其简易设备还是解放军机修工制造的。西藏的第一份报纸《新闻简报》是一个四页小报，每期印刷量3000份，由平版印刷机印刷。该机是首批从陆路运进西藏的机器之一。

在周恩来总理的直接指导下，中国中央政府正在研究如何提高西藏的生产技术。一个包括设计师、工程师和技术员在内的工作小组正在调查西藏的水力资源和地质资源。该小组首先提议建设三个新企业：一个小型水力发电厂，用于给小企业供电；一个皮革厂，用来加工皮革；还有一个小型钢铁厂，用来制造手工农具；总共工人人数只有500人。即便是这么小的工业规划，也遇到了很大的社会阻力。除了铁匠和皮匠的"贱民身份"以及对采矿业的禁忌外，每个企业的选址和招工都要得到封建地方当局的同意。在夺底新电站选址的地方，贵族经营了十个水车，必须说服他们并给他们付清款项。途中有很多神圣的玛尼堆，进出的道路还得绕开它们。对于每项工程，地方政府都会任命自己的官员负责。纯粹的技术事项除外，只有这些被任命的地方官员才能够招募管理藏族工人。

在西藏，工资本身还是个新事物，由中央政府统一发放。在这件事上，中央政府没有退让。地方政权想把工人的劳动当成为封建阶级效力，以避免破坏当时的阶级关系。工人尽管有了工资，但是在人身地位上还是农奴,他们自己能留下的工资不多,绝大部分最终还是进入他们主人和官员的口袋里。

事情真正开始变化是在1959年民主改革打破束缚科技和人民的封建枷锁之后。

随后的发展可以从下面的表格中看到。表格比较了民主改革前的最后一年1958年、民主改革的最后一年1965年和社会主义早期1975—1976年期间的情况。

截至1977年,西藏的工业占到农业、牧业和工业总产量的27%(以币值来测算)。西藏工人阶级有74,642人,其中36,745人是藏族人或来自区内其他少数民族(据工会报告,截至1978年,这部分工人人数已经上升到4万人),这还不包括在工地上做临时工的公社社员。这些人只挣工分,而不领工资。

民主改革前,新工厂主要由内地来的汉族人操控机器,他们不受封建统治的管制。1959年民主改革后,藏族工人成倍增加。在随后的十年里,尽管汉族工人本身也增加了很多,但藏族工人的人数几乎增至汉族工人人数的两倍。个别大的工厂——对西藏来说全新的工业部门——是从上海或其他地方整体搬入。在这些厂子里,开始的时候汉族工人的比例很高,但随着藏族工人接受培训,汉族工人的比例也在逐渐下降。

表19-1　西藏1958—1976年工厂和工人数量情况对比*

年	工 厂	全体工人人数	藏族工人人数
1958年	23	4050	600
1965年	67	7000	3100
1975年	250	21,000	11,000
1976年	265	—	—
1959—1965年民主改革 时期增长百分率	105	70	675
1965—1976年社会主义 建设时期增长百分率	207	200	275

* 这里的工人仅指厂矿工人。1975—1976年,同样多的工人工作在交通部门(包括公路建设、修理与养护、驾驶),还有电站建设、地质勘探、非农业合作社等部门。

表19-2　工业占西藏经济总产值的百分率（按价值）

年	增长百分率
1958年	8
1965年	22
1976年	25

西藏工业产品多样性的初期增长见下表。

表19-3　西藏1965年的工业产品

生产资料	消费用品
电力	皮革制品（机制）
煤	地毯
水泥	印刷的书籍
木材加工	机制粗纺毛织物
小型农具	毛线
卡车配件	奶制品（工厂加工）
铁犁	纸张
脱粒机、扬谷机等	陶瓷制品（机制）
拖拉机配件	医药
手扶拖拉机	电池
发电机和电动机	火柴
电动羊毛剪	肥皂
化肥	甜菜制糖
杀虫剂（666）	加工的食品
猎枪	玻璃容器

这个表中的内容尽管不多，但对于西藏来说，50年代中期以前还根本谈不上什么机器制造业，这些进步代表着西藏工业质的变化。在规模上西藏现有的企业规模仍然有限，最大的企业有1500人左右，有几家企业是

500人左右,其他的则更少;那些需要重型设备和运输量庞大的厂矿企业只能等铁路修进西藏后才能发展。

在资金方面,新工业是中央政府和内地省份送给西藏人民的一份礼物;我们1976年见到的工厂中,仅有一小部分给国家上缴利润。

对于西藏消费者而言,不管是本地生产还是外地运来的所有工业产品的销售价格都很低。在电价方面,农用电每度电费为5分钱(约3美分),工业用电是7分,城镇居民用电是1角5分,都比其他省份便宜。[1] 农业机械以生产成本的半价形式提供给公社和生产队,有时甚至是完全赠送;区外生产的消费品在藏零售价和北京一致,数千公里的陆路运费或空运运费以及路上的损耗均由国家承担。

最终的目标是实现自给自立,这在国内其他的省份已经实现。

1976年优先发展工业的顺序为电力、煤炭和其他燃料、农业机械制造与修理、建筑材料和交通。

※　　　※　　　※

西藏需要解决自己的"能源危机",工业不能再靠牦牛粪或柴火等当地传统燃料来维持运转,几乎所有的山谷、河流和山溪都是潜在的水电资源。公路一旦修好,就可以引进涡轮发电机,尽管并不是大型的发电机。

1956年,功率660千瓦的拉萨夺底电站开始提供照明用电。两年后,城外的纳金开始修建一座新电站,设计功率为7300千瓦,主要提供工业用电。地方当局表面上同意,私下却刻意阻挠电站的施工。1959年叛乱平息后,电站的建设施工才取得真正的进展,其中包括在拉萨河上修建大坝来形成水流落差。1960年4月,计划中的六台涡轮发电机有两台已经开始发电,这是政治上和经济上的双重胜利。当时周恩来总理正在外国访问,还特意从国外发来了贺电。

这两座电站成为电站的先锋,其从农奴、奴隶和年轻喇嘛中培训藏族工人和技术人员。1976年,奴隶出身的藏族妇女卓玛央宗担任夺底电站的负责人（1965我年见到她的时候，她还是一个刚受过培训的新技术员），纳金电站的负责人是秦水金。

截至1976年，运营在拉萨、日喀则、山南沃卡、林芝和其他地方的西藏国营电站总发电功率为2.5万千瓦。（到1982年底，这些电站和雅鲁藏布江支流上的新电站总发电功率为3.62万千瓦。）很多工厂自己也发电，44个县有自己的简易电站，公社和生产队管理的小型电站数量众多。

在生产和文化方面，小电站的重要性不可低估。白天，它们给脱粒机、扬谷机、饲料粉碎机等其他农机提供电力；晚上，它们给居家、会议、阅览室、政治学习班、识字班、科技班和业余戏曲班提供照明用电；小电站也使地方广播、电台转播和巡回播映队的电影播放成为可能。对于西藏的农村生活而言，这些都是寓意深远的变革。

截至1978年底，西藏全区有500座类似的微型电站；到1981年年中，微型电站数量迅速增长为900多座。这些微型电站和大型电站为1300多个生产队提供电力（在西藏，生产队是公社的直接下级单位），占到全区生产队的1/7，总发电量是1976年发电量的两倍。村级小电站在县、地区和拉萨的大电站基础上又增加了1万千瓦左右的发电容量。1981年，西藏全区水电发电容量为7.69万千瓦（1965年只有1万千瓦）。1980年实际供电量是1.75亿度（1965年是0.304亿度）。

尽管水力资源丰富，但由于冬季水流量减小，水力资源供应并不稳定。有些新电站开始用煤发电，还有些电站则开始用油发电。在拉萨以北的羊八井（一个牧场），一套试验性地热发电装置于1977年建成，发电容量为1000千瓦。1981年，第二套发电容量为6000千瓦的地热电站又在建设之中。负责这项工程钻井任务的钻井队由藏族工人索甲领导，他们克服了巨大困难，其中包括克服滚烫气流的喷发难题，并因此获得自治区和全国的嘉奖。现在，勘探和钻井工作还在继续，已经发现几十个地热地点，西藏很可能会大范围使用地热资源。

随着可能性和需求的不断增加，未来可以利用雅鲁藏布江发电，其潜在发电容量约为2亿千瓦，跻身于世界大江发电量的前列，在国内仅次于长江。[2]

位于拉萨的西藏自治区电机厂规模不大,但发展很快,它加快了西藏的农村电站建设和农业机械化。该电机厂1972年开始运营,到1976年,已经累计生产了1200多台发电机和小型马达(5.5马力的用于脱粒机、扬谷机和灌溉用水泵)。其现在正在生产农用小型电站配套设备,包括一台40马力的涡轮机和一台20千瓦的发电机,还计划生产功率为200千瓦的大型发电机和变压器系列。一个生产绝缘体的工厂建设也在计划之中。几年之内,西藏约1900个公社有望每个公社至少有一个本地电站,并配有辅助机械装置。

从前,西藏没人知道煤炭。西藏北部的土门格拉(位于那曲安多县)气候寒冷,没有植被,20世纪50年代中期,那里发现了煤炭。1959年民主改革后,在内地工人的帮助下那里开始了煤矿开采,西藏历史上第一批藏族矿工是在那里接受的培训。截止1976年,东部的昌都,拉萨附近的东嘎,西部的日喀则和阿里都有煤矿在开采;县、国营农场和其他单位也在采掘他们自己的小煤井。但正式矿工只有1000人左右,绝大多数是藏族人。1978年2月,据新华社报道,西藏的煤炭产量一年内增加了26%。

一个障碍是,截至当时,西藏发现的煤炭不适合焦化,也不适合熔炼西藏的铁矿石,而西藏的铁矿又大多是富铁矿。但西藏的煤炭也有其他的工业用途和家居用途,如成为拉萨水泥厂生产的原材料,混凝土大楼、桥梁、涵洞和大坝的修建都在使用西藏水泥。

矿工里面也有妇女的身影。在海拔4000米左右的澎波国营农场,我们发现她们在上班,而且工作是管理立井。立井虽小,但通风良好,有电照明。煤矿办公室的旗子上绣有这样的标语:"抛开禁忌!""巾帼不让须眉!"她们也的确在做爆破、挖隧道、挖煤和运煤等工作,这真是引人注目的新迹象。

西藏石油的储量也已经探明。

做饭和加热管道用水等小规模的太阳能利用已经进行了十年,太阳能的其他利用也正在试验之中。西藏绝大多数地区年日照时间长达3000小时左右，是北京日照时间的两倍多，而空气稀薄、湿度小、尘埃少更为太阳能的利用带来了便利，[3] 未来太阳能的利用一定会有更好的前景。

西藏矿物燃料和木材燃料缺乏，大水电项目受到投资基金和基础设施缺乏的限制，小水电项目受制于山谷地形，地热资源又太分散，在这种情况下，太阳能扮演着重要的角色，即使在牦牛粪作为唯一燃料的广袤高海拔牧场，太阳能也处处都有。实验表明，在西藏的环境下，即便在冬季的晴天里，一平方米太阳能板才可以烧开五公斤水，两平方米太阳能板可以像加热到240度的烤箱一样，每小时烤制2.5公斤未发酵的面包。专为农村设计的小型便携式热水器和烤箱两用机，能够让西藏人制作他们最喜欢的酥油茶，也可以让他们自己及其衣服保持干净。同样试验成功的还有小型太阳能发电机，适用于山顶部队哨卡和牧区牦牛羊群的围栏供电。太阳能民居也正在设计之中，在漫长的寒冷季节里，村民可以在温室里种植蔬菜。这些事情很快会给西藏人的日常生活带来巨大变化。

在一些地方，风能的利用也在开展试验，未来风能将会成为另一种能源来源。

※　　　　※　　　　※

随着粮食种植面积的大幅增加，加上对劳动力不足的担心，新生的西藏人民公社急需能节省劳力的农具和机械。

20世纪70年代末，西藏成立了一个专门负责农机工业发展的地方政府部门。国家给自治区、市、地区、县等各级工厂提供了成百上千的车床、刨床、研磨机、钻头、金属压力机和剪切机等机床设备，每年工厂还有几十名工人被送到大学、国内同类企业参加农机工程师和驾驶员的培训。此外，林芝的新农牧学院以及17个工厂技校也开设了类似的课程。在工作中，技术熟练的教技术不熟练的，任何单位遇到不能解决的技术难题，可以和本行业其他单位人员交流或临时进行人员交换。

拉萨农机厂是西藏最大的农机厂。不同于那些从内地搬迁过来的工厂，拉萨农机厂是在民主改革和社会主义革命中，从地方手工作坊一步步发展壮大起来的。1961年，昔日农奴组成的小互助组联合起来，成立了一个全市范围的金属木器制造合作社，有140个成员，制作一些简单工具和家用器具。1970年，该合作社和另外一家能修理自行车的合作社联合起来，形成了今天的市农机厂。

1976年，农机厂167名职工中，70%的职工是藏族，其他则是汉族，一些人是从东北黑龙江省一个农机厂派过来支援的，还有一批志愿支边的学校毕业生，他们跟着藏族工人当学徒。工厂五个车间主任或副主任都是藏族，工厂革委会两位副主任也是藏族，一位是35岁的平措扎西，他父亲曾经是农奴电工，因为没能给达赖喇嘛修好废弃的英国建造的电站而被关进监狱，最后还是被解放军救了出来。另一位是48岁的平措顿珠，曾是山南农区的奴隶，最早接触革命时是个筑路工人，后来又被送到内地学习，1959年返回西藏参加平息农奴主叛乱。农机厂有37名共产党员，46名共青团员，他们的总数占工人总数一半以上，而且绝大部分都是藏族。

几年内，产品种类不断增加，从只生产手工或畜力工具到生产电动脱粒机等。1970年，每月仅能生产20台机器；1976年，产量增加为60台。拖拉机、柴油机等农机修理既可以在农机厂进行，也可以由派往公社的技术小组完成。7名工人从内地大学毕业后返回西藏当技术员，22名工人在工厂自己办的"七二一大学"① 学习。

在日喀则地区，我们发现一家有着135名工人的工厂，其在1976年生产了330台电动脱粒机和70台电动扬谷机，还有柴油机、水泵和畜力水车。此外，工厂的现场修理队还修理了1万多件农具，为公社和生产队培训了340名技术员。

---

① [译者注]"七二一大学"又称"七二一工人大学"。1968年7月21日，毛泽东在《人民日报》关于《从上海机床厂看培养工程技术人员的道路（调查报告）》的编者按清样中做出了指示："要从有实践经验的工人农民中间选拔学生，到学校学几年以后，又回到生产实践中去。"（这段话被称为"七二一指示"）后来，各地工厂开始筹办"七二一"大学。"七二一"大学是"文化大革命"那个特定历史时期内的产物。

这家工厂起初是一个40人的手工艺合作社，绝大部分人是铁匠，他们以前不仅受人压迫，而且也受人歧视。该厂厂址紧挨班禅喇嘛的传统驻锡地——著名的扎什伦布寺。许多工人曾是这个寺的娃娃和尚，民主改革后方才离开，其中包括生产厂长助理乌金。乌金34岁，乐观沉着，看上去像一个地地道道的产业工人，即便在芝加哥或匹兹堡这样的工业城市挑选工人，他也会被毫不犹豫选中的。但他的故事是一个典型西藏工人的故事，而且开头很不寻常。

乌金说："父母养活不了我，六岁的时候就把我送到喇嘛庙；我在寺里一直待到17岁，不仅要扫地挑水，还要洗衣洗碗。1960年民主改革，我回到父母身边，开始的时候放羊，然后就来到这里。我从司炉工开始做起，接着学了机械，在工厂里我开始学习读书写字——在喇嘛庙的时候没人教我。现在我有了自己的家庭，家里有老婆和四个孩子。1973年我入了党。"

他还给我们介绍了其他一些从扎什伦布寺出来的昔日喇嘛，包括木工车间的一位圆锯工人和其他人员。

在拉萨南边山南沃卡地区，我们看到了一个相似的农机厂。在拉萨东边的昌都和樟木，也建有农机厂。

1976年，经过工厂之间的通力合作，手扶拖拉机开始试生产。人们告诉我们说，拖拉机的大部分配件，其中包括发动机的70%配件，都是在西藏制造的。

※　　　　※　　　　※

林芝是西藏快速发展的新工业中心，距拉萨400公里，位于西藏的森林地区，为锯木厂、造纸厂和火柴厂提供原料，而且还提供燃料和建筑用材料。同时，尼洋河从林芝的境内穿流而过，散落在白色浅滩上的鹅卵石使人眼花缭乱，湍急的河水给林芝提供了丰富的电力。陡峭的山谷两侧树木繁多，北面是茂密的松树和杉树，南面是各类浅绿色落叶林，留在山谷中的云朵形成了西藏并不多见的温和湿润气候，很适于开展纺织生产。林芝海拔是2800米，比青藏高原平均海拔低1000多米，这给从内地省份来的建筑工人、安装工人和技术员等创造了良好的条件；途经这里的川藏公路将区内与全国交通网连接在一起，不仅从内地省份运来了生产设备，而且也可以将西藏的原材料运出去。

林芝的工厂与拉萨、日喀则等地的工厂形成了鲜明的对比。林芝的工厂建立于西藏社会主义革命建设时期，而拉萨、日喀则的工厂则在民主改革时期从手工艺合作社发展而来。事实上，今天所看到的林芝仅建于1966年；1955年我第一次路过的时候，这里仅有几百人；现在这里有1.5万人，而且大部分是工人。

这里的西藏毛纺厂如今是西藏最大的工厂，也是最现代化的工厂，它的建设是一个转折点，引发了西藏本地对羊毛这种主要资源的工业加工。长期以来，西藏的羊毛贸易是历史上封建帝国主义苛捐杂税的一个缩影。[4] 僧俗庄园主通过下派封建劳役或强制性不公平交易（如用几个盎司印度糖果换取一整只羊的羊毛），确保从牧民那里弄到羊毛。作为一种封建劳役，牧场的农奴必须翻过喜马拉雅山把羊毛送到市场上，西藏剥削阶级据此很快积攒了大量的财富。即使这样，西方工业国的买主和印度中间商人付的钱还远远低于国际价格，他们从中赚取丰厚利润。反过来，作为身份的象征，西藏的贵族开始身穿英国制的昂贵毛织品。这些东西翻过喜马拉雅山，几次转手才运到西藏，贵族们购买这些毛织品的时候其价格已经变成了天文数字。在此过程中的所有钱，无论是从羊毛出口流入农奴主保险柜的部分，还是从保险柜再次流出用来进口英国布匹的部分，归根到底都是从那些衣衫褴褛的牧民农奴那里榨取而来的。

西藏解放后，尤其是1954年川藏公路通车后，西藏的羊毛价钱得到提高，而从区外运来的商品价格出现下降。这是国营贸易部门制定的政策，国营贸易部门以每公斤1.70元的价钱收购羊毛，比印度买家给出的购买价格（约1.10元）高54%。民主改革后，昔日的农奴生产者开始从羊毛的买卖中直接受益，而林芝毛纺厂的建立又带来了进一步的改变。现在，西藏的羊毛大多数都在这里织成了质量上乘结实耐用的布匹和毯子提供给劳动人民，他们的需求已经成为一个市场，原料毛几乎不再运出西藏，而运出去的都是一些羊毛制成品。除了销售给国内其他省份外，一些产品甚至还通过广州一年两届的出口商品交易会①走出了国门。

1955年，我在西藏看到长长的牦牛驮队载着羊毛南下印度，这些驮队均属于贵族、大喇嘛庙的贸易部门和半封建的贸易商行，平均年出口量（不包括西藏阿里的大批量出口）为3万只牦牛的运输量，约相当于180万公斤。1965年，我第二次访问西藏，所有不在区内加工的羊毛都被送往内地的工厂。1976年，我看见有好几十辆卡车的车队满载着羊毛开往林芝毛纺厂。当年的前九个月，毛纺厂生产了31万米粗纺毛织物和毯子，还有23.5万公斤的针织纱，大部分布匹是氆氇，编织紧密，既防风又防雨，适合西藏的气候和习惯。以前它们要用手工织布机才能织成。所有品牌的毛毯，包括"熊猫"牌全毛毯子，得到了全国消费者的喜爱。出口的产品中有一种高级外套，它用牦牛的底绒织成，既暖和又轻柔，在国际市场上非常走俏。

与林芝毛纺厂一样，林芝火柴厂是西藏第一个火柴厂，成立于1966年。十年后，该厂每年生产两百万盒火柴。年长一些的藏族人还记得，以前十盒火柴能换到一头羊，二十盒能换到一个奴隶；中年人可能记得从印度进口的火柴每盒售价相当于40美分，藏族劳动人民都买不起。今天，林芝的火柴做工精良，而且使用了藏语商标，在有风的高原牧场上也能使用，不仅质量信得过，而且一盒仅需一美分。火柴的名字也变了，以前叫莫扎，是英语单词的变音，现在叫加差。

我们见到这个厂的时候它还有一种"边疆"的样子。虽然火柴是由机器生产，但195名工人（半数是藏族）中有很多人在冬天外出，带着柴油链锯去附近森林砍伐树木，为制造火柴准备更多的原材料。

林芝地区造纸厂建于1970年。在前六年里，该厂的产量从150吨提

---

① [译者注] 原著为出口商品交易会，经译者查证后应为中国进出口商品交易会。

升到600吨。1976年，造纸厂有270名工人（2/3是藏族人，而且半数是妇女），西藏绝大多数的书写用纸和包装用纸都由这里生产，并且还生产包装拉萨水泥用的超级结实的牛皮纸袋。然而，新闻印刷用纸仍需从区外运进来，生产这类用纸是该厂的下一步目标，其需要工厂把化学纸浆转变成机械纸浆。

林芝还拥有西藏当时最先进的书籍平版印刷机，1970—1971年间设立（在此之前，几乎所有的书籍印刷都在西藏日报印刷厂完成）。[5] 设备先进的车间里进行着铸字、排版、凹版照相、印刷和装订工作。1971—1975年间，这里印刷了超过一千万本书（372种书）。大约700万册书是藏文印刷，绝大多数是学校的教材。

1979年，除了羊毛和皮革，奶制品作为西藏畜牧业的另一种产品也开始转由工厂加工。1979年4月，自治区第一个奶粉厂在那曲地区的草原上投产，日产1500公斤奶粉，700公斤黄油。随后将有更多的奶粉厂建成。开端虽小，前景远大！无论是西藏区内和国内其他省份的消费者，还是奶粉出口目的地国的消费者都将从中获得好处。

1980年，依照国家为西藏制定的新政策，很明显在近几年内，西藏面临的主要压力在轻工业上，特别是西藏区内人口消费的产品上。

1980年，西藏的轻工业产值是1979年的一倍半，国家拨给纺织品、服装、日用产品以及藏族人习惯使用的装饰品等方面的发展资金是原来的两倍多。总体来说，它们占当年国家在西藏轻工业上投资的72%。

近期发现的矿产资源

下面是1979年1月19日和2月15日新华社从拉萨发出的两则文稿的简要内容：

西藏"世界屋脊"上发现了40多种矿藏，其中包括已经探明储量的铁矿、石油和煤炭。

西藏地矿局认为，这些矿藏的发现归功于汉藏地质学家民主改革20年以来的艰苦工作。

西藏的铬铁、铜、硼、盐和地热资源的储备在全国处于前列地位。

铬铁富矿床在全国极其罕见。在西藏东部和北部发现了成百上千个铬铁富矿床和铝矿。

在西藏东部昌都地区探明了一个大型斑岩铜矿床，据估计储量达640万吨。其靠近地表，适合露天开采。其他珍贵元素也和铜元素相伴而存。

100多处地热水资源已经探明，其中包括间歇性喷泉和泉水。

西藏高原平均海拔4200米以上，是世界上最高的地方，其地质构造复杂，起源特殊，存在大量岩浆，有很多金属和非金属矿藏。

※　　　　※　　　　※

2月19日的第三篇文稿讲的是在西藏、云南、四川和青海四省交界处，发现了一个至少50万平方公里的多种金属矿藏带，西藏位于这个矿藏带之中。

除了铁、铜外，铝土、锌、锡、汞、锑、钨、钼、镍、钾、铂和其他稀有金属的开采前景看好。

铁矿储层位于该矿藏带的南部，延绵300～400公里。

铜矿位于该矿藏带的中部和北部，锡矿主要在南部，铅锌矿广泛分布于矿藏带的各处。

非金属矿储藏包括陨硫铁、盐、云母、石棉、石膏、砷、菱镁和石灰岩等。

从地质构造上来讲，该矿藏带位于印度—亚洲板块缝合线东北段，矿化条件极为有利。

该矿藏带资源对建设"四个现代化"具有重要意义。

※　　　　※　　　　※

据新华社1980年5月28日报道，西藏两处铬铁矿层中发现了钻石，这是中国地质学家第一次在超基性岩中发现钻石（通常与南非及其他地方一样，钻石仅在金伯利岩相关联的地质构造中发现）。

【作者注】

[1] 起先，在西藏以前的农奴和奴隶家庭收入增长前，一直免费为他们提供生活必需品。这是到了1965年后的事情。

[2] 中国社会科学院的这个估算是新华社1977年6月23日报道的。雅鲁藏布江全长2000公里，落差为5000米（每公里的落差超过2米），其他流经的深谷很适宜建水电站大坝。

[3] 根据汉藏气象学家为期3年的测量，夏季月份，高原中部的唐古拉山脉上每平方厘米的净太阳辐射为1.44卡路里，总辐射为2.30卡。在冬季最寒冷的时期依然有热量散发。这个观测是在海拔4500米的地方进行的，那里的大气质量只相当于海平面上大气质量的一半。气象学家得出结论："青藏高原上太阳直射和总辐射量大，散射小，在这里使用太阳能具有广阔的前景。"（新华社，1978年11月27日）。

[4] 这包括奢侈的"开士米"，它主要产于西藏，由于其到达外国市场要经由克什米尔地区，因而得此名。

[5] 自治区外的藏语书籍也大量出版。1976年，北京民族出版社出版了马克思经典著作、毛泽东文集及藏语版的全国性杂志，如《红旗》、党的《理论月刊》和《中国画报》。有时，在某些情况下，唱片作为附加的出版物也流入西藏。四川、青海和其他省份的藏族自治地区也都有各自的出版社。其中青海出版社出版了"赤脚医生"所用的藏医药手册和用藏语标注的不同类型的中国地图和世界地图。这些地图使用了多种颜色，我们见到拉萨的学校里在使用这种地图。在接下来的数年里，这些出版社也不停地大量再版西藏传统文学作品。

第二十章　新社会的老手工业

19世纪90年代，法国作家F.格纳德曾详细描绘过当时西藏农奴制度下手工业的状况。1959年前，这种状况在西藏没有发生任何变化。

对于最重要的毛纺业，他这样写道：

> 毛纺业属于政府。政府通过税收从藏北牧区获得所需的羊毛，再分发到西藏中部地区居民手中，由他们无偿为政府进行纺织……其中一部分政府以之前约定的价格进行贸易，另一部分则通过专门的委托人出售给民众，这些委托人经常把零售业务交给地方官员；这样一来，政府可以根据财政的需求提高销售价格，委托人可以加上他的佣金，地方长官可以给自己留一小部分的利润，行政区长官给自己留一些辛苦费，而纳税人要支付的价钱则是羊毛价值的两倍……[1]

其他几种手工业主要是手工锻造和皮革制造。对于它们格纳德是这样写的："几个有用的手艺被认为是不干净的，往往由贱民承担。"

关于喇嘛庙农奴的手工业制造，他这样写道：

> 这些手工艺人不仅要种地放羊……还要为宗教头领做毛织品、珠宝首饰和陶器。他们是泥瓦匠、木匠、铁匠、磨坊主和商队成员，他们受制于喇嘛的管辖，为喇嘛辛苦劳作，喇嘛则强行勒索他们劳动，

没有任何报酬而言；而且他们还不能完全摆脱拉萨官府的淫威，还要向它缴纳直接纳税人税金的2/3……

为了展现僧俗双重压榨的全貌，格纳德还补充写道，喇嘛庙对世俗当局压根没有任何财产义务，而他们的奴隶对此则不能幸免。

※ ※ ※

1955年，格纳德的证言过了40年后，我在日喀则见到了嘉仁朗杰。他是一个农奴地毯织匠，压在身上的强制性劳役繁杂沉重。作为最好的家庭织匠（总被强行拉去做劳役），他被迫为封建官府每年做8个月劳役，得到的"酬金"则少得可怜，大约相当于两美分。除了织匠身份，嘉仁朗杰同时还是他的直接宗教头领班禅额尔德尼祖祖辈辈的轿夫。因此，除了织匠的活儿外，他每年还要拿出20天时间抬轿，15天抬着班禅额尔德尼的仿真塑像，还有5天抬着班禅额尔德尼本人。

地方官府的劳役由织匠头人强派给朗杰，轿夫头人则控制着他的行动自由，未经轿夫头人的允许，朗杰不得离开城里。在朗杰可以"自由支配"的三个月里，他大部分时间和家人一起四处找"私活"干。由于没有本钱买羊毛，他们只好借贷，遭受高利贷的剥削，或者给别人出卖劳力赚些收入。

1951年解放军到来后，手工艺人的命运到底有没有改善？朗杰的回答是肯定的，而且改善很大。之前，贷款买羊毛、染料和食品很难办到，还要给寺庙付年率为60%的高利息。现在，他可以轻松从人民银行得到低息贷款。截止1955年，银行给日喀则手工艺人累计新增贷款17.5万元。难怪朗杰说起此事的时候满是感激，还把贷款称作金珠玛兹，意为解放贷款。但是这些改善并不彻底，因为手工艺人的身份还是农奴，最重要的是他们对自己的农奴身份日益不满，这种思想已经灌输到他们的脑海里面。而这正是共产党带来的最本质变化；没有这种感觉，就不可能有解放。

1959年，西藏手工艺人获得自由，这种自由并非格纳德仔细思考的资产阶级类型的自由："……如果纺纱织布获得自由，那么它们的价格就会明显下降。目前，个体生产受到太多束缚，将来会有很好的机会……"从一定程度上说这是对农奴制的一个推进，尽管最终是资本家而非农奴主从这种自由中获利。而更重要的是，农奴手工艺人获得自由，他们不仅可以为自己生产，还可以摆脱任何阶级剥削，在通向社会主义的大路上做好他们第一步的规划。

※　　　　　※　　　　　※

十年之后的1965年，我们在日喀则看到160个互助组，包含了手工艺家庭户的2/3。这些家庭从1000户增至2500户，增长的原因包括外逃人员的返乡，封建禁锢的废除，还有昔日奴隶和乞丐的培训。新手工艺的出现也很重要，不仅服务于上层阶级，也服务于昔日的农奴大众。仅在1964年，手工艺小组就生产出了包括犁等在内的十万件农具。铁匠和工匠经常走乡串户，现场制作或修理工具。

我还重访了日喀则的"解放新村"，这是一个政府住房工程，始于1954年，为当年遭受水灾的无家可归人员修建。很多当年的住户仍然住在那里，但是救济安置已经成为一个回忆。村里的22户手工艺家庭（其他的26户家庭也一样）身体健康者都有工作可做。十年前，文盲非常普遍；现在30名年青一代人正在日喀则上学，还有22人在其他地方学习，33人是干部、教师或解放军战士。[2]

达瓦顿珠是当地的一名靴匠，并且担任领导职务。以前，除了要给地方政府和地方军队做劳役，他还要给粮食税官和一个附近的农村贵族做劳役，每年干活的时间长达九个月。他做皮革活，妻子缝毛毡鞋帮，都是自带工具，料是主人家的。靴子要做得让主人家满意，否则就是一顿鞭打。劳役的活儿具有绝对的优先权，为了完成它们，无论夫妻俩正在为自己做什么都得停下。无论任何原因只要没有参加劳役，管家就会立马找上门，而做劳役的"报酬"每天只相当于一美分左右。在"自由"的时间里，他们方可给普通的顾客做靴子，顾客提供材料做一双靴子的报酬是20美分，而六口之家一天需要相当于50美分的钱来购买糌粑，因此他们不仅欠债，而且还处于半饥饿的状态。

达瓦顿珠说，1951年后日喀则的穷人开始认为，"现在我们翻身的机会来啦。"但是，富人和权贵们却给他们泼了一盆冷水，说道："汉人也许会来，但别指望他们会对你们有啥好。"1959年，强制劳役终于结束。单干了几个月后，工匠们于1960年成立了互助组。成立互助组的做法由共产党提出，也得到了共产党的鼓励。

我问顿珠："互助组和自己单干相比，怎么个好法？"

顿珠回答说："一个人的力量小。单干的时候如果病了，就挣不到钱了。现在我们组有六个人，如果一个身体不好，他仍能拿到一些工资。单干的时候，我们做的靴子主要卖给商人；现在我们在为国家工作，或者直接服务于顾客，没有人在中间获利。"

1965年，达瓦顿珠每天挣一块两毛钱，妻子挣一块一毛钱。

顿珠的邻居旦增是个铁匠，高个儿，35岁，为了逃避拉孜县多如牛毛的强制性劳役，从那里逃到日喀则。在日喀则，旦增做过藏刀，现在他做犁头、铁铲和镰刀。在他家里我们看到了地毯，既可以坐也可以睡，还有装衣服的箱子，泡茶用的热水瓶，院子里还养着鸡。旦增说，1959年他只有身上的破衣服，一个破橱柜和一个破饭锅。我问他："民主改革中他得到了什么财产？"旦增说："我只得到一个新锅。这里的其他所有东西都是我用自己的双手挣的，我靠手艺生活。"

日喀则55个互助组都在织氆氇（西藏粗纺毛织物）。互助组绝大多数成员是女性，过去在农奴主家里，她们要每天从早到晚在手工织布机上完成两米长的手工织布任务。1965年，生产方法仍然很传统。在一个64人的互助组里，我们发现纺纱工人坐在一个方形土坯棚屋的屋檐下，从卷线杆抽纱捻纱，悬在半空中的石头线筒则上下旋转，下面是阳光照射下的庭院；其他妇女则在露天手工梳线卷线。在棚屋里，织布机则咔咔作响。

虽然工艺很老，但精神面貌焕然一新，大家伴着歌声工作着，每天平均工资是1元5角。

有些人使用着自己的工具，但设备的主体还是30台手摇纺织机，是国家为鼓励集体组织的成立而赠送的礼物，还有其他几台是通过国家贷款购买的。所有机器都归互助组所有，生产的产品则由国营贸易公司收走，公司再分配到各零售摊点。

互助组实行民主管理。领导选举产生；决策须经过商讨；组员要参加识字班和政治班学习，还有带薪病假。在会议室里，毛主席画像和互助组成立的章程挂在墙上，白色的哈达挂在相框四周以表示敬意。

1976年，日喀则的手工艺生产组联合起来成立了工厂，有些实行合作经营，有些实行地方公有制。很多以前的铁匠一起组建了生产农具的工厂，氆氇织匠组建了工厂，地毯织匠也组成一个工厂。尽管机器还比较简陋，但这些工厂已经有不少电动机器，在那里我们没有看到手动纺纱机。1975年，日喀则地区的工业产值达到400万元，是1958年民主改革前一年的75倍。

※　　　　※　　　　※

几个世纪以来，江孜一直是地毯制作的中心。1956年，江孜从事地毯制作的家庭有300户。一些织匠给我们讲了1959年前他们的处境，那是农奴制下手工业的一个活生生的例子。学徒制度要求很严，训练中必须给老师送礼，还要给行会的首领支服差役。而首领往往是一名贵族，他不工作，却掌控着江孜所有的地毯业，这比织匠付给自己主人的钱和为地方政府支付的差役更甚（封建当局可以要求行会首领派送工人支差，而且想要多少就可以要多少，想让其干多长时间就可以干多长时间）。公认的习惯性剥削期限常常被有意推翻，一个惯用的托词是故意给强迫劳役中的织匠他们不知道的图案，然后再罚他们款，或是以"失误"为由惩罚他们，强迫他们多干活。生完孩子的妇女身体虚弱不能坐在织布机前，日后不得不劳动更长的时间。

　　织匠从很小开始训练一直干到老，然后就被赶出流浪挨饿，因此很多人逃离了江孜，但由于也有吃不饱饭的人从其他镇子或农庄逃到江孜，所以总有人能够补充到这个队伍。拉多，1965年江孜一个织布小组的组长，起初就是这样逃到了江孜。拉多的父亲是班禅的农奴，被殴打致死；阿妈只好带着他逃到这里乞讨。能让儿子做织毯学徒，她还觉着自己很幸运。拉多回忆说："我们这些地毯织匠从来没有自己的地毯可以坐在上面，就像鞋匠光脚没鞋穿一样。"

　　随着劳动手段的改进（指导的师傅来自北京和天津的著名工厂），现在江孜织毯所需的时间缩短为原来的2/3。织匠不仅工资涨了，而且还有福利。在拉多的工作小组，8台织布机属于私人，11台归集体拥有，一些资金来自国家的投资。学徒工和正式工都有工资，退休织匠还发有退休金。

　　下一步该怎么发展？拉多告诉我们："先成立正规合作社，然后再组建工厂。"

　　1976年我再次访问西藏的时候，互助组已经经历了两次变革，混乱的工作场所不见了，取而代之的是一座宽敞通风的工厂大楼，大大的窗户，还有电灯照明。编织和雕刻等大部分工作（很多江孜地毯采用浅浮雕）仍然用传统的方法手工完成，但老的禁忌已经被打破，尤其是图案的熟练编织，以前仅由男子完成，现在则主要由妇女完成，而且同工同酬。书记白玛拉姆，45岁左右的一位女性，原来也是一名手工艺奴隶。

　　传统工艺的局限已经被打破。江孜地毯的颜色尽管仍主要以自然色为主，而且通常使用矿石和鲜艳的植物汁水为染料，但是经过工人们的新发明，现在的颜色种类已经从7、8种增加到20多种，图案从12种增加到40多种。工厂有245名正式工人（200名为妇女），还有另外100名左右工人在家里工作，主要以纺纱工为主。工厂每月能生产1700张地毯，且大多数都用于出口。工人每月工资为50～70元；从1965年起，最低月工资从25元翻了一番，但最高月工资保持不变，仍为70元。

※　　　　　※　　　　　※

  1965年，拉萨新"人民街"上有一个精美的鞋店，备货充足。橱窗和货架上不仅摆有毛毡裹腿颜色艳丽的传统藏靴，也有牛皮翻毛面军用靴和劳动靴，还有样式时髦的抛光男鞋、女鞋和童鞋。起初，我们以为这些时髦鞋来自上海，结果发现是拉萨本地制造。此外，店里也有很多其他的皮货。翻看我以前的旧笔记，上面记着十年前我和拉萨一名皮鞋和马具制造商的一次谈话，当时我发现他自己和他开的店都属于色拉寺。为贵族做鞋支差的时候，他使用从印度进口的皮革。那时拉萨有100个皮鞋、马鞍和马具制造商。我询问他们是否谈起过可能会使用机器，他回答说："没有，谁用得完他们做的东西呢？马具制造商已经开始担心。随着汽车运输的发展，他们的生意将会消失。"这些观点是从农奴主那里开始传播的，手工艺人也这样表达，说明他的身心还受着封建主义的控制，这在当时非常普遍。

  1965年，这些禁锢思想及其滋生环境已经一去不复返。拉萨新的区皮革厂已经成立五年，所有生产环节都由机器完成（1960年后，劳动效率提高了四倍）。工厂生产的产品不仅满足西藏工人、农民和牧民等新兴消费者的需求，也满足着工业上的需求。机制皮带是一种重要的产品，一些货品销往国内，一些则通过广州贸易出口会远销其他国家。无论什么产品，都供不应求。

  1976年，区皮革厂有500多名工人，120台机器和一个自备电厂，年产值为350万元，而1965年仅为120万元。每年工厂加工约22万张皮革，制成7万件不同种类的皮制品。工人的月工资从1965年的58元上涨到66元。工厂还给工人修建了大约1.5万平方米的住房。

  这间正规工厂的规模在以前的西藏是不可想象的。除了这间工厂，拉萨的互助组也生产了很多皮制品，也在逐渐机械化。

  在一个互助组，我们度过了令人难忘的时间。那个组有91名组员，全部是昔日的农奴手工艺者,每年生产1.3万双鞋子和靴子。刷成白色的单层厂房围出了开阔的空间,里面煞是热闹。

有些工艺还和多年前一样得到了保留。屋外,一棵截头古柳遮起一点树荫,树下有新刮下来的皮革在烈日下晾晒。一位身体健壮的大胡子男子双手搁在一个水平杠子上,裤脚挽起到膝盖,双脚在鞣革盆里咯吱咯吱不停地踩踏。做农奴的时候,在监工眼皮下他干这种活有20年左右时间。现在他是合作社社员,与大家地位相同,干活时十分幽默,时而向昔日的农奴组长笑一下。稍作迟疑后,他向我们伸出了他那制革工人特有的手,很是有力。屋内,男男女女们有些正忙着裁剪,有些用手工缝制,还有人在转动的机器上缝纫皮革。

"1959年前你们用过机器吗?"我问。

"用机器?我们见都没见过机器。"一位妇女反驳说。

米嘎主席把我们介绍给了工人们。

"他是我们管理委员会的成员。"

"她是街道代表。"

"他当选为区人大代表。"

这些西藏的新主人不久之前不仅是农奴,而且还是贱民,被认为是从事"下贱肮脏"手工艺的贱民。在贵族家做劳役的时候,他们只能和牲畜睡在一起,或者睡在厕所里。在他们的故事里,就像黑暗中的回声一样,我们不时能听到旧僧侣贵族的名字。

"我是噶厦的奴隶。"

"我的主人是贵族拉格夏。"

十年前,这些名字在西藏是响当当的名字,而民众的言论自由受到压制,现在人民畅所欲言,刚刚过去的一切仿佛发生在很久很久以前。

就其历史和发展而言,这个互助组是我第一次进藏和第二次进藏之间手工业变革的典型写照。下面是一些这些变革的详细资料:

成立:1960年民主改革时期,在党帮助和组织手工艺人的政策支持下成立。

资金：从7400元国家贷款开始到1965年积累资金6.4万元，无外债。

鞋类生产：从1961年8371双增加到1964年的1.3万双，种类从6个增加到83个。产品使用寿命和人均产量延长和增加一倍，销售的价格低于从前。

日工资：最低1元，最高2元。

福利：短期病假期间发50%工资；慢性病有特殊补贴；享受免费医疗。

教育：起初都是文盲。到1965年，6个成员能读能写能记账。除了年龄较大的人，其他人都在学习班学习。

所有权：四台机器和绝大多数手工工具归集体所有，有些工具是从组员手中买来。

管理：组员全体大会是最高权力机构，干部均由选举产出。

销售：绝大部分产品通过国营贸易公司直销给消费者。农忙季节，巡回小组到农牧场现场维修。拉萨设有产品直销零售店。

离开拉萨前的最后一个晚上，我们又去了那家互助组，取回我们在那里定制的靴子。当时我们发现里面灯火通明，年轻成员在给招牌和布标横幅上印字，年长一些的正在熟练地把靴子和鞋子装进牦牛皮马鞍袋（他们告诉我说："样子过时了，但能用20年。"）米嘎向我们解释了最近晚上忙碌的原因：第二天是雪顿节，人们将从四面八方赶往拉萨，在达赖喇嘛昔日的夏宫罗布林卡参加戏剧演出和展销会，互助组就是正在为他们准备东西。

11年后，我再次到访这个互助组，此时它已经发生了两次新的变化：1966年，发展成为合作社；1970年，成为市级企业拉萨鞋帽厂。不仅工人人数翻了一倍多，从91人增加到197人，而且生产规模增长了十倍多，达到生产12万双鞋和7万顶皮帽的规模，这得益于从手工生产到半机械化生产的转变。现在工厂有120台机器（大多数是像缝纫机一样的小型机器，也有一些大型机器）。老的生产方法，如脚踩鞣革法，已经不再使用。

互助组老一辈创始人多数已成为工厂革委会委员或工会领导。一些青年工人被送到内地省份学习技术；工厂的所有职工，无论工人、管理人员、党员干部全部是藏族。

工资和福利制度，包括退休制度，都与全国其他国营企业一样。

※　　　　※　　　　※

许多较大型企业在西藏经济中占有重要地位，它们也是从昔日农奴工匠组发展而来，其中就有拉萨农业机械厂和其他几个地区的同类工厂，它们已经不再有手工艺生产特点，所以在有关工业的章节中有详细介绍。

其他企业则从手工艺生产发展而来，特别是贴近消费者日常需要的一些生产企业，它们分布在街头巷尾，依然停留在合作社阶段，而且还将继续保持下去。1976年，拉萨著名的八廓街上手工艺合作社数量众多，有些综合合作社包含着不同的行业。有一家合作社不仅生产地毯和针等不同种类的产品，而且还有一个修建房屋的建筑队，它的生产一部分来自国家的合同，一部分直接面向消费者，把老百姓的羊毛加工成氆氇或坐毯，也可以把粮食加工成面粉等等。

其他合作社有从事服装生产的，还有生产其他多种家庭或生产用的产品的，其中包括木制搅乳器、陶器、钣金容器和篮筐等。

深受藏族人民喜爱的手工艺品生产将会继续保留，如马鞍，挽具饰品，手柄精美的藏刀，染色或绣花藏靴，颜色鲜艳的织锦妇女用布边围裙，还有传统乐器。

所有合作社的产品主要销往国营贸易公司，或者是与国营贸易联系密切的合作社零售点。

老手工艺人也教授学徒，大部分学徒都受过小学或中学教育，而且学徒期还享受一定的工资。在日喀则地毯厂、农村的陶器厂和其他一些地方，我们看到一些青年学徒正在接受训练，有的已经能独立工作。

※　　　　※　　　　※

1980年，在当时采取的整体宽松政策下，所有手工艺的生产方法应该实现工业化和工厂化的观点受到批评，而且在一些地方被搁置了起来。手工业者根据技能的特点和当地条件，可以选择以他们喜好的形式进行联合，或者选择单干（没有雇佣劳动）。人人可以获得贷款和原材料，而且一段时期内实行免税。他们可以在市场上自行销售自己的产品。

很快，曾经短缺的传统货品在市场上数量激增，包括手织氆氇，和其他任何机制布相比，这是很多藏族人的最爱。也有按照用户爱好定做的民族衣服，也有与民族习俗相关但却在极"左"思想下被当作倒退而遭到错误排除的一些东西，这里就有深受西藏人民喜爱的绿松石个人饰品，彼此交换用来表示友谊与敬意的哈达，还有节日庆贺用的各式其他东西。同样，宗教饰品制作也得以恢复，供应继续信教人士。从事历史遗迹恢复的工匠比以往任何时期都多。很多人从事古老藏戏这项复兴艺术的服饰制作。

所有这一切不仅激活了西藏的经济和社会生活，也给很多人带来额外收入；它也确保在社会主义西藏，无论是为了美化装饰还是实际使用，人民钟爱的手工艺将不会消失。

【作者注】

[1] F. 格瑞纳德，《西藏和西藏人》（*Tibet and the Tibetans*）（伦敦，1895年）。

[2] 1976年，又过去了11年，我们听到了由自治区一名农业领导尼玛报道的一则关于西藏全区公社的简报。尼玛今年35岁，身形消瘦、中等个儿。他原来是一名无家可归的难民的儿子，最初被安置在"解放新村"里。根据其他干部的说法，他可能是西藏去过最多公社的人。

第二十一章　西藏新工人家庭

　　在西藏所有伟大而快速的变化中，一个最重要的变化是工人阶级从昔日农奴和奴隶行列中的崛起。1955年我第一次到访西藏，刚刚诞生的工人阶级只有几百人，1965年其人数增加到2.5万多人，1976年为6.5万多人。拉多的故事是西藏开始有工人阶级的一个例证，他曾是铁匠阶层里的奴隶，在旧西藏是最被人看不起的。1965年，我第一次结识他们一大家子人。

　　我是在拉萨汽车修理厂的锻造车间见到拉多的，当时他53岁，多年的劳累和虐待使得他身体驼背，面相苍老，但是在精神上，他思想觉醒，头脑清晰，意志顽强，给我留下深刻的印象。我和拉多的两个儿子达瓦和洛桑交谈过，他们是拉萨水电站高压线路维护工，也和他的两个女儿巴桑和格桑、两个女婿以及另外一个儿子强巴交谈过，他们和拉多在同一个单位工作。

　　过了些日子，我们在拉多拉萨的家里重逢了，这个房子是1959年民主改革分配给他的。一家三代20口人聚在一起，拉多向大家挥了挥手说："没有共产党和毛主席，这个家就不可能是现在的样子，绝大多数人不是饿死，就会被打死。"

　　在今天的西藏，人们能经常听到这样的话语。这些话并非使用了什么修辞手法，而是严肃的事实。

　　下面是拉多和他家人的自述故事，故事反映了西藏的过去和现在。

拉多，父亲，53岁

12岁的时候，我就在铁匠铺做劳役，每天挣一桑冈（约半美分），还要随时准备挨打。15岁那年，一个工头抄起一个厚板子要打我，阿爸害怕我被打残或打死，就站在中间给我求情。因为这个原因，阿爸自己被打成重伤而死。

20岁的时候，我被转手到噶厦政府的拉萨造币厂，在那儿一待就是27年。我的工作就是每天手工压制8000个硬币，少一个都会招来鞭打。每天我从早工作到晚，还挣不来一个硬币的报酬。没过多久我就结婚了，接连有了九个孩子。我和妻子没钱给他们买糌粑，只能用小勺给孩子们每人分一点，分到最后我们自己经常没得吃。

1951年西藏和平解放后，噶厦政府继续掌管地方政权，条件是只要他们许诺不会阻挠改革。但是他们言不由衷，农奴制依然存在着，差役也一样。1956年，他们差我去罗布林卡公园修建达赖喇嘛的新宫殿。

当时我真没了主意，在那里干活没有报酬，我的家人怎么吃饭？那时中央人民政府正在修拉萨机场，工资很高，我去求噶厦官员给我15天的假，我去那里挣些钱帮老婆孩子渡过难关。噶厦官员答应了，但我回来的时候他们却把我告上法庭，罪名是"他宁愿给汉人干活，也不愿意给达赖喇嘛干活"。他们威胁我，要对我使用骇人的惩罚：从头脚处挑开，活剥我的皮。

最后，他们把我投入朗子厦法院下面潮湿的地牢。在地牢里，我想："我们家几代人一直受压迫，现在我的身体要垮了，活不了了，但我必须做一件事，要看到孩子们的生活有所改变。"我设法捎口信给大儿子达瓦，让他不管冒多大风险一定要勇敢去中央政府在建的新电站建设项目找份活儿做。很幸运，他成功了。

在地牢关了40天后，我被放了出来，半死不活的样子，他们直接把我送回罗布林卡去做劳役。你们能够明白了吧，为什么1959年农奴主叛乱的时候，我根本不相信他们说是为我们西藏人的那些话。我知道那是在保护旧压迫制度，这个制度害了我们西藏人，也差点要了我的命，所以我反对他们。他们又一次把我抓住，这一次要真的活剥我的皮，但是解放军很快打败了他们，我也就得救了。我决心一生要为革命工作。

从那时起，我就一直在这个厂子上班。一切都变了，以前我吃的是最差的食物，不仅只有一点点，还经常令我胃痛。现在，我吃的是大米白面，胃痛也好了。过去我只有一件衣服穿，不敢奢想能换身干净的。现在，我有很多衣服，夏天的，冬天的，床上用品也很好，上班时还发有工作服和手套。汉族和藏族同工同酬。厂子领导和我们一起在集体食堂吃饭，吃的都一样，没有什么区别。

过去，我们全家只有一小间房子，屋顶还漏雨。现在，我在厂子有一间房，在城里还有个家。其他上班的孩子也有他们自己的住处。

为了我的健康考虑，工厂最近送我去林芝森林疗养院。那儿的医生都很和蔼礼貌，这是我做梦也没想到的。疗养也确实让我身体好起来了。过去我们生病了，如果还能走动，就会被拖去干活，如果走不动，就只能原地等死。

我一直希望孩子们拥有的已经变成了现实。三个孩子现在在这个工厂工作。女儿巴桑和格桑给车身喷漆，三儿子强巴跟我一起做锻工。大儿子达瓦在电厂，他有五个孩子，孩子们吃穿不愁。二儿子洛桑是共青团员，再小一点的孩子都在上学。群培今年16岁，是少先队的一个队长。

我自己也刚刚成为一名共产党员。

1965年，拉多看起来要比实际年龄苍老许多，这是早年受苦受难的结果。1976年，他看起来没有再老多少，布满皱纹的大宽脸和敏锐的目光还是记忆中的样子。之后我们又见了两次面，第一次是在工厂的工作台旁边，尽管已经过了60岁的退休年龄，他并不愿意停下来休息。第二次是在他家，当时家里人数包括孩子们的配偶和孙子们在内，已经超过30人。拉多介绍说："我们家有七个人是党员，五个人是共青团员；大部分人是工人，还有五个干部，三个医生，其余的都在上学。"

达瓦，大儿子，30岁

"铁匠的臭小子"是我很小就听到的称呼，我永远也想不通，铁匠有什么不好？！从盖房子到做把刀，谁能离得了我们？但是在旧社会，我们却不被当人看。现在是新社会了，我们是领导阶级——工人阶级的主要成员。

我们家九个孩子中，我是最大的。我们肚子老是空空的，房子又湿又冷。我记不起来我们几个有谁穿衣穿鞋是没有破洞的。阿妈让我们去跑腿办事时，狗经常咬我们，在那个年代你没有权利把狗赶走。如果狗的主人是个重要人物，你就得挨鞭打或者被投入监狱。

阿爸埋头苦干，但是却养活不了我们。由于劳动没有任何价值，唯一的办法就是去借高利贷。但是，即使是借高利贷，你也得送礼，送哈达、羊肉或茶叶。我们自己一无所有，为了备礼不得不东借西凑，对于生活的艰辛你甚至不能有任何牢骚。如果阿爸把我们的困难讲给造币厂，请假一两天去打点零工贴补家用，就要冒着挨打的风险，不是被打残，就是被打死。

从九岁起我就外出借东西，这真是可恶！我一露脸，就会招到嘲笑和奚落。我经常想："还不如死了更好，我受不了这些。"所以我十几岁就离开了家，和阿爸商量好由我来承担一半旧债。但是不管我怎么努力工作，债也偿还不清。

我结婚后，我带着老婆孩子再次回到父母身边，然后就躲避债主，向北去了那曲。噶厦官员在那里把我逮住，他们冲着我大声训斥，而我只好长跪几个小时。幸好没有更恐怖的事情发生，否则我今天就不会在这儿了。

后来有了一线希望，阿爸获准在飞机场干两个星期活，他甚至能够赚到一些钱让我去给孩子买衣服，但接着他就被关进监狱，这件事发生在他送我去电站的时候。我永远也不会忘记我被录用的那一天，那是我人生中第一次感觉到自由。很快，人民政府给我发了衣服、脸盆、牙膏和卧具。我把阿爸的遭遇告诉他们后，他们预付了我100元现金。我把所有钱都带回了家，就这样家里有了吃的东西，也可以送一些给监狱里的阿爸。如果不是那份工作，我们全家可能都饿死了。

我第一次感觉到是毛主席和党解放了我们，感觉到自己活得像一个人。你认为我们的旧生活很糟？过去几乎所有的西藏人都生活窘迫，甚至更糟。1959年农奴主叛乱平息前，劳动人民连头都抬不起来。

过去，不管谁伸手去争取一点点新生活，都会遭到反动派的打击。我们电站对面驻扎着一个藏军军营。在叛乱前夜，我们骑车去拉萨，士兵拦截我们说："不要给汉人干活，不然我们就灭了你们全家。"但是我们藏族工人知道，我们和汉族阶级兄弟一起，是为我们共同的未来工作。我们下定了决心："如果汉族同志活，我们就活，如果他们死，我们就和他们一起死。"就这样我们加入了民兵，准备反击。

现在和过去相比怎么样？这种对比不仅仅表现在我们的吃穿方面。以前我们家从没有人上学，现在我的孩子上学了，甚至连老年人也在学习。我已经学会读藏文和一点汉字，我妻子央宗以前是造币厂的奴隶，而且不识字，现在她是市政府的干部，是名党员。

过去，噶厦官员或者高僧路过的时候，我们就必须弯腰低头，不敢看他们膝盖以上，而且最重要的是，如果我们不想骨头被打断的话，就永远不要有任何抱怨。现在，我们厂的领导走访的时候就会问："你们有没有什么困难？"即使我们有一些小问题，我们也不想麻烦任何人，他们总能觉察到，并且问该怎么帮助我们。

整个西藏都在建设之中，我们也在其中。以前，我们的命运是只能劳动，不能享受成果。现在，凡是我们工人建造的，我们就能使用。目前的发展才刚刚开始，再过几年，你会看到更大的进步。

1976年，我真的回到了林芝电厂，并问起了达瓦的情况，他们告诉我达瓦一年前就去世了，病因是高血压引起的心力衰竭——这个病是高原上的可怕杀手。大家说起达瓦的时候充满感情，心怀敬意。达瓦在提升工厂效率方面尽职尽责，做出了自己的贡献，而且成为了一名党员。

后来，在达瓦的拉萨家里，我们见到了他的女儿达娃，那时她已是一名年轻的医学专业毕业生，在仲巴县农村工作。

洛桑，二儿子，28 岁

在绝大多数西藏家庭里，至少有一个男孩必须去当和尚，我们家里就是我。我被送到了色拉寺，但是那里也有穷富之分。从8岁起，我就是一个和尚奴隶。

每一个新人都要有一名喇嘛老师。我的老师叫丹增。11年中间，他没有教过我一个藏文字母，甚至没有教过我怎么祈祷。相反，我整日整夜地干活，做他的仆人。渴了我只能喝冷水，饿了吃发馊了的豌豆泥。一年四季，我穿着同一件破烂长袍。

我给丹增家放牛，如果他不满意，就会把我绑到柱子上，用鞭子打我，直到全身流血。一个冬天的晚上，我睡觉打鼾吵醒了他，他把我拽到井边，脱掉我的衣服，往我身上浇水，直到水冻成了冰。藏历新年大家本该都能吃得好一点，他命令我沏茶，只有他的，没有我的份。茶水煮沸溢出，洒在炽热的牦牛粪灰烬上，他就抓起牦牛粪灰烬往我嘴里塞，并且说："吃你的节日大餐吧。"

他不停给我说："你的命满是罪恶。"但是，他的另外一番话表露了他刁难我的真正原因，这句话他也说了一千遍："你们铁匠孩子有啥好的？"他的意思是别人家里都给孩子老师送礼了，而我家没有给他送礼。

除了服侍丹增，我还得为寺庙干活。根据寺规，所有男孩和尚都应该这样。但是，那些富人家来的男孩就只劳动一天，走走形式就不再干活了。而我的活儿就没停过，年复一年。

最惨的是受到羞辱。一次，达赖喇嘛要来，我的老师说："今天大家理应穿得好点，你这个'黑骨头'[1]会给我们丢脸的。"他拿走了我的衣服，这样我就不会被认出是个和尚。在寒冷的夜晚，他把我锁在外面，我几乎光着身子。我家就在附近，但我没有回去。父母把我送到寺庙，希望我在这里能吃饱饭，接受到教育，我不想让阿妈知道实情，不能让她担忧。

1958年，丹增死了。依照习俗，老师的东西应当传给弟子，但是色拉寺的高僧只给了我一个木碗、一个垫子、一个糌粑袋子和一件旧袍子。他们说："你不一样，别人家很关心自己孩子的老师，你们穷鬼给丹增添了多少东西？！"我的所有劳动看来都根本不算数，他们甚至不让我睡在房子的角落。此后，我就只能睡在屋檐下和墙角处。

1959年发生叛乱时，寺里的高僧和那些他们信得过的和尚都带着枪，一趟一趟地冲向罗布林卡。他们不相信我们穷和尚，就把我们关进念经房，并且命令说："念经！"他们以前从没有给我们时间去念经，我们很多人连一卷佛经也不知道。

叛乱平息后，一个干部工作组来到色拉寺，他们宣布说："现在宗教信仰自由，禁止强迫劳动封建特权，没有人能够强迫你们当和尚。自愿继续当和尚的，也不会有人阻拦。"

我要求回家。我在黑暗中生活得太久，对外面世界几乎一无所知，阿爸和达瓦不得不向我解释好多事情。阿爸说："现在主要的事情就是工作。"就这样，我和色拉寺其他三个年轻的穷和尚一起被介绍到了电站工作。

给我们印象最深的是，这里的师傅和学徒没有区别。熟练工人和技术员几乎都是汉族，由于是新工作，我们难免出错，语言上也有些误解，但是他们从没有大声说过我们，更不用说打我们，威胁我们。他们甚至在工作之余帮助我们，鼓励我们说："你们还年轻，肯定能学会所有这些东西。"

慢慢地，我认识到这不仅仅是一份工作，一个拿高工资享受优厚待遇的地方，我们还是建设新世界的组成部分。1962年，我申请加入共青团。

我觉得在电厂工作很光荣。解放前，拉萨仅有一个小型发电机，只给达赖喇嘛和一些上层贵族提供照明。对于劳动者而言，夜晚是一片漆黑。现在，我们给90%的城市家庭供电。昔日的农奴和奴隶非常贫困，付不起电费，我们就免费给他们供电，我们为穷苦百姓工作。

在我们电厂，藏族人操作修理复杂的机器，很多人都在拉萨和内地省份受过培训，我们自己也为农村新电力单位培训学员。每周四我们带薪全天上技术课,其余时间我们学习自己的语言,学习政治来指导自我解放,因为,我们是工人阶级,是西藏完成革命的先头部队。我们全家都在工人阶级队伍里,这既是荣誉,也是责任。

随后洛桑被送到四川成都一所大学,学习水电技术。

1976年,他担任了电厂车间书记和工会主席。

我发现他和我们上次见面一样,还是那么安静和认真,但没有了年轻时的腼腆。现在,他讲话很成熟很自信。他说:"西藏的进步太大了,我们三天三夜也说不完,这还只是个开始,后面还有很多事情要做。

"上个月毛主席逝世了,我们万分悲痛。但是我们会化悲痛为力量,去实现他的遗愿,为国家和革命做出更大贡献。在中国,取得胜利并非易事,无数英雄为此献出了生命。

"我们决心要提前完成任务。我们是工人,如果做不到这一点,我们怎么能说是站在人民队伍的前头?"

巴桑,大女儿,26岁

八九岁的时候我常常捡牦牛粪当燃料卖,以此来帮衬家里。我只有一条裙子,穿得一年比一年烂,而且随着我长高,裙子也显小了。这条裙子我是白天穿,晚上睡觉也穿。现在,我贴身衣服是棉质的,也有华达呢衣服,睡觉时还有厚厚的被子盖。在还是小女孩的时候,我从未接触过这些东西,就更不用说拥有了。

我有一个孩子,是在自治区人民医院出生的。工厂派车送我去的医院,还给了我两个半月的带薪产假。[2] 在农奴主手下,一个妇女能有两天产假就是奇迹了,通常生完孩子第二天就被赶去干活。我阿妈生我大哥达瓦的时候,就在她当乌拉的地方。当时没有什么东西包孩子,阿妈就用了她仅有的内裤。我的孩子尼玛出生前,新衣服和其他各式东西就准备好了。阿爸告诉我说:"你们年轻,从没有受过我们老年人受过的苦难,不要忘记过去!"想到党为我们做的一切,我便坚持要提前结束休假返回工作,但是厂里不同意。

我是经阿爸的介绍才进厂上班的。起初,我负责烧水煮茶,后来我成为一名钣金工,现在我给车身喷漆。我丈夫桑杰格桑是一个农奴孤儿,早年被送给了哲蚌寺。一次,他肚子特别饿,就吃了一点寺里的献果,他们就把桑杰往死里折磨。桑杰逃走了,但又没地方去,只好又返回寺里,受到了更多惩罚。1959年民主改革中,桑杰在哲蚌寺表现积极,接着就离开当了一名工人。现在他和我阿爸、弟弟强巴一起,在锻工车间上班。大家对桑杰工作表现评价很高。桑杰现在每天晚上都在学习毛主席著作。他说:"这就是我现在的信仰。"

格桑,二女儿,24岁

我也是从很小的时候,就开始做事,帮家里维持生计。在垃圾堆,我找到人家扔掉的旧袜子,通常连袜底都不见了,我就把这些旧袜子拆了重织成东西,给家人用。后来,我做了保姆,1963年我到这家工厂工作。我和巴桑一起,在喷砂、油漆和喷漆车间。我丈夫仓央也一样,他是四川阿坝藏族,来拉萨朝圣。1959年前,他在哲蚌寺当喇嘛。现在,他是一名模范工人和民兵队员。

强巴,三儿子,21岁

家里年长的人都在外面挣吃的做乌拉,我和年龄小的则待在家里。冬天,我们冻得直哆嗦,让脚暖和的唯一的办法就是跑到屋外,把脚放在别人刚刚倒掉的炭灰中。因为年龄太小,不知道什么时间拔脚,所以烫伤了脚。现在还有伤疤呢。

我们住的地方离工厂不远。尽管那时候家里没人在厂里工作，我还是经常去工厂，站在食堂旁边。汉族工人心领神会，总会给我点吃的，我不但自己吃，还给带回家。我想尽我所能去帮助家里，所以每逢节假日我就步行到拉萨，在大昭寺附近乞讨。

1959年后，一些同志注意到我能唱歌，于是我便进了宣传队。1963年，在阿爸的建议下，我到了他的锻工车间工作，这就是我从一个乞丐到一名工人的故事。现在，我不仅有技术，吃得好也穿得好，还有自己的自行车。我喜欢运动，也帮着教唱革命歌曲，给我们的业余文工团排练节目。

1976年我再次见到强巴的时候，他仍在汽修厂当工人，而且成熟了很多，也有了自己的小家。

群培，四儿子，16岁

我们在崭新漂亮的拉萨人民文化宫前见到了群培，当时少先队员正在这里集会。群培是他们学校少先队文艺部的负责人，扛着队旗。

"长大后你想干什么？"我问他。

"当个工人，像我阿爸那样。"

后来，我把这些告诉给了拉多。

拉多很是满意，并且说："他说得很对。每周我们家聚会的时候，我会跟他们说：'不要忘记过去和现在的差别。'怎样才能证明我们没有忘记呢？要通过发展生产。如果我们都不去建设西藏社会主义工业，还有谁会建设呢？"

1976年我们再见面的时候，拉多家的大客厅墙上挂着"光荣之家"牌匾。这个牌匾是国家颁发给有为国家和社会主义捐躯的军人的家庭的。这牌匾代表着年轻的群培，他几年前当兵服役时牺牲了。

"光荣之家"旁边还有很多颁发给拉多及其子女的"模范工人"牌匾

和奖状。活着的和已经去世的因为同一个目标紧紧联系在一起。

洛桑补充说:"阿爸经常召开家庭会议,要求我们牢记昨天的苦难,珍惜我们的今天,努力建设我们的明天。阿爸年龄虽长,但思想很新。他给我们上了很好的一课,他的行动和工作热情更是这样。"

就像11年前一样,在我们又一次离开之际,他们老老少少涌到门口,和我们热情握手告别,告别的话也几乎和11年前一样。

"一定要回来呀,不要过太久。你们会看到我们西藏更多更大的变化。"

【作者注】
[1] 这是对从事铁匠工作的人贬损性的称呼。
[2] 中国整体而言产假为56天,但是在西藏自治区产假为75天,因为高海拔给产妇身体恢复和婴儿生长带来了额外的困难。

畜牧业

第二十二章 草原上的新太阳

西藏3/4的面积海拔在林木线以上,这些地区只能长杂草、不能种庄稼。西藏的动物有牦牛、牛、羊、马、驴,其数量是人口数量的十几倍。西藏有1/4的人口从事着看养动物的工作。

在我进藏采访间隔的几年里,那里的草场及其利用率都有了提高和改善。从1959年农奴制废除到1965年我再次进藏,西藏的牲畜数量增长了35%。1976年,牲畜数量已经比1959年翻了一番。其相关产业的巨大潜力也渐渐显现出来。西藏的羊毛、皮革以前都是未经加工就售卖,现在它们都将在本地的工厂加工之后再出售。人们也在谈论奶制品和罐装肉的广阔商业前景。

显然,这对于西藏自治区乃至整个中国的经济都是非常重要的,因为自古以来,西藏的养殖业在整个中国的经济中就起着非常重要的作用。自唐代以来,康定[1]和其他一些地区就设立了"茶马市"。在"茶马市"上,藏族人民用牲畜及畜产品换取汉族地区的茶、丝绸和其他物品。但是由于汉族居住区和西藏地区的社会当时都处于封建时期,产品和交换都很有限,而且受制于民族压迫和社会压迫。

19世纪40年代后,帝国主义侵略者打开了中国的大门,西藏也遭受重创。其结果是,国内的贸易往来日渐衰弱,劳动人民遭受更残酷的剥削。一方面,大量涌入的外国物品严重摧毁了当地的手工业制品。另一方面,封建领主为了售卖更多的产品来换取外国的奢侈品,他们压榨农牧民,让他们生产更多的产品，尤其是羊毛。不管是在山脉环绕的西藏还是在地势平坦的东部平原，这样的压迫不可避免地导致国内的反动派和国外的帝国主义侵略者勾结起来共同压迫劳苦大众。沿海省份的军阀、官僚和买办喜欢开凯迪拉克车、喝苏格兰威士忌酒、送孩子上昂贵的外国学校。在拉萨，受传统束缚的大贵族和僧侣也开始穿用英国布匹缝制的衣服（不再穿当地的氆氇），这些布匹价格昂贵。他们还吃澳大利亚奶油、喝进口的奶粉（在有很多牛的地方）、用带金色笔帽的派克钢笔、戴劳力士手表，以此作为他们新的身份象征。还有不少人在印度的噶伦堡和大吉岭另建房屋。每年，他们在那里挥霍赌博几个月。由此而来的结果是，西藏的穷人为这些人的奢华生活买单，穷人越来越穷。

和世界上其他地区一样，历史上，西藏的市民、农民最初和牧民比邻而居，但后来牧民越来越穷也越来越落后。在旧拉萨，富有和贫穷之间的鲜明对比达到了极致，那里成了剥削和压榨牧民的中心，其程度不亚于以前阿拉伯世界对衣衫褴褛的贝都因人的压榨。城里高消费者都是占有一定农场的贵族，他们中的最富有者定居在城市里，这使得他们的奴隶更加贫穷。奴隶们去拉萨不是去干活儿就是去朝拜——他们受着高层神职人员的双重压榨和抢掠（这些高层神职人员既是领主，拥有大量的土地和奴隶，也从宗教供奉里获得收益）。牧民们被分编到不同的部落中；对于那些驱逐出本部落或精力过剩不安分的牧民，则通过刻意的暴力惩罚示众来确保他们依然服从管理。

另外，长久以来，西藏的牧民们已经失去了作为族群存在的独立性。例如在中东部，部落首领既压迫族人，也保护他的亲人不受城里和庄园里封建势力的压迫，或者经常带领他们袭击这些有钱的地方。这些游牧部落变成了为城镇里的贵族和寺庙输出农奴的源地。他们的头人依领主意志每三年更换一次，这些头人在剥削来的收益中拥有自己的份额，但他们担任头人的条件是要能保证带领部落做劳役并向领主缴纳赋税。[2]

藏语里牧民叫作卓巴，居住在用牦牛毛做成的黑色帐篷里。他们只有羊皮衣服，其也是他们的被褥。他们在夏季和冬季牧场间来回迁徙，这些牧场是由他们所在的部落世袭而来，但事实上，长期以来，这些牧场早已成庄园的分部了。他们看护的牦牛和羊群绝大多数都属于领主们。

根据"吉美其美"条例[1]，原本"托管"给他们或他们祖辈的牛羊必须保证数量不变，缴纳劳役和赋税后增加的牛羊理应归牧民所得。然而事实上，在旧西藏，近1/5的牧民没有任何自己的牲畜。其原因在于许多"托管"的牛羊数量事实上是在不断减少的，有的甚至会死得一只不剩。在这种情况下，亏损或死掉的牛羊就会变成沉重的债务，这些债务的利息很高，以至于每过几年债务总额就会达到惊人的数目。债主们故意让这些债务无法还清，这样就使欠债者——牧民以及他们的后代沦为永久的奴隶。

牲畜减少并不是牧民们疏于看管或防范，而是由于他们所受的剥削太重。他们被迫制作大量的酥油用作供奉，为此他们不得不使用大量的鲜奶，这样一来，幼畜们就吃不饱。成年牲畜的情况也好不到哪里去。没有牲口棚，牲畜常在暴风雪中走失；没有兽医，牲畜也常病死；有的牲畜在运输中途掉下冰封的山路摔死，有的在耕种时累死。不管出于什么原因，只要有损失，都计入牧民名下。

牧民及其家人夏季主要以乳清为生，冬季只能吃一些干凝乳。他们唯一能吃到的肉是病死或摔死的牲畜。粮食必须自己买，一日三餐很少能吃到，有时甚至压根儿没有。代替粮食的是难以消化的草籽，他们将草籽熬成粥。为了增稠，做这样的粥时，通常会用碎骨头熬汤。富含营养的"藏族饮品"酥油茶非常适宜在高海拔地区饮用，然而它却是牧民们遥不可及的梦想。一个贵族或上层僧侣一天喝30~40碗酥油茶，而大多数牧民所喝的酥油茶是由一种野生的树叶来煮成的，他们在叶子煮出来的水上盖一层纸一样薄的酥油。喝的时候，牧民们小心地把酥油吹到一边，以便在喝最后一口时还有酥油。

牧民们的生命是没有任何保障的。丢失了牲畜，他们不仅要被罚钱，

---

[1]［译者注］意为不生不死。即领主将其牲畜租给牧奴，不论牲畜生死，永远按定额向牧奴收取畜租。

还要接受鞭打、断手足甚至处死等肉体惩罚。缺乏必要的防护使得常见疾病或轻微受伤都成了致命因素。儿童死亡率很高,老人的数量也很少。在农奴制下,高原上的人畜数量都逐年递减。

1955年,住在拉萨的一位农奴主贵族毫无掩饰地告诉我他是如何收取牧民旷工费和各种税负的,因为这对他来说是司空见惯的。他虽然已经多年未去庄园,但却通过管家来收取租子。在他的每处庄园里,农奴们饲养21头牦牛,并负责用这些牦牛所产的奶制作酥油。农奴不得不每年长途跋涉去拉萨上交酥油,他们把酥油打包,由60头毛驴组成的驮畜队运输,每年四次,每次历时15天,这些劳动都是无偿的劳役。20吨酥油就这样年复一年地运送出去。它们存放在贵族家在市镇所开的货栈里,然后售往拉萨的各个市场。("最好在货物紧缺时售卖,这时能卖上高价。"那名贵族得意地解释他的管理之道)酥油装在牦牛皮袋子里,有12个月的保质期,但有时候也会中途变坏。如果变坏,它们就会以低价售出,用作酥油灯的灯油或用来软化皮革。

除了直接收取产品或视劳动为供奉或偿还债务外,西藏的牧民也因强买强卖而受到剥削。实际上,那些商人们就是庄园里的贵族,他们都对"顾客"有封建特权。牧民们向我诉说他们是如何被迫去"购买"一把进口的印度糖(15块),又是如何被迫用一整只羊及整个下一季的辛劳为这些糖买单的。一口铝锅的价格抵得上一头牦牛。一块砖茶在牧场的价格相当于它在拉萨的两倍。一小块糖,在印度购买时很便宜,但在拉萨出售时价格翻十番,或者可以用五张羊羔皮来换取它。这不再是简单的如前所抽象描述的"城镇对牧场的剥削"。更具体地说,这是西藏统治阶级对农奴的剥削。在这种强制的不平等交易里,即使有些农奴设法获得了一些牲畜,也会很快失去对它们的所有权。

※　　　※　　　※

1951年西藏和平解放后,牧民的命运和农民一样有了一些好转。在修筑公路时，中国中央政府和人民解放军付给修路者的报酬很公平，雇来做运输用的牲畜也付给了合理的租赁费。中央政府和解放军从未用过强迫劳役，尽管当地的封建统治者主动提供过。中央政府和解放军还给农牧民们免费看病，他们的牲畜生病了也不用再花钱治疗，政府还为草原上的穷苦百姓提供无息或低息贷款。尤其是1954年干线公路修通后，国营贸易开发了羊毛和皮革交易市场，向消费者提供价廉物美的货物。然而西藏的统治阶级——那些掌管着地方政治权力和大量农牧产品的人，却百般阻挠这些措施的实施，或者他们会将其变更为对他们自己有利的措施。对牧民们来说，人民解放军的到来还有另一层深远的意义，那就是：通过活生生的例子无声地向人们传播了生活可以改变的思想。这样，就让人们脑海里有了实现这种生活的渴望。

1959年，农奴主叛乱平息之后，人们的这种渴望变成了现实。牧场上实行了民主改革，这次改革有许多自身的特征。

在西藏农区实行的"三反"也同样有自身的特点，即，从此为反动叛乱、个人劳役和徭役画上了句号。和他们的田产一样，叛乱者的牛羊也都充公，被划分成若干份后分给穷苦人民。

但是在庄园主没有参与叛乱的地区，没有实行像农田一样补偿性分发的政策，实行的是"牧民和庄园主双重互惠"政策。

政治上实行统一战线的政策。经济上则充分考虑到了牲畜也是一种消费工具，不像土地，纯粹是一种生产手段。土地是不能破坏的，然而一个人一天就能将一群牛羊杀光或将它们全部驱散，即使他并非心怀怨恨，而仅仅是被谣言迷惑或对某些事情误解。土地受损了，第二年还可以再长庄稼。但是牛羊群没了，不仅现在的物质没有了，也会影响未来的生产。因此，为了人民和革命的利益，农牧经济的转变必须与保护同行，否则，未来将留不下任何可以改变的东西。

在"双重优惠"政策的指导下，牲畜的所有者还和以前一样继续享有对牲畜的占有权，这些牲畜也依然由以前放养他们的牧民看管（虽然现在的牧场已经是公共财产）。但是牲畜的主人不再享有对牧民的所有权。他们对牧民不再有任何的封建特权。牧民现在也不再需要偿还以前的债务，不再需要对因自然原因而导致的牲畜量减少而负责，而且，他们也不再是农奴，他们也可以因为放牧而向牲畜的主人索要报酬。现在劳动的报酬通常以分给牲畜的形式来支付，比如分一半的幼畜，分给双方认可数量的产品——牛奶、羊毛等。在这种新型关系中，牲畜的保护及其数量的增加对劳动者和牲畜的主人有直接利益。不断完善的兽医和其他相关服务促进了牲畜数量的增加。

此外，生活质量的提高和收入的增加也因国营贸易代替封建交易而加速推进。在国营贸易中，农牧产品的收购价更高，而牧区采购的货物价格更便宜。1965年，在西藏，我发现从中国其他地区运进来的制成品在拉萨和在北京的售价大致相同。在牧区，由于废除了地方上的不平等政策，这里的花费也和拉萨基本一样。因为那时，这里已经有了新的国营贸易网，全区有160多个大仓库，有800个供销合作社可以将货物送到村庄和牧区帐篷。同时他们还收购当地产品，销售其他地方运来的产品。货品的定价中包括一小部分交易费，这些交易费用于支付贸易单位的地方开支，但不再有中间受益人。

这样，1965年，草原上人们的关系已经从旧的封建奴役转变为自由的个人放牧。在某些情况下，牲畜的主人通过支付劳动报酬来雇佣别人为他放牧。这是否意味着即使在西藏的城镇和农村实行了社会主义政策，牧区的资本主义思想依然会激增？答案是否定的，因为人们告诉我们这些并不能成为这种变化的动力。首先，社会主义国家政权，社会主义的交换和人们之间日渐增长的社会主义意识已经不允许再走那样的道路。其次，随着牲畜数量的增加，曾经遭受苦难的牧民们拥有的牲畜量远远大于原来牲畜主人的拥有量。在这种新情况下又产生了一种新的经济矛盾，这种矛盾推动事情朝另一个方向发展。

昔日的穷人通过政府资助贷款组成牧民互助组。1965年，互助组数量已达4503个（1581个是全年性的，其余的则是季节性的），他们占了西藏畜牧从业者的一半。他们不必再为牲畜的主人劳动，他们也不想这么做，因为他们自己的牲畜越来越多，这些牲畜也需要有人看管。例如，那曲的一个互助组，在1959年时几乎没有什么牲畜，但在1960年分发叛乱者的牲畜后，他们人均占有牲畜12只，到了1965年，这个数目增加为28只。

此时，牧主发现雇佣劳力越来越难。他们被迫顺应日渐壮大的公有制经济。他们可以申请加入互助组，但是不能担任领导职务，因为自从共产党执政以来，越来越多的穷苦大众团结起来，而且也有了阶级意识。牧主还有另一种选择，那就是向那些替他放牧的人支付劳动报酬。但是这不再是雇佣和被雇佣的关系，而是集体主义早期的契约性关系。到1965年，这种新型的合作已基本取代了以前牧主直接雇佣牧民的方式。互助组不可能再像个人一样由于贫穷或个人身份而被迫接受他们认为不利的规定。

最后，还有第三种方案。牧场主可以申请加入公私合营的股份制养殖业（以他们分得的牲畜作为股份）。此时，他们仍可获取利润，但不能获得掌控权。

在所有的方案中，社会主义经济都占据主动权。社会主义经济可以没有牧主，但牧主没有社会主义经济却不行。社会主义经济允许集体化逐渐实现，这是从人们的长久利益考虑，而不是因为牧主的势力。

至于阶级权力问题，其决定因素是国家各个层面都表现出昔日农奴和奴隶享有政治最高地位，这些人拥护共产党，越来越多地加入了共产党。向社会主义经济的转型虽是逐步推进的，却是不可逆转的。1965年，中国的其他地区，经过同样的改革后，已经成立了农村公社。西藏农村公社的成立要比这些地区晚好几年。

中国的牧区居住的大多是少数民族。早期的冒进会给这些民族群体里的反动派提供可乘之机，他们会利用人们脑海中过去汉族统治阶级压迫大家的记忆，以"保护民族传统（实质上指的是他们自己的剥削）"的特殊诉求来动摇中间力量，甚至是一些劳动人民。因此在西藏，去孤立和打击每一个阶段妨碍进步的主要阻力，去赢得大多数人的支持，都需要比其他地区更加谨慎。最重要的是，所有的工作都是帮助昔日的贫苦人民及被压迫者，那些不可或缺的主力军。通过教育和自身实践，去帮助他们认识到,他们才是自己民族的真正主体。他们的利益,不管是从民族上还是从阶级上讲,都和中国的其他劳苦大众一起,存在于革命之中。

※　　　※　　　※

在西藏的民主改革中,牧民们也开始认识到,在自然界面前,他们可以更勇敢、更高效一些。以前他们把自然界看作是神灵和魔鬼的地域。

一个例子就是消灭草原上的害虫。草原鼠是西藏的一大害,过去人们对它怀着迷信般的敬畏。据说一旦杀死一只草原鼠,哪怕是无意为之,下辈子都会变成动物。因此这些草原鼠以成百万的数量在增长,不仅破坏了地面上的植被,也毁坏了地下的排水系统。1965年,灭鼠器和耗子药已经大面积使用,其他灭鼠措施也已经非常普遍。

繁殖迅速的草原毛毛虫是草原上的另一大害。以前人们认为踩死毛毛虫是"有罪的"。现在人们使用杀虫剂来消灭它,而不再用祈祷的办法了。人民政府为这场灭虫运动提供了专项资金。

牛瘟、炭疽热、口蹄疫以及其他牛羊疾病,以前主要是靠人们花钱请喇嘛念咒的办法来治疗,现在都已得到控制。1965年,西藏已经有了研究站、疫苗工厂以及兽医服务网点。网点分管71个县及其下辖的区和区下面的各分部的兽医医疗服务工作。除了兽医专业的毕业生,牧民们也接受了接种、疾病预防和治疗的一些培训。1965年一年就接种了900万份剂量的疫苗(1951—1959年,八年间才共接种了30万份剂量)。

除了这些措施外,政府还致力于农牧民养殖水平的提高,并给予多方面的帮助。如在西藏第一次种植饲料作物,组织牧民在遇到自然灾害时互帮互助等。遇到灾害时,牧民可以赶着自己的牲畜到不属于自己部落的草场上去,那些草场上的人们会把他们当成客人一样欢迎,不再像以前一样由于妒忌而举着枪瞄准他们。1959到1965年,牲畜的死亡率下降了70%,这就是变革的好结果。

※　　　　※　　　　※

　　我在1955和1965年都访谈过一些牧民，十年间，给我的印象是他们处在两个不同的社会，他们的精神世界也有迥然的变化。

　　1955年，在拉萨北部的羊八井镇，我遇到的第一位牧牛人（牦牛）穿着破烂的羊皮袄，衣服胡乱地别在一起。我们走近他时，他仓皇地从我们眼前逃开、躲避照相机的拍摄。他害怕领主动怒。"你们得到头人的许可了吗？"这是他见到我们时惴惴不安询问的第一个问题。即使我们有头戴"嘎乌（贵族们常戴在头上的用绿松石镶嵌的护身符）"的噶厦政府人员的陪同，也无济于事。此后，我们在黑帐篷找到了另一名牧民，这个帐篷里住的并不是那些最贫困的牧民。他在和噶厦政府官员低语过后，同意了和我们交谈。尽管他竭尽全力装出在那种情形下最好的表情，他的行为还是向我们说明了很多。他在为哲蚌寺放牧，因为他的家族属于这里。他自己几乎没有什么牲畜。他第一次挣钱是在修公路的时候。那时，他偶尔会向筑路工人或游客售卖牲畜、牛奶和酥油。我们开吉普车去拉萨需要4个小时，他赶牦牛去需要7天。在赶着牦牛去拉萨时，他会以牲畜肉以及家人编织的牦牛毛口袋换取少量的生活用品。（比如，他一年到头从不买一件衣服）考虑到他的奴役身份，我们不便再问他太多[3]，因为那时他明显很紧张。

　　1965年我们再次去了羊八井。放眼望去，不再有散乱的帐篷。取而代之的是整整齐齐的白墙金顶楼房，这些楼房屋顶的金属在太阳照耀下闪闪发光。公路旁也出现了许多旅馆、停车场和加油站。牧民们来这儿或售卖他们的产品，或购买他们的日用品，或让兽医们为他们的牲畜免费诊治。有时他们还会在客栈里吃顿便饭喝点啤酒。

　　继续前行70公里，我们来到当雄牧场，遇到了老朗吉。他见到我们及同行干部，一点都不拘束。简单交谈后，他挥手招呼我们在他身旁的矮草上坐下。他饱经风霜的面庞和身上的羊皮袄，让我们觉得他和我们1955年所见到的那些牧民已经不一样了。最大的差别就是他的言谈举止和精神面貌。

老朗吉若有所思地盯着他的烟卷，不卑不亢地回答了我们的所有问题。他告诉我们，在民主改革前，他要为色拉寺服12份劳役，但现在他所欠的那些债务全都一笔勾销了。谈到他喝的茶，他说在旧社会他从来没喝过。1959年以前，他没有任何牲畜，只能从他自己负责看管的几头牦牛身上挤一点儿牛奶、剪一点儿牛毛。现在，他有好几头牦牛，还有羊。他们家族的其余26户也是如此，其中21户以前和他一样一无所有。

"还有其他变化吗？"我问。老朗吉使劲点点头然后开始掰指头算。"我们可以上山砍柴了。以前喇嘛们是不允许我们砍的，说那些山是神山。牧场也平均分配了。我们给自己干活儿，不再有抢夺者和强盗。牲畜也好几年不再发炭疽热病了。"

当老人的话匣子打开后，他接着说："最大的变化还是互助组为我们带来的好处。

"在旧社会，如果一家放养四种牲畜，每一种牲畜就得一个人照管，哪怕这种牲畜只有一只。现在，我们把牦牛集中在一起放，放羊也是这样。每一种牲畜，我们挑选最好的劳力来照管。因为不需要再服劳役，我们就有时间做副业。我们组通过砍柴、织氆氇、编绳子、跑运输挣钱。现在，我们部族派出40只牦牛从北部的湖泊运盐，以前只能派出6头。这一切都意味着我们的收益要远远好于当年只能把酥油卖给政府的所得。"（虽然他没给出具体数字，但我们打听到，有其他牧区互助组通过这些副业，人均收入从1960年到1964年增加了8倍。）

老朗吉继续道："过去放牧时，我们把公母牲畜随机地混在一个群里。现在我们把它们分开来放，繁育最好的品种。我们用盐水冲洗母牛、母羊的阴道，确保它们能受孕。我们用枪来打狼。年轻人已射杀了很多狼，现在狼已很少见了。牛犊和羊羔也得到了更好的照顾，因为有人日夜看护着它们。我们还盖了防暴风雪的防护棚。"

大风突然刮了起来，云团涌了上来，这是高原上最典型的天气突变。牧场刚才还阳光普照，霎时天色暗了下来，气温也会骤降20度。老朗吉习惯性地拉紧了羊皮袄，将他裸露的胸膛和肩膀包裹起来。我们都打了个冷战,他注意到这一点,便邀请我们去不远处他的房子,那是民主改革后他分到的。那是一座用草皮和石头搭建起来的低矮房子。屋内的墙壁因常年燃烧牛粪而熏得油黑发亮,但是房间里很干净很整洁。打理房间的是他的老伴儿,一位和他年纪相仿、身体硬朗的妇女。和老朗吉的清瘦、结实、不温不火不同,他老伴儿明显要比他胖很多,也热情很多。

围坐在他家的火炉旁,我们了解到虽然他干活时贴身穿的还是传统的羊皮袄,但老朗吉已经买了一件厚实的冬衣,同时他还买了一件藏式棉布袍和一条裤子以备特殊场合使用。他说:"这些都是我自己要用的,我从国营商店也给老伴儿和儿媳妇买了很多衣料。"

短暂的狂风怒号过后,温暖的太阳又露出了笑脸。我们打算离开。当我给老朗吉和他老伴儿在他们门口拍合影时,他饱经风霜的脸变得柔和起来,还将老伴儿的手拉过来握在自己手里。他老伴儿笑起来仍像个姑娘。要是农奴的话,他们这个年龄早做好了无助死去的准备。显然现在,他们看到了自己的新生。

后来,我们又开着吉普车,穿过草原,直奔一个山边营地。小山下散落着大大小小的黑色帐篷。羊群在帐篷周围吃草,步履稳健的牦牛从斜坡上直直向最高处爬去,远远望去,那些峭壁上的牦牛如同苍蝇般大小。牧民们告诉我们,牦牛并不用集中起来放牧,而是三三两两分开放养。牛群有头牛,头牛回家时,其他牛会自然跟着一起回来。

在这个营地里,人们都只穿着羊皮袄,这就和妇女们在脸上涂抹赭石粉和松脂油的作用一样,是为了防止皮肤过度暴露在太阳下晒伤。羊皮在帐篷内到处都是,它们大多数被用作坐垫和床铺。有些帐篷里也有地毯。老阿妈们在逗弄着小婴孩,老阿爸们在编着牛毛或羊毛绳,年轻的妇女在打奶、用牦牛角制成的细颈瓶盛着粥糊喂养刚出生的牛犊和羊羔,也有人在用咕咕作响的搅拌器打酥油。男孩子转动着头顶的羊毛投石索,他们投掷的是圆溜溜的鹅卵石以求投远投准。在每一个入口处都有装奶酪的羊毛袋子,奶清从袋子里汩汩流出。袋子里的奶酪可直接食用,凝乳则需要风干到冬天再吃。人们看上去兴高采烈、营养充足。牲畜长得又肥又壮、不计其数。

我看着他们，想起了另一个地方。两地相隔甚远，但都有着同样的风景，那里的人们和西藏的人们惊人得相似（从体格、舞蹈、服饰、工种看），那就是美国新墨西哥州的高原草甸。在20世纪40年代后期，我曾到那里和印第安纳瓦霍人交谈过。那时，美国正在向许多国家倾销过剩的农产品以预先阻止他们革命。但是包括纳瓦霍人在内的许多老人和孩子却因营养不良而生病或死亡。这时政府机关介入进来，印第安人事务局对于改变这种局面只有一种建议。由于纳瓦霍人牧养的牲畜数量已经超出了灌木丛生的草原承载量，他们的土地面积因为这些草原而被压缩了，因此有人建议杀掉一些牲畜来避免他们已经不再稳固的生计遭到毁坏。资本主义，从一开始直至帝国主义阶段，给世界上最富饶土地上的美国土著带来了大屠杀，然后是拘禁、最后将他们引入死胡同。虽然西藏人要比美国人穷得多，但在中国其他省份的帮助下，他们已经开始扫清奔向社会主义的障碍，消除一些制约牧区少数民族发展的因素。因此在社会主义最初阶段，这里的人口和畜牧量没有减少反而增加，而且还在不断增长。

1965年，西藏劳动人民享有和中国其他地区公民一样的权利，他们主宰地方事务，在8亿人民的帮助下，他们在自己的土地上发展自己的生产资料。

在我第二次去西藏前，斯坦·斯坦纳1964年5月22日在纽约的《国家》中写道，美国公共卫生署统计出印第安人的平均寿命是42岁，而美国人的平均寿命是62岁（单就白人而言，寿命会更长）。其中婴儿死亡率占印第安人死亡率的21%，美国人的婴儿死亡率为6%。在西藏全区，人均寿命迅速增长，婴儿的死亡率也急剧下降到和内地一样的水平。这就是外国曾经一度所说的西藏"种族灭绝"！

我脑海里也浮现出几个月前我在中国见过的其他牧场，那是中国的内蒙古自治区，那时它已实行了18年的民族自治政策（甚至是在全中国解放前，在中国共产党的领导下实行的）。在那里，以前的游牧民族已经定居下来。供牛羊冬天吃的饲料是在用拖拉机深耕过的土地上种出来的，羊用电气化剪毛机剪毛，许多牧场还有了自来水井，还有一些牧场可以实现电力灌溉。以畜牧业为主的区县已经有了羊毛、皮革加工厂和奶粉加工厂。来自牧区的内蒙古人，有的现在已经在自治区包头市的各个大钢铁厂以及呼和浩特的现代化纺织厂、农业机械厂上班，有的还去内蒙古大学上学。广阔草原上的牧牛人和牧羊人骑在马背上时已经可以收听晶体管收音机里播放的节目。因为有了足够的思考时间，他们在向我们谈论他们听到的事情时，都特别有见地。虽然像西藏一样，内蒙古以前是农奴制（但这十多年前就废除了），但其教育水平和繁华程度已经超过好多内地省份。

这些是西藏也能做到的事情。

【作者注】

[1] 以前叫作康定县，在藏语里称为达者都。

[2] 这是拉萨管辖下的地区里盛行的情况。在中国其他藏族人居住的地方（四川、青海、甘肃等），有时，部落自治的程度更大，例如，青海果洛地区的人传统上是勇士和突击者。

[3] 更多有关当时牧民困境的内容可在第9章"控诉者"中看到。

第二十三章 牧区的社会主义道路

1976年，西藏90%的农牧民都加入了公社组织。

从拉萨北行，我们再次来到了羊八井镇。1955年，这里零星散落着一些帐篷；1965年也只是在公路边出现了公路站和供应站；现在，这里已经是一座繁华小镇，服务于草原，为过往车辆提供的服务设施也有了很大提高（公路站旁边停了许多车，我们数了数，路上行驶的还有100多辆）。这里也将建造西藏的第一座地热发电站。

我们继续驱车前往当雄，路途上看到的都是一侧被冰雪覆盖的念青唐古拉山脉。当雄县占地面积1.2万千平方公里，有高山，有牧场，平均海拔4200米。近十年来，这里的人口已经增加了1/3，现在有大约2.3万人；人口密度平均每平方米不足2人（但每平方米的牲畜超过50头）。

同1965年老朗吉生动描述的情形相比，这里的社会发生了更大的变化。昔日隶属喇嘛庙的农奴已经成为个体放牧人，自己拥有牛羊群，不管政治上还是在经济，他们都获得了解放，主要在互助组里忙活着。1976年，当雄再细分成29个公社，这些公社分布广泛，每个公社有若干个互助组作为放牧单位，共放牧62万只牲畜[1]，平均每人30只，比10年前增加了一倍。

1955和1965年，当雄依然无工业可言。1976年，这里已经有了水力发电站、农业机械厂、硫矿和泥炭矿，都属县里管理。公社和队里开办了木柴和金属加工厂、石灰窑和砖厂。除了牦牛帐篷，许多牧民已经有了定居的房子，有了水力磨坊、陶器加工以及编织篮子、缝制驮鞍和衣服的手工制作小组。

牲畜饲养机械化还处于萌芽状态。29个公社共同拥有12台拖拉机，这个数量在其他地区可以忽略不计，但在西藏牧区却有着非凡的意义。更普遍的进步表现为：几乎每个生产队都有胶轮马车，而且这橡胶轮胎是安装在滚珠轴承上的；他们还有不锈钢的手摇打奶器和奶油搅拌器，当地的供应站前些年共卖出几百件。1965年时，我没看见有马车，而且他们用的所有奶油搅拌器都是传统的木质活塞式的。

我所采访的五个牧区生产队已经用上了小型发电机发的电，这些电足够带动小型机器，足够照明使用。

当雄只有三个公社没有能行驶机动车的道路，其他公社都有这种道路，一些道路上已经有公共汽车在运营。1965年，我们只能在青藏公路上看到汽车。

医疗事业的发展也是惊人的。（当雄县医院在"医疗卫生事业"一章叙述）

当雄的兽医服务很普遍，这一点从我采访其五个兽医服务区站中的一个就能看出来。全县有300名既现代又传统的"赤脚兽医"，该区站下就有65名。有人告诉我们，仅这一个站，1975年就接诊30万例，还向牧民们传授了基本的兽医技术，并送一部分人去县里继续学习。通过疾病的预防和控制，这里已经几乎消除了口蹄疫、牛瘟、炭疽病和牛肺炎。此外，国际上通用的疫苗、药剂以及传统的西藏草药及针灸术都在这里广泛使用。不管是专业的兽医，还是"赤脚兽医"，都以人工授精技术帮助牲畜提高繁殖率。这些多方位努力的结果是，牲畜的成活率和健康水平大大提高。

两名县委书记中有一人是兽医专业出身。他就是龚达希，1959年从上海来到西藏。他的藏语已经说得很流利，还娶了一名藏族女子为妻。人们满怀深情地称他为龚扎西，这是他名字的藏语发音。牧区的其他干部也都接受过不同程度的培训。春季牲畜爆发流行病疫情时，他们时刻随身携带着急救箱。

教育方面，以前当雄的文盲率几乎是100%，现如今73%的孩子都有学可上。这些学校中有1/4是县公办学校，还有55所是在政府扶持下公社和生产队共同开办的"人民学校"。大约1万人接受的是成人教育，约占就学人数的2/3。

当雄有132座小型的可以外借图书的图书馆及阅览室。还有120个读报组，识字的组员看完报纸后，在工作间隙将他们看到的新闻讲给那些不识字的组员。电影通过当雄的7台流动放映机放映。县广播站由16个有线广播队组成，这些有线广播队会转播一些重要节目，也播报当地节目。业余演出队和歌舞队有600多名成员。他们自己编写剧本，这些剧本大多数以当前当地发生的一些事情为主题。

县级的工作岗位中藏族干部占60%，区级的工作岗位中藏族干部占80%。公社和互助组的干部均为藏族，有一名女性副书记兼县革委会副主任。总之，女性干部只占干部总人数的1/10。

以上所有的数据都来自县委书记龚达希。

革委会副主任卓玛30多岁，她向我们讲述了当雄从牧区互助组向公社转变的过程。

20世纪60年代早期，互助组以分配叛乱农奴主（大多数是大喇嘛）的牲畜所得财产为基础建立起来。一个组最多由30个家庭组成，最少时只有3个家庭。她说，在农业上，互助组较过去是个进步，但这不能避免新的两极分化，或者说不能避免剥削再次出现。当较穷的牧民没有粮食吃时，他们就向富裕的人去借，以牛做抵押。这样一来，有时他们就会失去在民主改革中分到的牲畜。

面对这种情况，以前在牧区实行的"不均分没有参与叛乱的牧主财产，不划分阶级"的政策就发生了变化。这种政策的初衷是团结一切可团结的力量，同叛乱者及农奴制度做斗争，但现如今，它显然过时了。现如今的斗争只有一个，那就是能为大多数人带来福音的社会主义道路与资本主义道路之间的矛盾。鉴于此，兴起了一场大运动，也制定了新的阶级路线，并采取了相应的行动。

收入的75%或以上是通过剥削得来的人被划分为牧主；除了保留和贫牧的平均水平一样数目的牲畜外，他们的其他牲畜全部没收充公。[2] 剥削得来的收入占总收入20%～75%的人被定为富牧，他们的牲畜要全部被赎买，但他们可以买回和中牧的平均水平一样数目的牲畜。如果剥削所得的收入在30%以下，被定为中牧，他们的财产不动。

贫牧指的是那些只靠自己的劳动生活，所有财产全从社会主义得来的人。他们被看作是成立公社的动力和中流砥柱。中牧也同样享有社员身份，所有的努力都是使他们和贫牧团结起来。富牧只有在贫牧同意的情况下才能获得社员身份许可，但不能担任领导职务。以前的牧主，也和富牧一样只有在贫牧同意的情况下才能获得社员身份许可。[3] 而他们的劳动所得也和其他人一样按依照"按劳分配"的原则来分配。

公社除了作为集体经济单位外，也是基层的政治组织。1976年在西藏，为了使它的双重职能生效，每个公社都有"八大组织"，即：

（1）党委，领导全盘工作；

（2）革命委员会，执行机构；

（3）贫牧协会；

（4）团委；

（5）妇联；

（6）民兵组织；

（7）安全委员会；

（8）调解委员会。

公社一级及八大组织的干部绝大多数是藏族，他们都是农奴或奴隶出身。

具有长远意义的是，即使没有这些组织，比起1959年，1976年已经有了翻天覆地的变化。1959年，当雄的牧民还是上层僧侣的奴仆，工头和头人可以随意鞭打他们，打残、挨皮鞭、活活被剥皮或打死是家常便饭。当牲畜只剩少一半时，所剩牲畜的70%直接归农奴主所有，这时人们要服数不清的徭役和劳役、背负还不清的债务。

1976年，当雄所有公社都已被认作是先进形式，牧场和牲畜全部归集体所有，由集体统一管理。这个集体有两重含义：一个指的是公社；另一个则是生产队。生产队是基本的会计单位。国家每年给公社拨款75万元，另外还下拨13万用作"资助牧区"的专项资金。

人们告诉我们，与以往牲畜量太少且都归上层僧侣有所不同，现在又出现了新的问题。集体所有的牲畜数量增长太快，以至于出现牧草供不应求的局面，另外由于牲畜的密度增加，牲畜感染疾病的风险也随之加大了。

从1973年开始，在公社的集体努力下，当雄人民快速改善了他们的牧场状况。那时的楷模是内蒙古的乌审召公社。1974到1976年间，当雄仅有的2.3万人做了210万人的工作量，平均每人93个人的工作量。他们修建了200公里的河道，面积达1.33万公顷的可灌溉牧场。另外1万公顷的牧场圈起来用以保护和提高冬季的牧草供应（只有喂幼崽的母牛或母羊才能在那里吃草）。数千个盐池都注满了水。虽然当雄短暂的无霜期限制了粮食作物的生长，但当地已计划划出430公顷的土地来种植半熟的庄稼用来做牲畜的青贮饲料。

这项工作中最重要的一项就是同迷信做斗争。

当雄附近的一个湖泊，传说是念青唐古拉山神的妻子，湖水呈奇特的蓝灰色。湖泊北边是这片草原，冰雪覆盖的山峦围绕着这片草原。公社的人本来想打开缺口用湖水来灌溉牧场。但有人谣传"念青唐古拉会发怒，他一发怒整个当雄就没了"。一些思想守旧的人听了这样的话吓得瑟瑟发抖。由于有这样的谣言，一些人就反对用湖水来灌溉。但大多数牧民在读了毛泽东的《愚公移山》后获得了勇气。这项工作也得以开展。

附近的另一个湖泊——纳木错，历来鱼儿很多，但人们不吃鱼，因为人们把这些鱼叫作"水神"。但有一年，牲畜的牧草不够吃，党号召人们用鱼粉来喂养那些羸弱的牲畜。要遭厄运的预言再次出现，但结果当然是这样的做法再次获胜。吃了鱼粉后牲畜活了过来而且还添了新膘。现在，有一个由妇女组成的生产队定期捕捞纳木错里的鱼，这是新思想战胜旧观念的再次胜利。我们1976年采访拉根多公社时，其已经准备了10吨的鱼粉。

拉根多过去有一条"毒河",每年有许多牲畜因饮用了这条河里的水而送命,和尚们说这是天神对人们犯下的罪孽做出的惩罚。在"农业学大寨"运动中,人们将这条河列入邪恶事物的名单中,要将它清除。党员和积极分子检测了河水,结果显示河里含有汞。1972年春天,大地上还覆盖着冰雪,河流清理战打响了。男女老少社员一起将河道挖至齐腰深。和社员们站在一起的是公社副书记拉姆齐。他50岁左右,个子不高,身形偏瘦但看起来很结实,他以前是色拉寺的穷和尚。搬运了大量的土石后,这条河里的水和其他河流汇流在一起,水里的汞含量稀释到无害水平。

拉姆齐很像1965年我们在当雄采访过的牧民老朗吉,但他的社会主义思想比老朗吉更成熟。拉姆齐的父母都是农奴,由于家里穷,养活不了他,父母便把他送进寺庙当喇嘛。1959年民主改革中,他还了俗,还分得了18头牦牛、1匹马和1件家具。但拉姆齐并没想独自过活,他参加了互助组,还被推选为组长。后来,他加入了中国共产党,他是当地选择公社制的第一批牧民之一。

副主席嘉措只有34岁。虽然他家以前以乞讨为生,没有任何牲畜,但还是需要服劳役交人头税——每年需要给牧主上交29袋干牛粪,20担柴火及与一只羊价值相当的钱。民主改革中,嘉措分得12头牦牛、1匹马和其他财物。上了六年夜校后,他成了有文化的人,也成了政治上的积极分子。他告诉我们,他的一个兄弟被派到位于咸阳的西藏民族学院学习,五年后,他学成归来成了区党委书记。

在西藏,牧区的公社普遍晚于农区,牧区公社大多数成立于1970—1972年间,这些公社和我们上一次去当雄时所见的那些公社一样。

※　　　　※　　　　※

20世纪70年代经济和社会方面采取的一些措施,被指责为不必要且容易导致不和谐。这些措施包括:对敌友阶级重新界定;在生产力还未达到最高水平的情况下，1960年安排部署加速生产关系的改变。因此1980年，在西藏宽松政策的指导下这些措施都被叫停了。这里我所说的都是1976年我们见到的、引起我们关注的事情。

从那时起，和中国其他省份一样，西藏牧区工作的新重点是经济核算和物质奖励——如果所做工作优于平均水平，会获得物质奖励。1978年10月，当雄牧区甲根多公社因为坚持"五定一奖"的生产责任制而受到公开表扬。

"五定"包括：分配到每一项牧区工作中的人数；每个队照管的牲畜数；每群牲畜占有的牧场面积；牧业管理措施；自然增长目标和向国家出售的产品量；这些均是确定的。"一奖"指的是超额完成任务就可以获得奖励。

以前，在我们现如今认为的极"左"路线的影响下，这些都被扣上"资产阶级"或"功利挂帅"的大帽子。虽然在甲根多公社，这种思想不像在其他地方那么盛行，但还是有着相当恶劣的影响。甲根多公社不得不做出妥协，废除了奖励制度。但该公社严格执行"五定"制度，在1975年推翻"四人帮"前夕，该社也恢复了"一奖"政策。

1978年，该政策又被评为运用社会主义"按劳分配"政策的好典范。自1970年实施以来，八年时间里，该政策使甲根多公社的牲畜增加了43%，社员收入增加了87%，这些都受到了普遍好评。

而对于整个当雄县的牧民，据报道他们的人均收入增加了20%，从1977年的114元增加到了1978年136元。其中的一个因素是政府提高了对牧区产品的采购价。仅酥油一项就为社员增加了10万元的收入。收入增加的另一原因是当雄经济中副业生产的增长，其中最主要的是手工制造产品。

北部安多县的情况据报道还要更好一些。其1977年已有牲畜118万只。1973—1977年四年间，安多县的人均收入增加了26%，年均增长率为6.5%。

所有公社都用上了马车，还有风力、水力发电带动的牛奶分离机和奶油搅拌器。有些地方还买了拖拉机、放映机，车间也购进了小型机械。

应注意的是，和中国大多数牧区一样，西藏养殖业的发展还得益于国家对少数民族地区优惠的税收政策。

全部免税的有：幼畜、种马、役畜、科学实验用畜、牧民乘骑、驮畜、社员自用的其他合法牲畜以及农场家畜。（1980年后，个人拥有和看管的牲畜数目不再受限制）

一直以来，牧区公社在遭受自然灾害后，根据受灾程度，都享受税收减免政策。

从1980年起，在新政策的指导下，西藏暂停征收畜牧税和农业税两年，也取消了牧民向国家上缴公购粮政策。经济部门所使用的车辆也免收过路费。同一时期，不管是集体还是个人所有加工或出售的农牧产品一律免除工商税。对于自愿出售他们产品的，国家提高对这些产品的采购价格，但是国家却一再降低销售到这些地区的工业产品价格。

关于修建堤坝和其他公共设施，不存在要去动员的问题。

政府给予畜牧养殖地区资金援助以扩大他们的养殖数量、提高他们的生活水平。从这项拨款政策中，西藏每年都可获得数百万元。最近颁布的一项政策是，从今年起直至1985年，政府每年的拨款要比上一年度增加10%。

国家也帮助牧区引进科学技术。在西藏，一整套包括牧场灌溉、施肥、除病虫害、种植改良菌株在内的体系即将实现。到1970年底，以群为单位计算绵羊，已经有500群，每一群都有牲口棚（包括特别为羊羔准备的防护棚）。牛有100群，也有牛棚等。在这种安排下，每一群牛羊需要600公顷的专属牧场。每一个放牧基地应该有供水保障，并配有一些机器。1980年的宽松政策是如何影响这些具体规定的，作者在写这本书时尚不清楚。

国家对公社和生产队小工厂的投资也增加了。自治区政府包揽了公社和生产队中小学的全部开支。

宽松政策、减负和拨款援建有一个总目标，那就是激活非营利性的农村牧区手工制品的交换渠道，一些这样的交换曾因极"左"路线和严格的计划而受阻。现在宽松政策、实施援助就是要激发集体和个人经济发展的动力以推动经济繁荣发展。

最后，在西藏，当单方面强调粮食作物尤其是小麦的种植量后，畜牧养殖比以前压力更大。西藏的土地主要以牧区为主，即使在农区也有部分牧场，这是由它的自然条件所决定的。

畜产品是人们衣、食、住不可或缺的一部分，同时也是工业原料以及同中国内地所进行交换的支柱产品。在西藏现代化及提高人民生活水平的过程中，牧区经济现在及未来都是加快现代化进程和提高人民生活质量的重要潜在因素。

在采取经济措施的同时，畜牧业方面的科学技术援助也在进一步增强。

牲畜的品种也改良了。1977—1978年，西藏有37.8万只半细毛羊，所剪羊毛量相当于以前的粗毛羊产毛（现在主要用作织地毯）量的2.5倍。为了提高产毛量，该区已经成立了250个人工授精站，也培训了一千名技师。根据新华社1980年的一则报道，已经有好几个外国品种的羊能适应西藏的气候条件，包括澳大利亚和新西兰的品种及英国的莱斯特羊和苏联的茨盖绵羊。能直接适应西藏气候条件的是瑞士的西门塔尔牛。

青海的高原状况和西藏一样，青海已经开始用赫勒福德牛的冷冻精液来为当地的母牦牛授精。这些母牛所产的子代牛，不仅遗传了父系肉质鲜美、生长速度快的特征，同时也保留了母系耐受度高、生存能力强、只吃粗糙的食物也能存活的特性。青海纯种牦牛肉和杂交牦牛肉已经在香港觅得赏识它们的市场。这也许预示着西藏的养牛业和肉产品的新篇章。

杂交的牦牛，比起以前的纯种牛，不仅产肉量平均增加了70%，产奶量也增加了2~3倍。

对牧业利好的消息是西藏引入了冷冻肉技术。例如，拉萨的一个冷冻厂，储肉量为3400吨，按人均年消费39公斤肉算，该冷冻厂就能满足城区12万人的牛肉消费。

全国范围内，1979年4月在另一个大牧场所在地区内蒙古召开了一次有关草原生态的专题会。随后将立即设立专门的研究基地来为全国2亿公顷的牧区服务。这些基地将在防止牧场退化、控制有害动物和虫鸟、改善及提高牧场利用率等方面寻求更好办法。所有这些措施都将促进西藏牧区向更好的方向发展。

【作者注】

[1] 按照绵羊来算（一头牦牛相当于6只绵羊、一匹马相当于25只绵羊、一只山羊相当于半只绵羊），县里平均每人71只绵羊。其中有14个组人均超过100只绵羊。

[2] 后来，这种没收被认为是犯了极"左"路线错误。只要牧主不参与叛乱，就继续对其实行赎买财产的政策。在实际的操作中，这意味着他们会分期收到未付清的赎买款，而他们的牛不会再被没收。

[3] 20世纪70年代后期，强加在以前的富牧和牧主身上的限制条件废除了——只要他们没有从事反社会主义活动。尽管如此，他们还是不能在公社里做领导干部，因为在这里真正的力量是以前的穷苦人民。但是他们孩子会受到和其他公社成员的孩子一样的待遇——他们凭自己的能力可以进入任何领域工作，也包括入党，只要他们表现合格。

文化教育领域的革命

第二十四章 西藏的公立学校

1965年7月23日，在我第二次到达拉萨的早上，我听到窗外一阵愉快的叽叽喳喳声。那是一群走在上学路上的孩子们。头戴红头巾，脸颊红扑扑的像苹果一样，他们沿着刚刚铺好沥青的"人民路"上学去。路两边是一排排商店，从金顶的大昭寺到布达拉宫一路都是商店。刚到下午，他们又出现了。吹着号打着鼓，手持鲜艳的红旗，少先队员朝崭新的文化宫走去。他们去那里排练节目，来庆祝即将到来的他们的组织成立纪念日（1955年时，这里还没有少先队）。

两天后就是周日。由于学校里放假，拉萨街头似乎全是十二三、十三四岁的孩子们。在市百货大楼和新华书店，他们在柜台后帮售货员卖东西。在主干道上，带着袖章手持喇叭筒的孩子们兴高采烈地做着交通协管员，虽然他们只是协管员，但执起法来却严肃认真。拉萨城市建设大飞跃中最显著的是，大多数街道都堆满了电缆、水管和植树机。周日的街道比其他时间更热闹一些，因为有一些志愿者过来帮忙。在这一片喧嚣中夹杂的是孩子们对行人的高呼："叔叔，请不要随意穿越马路，人行横道在那边！""解放军同志，这里不能行走，请走人行道。"

我们这些外国记者因为要用相机四处拍照，就没太在意这些规定，但很快我们就受到了警告。在一些地方，他们嘘声指示我们沿人行道行走，那些人行道还未铺好，只是沿街挖了一些坑，但这并不影响这些年轻人的指挥。他们的心中已经看到了未来的样子。未来并不遥远，几天之内，甚至几个小时之内，沿路就会走来一支工作队，预期的人行道就会铺好。

※　　　　※　　　　※

我们知道在十年前的拉萨，上学的儿童是一道罕见的风景线，六年前，这里也还没有这个概念。只有少数年轻喇嘛在寺庙里学习宗教。贵族家的儿子会受到一些特殊的指导，以便他们长大后能成为噶厦政府的官员，另一些在家由私塾的老师教授一些知识。还有一些特别富裕家庭的孩子，他们去江孜上由英国人创办的学校（该学校只存在了数年），或者他们直接去印度或英国上学。不管是哪种教育，都是为封建统治阶级或帝国主义服务的。这些封建统治阶级和帝国主义者用教育营造一种他们是西藏的"上流家庭"的影响。也就是在那时，任何现代世俗教育都会被封建蒙昧的僧俗官员所扼杀。[1]

受过教育的平民凤毛麟角，而受过教育的女性更被认为是怪事。一位旧贵族学者江乐坚告诉我："在拉萨的中心街道八廓街上，只有一位女性能写会算，她是名店员。过去人们常特意远道而来，呆呆地看这一奇观。我自己也去看过。"

拉萨市第一小学

这就是1952年拉萨的第一所公立小学成立时的境况。当时这所小学是由中央人民政府出资修建的，但是农奴主地方政府想要管理权。1955年，我曾见过学校董事会，董事会主要成员是达赖喇嘛的经师赤江·洛桑益西和其他中世纪拉萨僧俗高层人物。赤江·洛桑益西是一个可怕的蒙昧主义者，后来是一个主要反叛者。董事会还有一小部分成员，他们分别是开明的藏族贵族江乐坚，来自康区的藏族共产党干部多杰才旦和汉族人李安宅。学校校长也是一名封建官员——旧西藏军队的团长。19名老师中10人是贵族或神职人员出身。一名噶厦政府的警察看守学校大门。

虽然当时这所学校陷入矛盾的漩涡中，但它是西藏新式教育的开端。所有的课本都是用藏语编写的，是中国其他地区课本的调整版。学校免除了学费和书本费。1955年，学校已成立四年了。学校有732名小学生，其中1/3为贵族家庭出身，其余的学生出身不一。其中有的学生父母是受压迫的穷苦人民，他们以前对教育没有任何认识，虽然有政府支持，但他们还是很难适应这种新局面。学生中女生占一半以上。

课程设置上，中央政府对地方当权者做出让步，允许每天有一段时间教授宗教，这和新中国把宗教从教育中分离出来的基本政策是背道而驰的。妥协的回报就是赢得了教授学生一些科学知识的权利。但是其他一些课程，如历史，是绝对不能教的，因为中央政府和地方当权者的思想完全不同。农奴主们认为推动历史向前发展的是天神和国王，而共产党认为人民群众才是历史的创造者。

从形式上看，学校是由中央政府和当地政府共同协商管理的。实质上，学校是一块斗争的阵地。地方的当权者农奴主，特别安插了一些官员严密监控学校的一举一动，农奴主们只是企图把学校当成工具，学校给农奴教授点滴科学知识从而为他们服务。中央政府则想把学生们培养成受过教育的劳动者，这样好为人民服务。中央政府的目标最终实现了，但只是到了1959年武装冲突之后才实现的。

十年后的1965年，学校的第一批学生中，大多数人（但不是所有出身受压迫穷苦人家的学生）成了西藏第一批大学生，还有很多人成了革命干部。

那年我第二次去拉萨，发现学校有很大的变化。第一小学不再是拉萨唯一的学校。学校门口两边挂满了同全中国其他地区一样的标语："教育为无产阶级政治服务，教育与生产劳动相结合！"

学校670名学生中3/4出身农奴、奴隶家庭。课程设置不再受封建思想的束缚。每周安排三次劳动、每次45分钟。一、二年级的学生打扫教室。三到六年级的学生上山砍柴，这些柴火他们带回去给家里用；另外他们还为残疾穷人打水做饭，以此作为服务人民的实践活动。偶尔，他们也做剧院的引座员或到街上当交通协管员。他们也轮流上工,帮助修建拉萨少年宫。

28名教师中藏族教师18人,汉族教师10人。课堂主要用藏语授课。学生从三年级开始学习汉语课。教师承担什么课程的教学任务不是由他们的出身决定,汉族老师只要合格可以教授藏语课,藏族老师同样也可教授汉语课。不同民族的老师互相学习对方的语言。管理上,有两名校长和两名教务长,藏族和汉族都有。教务长旦增赤列今年35岁,1952年他被噶厦政府分配过来教书,他拒绝参加叛乱。他以前是色拉寺的一名喇嘛,曾在布达拉僧官学校(孜仲)学习过。他也是老知识分子中进步的典范。他的妻子次仁多吉也是如此,她现在也是一名教师。作为一名藏医的女儿,她曾在家里接受过一些教育。1950年刚过,她就加入了社会主义教育统一战线,1956年她参加了拉萨的干部培训班。大批农奴、奴隶出身的教师进入学校工作的序幕刚刚拉开。

学校里依然不收学费。但较富裕家庭的孩子交一些书本费——前两个年级书本费5角,后两个年级攀升到6元(内地印刷的书本是免费发放的,这是中央政府的捐赠。但西藏本地印刷的书本是收费的,这是为了避免给自治区经济造成较大负担)。家里不宽裕的学生不仅可以免费领到书,每月还另有补助。最穷家庭的孩子每月能领到9元的补助,这基本上够他每月在家的伙食费。其他一些孩子每月5元,大概相当于他们半个月的伙食费。

又过了11年……

1976年,我们再到这所学校时正赶上课间休息。我们看到宽阔的操场上有似乎数不清的喧喧嚷嚷的孩子,他们在踢足球或腾空跃起抢篮球。这里现在已有1800名学生和55名教师,其中藏族学生1007名,藏族教师29名。教室数量比以前翻了一番。

汉族学生是新面孔。过去汉族干部的孩子一般会上不同于藏族孩子的学校,而且他们上的课也是用汉语讲授的。现在汉藏学生仍然是分班上,但是已在同一所学校。通识课根据学生的不同分别用藏语和汉语讲授。但是三年级后,藏族孩子开始学汉语而汉族孩子就开始学藏语。在操场上,他们四处跑玩时或用汉语交流,或用藏语交流,甚至还用汉藏双语交流。

我们发现很难从语言看出他们的民族来。

在高一些的年级——四、五年级——学校会特别加开政治、农业和工业课。学校有自己的农场,也和附近公社有联系,有时学生会去为生产劳动搭把手儿。

在老师的监管下,孩子们也在印刷店和油印店劳动,在那里,他们自己制造自己的练习本和部分课本。他们轮流在学校理发馆里当理发师,实际上几乎没有学生在其他地方理发。

1976年,几千名学生已经小学毕业。有人告诉我们他们中大多数人继续去中学上学,还有一部分人上了大学。

现在拉萨第一小学的教师大多数以前是该校的学生。

副主任巴坚是一名衣着整洁的女老师,大概三十五六岁,她就有着这种经历。1952年,她还是一个无家可归的9岁孤儿(她阿爸是流浪汉,阿妈是农奴手摇织布匠),那时她上了一年级。1959年,她去了咸阳的西藏公学学习,1965年毕业后来这儿任教。

拉萨教师培训学校是拉萨市小学老师的主要来源地。阿旺主任自豪地告诉我们,他也有过这种经历。

许多以前拉萨第一小学毕业的学生,现在都是工厂或农场的工人,还有一些做了卡车司机、技术员、战士和干部等。

不论是和孩子们还是老师,还是和那位穿着长袍、有张圆月形脸庞的干部——活佛赤江(他负责监督那些封建思想,不让它们影响现代教育)的谈话,我发现同我1955年去参访时见到的情形相比,现在各方面都发生了很大的变化。

拉萨的中学

1955年,西藏还没有中学。创办于1956年的拉萨市第一中学是西藏成立最早的中学。1965年我前去采访时,学校共有学生340人,其中藏族学生269人，其余学生分属5个不同民族，主要来自干部家庭。拉萨第一中学是拉萨第一小学的延伸。据校长回忆，拉萨一中创立时，噶厦政府很不高兴。当时拨给学校的只是一片小树林和其毗邻的荒地，没有什么建筑，因此老师和住校生都住在帐篷里。那时，封建势力已在西康地区发动叛乱，拉萨的封建势力也在蠢蠢欲动。进步学生时不时遭遇石子袭击，遭到恐吓和侮辱。

噶厦政府任命的学校董事说物理和化学"违反经文"。他们对教育与生产劳动结合起来的政策心怀怨愤，也拒绝这样做。一些贵族家庭的孩子上学时还带着书童，这些书童帮他们完成学校的劳动，甚至还帮他们把酥油茶端到桌上。噶厦政府全票否决开设涉及社会阶层和剥削内容的马克思主义课程。

因此社会主义的教育政策只有在1959年叛乱平息后才得以实行。

1965年，我们发现社会主义教育政策已经贯彻执行。该政策强调学习的目的是为人民服务，马克思主义和革命不再只是课堂上谈论的话题。学生们每年都去和昔日农奴、奴隶一起住一段时间，也实地调查当地以前和现在的阶级关系。他们和工人、农民及退伍革命军人攀谈。他们每季度及每当有突发的政治事件会做一些特殊的报道，这些报道分国内和国外事件两部分。1965年，最重要的事件就是越南人民反抗美帝国主义的侵略及多米尼亚人民抵制美国统治。刘校长说："男女学生都对整个世界形势非常感兴趣，尤其是对亚非拉人民的解放运动感兴趣。"

学生们的行动体现出了一再强调的共产主义道德观。人们告诉了我们学生们的好多故事，比如他们如何保护公家财产、拾金不昧、助人为乐不求回报等。几周前，他们遇到一位生病了的老村民，那位老村民当时背着柴火，正在寻找人民医院。学生们就替他背起柴火，在医院里帮他挂号，直到看到他住进病房才离开。但有人问他们的姓名时，他们回答："我们都是毛主席的学生。"医院把这件事告知了学校，学校在公告栏和广播里表扬了学生们。但依然没有人前去接受这份荣誉——这是最值得赞扬的。

中学阶段的劳动教育不仅要带来物质利益，还要创造出精神财富。师生们共同经管一个占地2.6公顷的农场,每人每周参加一天劳动。这块地所种的蔬菜就足够学校的食堂用。学生们还在校园一圈及校内的道路两旁都植了树,另外,他们还负责学校的气象站。在工业班里,他们自己制作粉笔、书桌、书架,学习修理自行车,还负责整个学校的电缆维护。在播种和收获季节,学生们组队出去帮农民干活。

现代科学在课程设置中处于显著地位。中央政府为学校配备了先进的植物、生物、化学和物理实验室,即使在北京和上海也没有几所学校有这样的设施。学校里有显微镜、天平、光谱分析仪、开办电台的设备及其他物品,这些物品不仅仅是用来展出,其数量充足,能供全体学生轮流使用。还有许多各类工业和冶金设备的教具,可使用,可拆卸。

我们看到一些学生在参加数学测验——代数、几何、三角学、算术。老师说藏族学生在数学上很有天赋。还有些学生在用藏语或汉语写他们的期末作文,题目有"如何通过劳动使我们的校园变得更美"、"哪门课程对我的帮助最大"及"毕业后我想为人民做什么"等。

体育运动包括篮球、乒乓球、排球及足球。在足球运动上,拉萨中学的11人队伍获得了拉萨市的冠军。强调爱国主义和阶级动机的国防体育包括民兵演练、射击、野营和登山。

学生中的3/5来自昔日农奴家庭或城里的穷苦人家。其余40%来自贵族、管事或商人家庭。人们用这样的观念来评判一个人:一个人不需要对家庭出身负责,而要通过他自身的态度和行动去证明自己。大多数年轻人在叛乱平息后的氛围中成长,他们看上去在努力摒弃剥削阶级的思想,投身到为人民服务的事业中去。

这样的学生所占比重较大有两方面的原因。一方面作为旧政权政治中心的拉萨其人口的阶级构成(西藏大多数庄园主的长子都要作为官员居住在拉萨)。另一方面,西藏允许农奴、奴隶孩子接受基础教育的时间还不够长。然而在中学,农奴、奴隶出身的学生数量在逐年上升。为了消除物质上的障碍,穷苦人家的子女上学一切费用全免,而且每个月还能收到18元的补助,这些补助足够他们的食宿。家庭条件较好的藏族学生只需要交书本费。每月4元的学费只对全国各地前来支援西藏的汉族干部家的孩子征收。

学校自己也成了培养教师的摇篮。1965年，该校送15名学生去了内地的师范学校。学校也有自己的特别培训班，这里已经为人民小学培训了300名教师。

我们也见到了该校的毕业生，他们有的是电台播音员，有的做了记者、校对员、排字工人、技工、党政机关的干部或者翻译等。

即使到了1965年，西藏的中等教育依然还处于初级阶段。既有初中部又有高中部的六年制中学只有拉萨才有。区内的其他地方——昌都、日喀则、江孜、山南和隆子的中学依然只有初中部。

但是，与1959年相比，这已经是非常显著的进步。那时的拉萨中学是唯一的学校，而且只有初中部。1962到1964年间，该校共毕业学生384人。

1965年，西藏的中学生总数为769，其中高中生408名。此外，还有3000多人在北京、成都及西安的民族学校和陕西省咸阳市的西藏公学上学，他们在这些学校上着和中学一样的课程，也在为以后其他课程的学习打基础。

※　　　　※　　　　※

1976年，西藏共有49所中学，与以前相比，全区的中学突增了7倍。[2]

拉萨市现在已经有5所中学，拉萨一中现在的学生数是1400人，几乎相当于十年前该校学生数的3倍。90%以上的学生来自劳动阶级家庭。学生中既有汉族也有藏族，基本是1∶1的比例（这所学校直接由自治区政府管辖，因此它也为进藏干部提供服务，招收西藏干部们的孩子）。课堂根据学生的情况分别使用汉语或藏语教学。人们告诉我们，对于汉族学生来说，藏语是作为第二语言进行学习的。

劳动依然非常重要。除了去公社和工厂劳动一段时间外，学生们还自已开荒种庄稼和蔬菜，在校办工厂生产水泥和钢筋混凝土产品。粉笔车间生产的粉笔不仅够他们自己用，还能供应给拉萨的教育市场。

许多课程不仅在教室里学也在车间和田间地头学。每个年级的每个班都有一门具体的劳动实践课，如下所述：

初中一年级：青稞和小麦的种植，养猪，饲料发酵；

初中二年级：农业气象和简单的土壤分析，温室大棚蔬菜种植，准备和进行施堆肥和其他肥料，粉笔生产；

初中三年级：农业机械，农业核算，兽医基本知识，沼气装置及其使用；

高中一年级：农业机械，农业电器，"赤脚医生"知识，家庭或农场太阳能使用，地震的观察和预测（因西藏地震频繁）；

高中二年级：灌溉，建筑，中级兽医培训，乡村广播。

课程设置从六年制改为五年制，课程又可进一步细分为：政治、汉语文、藏语文、数学、工业和农业基础知识以及体育。

我们发现几乎没有学生待在教室里。部分校园已经变成了一个预制场（生产铺桥用的预制板和电线杆等）。搅拌机在不停搅拌，铁锤叮当作响。不远处，一群学生正按着一头嗷嗷号叫的猪阉割，这是学生们的兽医实践课。菜园里，一些学生在使用一台旧拖拉机。他们说，淡季时他们将拖拉机拆卸、组装，进行修理实践。

讲义稿和影印材料代替了许多课本。

这样做某些角度是将学生从繁多的书本教学中解脱出来，某种程度是受"四人帮"的影响，夸大了地处中国东北地区朝阳农业大学所创立的"模式"。

朝阳模式原本的思想是"开门办教育"，它本身是个非常有价值的理念，然而后来它转变成了"开门把教育全扔掉"。在这种思想的指导下，生产劳动不再是课堂教学的补充和实施，而是几乎把课堂教学全部挤掉了。此外，它和新中国成立后"文革"前那种不可控制的观念联系了起来，这种观念主张摒弃17年教育，因此，他们把教育定性为"资产阶级专制"，把一切知识分子都划归为剥削者。

当然，在我眼里，"文化大革命"前的1965年，拉萨一中并未受到任何指控，没有人认为该校采取了"资产阶级"的行为方式。这明显标志着西藏教育的进步。西藏的教育同民主改革及社会主义革命协调一致。显然，西藏教育在实践着政治挂帅及教育要和劳动结合起来的理念。

1976年学校给我印象最深的就是，学校正实实在在准备纠正学生们的一些问题，这些问题似乎已经变成了他们的老毛病。但在更广阔的领域，同那时中国其他地方一样，学生的学业还是毫无保障、受到限制，学习质量也下降了。

问题不在于社会主义教育革命的理念，而在于对它理解上的扭曲，所有知识都在不同程度上受到了诋毁，当然那些简化的政治口号中所包含的和能直接应用的技术除外。

※　　　※　　　※

根据最新消息，拉萨一中1979年有学生1700人，其中藏族学生占一半，情形又一次发生了转变。

课程设置以新的全国教学大纲为基础，此外还有藏语和地方读本。虽然中国其他地区中学依然是五年制，但西藏的中学，以前从六年转变为五年，现在又改为六年。这也许是由于区内学生基础还没完全打好，且他们还要学习两门语言。

120名教师中，40名是来自北京、四川、辽宁的支教老师，他们的任期为三年。现在的工作重心是弥补前十年所造成的学术损失，为"四化"培养人才。

然而这种差距是全国性的，西藏尤甚，因为这里的起点本来就低。即使降低了入学录取分数线，1978年西藏地区达到大学入学水平的学生其比例远远低于内地省份。

人们更重视科学了。物理、化学、生物实验室再一次繁忙起来，实验室里也总挤满了学生，实验设备也更多了。学校图书馆现有图书两万册。播音、地震和气象小组活动继续开展，但这些活动大多在课外进行。

自1956年建成到1979年，拉萨一中的毕业生已超过4000人，其中500人上了大学。[3] 现在拉萨的中学已经有好多所，拉萨一中的这些学生仅占西藏中学毕业生和上大学学生的一小部分。

藏族群众和从拉萨返乡的汉族朋友都对这种新转变持肯定态度。他们说自己孩子现在已经能够坐下来学习，这是他们曾经丢掉了的习惯。以前，家长们总担心孩子们长大后会是半文盲。现在这种可能性不存在了，而且孩子们也不会变成书呆子。

年轻人依然去工厂、农场和营房，在那里他们和工人、农民和解放军战士们一同劳动，并向他们学习，但待的时间不会很长。学校依然强调毛泽东的"教育要为无产阶级政治服务及教育要和生产劳动结合起来"的思想。在该思想的指导下，学生的基本任务还是学习。但这一思想曾一度被人遗忘。

※　　　※　　　※

从1980年开始，西藏在教育及其他方面的工作重点就是要特别关注地区的民族特征，尤其是要延长和加强藏语的学习。

然而这并不意味减少了学生掌握汉语的时间和精力，尤其是对高年级的学生来说。这不仅因为汉语是多民族中国的主要语言，就当地教育自身而言，用藏语教授各个阶段、各门学科也是不现实的。首先，西藏初中及以上水平用藏语编写的课本依然有限。由于历史原因，许多现代知识，甚至没有相应的藏语词汇，更别说专业文献——这类课程只有汉族老师讲授。此外，要去中国内地上大学，掌握汉语非常必要。如果不懂汉语，藏族年轻人的教育前景和机会都会受到很大限制，而与此同时更多藏语课本的必要性及其与时俱进性也使藏语学习有所放缓。

【作者注】

1 欲了解这样一名小学生的经历，请见第11章，"阿旺嘉措——在拉萨主城区得到锻炼"。（任荣在人民代表大会上说）

2 1978年，全区共有57所学校，包括普通中学和同等水平的职业学校。

3 新华社，拉萨，1979年3月23日。

第二十五章　人民学校为人民

在西藏，一种全新的教育机构就是人民小学。1965年，人民小学共有1596所，学生48,755人，多于56所公办小学的10,066名学生。

这些人民小学是1959年后才创办的。通常，人民小学只有一到四年级，学生上完前四年后且有更多的教师资源时，有望再增加一些学年。

1965年，我们在拉萨见到了一个相对较早的例子——德吉路人民小学。学校是在居委会的赞助下创办的，由家长、教师和当地干部联合组成的董事会共同管理。校长每年向董事会汇报两次教学和财政收支情况。按照自给自足和政府帮助的原则，学校每月收取学生0.5元的学费，对于家庭特别贫困的学生，学费降至每月0.1元。办公场所来自没收的叛乱分子财产，不花学校一分钱。学校的维护和保养依赖于教师、学生和家长三方。例如，木工男家长可以自愿去给学校修理课桌和黑板。学校不仅仅社区的孩子们用，晚上还供成人用——用作"扫盲班"的教室。

和公立学校一样，人民小学也是一开始用藏语授课，后来增加了汉语授课。除语言、算术和政治外，他们还学习美术、音乐和体育。一周两次劳动课：大一点的孩子会种庄稼、植树并帮助邻里做一些改善性的工作。

9名教师中多数是街道居民。4名有农奴、奴隶背景的年轻教师都是刚刚从拉萨市第一小学或其初中部毕业，其中年龄最大的21岁，另外三人都只有18岁。3名教师是昔日贵族和高僧的仆人或奴隶，解放后都参加了成人班学习。两名教师曾是穷喇嘛，其中包括29岁的校长，他们近年来才接受了些普通教育。所有教师都和公立小学保持着密切联系，经常会去那里参加教师会议，有时也会深入课堂听课学习。他们的工资每月20到27元不等。

※　　　※　　　※

关于农村的人民学校，1965年我们记者组在朗杰农牧养殖联合区江雄村遇到了一个典型的案例。我们开着吉普车，沿着上山路蹒跚而行两小时才到达这个村庄。由于拉萨到山南的乡间公路坡度很大、岩石遍地，吉普车散热器里的水都已经沸腾了。在山峦重叠的深谷，有一座废弃的瞭望塔矗立在入口处。在这里，我们发现了西藏教育所采用的一些新方法——甚至是地广人稀地区的最边远地区也采用了这种方法。

1959年，在这个凹凸不平、岩石遍地的地方，130户人家中只有4户一年到头能吃饱，730名村民中只有9人识字。高文盲率源于他们的悲惨处境，也加剧了他们处境的悲惨。人们告诉我们，多年前，一位名叫朗吉的农奴向庄园主的管家多杰嘉措借了一点钱。管家识字，在借条上作假，管家所写的朗吉借的钱数远远多于朗吉实际借到的。由于有这"书面证据"，他们就拉朗吉的粮食、抓他的牛去偿还这所谓的债务，但这依然不够。根据以前所立的条款，违约者必须"用自己偿还债务"。就这样，朗吉就成了管家的家奴，他要用余生偿还所欠的债务。这样的案例在这里有很多。

1959年的民主改革结束了农奴主们征收苛捐杂税的历史。到1965年，村里的牛羊增加了一半。所有的家庭都不再缺吃少穿。村里137名适龄儿童都上了人民小学。其中60名已经能帮助他们父母所属的互助组记录工作和庄稼情况，或者给不识字的人读报。此外，每人还承担教授家庭主妇识字的任务。10名已经完成4年学业的学生已经是村里或区里的干部、老师或会计等。这一切都为这里的方方面面带来改变。而这一切也都是在地方努力下才实现的。我们问："怎么做的？"

索南伦珠校长身材瘦小，看起来很严肃，他以前是个农奴，几年前才开始学习读书写字。他给了我们一个详细而又令人感动的回答。他说，在民主改革后的1959年，他们收获了属于自己的庄稼。这时，村里的穷人决定必须立即成立自己的学校。学校成立初期，上课都是在室外进行的，学生们都坐在"绿色的地毯"——露天草地上学习。在此期间，村民们用了26天修建了几个粉刷一新的教室，而且还将一片荒地开垦为学校的"自留地"。我们看到师生们在自留地里种粮食、土豆、菠菜、白菜和水果，这片地里所种的东西不仅足够学校教职员工的伙食，而且还能为离校较远的住校生提供口粮。

　　村里也在做其他方面的一些改进。由于缺乏劳力，如果教学时间不能和农业需要相适应，即使有了学校也不能保证学生的出勤率。因此，学校根据农活适当安排教学时间：晚秋和冬季的几个月，农活儿少，学校就上课；夏季，当庄稼需要看管时，隔天上课。播种和收获的季节根本不上课，因为此时田间正需要人手。

　　学习的课程有藏语文、算术、政治知识、体育和音乐——没有汉语文，因为没有老师懂得足够多的汉语知识。学校在特殊时间段将教学重点放在珠算上，因为工作队要计算粮食和工分。

　　算盘是学生自己用木框和陶珠制成的。墨水也是学生们自己制作的。他们那一张张光滑但薄厚不匀的书写纸很结实，正适合用墨水写字。在校门下面的池子里，孩子们将平铺了一层当地植物纸浆的筛子浸到水里面，纸浆压实后，他们就将压好的薄片拿到太阳下晾干。

　　我曾向他们讨要了一张纸带回家去。那张纸现在我依然保留着。对我来说，它是自力更生的革命法宝。无论相隔多年，无论相距多远，这张纸依然能将我带回那个海拔4300米的遥远山村，使我想起那个奇迹。

　　那张纸还将我带回1940年抗日战争时期受封锁的延安解放区。在那里，毛泽东认真关注一切具体细节，坚定认为，已经觉醒的贫苦人民有能力打败一切敌人、消除一切困难。该思想塑造出了很多模范原型，他们自给自足，乐观自信，重视细节。在边陲西藏的山谷里，我也遇到了不少这样的模范原型。他们的这种精神改变了整个中国和千千万万的人们。告别了欢快的师生和村民,我们踏上了离别的山路。在我们身后,落日之上,鲜艳的红旗高高飘扬。

这样的学校不仅在西藏的农区有,在牧区也有。在西藏北部的那曲有大片牧场,那里已经有60%的孩子接受过教育,比1965年西藏的平均数还要高出两倍。在那里和其他一些高原草场区县,如安多,还有一些流动学校。根据季节的不同,那些流动学校里的老师跟着牧群骑着马从一个牧场转往另一个牧场去授课,他们被称为"马背上的老师"。

※　　　　※　　　　※

人民学校的传统在西藏还继续保留着。1980年改革开放后,为了提高人民生活水平、减轻人们的负担,区政府(自身受中央政府补贴)承担了支付所有学校费用的责任,不管学校是公社的、生产队的还是城里居委会的。

需要指出的是,在一些情况下,由于持续的负担,一些原本开办很好的学校后来渐渐衰落,甚至退出不办了。对个人和家庭来说,由于缺乏劳力(由于劳动力的数量直接关系到家庭的收入),一些年龄稍大的学生还未完成学业就被迫辍学,因此,很可能一个学校刚开学时学生都来上课,但后来还能坚持来的学生却不及开学时的一半。

政府在原有的基础上进一步为学校提供财政援助,给学生发放更多的补贴,为更多的学生提供住校的食宿来进一步减轻家庭的负担,以此作为稳定和改善西藏办学的部分补救措施。

第二十六章　西藏的高等教育

　　西藏自治区现在有4所本科院校。这对于一个解放前普通教育甚至连小学都没有的地方来说是非常了不起的。其中三所院校在西藏自治区内，另一所，也是建校时间最长的一所却在异地办学。

　　1975年西藏自治区的师范学院成立，学校选址拉萨，其前身是20世纪60年代的"师训班"。

　　林芝的农牧学院正式成立的时间是1978年，但我们在1976年就看到，已有数百名学生在教室上课，虽然校舍还未完全完工。

　　西藏医学院也坐落在林芝，于1978年正式招生。

　　西藏民族学院1957年建立于咸阳市，是西藏规模最大、历史最久的高校，农牧学院和藏医学校就是从该校分离出来的。该校隶属西藏自治区，是西藏高等教育的开端，其选址西藏以外的地方是由历史原因造成的，后文会有详细解释。

　　此外，中国其他省份的许多民族研究所、高等院校也都一直招收西藏学生，待完成学业，再将他们派遣回西藏工作。

※　　　　※　　　　※

　　1976年，我们看到自治区师范学院在昔日的一个贵族庄园里建起了宽敞的校舍。在校生565人，其中女生232人。所有学生均为藏族或西藏境内人数较少的一些少数民族，如：洛巴、门巴、夏尔巴人和纳西。学生中有2/3是共产党员或共青团员。

该校主要是为西藏的中等教育培训教师，包括普通学校和职业学校。学制为三年，对于未接受过初等教育的入学者，还需要上两年的预科课程。

当时，所有的老师分别属于两个系：（1）政治文化系；（2）数理系。所开课程有藏语文、汉语文、文学、数学、物理、化学及工农业知识，这是1970年精简后的课程。

114名教师中，藏族79人，汉族32人，其余的教师来自其他少数民族。从社会阶层看，大多数教师都来自昔日的受剥削受压迫阶层。

我们见到了该校的几位领导，他们向我们介绍了学校的情况：

副书记次仁乌坚，藏族，曾经是来自拉萨的农奴。1956年参加革命时他还是文盲，后来曾在内地的民族学院学习过。

张云，汉族，革委会委员，曾经是中国北方天津市的一位穷困农民，参军后接受了教育，后当了干部。

洛桑达瓦，藏族，数理系的教师，出身于四川甘孜的一个上层家庭，1950年入党，曾多次作为西藏自治区代表前往北京并受到毛泽东和其他领导的接见。

何绍三，云南省纳西族人，汉语文教师，是领导班子里最年轻的成员。他是在新社会里成长起来的，先加入了少先队，后来又成了共青团员，最后加入了共产党。他老家是一个纳西族、汉族和藏族比邻而居的地方，他通晓纳西、汉、藏三种语言。何绍三是在昆明和北京的民族学院接受教育的，他是解放后至家乡办起大学这一期间，中国少数民族新型知识分子所受教育的典型代表（这一阶段并不是教育的空白期，而是一种积极的准备）。

人们告诉我们，自治区师范学院的新生入学后的第一件事就是端正学习动机——为劳动人民和社会主义服务。昔日农奴、奴隶在旧社会受到不公正的待遇，现在请他们来和学生们谈心，以坚定学生们建设新社会的决心。第二件事就是"如何学"。

1976年教学工作有一大半是在校外进行的。师生们去村子和工厂进行实地调查,深入到当地的政治生活中去,每年还有一个月要去达孜县的公社干农活,去拉萨的农机厂进行工业生产劳动。

为了加强职业实践,学生们轮流在农村学校任教。这不仅有助于他们锻炼,还能加强当地的师资建设。

毛泽东在延安时期提出"教育应尽可能自给自足,不给国家和人民添负担"。遵照这一主张,学校自垦田地,用来解决师生的伙食;还建立了工厂,为学校自己及国营贸易生产小商品。

作为一所地区规模的学院,师范学院建立在过去的一所中等水平的"师训班"基础之上。这个"师训班"现在还在拉萨,但变成了一所市属院校(日喀则、山南、昌都、那曲和阿里也有一些这样的学校)。

在1977—1978年间,这所学校发生了一些变化。但中国的社会主义教育基本宗旨(为无产阶级政治服务并要和生产劳动结合起来)没变。同时,也引入了一些思想来纠正"文化大革命"对该宗旨的扭曲。学校急需教师,所招教师既要政治过硬又要专业知识雄厚,学校愈加看重教师的专业知识,并通过考试来选拔教师。因为若没有这样的教师,大部分群众就会被剥夺接受普通教育的权利,更别说懂什么技术和实际知识来促进国家的经济发展和提高他们自己的生活水平。

※　　　※　　　※

1976年,西藏农牧学院还在建设中。这所学校被草木繁盛的山峦环绕着,和尼洋河上的白色石桥所连接的林芝工厂隔河相望。平房教室、教师办公室和宿舍楼刚刚落成,周围还有许多施工工地[1],其中有报告厅和行政楼等。这是一幅热火朝天的劳动场面——推土机、起重机都在忙碌着,工人们也在脚手架上攀上爬下地忙活着。工程营部队在管理着这些机械,附近的厂子就是他们建成的。砌墙、铺管道、屋内布线之类的体力活儿主要由老师和学生完成。

1976年秋，该校的在读学生和校区内其他学生（包括附属学校，主要解决职工子女就学）共839人。学校也有来接受短期轮训的学生。教职员工及家属约400多人。

农机系的一部分学生在制造农具，其既在完成作业，又在对西藏农业机械化做贡献。另一部分学生在组装钻探设备和水泵。他们的指导老师中有一位头发花白、戴着眼镜的汉族老师，此前他在咸阳教授了17年的机械加工车间实践操作，后来他志愿和他的藏族学生一起来到林芝这个海拔将近3000米的地方。这对于一位久居平原的60岁老人来说，实在是一个剧烈的变化，但如此也体现了他的奉献精神。

在兽医系，一群穿着白大褂的学生在室外观摩用针灸为马治疗急性腹痛的演示操作。虽然他们在学习现代科学，但传统的治疗手段并未废弃。

直到1978年9月，国务院才批准西藏农牧学院正式成立。其遵照"四人帮"垮台后全国范围内执行的建学标准成立。学校有5个部门9个学院，包括农业、畜牧业、兽医、林业、农业机械化[2]、农村水力发电、农业区域管理和会计。学生有524人，通过入学考试录取，学制4年，教师120人。教学设施包括化学、物理、生物实验室，还有试验农场、牧场和一个森林基地。

西藏党委书记巴桑在学校的开学典礼上宣布，学校应该为以农牧业为主的西藏经济多培养合格人才。"四人帮"曾以他们的"两个估计"，企图限制西藏的教学规模和教学质量。这两个估计分别是：（1）否定新中国成立后到"文化大革命"这17年间所取得的一切成就；（2）将那时和以前所有接受过培训的毕业生都打上"资产阶级"的烙印。现在已纠正了那些歪曲的事实，也为不公的待遇平了反。共产党对知识分子的政策将得到切实贯彻。

为了响应前不久党中央提出的号召，提高全民科学文化水平，学校加强了学术培训，也提供了必要的时间和条件保障。

这所学校也为西藏教育提供了很多办学经验。学校1976年时的一些领导曾是解放军老兵。他们自20世纪50年代早期进藏后就一直在各个层面贯彻党的民族政策。还有一些领导是西藏干部，他们是在党的民族政策下培养起来的。所有领导身上都有老"延安精神"。他们都饱经风霜，常年劳动锻炼，政治觉悟高，实事求是，和蔼亲切，充满活力而且积极乐观。我们看到年轻学生和他们在一起时一点也不紧张。

学校招生面向西藏全区。距该校很近的林芝县在1976年大公无私地主动减掉自己县27个录取名额（每个公社各一个），将名额留给了其他偏远地区的学生，这一举动得到了赞扬。我们见到的学生有一些来自北部牧区，还有一些来自西藏西部阿里，那里离学校如此之远，以至于学生要先绕道新疆的乌鲁木齐然后才能到校。

※　　　※　　　※

林芝的西藏医学院也是1978年正式建成的。和内地省份的学校一样，它的课程设置也是五年，重点放在区内对医学实践的需求上。学校开设课程包括传统藏医学、地方流行病的诊治及对高原生理疾病的研究。不管是作为教学机构还是科研中心，西藏医学院都是独一无二的，未来人们还有望在全国乃至全世界听到更多有关它的消息。

※　　　※　　　※

作为这两所学校的母校，位于咸阳的西藏公学为自己在西藏自治区内的生息繁衍感到骄傲。

曲折的历史进程，使得西藏民族学院自身的建设工作不得不转往别处。1956年，由于上层阶级的一再阻挠，西藏的民主改革不得不一再推迟。即使农奴主阶级同意在西藏区内开办学校，所开设的课程受到农奴主阶级管制也一定会被消减。劳动人民的孩子即使能被录取，在上学期间或毕业后他们还是将沦为农奴或奴隶（在当时的一场激烈辩论中，噶厦地方政府坚持这些学生要为地主服劳役和徭役）。这种背景下，急需一个能让学生自由学习的地方，哪怕学生要走很远的路。选择咸阳有两方面的原因。一则咸阳有通往北京和其他重要城市——包括青藏公路上的西宁——的火车。另一方面，这里也有现成的校舍，抗日战争期间，上海的一所大学曾在这里办学，抗战胜利后其搬走了。

自治区党委书记巴桑作为数千名学生中的一员也曾在咸阳西藏民族学院学习过。他们的成长过程和动机证明了农奴主的嘲讽只是谎言，农奴主曾嘲讽"年轻人被赶到区外接受培训"。这些学生在咸阳寻求知识，去解放广大藏族人民并重新武装他们的头脑。学生们之所以在咸阳学习，是因为农奴主们阻挠他们在家乡学习。只要有可能，他们学成后就返回家乡为自己的民族服务。

如果说20世纪50年代学校选址咸阳反映了民主改革的复杂性和困难性，那么后来学校在西藏开设分校即是顺应了社会主义革命事业的需求。

※　　　　※　　　　※

如前所述，1976年咸阳的西藏民族学院部分院系搬到西藏有以下优点：

（1）学生们不用再离开自治区去接受高等教育，他们现在在当地就能入学接受教育。

（2）一些藏族教师在前期已接受过培训，藏语在课堂上能得到更广泛更直接的使用。

（3）在西藏学习熟悉当地社会背景，学生们毕业后即可工作。

课本和补充的实验都和西藏的环境和所承担的任务紧密相连，也和当地的实际相联系。例如：农业上，他们可以直接和高原土壤、气候、动植物打交道，而不是只研究国内和西藏条件类似地区或国外的农业资料。地质和水力学上，西藏的情况——实质上与其他地方并不相似——能受到更具体的关注。医药上，高原病和健康问题出现时，就可以直接研究它们。

拉萨和林芝新办的院校以及咸阳的西藏民族学院（虽然部分院系搬到区内，但她依然存在）并未囊括西藏全部的高等教育。北京、四川成都和甘肃兰州的民族学院也都招收西藏学生。此外，1976年，2000多名藏族学生还在内地的普通高校接受过不同的专业培训。

　　和中国其他省份一样，西藏的发展也需要全国各民族的大学毕业生的加入。每年有上百大学毕业生分配或志愿到西藏工作。

※　　　　※　　　　※

　　后来，新问题渐渐显露出来，人们对此也进行了坦诚讨论。

　　"文化大革命"期间，学生只要求掌握一点基础知识就行，主要时间还是花在政治上和一小部分实际问题上。这样一来，那些受过高等教育的学生和没受过高等教育的学生就很难区分开来。

　　1977年后，对以前的那种教育理念又矫枉过正；西藏所用的教材必须要转变成和中国其他地区一样的，这样的结果往往是，对少数民族学生来说，编写的教材既枯燥乏味又难度过大。

　　此外在1981年，有人提到西藏高等教育承担了过多的中学教学内容，或者从另一角度来说，西藏的高中不能向大学输送合格的学生。在地方教育家观点的影响下，许多教师将工作重心放在高等教育上，但对中等及以下教育不够重视。因此为了给以后的发展提供可靠的保障，重新分配教育资源非常必要。（事实上，高中自身常常招不到足够的学生，因为有些人初中毕业后便直接走向工作岗位或进入一些中等技术学校学习。）

　　寻求适合藏族学生学习的教材也是值得关注的问题之一。但现在和"文化大革命"时的路线完全不同了。对基础科学知识的需求没有被忽视反而更加强调了——现在的问题是如何让这些基础科学知识变得更容易理解和接受。实践培训不再是科学基础知识的替代品，而是与其紧密结合。

　　人们也越来越清晰地认识到，如果通识课程不够，技术课程就不能有效开展。同时，还存在另一个问题，那就是在西藏主要使用的是藏语，而在中国其他地区主要使用的是汉语。许多大学的课本，尤其是科学方面的，都是用汉语编写的。这就需要藏族学生在熟练掌握自己母语的同时也要提高汉语的读写能力。

由于时间和距离的原因，我不能再继续深入探讨这个问题，但以上所述已经足以表明西藏教育进一步发展所要面临问题的复杂性。

【作者注】

[1] 工程建设始于1979年。原计划建筑面积超过3.1万平方米。已有一半完工，还有1/4在建，另外有一部分还未开工。

[2] 1978年，除了林芝学院，拉萨还建立了一所专门针对农业和牧区机械化的学校。

第二十七章 世界屋脊上的科学研究

1978年，西藏已经有9个地区级科学研究所——覆盖农业、养殖业和兽医科学、地质、气候、传播和医药几个领域。专业科技工作者里有大约2600名昔日的农奴和奴隶。

23个县（共70个）有他们自己的农业研究中心。农场和牧区的公社及生产队有实验小组2100个。

※　　　※　　　※

20世纪50年代初西藏和平解放，其迎来了由中国科学研究院派出的第一支考察队。从那时起西藏就开展了大量的科学研究工作。

1973到1977年间，更大的一支考察队——新中国成立后第六批——持续在西藏对青藏高原进行综合考察。考察队队员研究了地壳的表层和内部结构、古代动植物、冰川、地热、土壤、森林、牧场、水资源和西藏的自然带划分等。

1980年，中国开始出版有关此次西藏考察结果的系列图书，共32卷。[1]

地图：1980年，中国地图出版社出版了西藏的新地图。比例为1∶3,000,000，它纠正了旧地图一些不准确的地方，比如标得过高或过低的海拔高度，收录了一些以前未在地图上标出的山脉（最显著的改变之一就是标出了新近查明的长江——也称作扬子江——的源头），还标出了一些重要湖泊的正确位置和名称。由于从东南部的草原到中部灌木丛生的洼地及西北的沙漠采用了渐变色,整幅地图的地貌数据看起来非常清晰。[2]

高原起源:根据板块学说,科学家们认为喜马拉雅山脉和青藏高原——世界上最年轻的高地——是由于印度洋海底延伸抬高而形成的。这一过程推动承载南亚次大陆的板块向北移动并和欧亚板块碰撞,最后导致地壳隆起。这两个板块的连接处大致就沿雅鲁藏布江分布。

"世界屋脊"曾经是浩瀚的远古大海(特提斯或古地中海)的一部分,这一点已经被大量在此地域发现的有脊或无脊海洋生物化石所证明,这些化石的年代可追溯到4000万至几亿年前。后来一些区域,例如今天的昌都,慢慢变成了潮湿的低地,恐龙曾在这样的地方盛极一时。

有些化石和印度、南非、澳大利亚、南美和南极洲的化石非常相似,这也为大陆漂移说提供了有力的证据。

部分资料是第一次从北坡攀登世界最高峰珠穆朗玛[3]的科学家提供的,这些科学家中有藏族人也有汉族人。外国人把珠穆朗玛叫作Everest。

冰川,动植物群:以前许多科学家认为,青藏高原被250万年前,即第四纪的冰雪所覆盖。因此,他们认为西藏的古动植物种群已经绝迹,现在的物种也非常有限。然而考察队收集到了10万种现存的高等植物、鸟类、动物、昆虫、鱼类和水生物的样本。这改变了以前有关古代和现今西藏植物种类和动物资源的认识。考察队还发现西藏的植物群和东亚及北美的极为相似,这似乎表明青藏高原是北温带一些重要物种变异和进化的中心。

《阿里地区动植物》一书共4卷,共列出了349种或亚种的植物,91种鸟类、5类动物、2种鱼、2种爬行动物。以前只识别出50种。[4]

水资源:据估算,雅鲁藏布江的水电潜在资源大概为1亿千瓦。[5]其他河流和湖泊也做了电力、灌溉和工业用水方面的研究。

金属和矿物质:西藏的金属和矿物质非常丰富。欲知详情,请见第19章结尾的"关于西藏新发现的矿藏资源"。

盐湖:青藏高原的盐湖比世界上任何其他地方的都要多。从六世纪起,藏族人民就从盐湖里提取硼砂,并用其和中国其他地区的人们进行交易。对西藏西部和北部海拔超过4500米的50个盐湖的研究表明,西藏盐湖里的钠、钾、硼、镁、锂、铷、铯、溴和放射性铀及钍的含量都很高。科学家们设计出一种用二氧化硫直接从硼矿中生产硼酸的方法,还设计出提高钾肥生产的工艺。这两种方法现都用于生产。

地热资源:地球物理学家发现喜马拉雅北部和冈底斯山脉南部有丰富的地热资源,是世界上无可匹敌的地热活动最密集和丰富的地方。关于西藏的第一座地热发电站,见第317页。

永冻土研究:青藏高原永冻土达20~88米厚,其中一处从青海的格尔木向西藏北部的那曲绵延600公里。[6]这也是修筑青藏铁路时需要克服的困难之一。1979年,这条路修到了格尔木,距青藏铁路的起点西宁有834公里。(1979—1980年,更多详尽的资料通过卫星遥感计算技术获得。新科技有助于提高冰川库存,为公路和铁路修建选择理想的路线以及计算消融的冰雪流量。所使用的许多工具都是中国制造。)[7]

木材资源:西藏的森林覆盖面积在中国趋于前列,森林覆盖面积超过西藏的地区只有中国东北的兴安岭山脉地区和西南滇川交界处的古森林地区。

农作物起源:野生或半野生的青稞和小麦,均在青藏高原各个地区有所发现,这一点也为这些物种在世界的起源提供了进一步的信息。

史前人类:位于海拔4500到5200米的史前人类活动遗址,证明了人类在西藏已经居住了很长时间。遗址中的石器时代文化在许多方面都和黄河流域的文化相似。

1978年,通过碳14技术,考察队在昌都发现了公元前3500年左右的新石器时期遗迹,包括3座房子。其中一座和现代西藏房屋非常相似,人住在第二层,底下是牛圈或羊圈。还发现了一些石质的手工制品以及陶器和骨针,工艺非常精巧。西藏新石器时代的人们主要以放牧或狩猎为生,也有一部分人从事农业劳动。一些细石器的制作工艺和建筑技术与中国内地非常相似。玛瑙贝表明西藏和孟加拉湾或印度洋地区有贸易往来。

几个地区还发现了更早时期(旧石器时期)的遗迹,这表明至少1万年前人类已经在西藏广泛活动。旧石器时期的一些手工制品和北京、宁夏、湖北、四川等地发现的石质手工制品非常相似。有一件物品是在海拔5200米以上的地区发现的,这是迄今为止,世界上发现旧石器时代遗迹最高的地方。这也表明那时青藏高原的自然条件(天气、水和草)比现在的要好,海拔也没这么高,同时证明喜马拉雅是在漫长的历史过程中渐渐隆起的。

1980年的国际论坛:1980年5—6月间,青藏高原国际论坛在北京召开。会后,许多中外(来自15个国家的70名人员)与会者前往西藏。他们分别递交了地层生物学、地震地质学、生物化学、动物学和植物学方面的论文。

中国地球物理学家拓展了以前所认识到的印度板块是在亚欧板块上方向北隆起而不是在其下方的假说(这一点和以前所持观点不同)。

中国科学家也提出了一个观点,即:青藏高原从南到北以三个深断层为界,可以分成4个地层区11个亚地层区。这是第一次提出这样的分层法。与会外国科学家说,支持这一论断的中国科学家们分析严谨,一丝不苟,给他们留下了很深刻的印象。作为东道主的中国科学家也对外国科学家在喜马拉雅问题上所做出的贡献表示感谢。

世界学术界对此主题兴趣很大,因为"世界屋脊"在地质、生物、气候和地理现象上都是独一无二的,而且自然资源非常丰富,是解决地球上许多领域理论问题的重要地区之一。

宇宙射线研究:1977年,世界上海拔最高的乳胶实验室在海拔5500米的西藏冈巴拉山顶上建立,其研究高能宇宙射线。1981年它的规模翻了一番。致力于该项研究的物理学家最近向世界宇宙射线学会递交了4篇论文。世界第二高的宇宙射线实验室建在玻利维亚。

中法合作:通过中法协定,两国联合研究西藏喜马拉雅的地质结构和上层地幔的工作从1980年中期就开始了。第一批研究者中,法国科学家有12人。[8](20世纪50年代,中国和苏联的科学家曾联合研究了青藏高原的许多问题。)

【作者注】

1 新华社,北京,1980年5月27日。
2 新华社,北京,1980年6月21日。
3 有关攀登珠穆朗玛峰的发现用汉语发表在"1966—1968年珠穆朗玛峰科考报告"中,这份报告共9卷,350万字,还有大量的图片、绘画和图表。
4 新华社,西宁,1980年2月2日。
5 新华社,拉萨,1979年5月27日。
6 新华社,西宁,1980年2月2日。
7 新华社,兰州,1980年4月23日。
8 新华社,北京,1980年7月29日。

第二十八章 发展中的西藏新文化事业

文化的更新总是和每个人的观点息息相关，本书从头至尾都会涉及西藏文化更新的相关内容。以下是一些具体领域文化更新的例子——出版业和广播、语言问题、戏剧和电影。

出版业和广播

西藏和中国其他地区一样，早于欧洲几百年就懂得使用印刷术。一千多年以来，佛教典籍和其他书籍都是用刻在硬木上的印版手工印制的，每一块硬木上刻有一整张的内容。有些刻得非常好，艺术效果非常明显。其他种类的著作，虽然也有明显的宗教气息，但也包含着丰富的古代文学印记。纯粹的世俗文学，包括报纸和期刊，直到1954年后才出版发行。[1] 那年，首次（影印）出现了一周发行三次的新闻简报。具有重大意义的是，1954年，新修的公路竣工后，平版印刷机和铸造藏文模具的机器就运来了。培训学习使用这些设备的人后来成了西藏的第一批工人。1955年，单页的新闻简报扩展为印刷出版的期刊。

1965年，拉萨的《西藏日报》已经是一份制作精美编排考究的现代报纸，有4~6个版面。有汉语藏语两种版本，每种版本的都有自己的编辑和记者，登载西藏、全国和世界新闻以及对这些新闻的评论（两个版本内容有相同部分，但不完全相同）。在我们采访期间，《西藏日报》正在以整幅版面对新西藏各行各业的活动做为期一个月的连续报道，以此为自治区政府的正式成立做准备。《西藏日报》有拉萨及其分部员工采访的一手资料（山南、日喀则、那曲和阿里）。采编共有80人，有一半人员长期去外地采访，他们不仅在新铺的西藏公路上骑摩托车收集消息，必要时，还数天或数周骑马去尚未通公路的地方采访报道。

报纸是由上海制造的轮转印刷机印制的，1955年的平版印刷机改用来印刷零活。电传打印机日夜接收涌来的新闻。报社有图片实验室，还和北京有着无线电双向传输系统。

无论是从采编还是从技术层面上讲，《西藏日报》都是西藏新闻人才的一个培养基地。相对扩版和现代化而言更为重要的是其报道内容和报道方式的转变。1955—1959年，国内外新闻的报道方式在加速进步，《西藏日报》也收到了许多重要的信息，但它的覆盖面和观众非常有限。除了少数西藏干部外，订阅者和读者主要还是贵族。在那种情况下，报纸根本不能反映劳动人民的困境和斗争。即便如此，《西藏日报》还是遭到顽固的反动派的憎恶，报社所在地成了1959年叛乱者军事袭击的目标。直到叛乱平息，农奴们真正站起来后，《西藏日报》才真正不受限制地投身到为劳动人民服务中来。

1976年，藏语版的《西藏日报》发行量已经比创刊时增加了10倍，汉语版的增加了5倍。日发行量和1965年相比，情况如下：

表28-1　1965年、1976年藏语版、汉语版《西藏日报》日发行量对比

	1965年	1976年
藏语版	3489	4万
汉语版	5578	2.6万

除了专业的采编人员外，《西藏日报》在全区内还有许多志愿通讯员。印刷设施也改善了不少，1965年起有了彩印。插图更加丰富、排版更

有活力、发行更迅速，组织也更合理。作为对藏族人民的一种资助，每份藏语版报纸只售1分钱（相当于半美分），而汉语版的每份4分钱。

西藏也有了自己的无线广播工作网。1955年，西藏的广播还只限简短的有线广播（转播），公共喇叭只能安装在噶厦政府许可的地方。到了1965年，已经有了数小时的广播节目。除了收听转播外，许多藏族人民还有了自己的收音机。晶体管收音机使得即使在遥远的牧场人们也能收听到节目。

每天节目的结束曲是从拉萨播出的《国际歌》，听到此曲，人们知道，西藏不再是"世外之地"，而是处在革命后的新世界里。

语　言

出版业和广播的出现加剧了语言领域的矛盾。古老的藏语在一些领域高度发达，但其发展却也受到落后西藏社会的束缚。不平等性根深蒂固：不同的称谓方式和不同的普通名词、动词、形容词和副词必须用在相应的下级、平级和上级级别上。任何违背这种规则的言辞都被看作是对别人的冒犯或侮辱，如果是下级这样做，往往会受到惩罚。

这样就出现了一个问题：藏语是应该扩充后去服务于人民和新的观念，还是继续保持原样不动，只用来表达那些与这种语言相适应的旧思想？顽固派支持后者，希望以此将所有的新内容排除在外。只要在报纸上或广播上出现流行的表达方式，他们就说这是"我们母语的退化"；当引入任何新的专业术语，尤其是革命性的词语时，他们还会说"你不能在藏语里使用那样的语言"。

保守思想和惯性思维也在起着作用，它们联合起来企图阻止革新的图谋也实在是拙劣。然而，广大人民群众却越来越欢迎那些听起来像普通话的大众表达方式，他们也欢迎在他们的语言里，有描述新生活或他们在其他地方接触过的信息的新词汇。是藏族人民，而不是汉族人民，动情地向我们讲述他们的语言需要增加新内容来跟上并为现实服务。

古佛经很早就被审慎翻译引入了西藏,世俗译作在旧西藏却无处可寻。然而在1951—1965年间(主要是1959—1965年间),西藏印刷出版了超过88.2万册新内容的图书。后期,大城市还建起了公共图书馆,学校、各机构、工厂和农场建起了规模相对较小的图书馆。《毛泽东选集》(到1965年,各版次累计发行6.4万册)的藏译本不仅在政治上很重要,对扩充藏语言本身也很重要。在西藏也出现了马克思和恩格斯的著作。根据日常需要,每天的新闻报道创造出了许多领域所需的专业术语,学者们已开始对这些术语进行分类。汉藏藏汉双语词典正在筹备之中,其定义了5万个词条,其中好多词条还是新出现的。[2]

1965—1975年间,西藏图书年均印刷量已经超过了过去15年的总和,共印制了1200万册图书和宣传册,售出1300万册(包括一些在区外印制的)。

有一个错误的说法值得反驳。约翰·霍普斯金大学教授爱德华·鲁瓦克在《评论》杂志中写道,他1976年去拉萨时,当权者提高了人们汉语的读写能力,但藏语能力并未提升……在拉萨一家特大书店里,只有汉语书,除了毛泽东语录的"小红本"外,再无其他藏语书籍。书店里没有藏语的书籍或记录,古老的藏语书面语仅限于墙上的宣传标语、经文和当地生产的火柴盒上。鲁瓦克的报道在1977年5月18日被伯纳德·列文引用在伦敦的《泰晤士报》上。

鲁瓦克先生和我们采访西藏的时间是同一时期,我不知道他去了哪里看到了什么。但我看到拉萨书店里有大量不同书名的藏文书籍,而且我还买了一些。其中有相当数量的一部分是学校的藏语文课本。前文已经谈到过,当地的藏文报纸每天发行成千上万份。也许鲁瓦克教授只是在那家书店汉语书的书架下停了下来,没有做进一步的调查。

虽然1976年时由于全中国范围内的极"左"路线的影响,藏语书籍报纸的出版发行受到一定的影响(汉语书的发行出版也受到影响),但这并不像鲁瓦克所说的那样——藏语已经灭亡，只限于在"小红本"、火柴盒或宣传标语中使用。

新时期新艺术

拉萨文化宫落成于1965年。我们在拉萨文化宫看到了从尼泊尔成功演出归来的自治区歌舞团的表演，该表演的名称叫《草原上的热巴》①，它集中体现了西藏戏剧业的巨大变化，主要讲述了昔日流浪艺人身份和社会地位的改变。这些流浪艺人以前像吉卜赛人一样漫无目的地游走在广袤的高原上。在路上，手无寸铁的他们经常遭到贵族或与这些贵族同行的恶棍的随意毒打或强奸。当要求他们表演时，热巴们只能立即接受命令，在贵族们无休止的聚会和野餐会上表演，因为这些贵族认为歌舞是"吃撑后的消化必需品"。然而热巴们在表演时却经常饥肠辘辘。如果贵族们觉得表演精彩，他们会向热巴们扔一些残羹冷炙。如果表演不好，热巴们的演出费就是一顿暴打。《草原上的热巴》开篇是：在深深的绝望里，一群穷苦的流浪者到了冰冷的山顶，他们中有一位妇女不得不扔掉孩子。节目的结尾是个圆满的结局：这群流浪者被人民解放军救下，人民解放军给了他们御寒的衣服，而且很尊重他们。虽然故事带有象征意义，但它的确是那个时期的现实。这一点不仅通过西藏主要时期热巴的存在得以展示，也通过剧团的一位男领导得到体现。这位领导，在西藏的新社会里，成了自治区人民代表大会的代表。

还有一群演员也受到同样的压迫。他们雪顿节（也叫酸奶节）期间在哲蚌寺表演伪宗教戏剧，每年定期在达赖喇嘛夏宫罗布林卡演出。他们是一些特定的农奴，大都来自日喀则，通常他们必须参演，以此作为他们"乌拉"或劳役的一部分。1955年，旧体制还未被推翻；扎西顿珠是一个

---

① ［译者注］原著为 New Life for the Pal-pa，但经译者考证应为《热巴的新生活》。

剧团的团长，剧团有107名团员。他告诉我们采访队，他们从五岁起就开始训练，七八岁时开始表演。他们的演出通常是没有报酬的——只有一次除外，在扎西顿珠从艺31年的一次登台时，达赖喇嘛给了他们十袋谷子和一些银子，以此作为特别的施舍。因为达赖喇嘛看到了他们那憔悴而又面黄肌瘦的脸。这些剧目耗尽了演员的记忆力和体力。这些演员全都是文盲，他们通过不断重复口述来记忆三天演出的节目内容。那些戏曲由传说和不可或缺的宗教组成，最后以祈祷"为了世间的神——达赖喇嘛的到来和三大寺庙的建立"而告终。（谁说传统艺术不是宣传？）

也有纯粹的只在宗教仪式上表演的演员，如《驱邪舞》中的僧侣（曾常见于北京、内蒙古的喇嘛庙里）。最后，还有杂技演员，他们提供活人祭的场景现在还留在人们的记忆里。在人们的记忆中，每到新年，作为对后藏（今日喀则地区）某些建筑工人修建布达拉宫时所谓工作失误的惩罚，来自该地区的人们必须骑在从布达拉宫顶垂下的一根吊索上，从距街道几百米高的地方滑到地面。摔死，或由于绳子的摩擦而严重烧伤的事情时有发生。

1965年，西藏的表演艺术发生了巨大的变化。有五个自治区一级的演出公司（歌舞、藏戏、藏戏说唱和两类汉族戏剧公司），还有许多县市级的演出公司。有时候艺术家（包括才旦卓玛，以前是农奴，现在是闻名国内外的女高音歌唱家）在当地接受训练，有时候他们去北京上海的戏剧学院或音乐学院接受培训，有时候是两者结合。歌唱和舞蹈都来自于民间，又在其中加入新的内容。新多幕剧包括《农奴》（该剧后来改编为电影和戏剧）和《英雄城》（讲述的是1904年江孜藏族儿女英勇抵抗英国侵略者的故事）还有《血泪仇》（讲述的是封建压迫及其最后被革命推翻的故事）。

1965年，业余演员达1万人。剧团总体倾向于巡回演出，业余演员和专业演员相结合，采用乌兰牧骑的形式（这种形式起源于内蒙古自治区，蒙语意思为"红色文化队"）。新"流浪者"和老"热巴艺人"的区别在于两个社会——封建主义社会和社会主义社会——之间的区别。乌兰牧骑的演员、歌手、舞蹈演员都是从自信的进步新青年中挑选的。由于每位艺术家都能赶马车或大篷车，或者具备其他的实际技能，他们带上装备和驮畜走村串巷、从一个牧场辗转另一个牧场。所有节目都能紧跟时代。除了演出已经准备好的节目外，每到一处他们还去听取新近发生的事情，将其即兴插入独幕剧或歌唱中。他们会将最受欢迎的新节目编写得更完善，以便将其纳入常规节目。这些节目往往很快就能在拉萨甚至北京上演。

1965年，在山南一个庆祝望果节（"盼望丰收"的节日）的集市上，我们看到一个文化队在演出。演员们早早就到了一片开阔的牧场，这是他们的演出场地。28名演员解开车上的绳子，让马儿在附近吃草。这些演员则熟练地搭起了帐篷。很快，数千名互助组的成员或步行或骑马，盛装打扮，扛着红色条幅前来一起庆贺节日。身着鲜艳服饰的人们从附近绿油油的小麦或青稞田里排着长队围拢过来。许多队伍还抬来毛泽东画像，画像周围还用红色的旗布装饰着。这时，年轻的演员们已经卸下了车上的设备，换下了路上所穿的工作服，换上了五彩的民族服装。三个地方的演出同时开始，每一个地方都被心存感激的观众紧紧地围住，前排的人坐着，后排的站着。扩音装置能将歌声和音乐传到很远。在人群的外围，我见到了新西藏经典的一幕。村里的小男孩们爬到一座古老的瞭望塔上，琢磨安装在那里的高音喇叭，而喇叭旁边紧挨着的是传统的经幡。从这不甚协调的一幕不难看出，什么正在向西藏走来，什么又将退出西藏的历史舞台。

一些演出队队员还经营着书摊，在最显眼的地方，他们摆上藏语版的毛泽东著作，这也是他们极力推荐的书。有些人还在附近办起了流动图片展，图片展示的是1934—1935年中国红军长征的内容。还有一些人在分发从医疗救助站里拿来的小偏方。几个人在露天的理发椅前挥动着理发器和剃刀。他们不仅吸引了顾客，也吸引了旁观者，因为这儿也在上演一出戏剧，尤其是一些牧民面容坚毅大步流星走过来平生第一次要求修理他们毡片一样的头发，或者是当一位农民决定剪掉他的辫子时。过去，农民们在干活儿时把头发绕头裹起来，但是在旧西藏的"上级"面前，他们必须把头发散开且留在前面（这是"尊敬"上级的一种标志，同时也方便"上级"打他们时有东西可抓）。集市上的气氛活泼愉悦。群众和艺术家之间的联系显而易见。

有一位剧团演员，起初身着落满尘土的工装，手里拿着马鞭，后来换上鲜艳的民族服装。我们认出了她，是我们特别熟悉的一位演员叫荣西。她今年18岁，以前是农奴，现在是个了不起的歌手，是我们的老朋友了。我们在北京的全国少数民族业余歌手比赛上、拉萨的罗布林卡以及收音机和磁带上都听过她的歌声。现在，她在故乡的土地上、和故乡的人们在一起，我们以前从未见过她唱得像今天这么好。

一天即将结束的时候，剧团的导演达瓦告诉我们剧团有丰富多彩的活动：不仅有我们观看过的演出，还有公众阅读、时事政治展览和电影幻灯放映等，这些活动对村民的农业劳动及工具修理等都很有帮助。（一些艺术家以前就是木匠或铁匠，另外一些也有某种专门技术。）达瓦说，在他们离开拉萨的两个月里，他们已经进行了37场现场表演，放映了23部影片，观众共计5.7万人。他们演出的节目也在不停更换——因为除了演出，他们还教授当地业余演员如何表演，他们自己也会发现一些新的歌曲和新的主题。"新人新事"节目内容不断更新，已经增加了几个山南的事例——其中一个讲的是克松庄园里青年人的故事；另一个是在赞扬一位乡村教师的优秀事迹；第三个是根据当地一位老村民的真实经历而创作的"格桑一家"，剧团的人在路上遇到这位村民，他以故事的形式向他们讲述了自己的过去和现在。

"人们待我们如同儿女一样，"达瓦说，"有一天，有位妇女看到我们有两辆马车，就为我们的马送来粮草。我们尽力谢绝，但她怎么都不听。每当我们收拾行李准备离开时，村民们总是一再挽留我们多住几天，或者至少要我们尽快再来他们的村子。"

1965年，所有这一切都体现了西藏贯彻了毛泽东1942年"在延安文艺座谈会上的讲话"时所倡议的"艺术要为工农兵服务"精神。

电 影

电影是最流行的艺术形式之一，但是在1951年——人民解放军到达西藏——之前，西藏的大多数人还从未看过电影。一位退伍老兵放映员告诉我们，在牧区，早期牧民们不敢靠近露天放映影片的区域（其刚好是一部战争片），因为他们认为那些打斗都是真的。第二天一大早，他们就在昨天放电影的那块草地仔细寻找，企图找到黄铜弹壳。他们想着，经过昨天晚上那么激烈的扫射，一定能捡到大量弹壳。

到了1965年，看电影已经变成了一种习惯，即使在偏远的地区也是如此。1965年的前几个月里，仅林木线以上的北部那曲地区就已经为牧民们放映影片1000部。12个放映队队员大多是藏族人，他们中还有许多人是牧民子弟。他们骑着驴、马或牦牛从一个营地转向另一个营地。观影者达20万人。牧区放映的影片都是藏语配音。许多纪录片和新闻影片都是在西藏拍摄的。最受欢迎的电影是反映藏族主题的《农奴》，该片由藏族演员出演，既引人注目又令人震撼。

1951年前，即使在拉萨也没有电影公开放映，不过有私下放映电影的情况——英国（后来是印度）传教士和个别外国暂住人员为了影响达赖喇嘛和大贵族而私下给他们放映电影。西藏其他地方还不知道什么是电影。然而，1955年我第一次去西藏采访时，公共电影已经非常普遍。第一支放映队在前四年里一直很活跃，他们共放映了1840部影片。十年后的1965年夏天，每座城市都有了能白天放映影片的永久性影院，在农村，121个放映队不停地在各个村落轮流放映。日喀则地区有32.5万人，在过去的12个月里观影人数已累计达190万。

1976 年以后

"周恩来总理要求我们所做的事我们已经做到了。新型专业剧团藏汉演员比例已由以前的30∶70变为现在的70∶30，业余演员几乎都是藏族。"1976年，为我们提供消息的是来自上海的全国知名男高音常留柱，他于1960年来西藏工作，汉语、藏语歌曲唱得一样好。我们在自治区文化局见到了他。文化局主要关注剧院、电影、展览、平面艺术和古代遗址或遗迹的保护等工作，也协助指导一些相关的业余活动。

以下是常留柱给我们提供的有关1965—1976年间情况的数据，斜体部分是1978年获得的新数据，属后增添上。

表28-2　西藏1965—1976年演出团体情况

	1965年	1975年	1978年
专业演出团	5	11	*未变*
人员	420	820	*未变*
藏族所占比例	57%	70%	*未变*
业余演出团	100	1500	*1682**
电影放映队	115	429	*601*
放映员	500	1000	*1065*
藏族所占比例	—	80%	*86%*

* 成员大约3万人。

专业的演出队是自治区级的或地区级的。自许多新建的人民公社、乡村或牧场有了他们自己的演出队后，业余演员的数量有了突飞猛进的增加。

常留柱告诉我们，文化局管辖下的展览馆永久展出的修复和维护的历史遗迹数量已经由1965年的17个增加到1976年的50个左右。每个地区至少有一处这样的展馆，另外还有许多县里经管的。公社经管的较小展馆未列其中。

常留柱还对我们说，受林彪的影响，在"少而精"的借口之下，"文化大革命"第一年里就曾有人企图解散西藏11个主要演出队里的5个队。"如果真那么做了，"他说，"区内的文化事业肯定会被彻底摧毁。"

至于"四人帮"，1976年还没有人敢公开批判他们。但也许常留柱强调周恩来总理的指示就是对"四人帮"的一种间接反抗。西藏的文化工作者有多么敬仰周总理,"四人帮"就有多憎恨周总理。[3]

常留柱告诉我们,他脑子里一直在想两个问题,那就是中国各民族间的文化交流和革命现实的发展。区内人民大多数是藏族。如何让他们的艺术服务于他们自己?另外,还有许多汉族平民、干部和战士。如何满足他们的需要?如何把新西藏的文化和艺术传播到中国其他地区去,又把其他地方的成就带回西藏?

专业演出队的表演都是双语的,即,同样的内容会排演藏语和汉语两个版本。但这样的表演并不都成功,比如藏戏,汉族人就不太明白。其他形式的一些表演比如话剧不存在这样的问题。这些形式的表演对观众的影响是直接的,不受语言束缚。

声乐和编剧一直使用藏戏的形式,而这种形式也在慢慢变化着。藏戏本身是吸收了民间音乐才丰富起来的。将汉族舞台作品转化为藏戏,在各方面都有助于藏戏拓展。例如,在配器方面,以前藏戏只用鼓,现在,民族和西方的管弦乐器都增加进来了。不好的一面是,在"四人帮"时期,曾有人想用"革命京剧样板戏"独霸西藏的舞台——就像当时在全中国一样。多年后,著名的藏族歌唱家才旦卓玛抱怨,当年被强迫用假声去唱京剧,曾一度毁了她开喉式演唱藏族风格音乐的嗓子。(20世纪80年代,才旦卓玛已经是西藏文化局的领导。)

自治区歌舞团和藏戏团有专门部门对这些古老艺术形式进行批判性继承和研究,而这些古老艺术形式已经历经了几个世纪。

选择与使用有时候是个简单的问题,有时候却不简单。热巴鼓舞,乐观向上,充满活力,容易改编,其他类型的艺术,如囊玛,华丽典雅,但极"左"路线曾一度禁止这种形式的音乐演出,因为它曾是达赖喇嘛的宫廷音乐。1976年,常留柱就说,因为这种原因抵制这种艺术形式是不正确的。现在人们正在研究如何从囊玛中提取精华服务于当前社会。还有两种类型的表演——踢踏舞"堆谐"和圆舞"锅庄"——也是起源于劳动人民但被用作了封建迷信活动。这个发展脉络是必须让人们明白的。

在西藏文化局,我们再次听到了人们反对"四人帮"的言论。"四人帮"当时仍在当权,执意要废除毛主席的"百花齐放"文艺政策。江青和她的追随者否认中国少数民族艺术的民族特色。他们甚至主张在社会主义下不应再有少数民族的存在,或者少数民族应该迅速停止以民族的形式存在(马克思曾说这种事情只有在遥远的共产主义社会才会发生)。在他们极"左"路线的背后,其实是大汉族沙文主义在作祟。江青自己就不能忍受别人讲少数民族语言,因为她觉得那些语言听上去像外国话。因此她以"怪诞"为由,禁止少数民族歌舞中的一些动作、手势或旋律。

随着"四人帮"的倒台,曾经笼罩在乌云下的许多西藏艺术作品又得以重新表演。其中之一就是有800年历史的民间史诗《格萨尔王》(现在内蒙古和新疆也有,有些人称它为"亚洲的伊利亚特")。其他的有以历史和个人为主题的戏剧《朗莎姑娘》、《诺桑王子》、《文成公主》和《白玛文巴》。1980年《朗莎姑娘》还在北京的全国少数民族文艺汇演上演出,并受到热烈追捧;该艺术节自身也达到了空前的水准。

音乐方面,到1976年,西藏已经有了几支专业的合奏队和管弦乐队。乐器有汉族的、藏族的,还有西洋的(管弦乐器,包括钢琴),它们或合奏或独奏。每一种乐器都有优秀的独奏者,他们中90%都是藏族人。主要乐队或剧团的成员都在北京、上海或成都的音乐学院接受过培训。[4] 地方演出单位也有他们自己的学习班。在不改变其独特旋律特色的情况下,为提高音阈和音量,藏族的传统乐器也做了适当的革新。

常留柱还告诉我们:"我们的现代化培训不能一直依靠区外省份。"当时,拉萨正在筹建一所包括音乐在内的艺术学院,因为这里离生源和藏族生活更近。"文化干部的数量还是远远不够。一两年前看起来似乎人数还够,但今天又有缺口了。"

戏剧方面,排演付出心血最多的就是由退伍剧作家田汉编写的《文成公主》(不同于同一主题的旧戏剧)。1960年开年,由藏族演员组成的演出阵容就表演了该剧,但后来江青称霸文艺,该剧被打入冷宫,创作者也受到不公的待遇。现在,该剧又重新活跃起来。1970年末,还出现了一些新的剧作,如以描写农奴反抗为主题的《无权出生》。1981年到1982年,大型历史剧《松赞干布》在区内和中国其他省份上演，演职人员几乎全为藏族人。该剧没有涉及过去几十年流行的主题——西藏的统一之王和汉族公主的婚姻故事，而是涉及松赞干布早期执政时如何提高藏语书写水平，以及他如何于公元633—636年引入第一部藏族法典的故事。

也许第一部用藏语表演的世界戏剧名著就是莎士比亚的《罗密欧与朱丽叶》，1981年4月，上海戏剧学院的藏族学生在上海表演了该剧。后来他们又把该剧搬到拉萨的舞台。[5]

西藏有了电视，而且天天都有，这使得人们更加重视使用地方语言编写和制作电视剧及纪录片。有一些节目还在全中国重播，尤其是1982年全国该类艺术创作竞赛期间，当时全国各地都选送作品参赛。

从1965年起，拉萨增加了两座新影院，均可容纳1千名观众。泽当是山南地区的中心，人口仅有7000，但我们在那里看到了一座能容纳1500名观众的电影院，平时影院也用作会议室和集会地点。许多机关、工厂、学校和部队单位都有了放映设备，这些单位在自己的礼堂播放电影，也经常对普通民众开放。

在乡村，尤其是在牧区，人们经常会走很长的路去看电影。他们经常贪婪地坐下来，一口气看完两三个故事片，还要外加一部或多部纪录片或新闻影片。

在公社，一个明显的趋势就是从公社年轻男女中挑出人选，培养"赤脚"放映员。这使得许多公社不需要再依靠专业放映人员。

新影片空运而来，通常是在拉萨和北京两地同时上映。译制成藏语的影片越来越多，区内建起一个特别的制片厂，该厂带有能重新发行影片的制片工厂。正在建设的还有一个纪录片制片室。

1976年，电视节目在西藏首次试播。未来西藏电视台的全体职员包括摄影师和编辑将全部由北京的中央电视台培训。

藏族歌手以前大多数是农奴和奴隶，但现在受到了全中国人民的赞扬，有一些是国际上也知名的。才旦卓玛[6]是一位长期活跃在中国的舞台、广播和电视上，深受人们喜爱的藏族歌手，20世纪70年代曾赴尼泊尔、罗马尼亚、南斯拉夫和北欧国家演出。她一直和区内劳动人民及他们的生活保持着密切的联系。我们1976年在拉萨遇到她时，她刚从为期数月的农牧区演出归来。此外，一批优秀的青年歌手也涌现出来，有些才20来岁。

西藏的艺术团，无论专业还是业余，极具天赋的劳动人民都是它们不竭的人才之源。有一次，我们从拉萨的一个演唱会回来，宾馆服务员和我们进行了一个小时的即兴联欢。服务员多是来自农村的年轻人，他们一个接一个地给我们表演着刚才专业演员表演的歌舞节目，还有其他节目片段。他们的超强乐感和优雅台风能为许多舞台增光添彩。就是这些人才，在众多的业余艺术团中，安排有序，深受欢迎。

我们见到堆龙德庆县的一个演出队在刚刚建成的露天舞台上表演，演出队成员大部分来自东嘎公社。他们的热情极具感染力，他们的专业程度给人留下了深刻的印象。像许多演出队一样，他们自己也填词谱曲。两年前，在北京的全国业余演出会上，他们受到了周恩来总理的注意。周总理请他们在首都多留些日子多表演几场，他们不仅在剧院和工厂表演，在国庆节当天还在公园表演。

我们发现，多数演出队还是从草根中招募队员的。业余演员和专业演员间一直保持着紧密的联系。一位著名的专业演员告诉我们："他们也许能从我们这里学习到舞台技巧，但我们也不能停止向他们学习，尤其是学习他们能及时了解到劳动人民的所感所想，这一点是我们所不具备的。我们看到他们在家乡的土地上表演，我们从那儿获取灵感，再用我们的一些经验传递出去。他们经常来看我们，寻求建议，借用乐器和道具。"

西藏现在也开始培养专业的谱曲、编舞、剧作和歌曲创作者，他们也大都是业余出身。

1979年5—6月，西藏第四届大众戏剧演出会在拉萨召开。天宝、巴桑和热地及其他领导人到会并讲话。演出共有60个大节目，161个小节目，吸引了6.7万名观众。许多以前"四人帮"尽力遏制的表演形式又出现了。还有一些是人们新近发掘的表演形式，它们在这里首次登台演出。

结果正如一篇总结报告所说："百花再次绽放。"

著作和出版

西藏新老文学作品的创作和出版从20世纪70年代后期开始大幅增加。

最引人注目的是出现了一批反映当代主题的原创作品，如益西单增的《幸存的人》，降边嘉措的《幸福》（也叫《格桑梅朵》），现代藏族诗人饶介巴桑和他人合著的《草原集》（诗集）。

《西藏文学》是季刊，以前是汉语版的，内容主要包括区内各民族作家创作的作品，作品都和西藏有关，现在有了藏语版（以前没这样做，这反映了当时形势的异常）。

受到热烈追捧的是再版的藏族经典著作，包括11世纪米拉日巴的诗集和年轻的六世达赖喇嘛（1683—1706年）的爱情诗。有着800年历史的编年史诗《格萨尔王》大量加印，同名的舞台版作品前文已经提过。1979—1980年，14卷藏语版的《格萨尔王》在西藏、甘肃、青海和四川省的藏语出版社出版发行了近100万册。另外一个较大型版本的前两卷发行量也是如此。那个大型版本将有30卷，其以早期的书面版本为基础，还将加入一些从磁带上记下来的新材料，这些磁带录制的是人们根据记忆叙说的一些有关格萨尔王的故事。再版发行的还有《诺桑王传》和《青年达美的故事》。

为了研究几个世纪以前的档案资料，西藏自治区建立了专门的研究所，该所无疑会出版一些专业领域的书籍和资料。研究的档案有拉萨布达拉宫、日喀则扎什伦布寺及其他地方珍藏的历史、宗教和科学资料。众多发现中最著名的就是已成体系的西藏和中国其他省份关系的文献，以及有关外国入侵西藏的记载，还有关于西藏过去30次地震记录，100年前交给达赖喇嘛的一份关于藏文起源和发展的重要报告，还有其他众多领域的文献。

　　1981年和1982年的冬天，西藏社会科学院筹备委员会发行了季刊《西藏研究》。该刊由经验丰富的教育工作者多杰才旦主编，有汉藏语两种版本。早期的文章有：分析史诗《格萨尔王》里的故事和吐蕃王国（7到9世纪）真实事件之间的联系；已考证了的松赞干布王的年谱，其指出，松赞干布出生于公元568年，他和唐文成公主成亲在641年，因此他们联姻时松赞干布已经年纪不小了，而不是像传统上所说的他是在年轻时迎娶的文成公主；运用现代统计和目的陈述，对宋代（10到13世纪）汉藏茶马互市的充分研究。吐蕃（西藏）一名的起源得到追溯；研究西藏历史的数几百部汉语文献列出的参考文献可跨越1200多年，其中最重要的一篇文章谈的是西藏文献所收集的同一时期西藏频繁地震的数据（已被引用8万余次）。因为西藏地质研究的重要性，该文和现今有着重要的联系，目前已经有了一整本有关该主题的书。现代主题包括农业及在藏南养殖牲畜的问题。

　　《西藏研究》的一则编者简报强调，在"四人帮"时期古西藏研究被冠以"复辟"，这是错误的，这样的事情不会再发生。民族平等可以从汉藏两个民族间看出来，他们同为伟大的民族，互相平等。区内的研究资源如此丰富，西藏研究的活力使得为期100年的非正常的研究状态早早画上一个句号。在那100年间里，有关西藏的研究都是在国外进行，而不是在西藏和中国其他省份进行。现今，西藏研究的活力在无限丰富着整个研究领域。

　　各种教科书和手册的出版也增加了。农业上常用的传统藏历年历现在也已更新，而且每年都会发行。

　　1981年，自治区藏语出版物创下了新的纪录，藏语新书已经达30种（1980年数量为12种）。同年，自治区售出了200多万册藏语书（120种不同的书）。

　　数量同样增长的还有汉语和欧洲语言著作的藏文翻译。欧洲语言著作的藏文翻译数量虽然依旧不多，但已远远超过过去任何时期的数量。藏文译作有马克思、恩格斯和列宁的著作、文学选集及科技书目等。

对藏语写作、采访和出版帮助最大的是《西藏日报》翻译王世镇在1975年发明的藏文打印机。这台有着46个键的台式模型机,在上海打印机厂的帮助下得以调试使用,比以前用过的机器要简单和方便得多。

所有这些发展都是"四人帮"倒台后藏语书籍及资料出版发行复苏繁荣的表现,也是社会主义现代化进程中,藏族人民丰富文化需求得以满足的开始。

绘画和造型艺术

在绘画和造型艺术上,西藏有专门创作民族风格艺术的老画家和老雕塑家,他们以前主要从事的是宗教艺术创作。现在也有年轻人加入到这些老画家和老雕塑家的行列中去。

在拉萨的西藏革命展览馆中,大型群雕"农奴愤"独自占了一座大厅。在国内,它和四川的"收租院"一样有名、一样有影响力,其摄影复制品在国外也很知名。全国各地的雕塑家都齐聚拉萨来参与这个群雕的创作。同样让人难忘的一组雕塑,根据"作品应和古西藏的雕像艺术联系更紧密"的观点是由色拉寺以前的穷喇嘛手工艺人创作的,其记录了色拉寺昔日的斗争。

在拉萨市中心的古朗孜厦监狱和酷刑室,醒目的人物群像和各种酷刑展示着藏族人民过去的真实生活。我们1976年见到当地许多历史展览馆都有它们自己的塑像展。其中阿玛公社附近赞金寺庙里的一个展览就以粗犷的风格和强烈的冲击力闻名。哲蚌寺的一位老喇嘛画家,正在用传统宗教壁画中的写实技术来描绘今天僧侣们的生活。

今天,随着十年前那些限制的放宽,古老的绘画和造型艺术也开始复苏了。有一些是西藏独有的,如唐卡和酥油花。

交流和相互影响

西藏和中国其他地区的艺术交流非常广泛,不仅在建筑和宫廷绘画(古西藏主要是宗教类)上相互交流,在流行艺术上也互通有无。闻名世界的甘肃敦煌唐代壁画上就有活灵活现的藏族舞者,那些藏族舞者的形象在当时的中国已经非常有名。

17世纪,五世达赖喇嘛前去北京,他的随从将汉族和一些少数民族的舞蹈和旋律带回西藏,虽然这些艺术现今已同藏族的艺术融合在一起,但还是能辨识出来它们不是西藏本土的东西。

影响是相互的,今天更是如此。

关于此联系值得注意的是,1979年11月闭幕的第四届中国文学艺术工作者代表大会,对中国不同民族文化的发展和相互影响做出初步探索。由周扬所做的主旨发言内容如下:

> 我国各少数民族居住的地区,占我国幅员60%左右,他们世世代代在这辽阔的土地上生息,有各自悠久的文化和历史传统,都为发展我国的文化做出了各自的巨大贡献。今天,我们要进一步积极发展各兄弟民族的文化艺术,加强各兄弟民族之间的文化交流……
>
> 这就包括:用科学的方法记录、整理各种优秀的口头文学作品,使它们得以继续保存和流传。要重建和发展各少数民族文学艺术的表演团体和研究机构。要重视和培养兄弟民族的文学艺术人才。我们要特别注意发扬各兄弟民族自己的文艺特色,而绝不应该简单地用一个民族的东西来代替另一个民族的文化艺术……

1980—1982年有大量的工作在该精神的指引下完成。

【作者注】

¹ 清朝末年，在政府的赞助下，拉萨曾发行过一段时间报纸，但持续时间极为短暂。

² 词典编撰后来由于"文化大革命"的爆发而延迟。"文化大革命"后，才又开始着手这一项目。来自西藏、四川、甘肃和青海的编辑和翻译在成都召开研讨会后，编撰了一部有6万词条的综合古典词典，其目的是"帮助藏族人民学习历史、文化和语言，并促进汉藏民族间的交流。"（新华社，成都报道，1978年6月28日）。

³ 在周恩来总理逝世及其逝世一周年的纪念性文章中，有藏族艺术家所撰写的感人篇章。无论那些藏族艺术家什么时候来北京，周总理都特别重视观看他们的演出，和他们交谈并给他们鼓励。著名歌唱家才旦卓玛回忆了已故总理将她介绍给毛主席时的情形；以及她在首都生病后周总理一再询问她病情的事情；还有1975年，当总理自己已经癌症晚期时还向她捎话，说看到她在电视上唱歌、听到她的嗓音依然很好时他有多高兴。

⁴ 音乐和其他艺术课分给了各地的民族研究所和拉萨师范学院。然而，拉萨师范学院主要为普通学校培养教师而不是培养演员。

⁵ 据新华社1981年4月25日报道，伦敦市长和英国皇家莎士比亚剧院主管肯尼斯·克拉克在上海观看了藏族人民第一次演出的莎士比亚戏剧并给予了高度赞扬。

⁶ 中华人民共和国全国人民代表大会的一名代表。

第二十九章　促进民族发展的医疗卫生事业

西藏医疗事业的发展是显著的，其不仅局限于医疗方面。

西藏医疗事业的发展是和革命联系在一起的。20世纪50年代早期，共产党员和人民解放军克服了旧统治阶级的阻挠，免费为所有农奴、奴隶看病，这是他们同农奴、奴隶之间第一次面对面的交流。共产党员和人民解放军的这种做法不仅治愈了农奴身体上的伤痛，更为重要的是打开了他们的心灵之窗。

西藏医疗事业的发展也是一个民族生命本义的重生。封建神权统治下的西藏，人口从1795年的200万下降到1959年的87万[1]，160年间下降了3/5。但后来在17年内，西藏的人口又增加了1/4。坦率地说，如果没有和平解放，许多现在活着的人早就不在人世了，或者根本没有机会出生。这就是逃到国外的西藏贵族和外国支持势力、喉舌所说的"种族灭绝"！事实上，那是中国一个行将消失民族的重新复苏。

最后，西藏医疗事业的发展也包括两个持续的转变。第一，医疗服务之前几乎完全缺失，现在全体西藏人民已普遍可享受到医疗服务。第二，医疗救助最初全部来自区外，现在卫生保健体系以区内为主。

旧的封建政权下，几乎从未听过有受过现代教育的藏族医生。如今，越来越多的医生都是大学生，而且护士、化验师和辅助医疗人员（"赤脚医生"）几乎全都是藏族人。

西藏并非没有自己本土的医疗传统。相反，西藏有丰富的藏医传统，至少有1300年的历史。西藏传统医学和汉族、印度的传统医学紧密相关，但它也有自己显著的特征。[2]

由于西藏沿袭特殊的丧葬习俗天葬，而天葬要肢解尸身，所以早在8世纪人们对骨头、肌肉和人体器官就有了非常准确的解剖认识。人们还熟知主神经（那时叫作"白色的脉搏"）的位置，以及它们和大脑的联系及神经损伤后对肢体的影响。动脉和静脉血管那时也已经能清楚区分开来了。怀孕期被明确定为38周。人类胚胎，根据不同的成长阶段分别被命名为"鱼"、"龟"和"小猪"。这表明人类胚胎在不同时间段的进化过程——从鱼进化为爬行类动物再进化为哺乳动物。

包括仔细诊脉在内的诊断技术与传统中医诊断手法非常相似。藏医也会仔细观察患者的舌头，查看舌苔、舌头的颜色和湿度等。他们还会通过患者晨尿的气味和味道来为患者检查，将患者尿液盛在碗里观察它的颜色、气泡、漂浮物和残渣，也通过加沉淀剂和催化剂来观察尿液的反应，以此诊断病情。

到8世纪时，治疗手段有放血、灌肠、热敷和冷敷、针灸引流、针刺去除白内障、插导管、药浴和蒸气浴、在身体的腔洞放药、推油。酥油用来检查是否出血，而"羌"（藏族的青稞酒）用来清创。藏医对治疗高原常见病——风湿和中风引起的偏瘫，效果非常显著。

药学方面，8世纪由云登贡布编著的《四部医典》[3]记录了1000种药用植物、动物和矿物。其中，有些是从中医引进的，这一部分药材和中医里的名称几乎完全一样；还有一些是高原独有的，这部分药材受到了中医、蒙医和印度医师的高度赞扬。古老的藏医典籍不断被扩版修订，不断增加新的内容。到了1840年，它已收录条目2294条。[4]

西藏古代的病理学像其他地方一样有猜想和蒙昧的成分，但也有许多有价值的认识和见解。西藏古代的病理学认为皮肤炭疽和内脏炭疽是同一种病，其症状得到描述，其致病原因被认为是接触了感染此病的动物或食用了它们的肉。在以风干肉为常见食品的牧区，认识到这一点无疑是非常重要的。西藏古代的病理学还认识到婴幼儿先天性的疾病是由于孕母自身携带病原或营养不良。同时也注意到饮用水的卫生问题：雨水是最纯净的，雪水可以饮用，但森林里的溪流水苦咸，是非常危险的。在这样的一些问题上，西藏古医药推断的结论几个世纪以来都没有传到其他地方。

也许医学教学在其早期的历史上有着无与伦比的特点——使用详细的彩色挂图来教学，到17世纪，这些挂图已经成体系，共有79套。它们不仅呈现出了人体的解剖图，还提供了多种病症的病因、诊断、治疗和预防知识；还提供出针灸的位置、药材原料、药剂的准备和剂量。有趣的是，医学美术家登尺诺布对17世纪这些解剖图的最终版本及以前一些神药妙方中不准确的地方提出质疑，并加以修正，如：他纠正了以前人们认为心脏是"统领器官"而且处于身体中心的错误认识。他坚持在挂图中画他自己亲眼所见的各个器官的位置，而不管圣书上是怎么写的。

尽管藏医学积累了丰富的经验和知识，但是在解放前，90%的藏族人是没有治疗疾病的希望的。其原因就在于当时的社会制度，因为这90%的人都是农奴，而且他们都极度贫困。

两所传统藏医学研究机构：药王山上的药王庙和门孜康，也叫西藏藏医院和天文历算研究所（后文对此会有详述），它们都只满足上层神职人员、贵族、官员和旧西藏军队的需求。在旧拉萨城里，只有极少数人有机会得到唯一的现代医疗技术——英国（后为印度）专员办公室诊疗所——的治疗。平民百姓患病后，等待他们的只有喇嘛和巫师，喇嘛和巫师通过祈祷和驱魔来为他们治病，通常还会收取惊人的费用。最珍贵最值钱的"药品"就是达赖喇嘛的一点点粪便或尿液。

传染病肆虐整个藏区，最恐怖的要算天花了，它已夺去几千人的性命。1794年，乾隆皇帝下令给西藏一种早期的疫苗。该措施实施时间不久就已经起到了很大的作用。后来一块雕刻着乾隆这道命令的石碑被立起，其被敬为"预防瘟疫保护婴儿纪念碑"，人们甚至认为这块石碑本身也具有医疗功能。一个半世纪以来，人们一直从这块石碑上凿下粉末，将其当药用。这块笔直的厚石板，现在还矗立在大昭寺前，上面的铭文已经模糊不清。

1927年一年间,天花就夺去了拉萨7000人的生命,每家至少有一人死于该病。1951年,在距拉萨不远的邦堆公社,人们告诉我们,那里的100多户人家里共有61人死于天花。

在旧西藏,梅毒和各种寄生传染病呈地方性特征。

在旧西藏,分娩经常意味着母婴双亡。其中一个原因是,人们认为在房间内分娩会"污染"房间。因此,农奴、奴隶妇女常在马厩、牛棚、羊圈甚至是公共厕所里生孩子。

虽然西藏传统医学在预防疾病方面有一些好的观念和思想,但是穷人——那里的大多数人——的卫生状况依然十分恶劣。这在把他们看作是次等公民的社会里是不可避免的。1955年,在拉萨街道和公共场所,包括庄严肃穆的布达拉宫前,到处是坑坑洼洼的污水池和散落的粪便。

在控制传染病方面,虽然有一些正确的观念,如隔离等,但这对于农奴们来说,依然是场噩梦。30多岁的强巴向我们讲了他童年的经历。他以前是林周县的农奴,现在这个地方已经变成了一片现代化的农场。他说,他们村子的人感染了天花后,宗里的官员就将那些病人赶往一处荒芜的峡谷。为了照顾生病的弟弟,强巴自己也去了。他发现许多人已经死去了,有些是因病,有些是因为饥饿和寒冷。弟弟死后,强巴因为是疑似天花携带者被不允许回村。无奈,他只好去流浪,过着无家可归的生活,直到民主解放后才返回家乡。而富人染病却只需要从他们的一处庄园搬到另一处,只要他们认为自己已经康复,随时可以回去。

强巴的故事在旧西藏很有代表性。卓嘎的故事则说明了西藏今天的生活。1943年卓嘎出生,但一生下来就是奴隶。而今,她是第一位奴隶出身的现代医生。1976年,34岁的她成了自治区卫生厅副厅长。

卓嘎告诉我们,她阿妈刚刚生下她就被主人——泽当一个庄园里的管家——赶去干活儿,结果因大出血而去世了。从很小起,卓嘎就被迫为主人全家背水、当保姆、洗尿布、打扫房子和马厩。晚上,她就睡在马厩里。

1954年,解放军来到泽当,年仅11岁的卓嘎跑去求救。人民解放军先将她收留下来,让她干一些零活儿。后来部队医院把她当成实习护士来教她学习。

1956年，中央政府给了当地的上层人士更多的时间，让他们下定改革的决心。这暂时延缓了西藏民主改革的时间。卓嘎像许多渴求知识的藏族年轻人一样被送往汉族地区学习。她在甘肃省兰州市西北民族学院产科专业学习，并加入了中国共青团。

1963年，她回到拉萨，这时西藏的民主改革已基本结束，她被分配到自治区卫生局。1966年，她加入了中国共产党。同年，"文化大革命"爆发，她去了日喀则附近的一个村子，在那里帮助村民成立公社并行医治病。1970年，她再次返回拉萨，担任卫生局高级领导。1975年，作为中国代表，她在日内瓦召开的世界卫生组织大会上发言。

西藏新的医疗服务网正在稳步建立。

1951年，中国人民解放军来到西藏。遵照毛泽东的指示，他们开始为全体藏族人民提供免费医疗服务。[5] 部队到来后建立起地方医疗队和医院，同时开始培养藏族人才。1965年，西藏的医疗单位（医院、诊所和流动医疗队）已达196个，有医护人员2090名。以前常见的天花、性病和黑死病都已得到控制。

10年后，医疗设备和人员的数量进一步增长。农村的增加量尤为显著，如下表：

表29-1 西藏1965年、1975年医疗服务量对比

	1965年	1975年
医疗单位	196	1660*
在城市	121	155
在乡村	72	1446
医院床位		3830*
医护人员	2090	7000*
专业医护人员——包括160个服务于藏族人民的人民解放军医疗队		4180*

* 带星号的是1976年的数据。

1976年，专业医护人员（医生、医疗助理、护士、实验员和X光技师）中藏族人有1300名。另有1000多名人员正在拉萨和地区的九所中等医疗培训学校接受培训。

　　1950年至1960年间，很多藏族学生从内地省份的医学院顺利毕业，他们中一些人现在已经获得了高级专业职称，如自治区医院的外科主任医生。在新兴的工业和大学城林芝，一所西藏自己的医学院也正在兴建中。[6]

　　（1979年，新华社一则未引用详细数据的报道称，自1959年民主改革以来，西藏医疗设施的数量增加了16倍，人员增加了19倍，病床增加了23倍。1980年，新华社的另一则报道称，藏族医生的数目是3500人左右，还有1000多名医学本科生正在北京、上海和其他内地城市上学。）

　　另一个新特征就是农牧区公社里有大量的"赤脚医生"。他们都是当地的年轻人，他们给人看病没有工资，也不脱离生产劳动。通常他们一年在田间劳动200天左右，这时，他们像其他农牧民一样挣工分；他们被派出看病或参加培训时会被追加工分。卓嘎医生说："他们手上长茧，脚上挂泥，肩上背着急救箱，心中装着劳动人民的需求。"

　　部队和县镇的流动医疗队还在巡回出诊，但现在他们主要致力于处理较复杂的病症和培养"赤脚医生"。[7]小伤小病这些，"赤脚医生"就处理了。

　　越来越多的地方已经开始定期进行体检并对体检的结果做记录。妇女分娩时能得到受过培训的接生人员的帮助。甲状腺肿大是西藏的常见病，其现在也因向大众分发碘盐而得到预防。"赤脚医生"作为公共医疗卫生人员，其数量也在翻番。他们教育并组织大家保持公共卫生，包括公共厕所和水井的卫生，确保人畜用水分开，并帮助大家改进火炉（旧西藏农村住房没有烟囱，屋子里的烟经常出不去，这导致眼病和呼吸道疾病的发生）。他们也给学校和幼儿园讲解健康知识并给孩子们接种预防疾病的疫苗。

　　总之，西藏正在实行"预防为主"这一全国性的健康政策。

各个层面上都在执行将现代医疗和本土技术结合起来的政策。这也为本土的医疗技术带来新生，其受益者也从一小部分人扩大到许多人。在那曲牧区，藏药（其处理办法在许多情况下已经过现代研究改进，有时候采用注射的办法而不再用口服治疗）占整个处方的60%。

1976年，中国农村合作医疗社的一种有趣变体在西藏出现。西藏实行免费医疗，人们不需要支付入社费。但这种合作医疗以其他方式实行群众自助医疗的政策。当地诊所由农牧民委员会管理。国家提供西药，传统草药则由合作医疗机构自己收集并准备。

自治区医院和地区医院的数量在不断增加，它们是整个医疗系统的总部和后方基地。

西藏的第一所医院——西藏自治区医院——成立于1952年。当时它叫作拉萨人民诊所，有医护人员60名，床位50张。

这个诊所的历史和人民解放军进驻西藏有着密切的联系。人员、药剂、手术室、X射线和实验设备都是在北京事先准备好，然后随部队一起进驻西藏的。一路上，部队边前行边为人民诊治。由于公路尚未修通，医务工作者步行了数千公里，他们的物资由驮畜队运送（在青海沿线有支驼队，该队有100只骆驼）。1953年，国家卫生部再次派出增援医疗队。1954年公路修通后，卡车为西藏运入了更多更重的设备。1955年我第一次去那里采访时，医院已有医务人员90名（另外还有60名其他工作人员和工人），床位100张。日喀则、昌都也建起了小型的医院，在部队的援助下，樟木也建起了小医院。

如今，扩容了数倍后，自治区医院已经成为拉萨五大主要医院之一。其余的分别是工人医院、藏医医院、部队总医院和拉萨市医院。

虽然有免费治疗、免费住院政策，甚至给住院病人提供免费用餐，但一开始却没人来医院看病。心怀不轨的贵族和僧侣四处散布谣言："汉人的药将会迷惑你们的心智，"他们还说，"汉人将会放你们的血喝。""现在给你们治疗是免费的，但是随后他们会让你们偿还的。"有时候这些贵族和僧侣还会殴打那些寻求治疗的藏族人。藏族人民的精神枷锁如此沉重，以至于给住院的病人灭虱都是问题——许多人认为"杀死那些虫子是有罪的"。人们慢慢理性起来，这是因为人们看到，生病的大贵族和大喇嘛们在祈祷和当地治疗手段都不管用的情况下，也去医院就医而且在出院时已康复。

受压迫的藏族穷苦人民在思想上有了显著转变，这可以通过早期一个肺结核病人的事例来说明。这位病人去自治区医院看病，由于肺部有大量积液，他痛苦不堪。当医生要为他抽掉积液时，他予以拒绝并回家去了，因为"穿刺身体是有罪的"。后来，当他再被送往医院时已经奄奄一息。在抽掉腹水并用了青霉素后，他很快康复了。"是你们让我起死回生，"他说，"我的命是医院给的，我要永远在这儿干活。"医院费了好大劲才说服他离开。这就是他态度上的巨大转变：反动贵族和高级僧侣希望现代医学为他们自身服务，但又设法让其他人对它心存疑虑。普通民众，只要有过一次就医经历就能除掉所有的偏见，真心认可他们真正的朋友。

1952年，医院门诊病人每天约为80人，1955年，达到数百人。

另一个成功是，和门孜康[8]里的传统藏医医生形成的统一战线逐渐巩固。一开始，这些人和现代医疗很疏远，甚至带有敌意。后来他们也前来咨询一些需要手术的、他们接诊的病人（全是上层阶级的人）的治疗方法，慢慢地，他们认识到现代医学技术能解决一些他们不能解决的问题。医院也很尊敬地接待他们。1955年，医院负责人金华立[①]告诉我们："在内科上，藏医有时候优于我们。"那时，门孜康正在派送一些学员来学习外科手术的基础知识。他们已经能够做切除阑尾之类的手术。医院自身渴望学到的是如何配制有效的藏药。

10年后的1965年，西藏的民主改革已经完成，正在向社会主义转型。我们看到自治区医院的规模更大、设备更好、住房条件更优，每天的门诊病人超过1000人。自治区医院的声誉也很高——因为已经排除了干扰，也肃清了那些故意反复给人们灌输的偏见。藏族病人依然一律免费就医。拉

---

① ［译者注］原著为 Jen Huali，此为音译。

萨以外的病人，国家还补贴路费。设备也多种多样，包括胸外科手术在内的一些相当复杂的手术，也能做了。这里已经成功摘除119例包虫病囊肿，这种病在西藏猖獗已久，病因是和动物接触而感染了寄生虫，以前该病在西藏是没法治愈的。眼科中的白内障摘除术在这里也很普遍。在医院接诊的难产病例中，98%都能做到母婴平安。比起1955年，现在的科室更多，但有一个科室不存在了，那就是性病科。梅毒也好久没有再复发，许多以前的梅毒病人现在都恢复了健康。有一名中年病患，以前没有孩子，但自从治愈后他已有了三个孩子，他给孩子们起的名字里都饱含着对毛主席的感恩之情。

医院的专业医务人员中，大约有40名是农奴、奴隶出身，这里面有一些医生，但更多的是护士、药剂师、X光技师和实验室技师。医院已经培训出了150名藏族医务人员，他们中大多数已经在拉萨以外的地区医院和县医院工作。

1976年，我第三次进藏采访，此时藏族医生所占比例更高了。接待我们的院长拉嘉次仁就是一名藏族人。西医、中医和藏医的结合更进了一步。医疗培训队经常外出巡诊，有时也在乡村卫生机构临时工作。

根据后来的报道，1978—1979年，医院在高原心血管病的诊断和治疗上都取得了显著的进步。医院已经成功为25例患动脉血管未闭合症的患儿实施了手术，这类病平原上罕有，但在"世界屋脊"却很常见。医院还为四名患缩窄性心肌炎的病人成功做了手术。以前从来不敢想象能在西藏做心血管手术，一是缺乏受过培训的医疗人员，二是没有必要的设备，三是担心病患术后不能适应空气稀薄的环境。如今这样的手术在拉萨就能做。[9]

1978年的另一个成功案例是医院挽救了一名出生仅3天的藏族男婴的性命。这个孩子因母婴血型不合出现新生儿溶血症状，并伴有黄疸。医院通过换血疗法使孩子重获健康。

1979年，中华医学会、中国药学会、护理学会、传统医学会及抗肺结核学会西藏分会落成，且他们各自有自己的出版物。除了制定标准和提高水平之外，他们的特殊任务就是组织西医、中医和藏医在各领域里交流协作。1980年，新华社报道，传统中医、藏医经验交流大会在拉萨召开。100多人参会，会上宣读了91篇论文。其中两篇谈到如何利用草药成功治疗高原红细胞增多症和普鲁斯菌病。

1976年我们看到，以前的门孜康已经被重组为藏医院。门孜康是由地方政府于1915年成立的，当时它叫作西藏藏医和天文历算局。将医学和天文联系起来并不是偶然的，因为传统的观念是将染病、治病的时间和天相联系在一起的。1955年，这样的一些思想依然存在，人们告诉我们，所有的药物必须在月亮变圆的那些夜晚配成，理论依据是，人吃了在这些时候配制的药后力量也会随之增加。药物里的有效成分依然是和神秘力量联系在一起的。门孜康提供的服务（即使是为地方官员和部队服务）少得可怜。其只有一个诊所，三名喇嘛医生，一个有两名工作人员的药房及39张病床。

1976年，藏医院已经有75名医生和60名其他工作人员。每天门诊病人600人，他们大多数是以前的农奴和奴隶。藏医院只有20张病床，供研究用。住院病人都被安置在正规医院，在那里他们不仅能得到藏医治疗也能得到现代医疗技术的治疗。自1955年起，藏医院年药物生产量达7吨，比以往翻了200番。这些药物销往自治区全区各地及区外。藏医医生和西医医生一样，定期去乡村巡诊。他们一同研究古代藏医医书和疗法，已经为"赤脚医生"出版了一本藏药手册和一些诊疗工具书，其中一本关于治疗胃溃疡的工具书最受欢迎。藏医医院还为50名受训学员提供指导。

益西卓玛有30多岁，是藏医院的党委书记和副院长（以前压根儿没有女性在那里工作）。她说西藏和平解放挽救了传统的藏医藏药：一方面将藏医藏药治疗的人群拓展到所有人；另一方面也确保藏医藏药的进一步发展。藏医藏药的处方和治疗方法（包括一些物理疗法如药浴）对当地的一些流行病尤为有效，特别是对于诸如胃溃疡、十二指肠溃疡、风湿病、关节炎和支气管炎一类的疾病，效果甚好。藏医药对各种麻痹症的治疗取得了其他治疗办法无法取得的成效，受到了全中国人民的关注。

在诊断方面，结合传统的诊断技术，藏医院现在也开始使用X光、心电图和实验设备。培训生和研究员中既有自治区医院的现代医生，也有来自云南、四川的藏医医生。青海藏区也有自己的研究和出版物，我们在医院图书馆见过一些这样的资料。

我问起了老喇嘛藏医协绕罗布的情况，他曾经是达赖喇嘛的私人医生而且在1955年时负责门孜康[10]。我见到他的时候，他已有70多岁，身材魁梧。益西卓玛说，协绕罗布曾反对1959年农奴主叛乱，后来一直在门孜康工作，直到1962年去世。

有趣的是，藏医院继续掌管着藏历历算工作。藏历是将阳历和阴历结合在一起的一种日历，其和中国其他地方以前所使用的日历相似但不完全相同（依然用于农业周期）。

1978年，为了扩大门诊部，藏医院加盖了一栋四层藏式风格的建筑，那时藏医院每天的门诊接待量达1000多人。藏医研究所也因这栋大楼的建立得以扩大规模。后来这栋大楼成为新拉萨的地标性建筑之一。

在西藏的其他地方，六所1959年以前成立的地区医院的规模也在迅速扩大。1960年起，72个县及下属区有了医疗单位，国营农场的医疗单位数量也相当。1970年，医疗服务网已经遍布2000个公社。总之，医疗服务在不断增长，其西藏本土化趋势也越来越明显。

1976年，我们采访日喀则地区医院时这里有150张病床，设备已经和拉萨医院相差无几。该医院起步于1950年，早期只是一个医疗队，成员有21名，而且全是汉族。到1976年职工数量达150名，包括52名藏族员工，而1952年时藏族职工只有6名。地区卫生局副局长达娃是位刚刚步入中年的藏族妇女。她还是个孩子时，就被以5块银圆的价格卖给喇嘛庙当奴隶以偿还其作农奴的父母欠喇嘛庙的债务。

从1966年到1975年的10年间，日喀则医院实施手术1880例，接待门诊病人逾200万人。医院还派了217个医疗流动队下地区农村巡诊；医院里1/3的人员常轮职下农村巡诊或去县医院或区医院和公社的诊所巡诊。医院给这些地区培训了数百名"赤脚医生"和助产士。天花和性病已经没有了，现在主要治疗的疾病有关节炎、高血压及由其引起的心脏病、肺结核和甲状腺肿大。

我们也去了山南地区医院，这里和日喀则医院的规模、诊疗范围基本相当。医院行政院长尼玛是位女性，昔日也是农奴。她和卓嘎一样，毕业于甘肃省兰州医学院。

至于县级医院，在海拔超过5000米无树木的当雄牧区我们见到一所。该院下有14个当地诊所，300张病床。一名在门孜康学习过的老藏医掌管着传统藏医科。他已经培养出掌握其独门技术的10名现代医生和70名"赤脚医生"。医院的急救队负责将病人接到医院或将医生送到偏远的乡镇。当雄有5家较小的区一级的医院，其29个公社中有25个有自己的诊所，当雄还有1200名"赤脚"医务工作者，"赤脚"医务工作者和居民的比率为1∶20。

在这些高原牧场，我们同样见到了一支来自中国内地的专家医疗队。专家医疗队成员11人，他们都来自中南部的湖南省，现在都在当雄工作。1973年专家医疗队第一次来这里，队伍每两年换一次人员，现在已经轮换过两次了。专家医疗队的任务是处理疑难杂症并培养西藏的医疗队伍。

拉萨附近的澎波国营农场居住着1.5万人。我们在那里见到了一所有50张病床的医院，这和1952年中心医院为整个西藏配备的病床数一样多。医院的管理人员和正式员工全都是藏族。院长索南诺布曾在拉萨的自治区医院学习过。医护人员中有来自湖北医疗队的一些人员，这些人员每两年轮换一次。医院设施包括两间带有现代设备的手术室、一间实验室、一间X光室和一间药房。药房不仅分发药物，还备有液体、片剂和针剂药物。

1976年我们所采访的7个公社都有了诊所，都配有医疗辅助人员，而且对于复杂病症都可直通县医院或巡回医疗队治疗。平均而言，每个"赤脚医生"服务于30~40个家庭。即使住的离镇不远，可以到镇上医院看病，社员们还是首选公社诊所，他们称赞公社诊所能为他们现场处理伤病，免去了他们来回路上所耗费的时间，由此，也避免了集体和个人的生产及收入损失。实际上，所有诊所人员都收集或种植草药，并配置了许多药品，这意味着公社诊所能进一步救治病患。公社诊所派遣"赤脚"医生去听县里的培训课程，有时也派他们去卫生学校学习。

总之，从过去广大藏族人民没有任何医疗到现在所有民众基本都能得到免费诊疗，西藏医疗有了很大发展。我们听到许多对社会主义成就的赞颂，包括一名妇女给我们讲的动人故事：解放前，她生的孩子全都死了；但解放后她又生养了很多子女，个个都身体健壮。

【作者注】

1 这些数据并没有包括昌都地区，因为这里很多年来一直属于中国西康省（现在已废除，1965年西藏自治区成立后并入其中）的一部分。昌都地区的人口大约为30万。算上这些，1959年西藏自治区的人口大约是100万。1976年大约为170万人，其中藏族人口占90%。1981年，大约为180万人。

2 接下来的段落是从"藏医学的成就"中缩写而来的，"藏医学的成就"是1978年北京的青年出版社为全国科学大会出版的《中国古代科学成就》纲要中的一章。

3 在1979年拉萨的藏医研究所再版的过程中，加入了另一名古代著名藏医德斯·桑杰嘉措1688年对其标准所做的评注。

4 20世纪70年代在青海再版。在那里发行的是一部3卷本的有插图的植物及藏医用品百科全书。这些植物和物品均有藏语、汉语和拉丁语说明。它集药方收藏、植物分类、药性特征和测试过的处方配料于一体。

1972年，周恩来总理号召出版中国各民族传统医学记载的药方和治疗手段，尤其是研究藏医的药方和治疗手段。该项工作从周总理的号召中获得动力。

5 这是对少数民族的特殊关心。时至今日，西藏全体人民享受医疗免费的政策——而在汉族聚居区只有工人、解放军、学生和政府工作人员享受免费医疗，其余人员需支付少部分医疗费或医疗集体投保费（如在农村的合作医疗中）。

6 正式建于1978年。

7 此外，这样的培训还在区县及自治区一级的医院开展。

8 这种医疗统一战线是毛主席一再坚持的结果。回溯到20世纪40年代的延安岁月，毛主席坚持重视和使用中国传统医学资源。这种医疗统一战线也是中国共产党平等对待每一个民族及他们在各个领域的遗产的结果。

9 同处高原地区，平均海拔在3000米的青海省率先取得突破。遗传性心脏病及肺心病在这种环境下很常见，对这些病症的研究也已持续了很多年。人们偶然发现高海拔对心脏的影响并不都是坏的。这里的心肌衰弱阻塞发生率低于其他地方，这也许是由于牧区的饮食中富含蛋白和脂肪。而对于高血压，当海拔超过一定的高度时，发生低血压的概率要远高于高血压的概率。

10 欲知1955年门孜康的情况，见艾伦·温宁顿的《西藏》(Tibet)，劳伦斯和威舍特出版社，1957年。

宗教

第三十章　西藏的宗教与政治

古时候的联系

长久以来西藏和宗教这两者似乎是同义词，其原因就在于宗教的政治角色。这一点不只是西藏独有的：中国的皇帝被称作天子；中世纪的欧洲有神圣罗马帝国，但其"既不神圣、也不是罗马的、更不是帝国"——马克思曾经这样嘲讽；西班牙的国王是圣天主教陛下；英国的君主是"托天之佑"来统治国家的，而且还被冠以信仰护卫者的美誉；美国的资本主义中看不到任何封建主义的影子，但"我们信仰上帝"的箴言出现在所有的货币上。

解放前的西藏的宗教，以20世纪甚至以中世纪的标准来看，其扮演的角色多得惊人。西藏解放前的宗教主要代表是达赖喇嘛，其也是世俗的统治者。这个身份同欧洲封建时期的教皇一样，如果教皇们在同国王长达数世纪的争斗中取得决定性胜利，他们就变成了世俗的领导者。但那时的西藏是宗教凌驾于政治之上而不是政治凌驾于宗教之上的吗？这样的假设将把次要的形式和首要的内容混淆起来。处于首要地位的还是政治。

西藏的神职统治者（比世俗统治者要早好多年）是13世纪时由中国封建皇帝任命的，封建皇帝将该任命作为管理地方的一种方便形式。西藏神职统治者的转世灵童后来通过掣签确定的，签子放在乾隆皇帝（1736—1796年在位）赠送的一个金瓶中来掣签。在西藏区内，六世、八世、十一世和十二世达赖喇嘛均在成年前后不久被谋杀，通常是被摄政者或者是被将其视作政治障碍的地方当权者所杀。但是整个达赖体制很适合封建农奴主统治。因此，这种体制一直持续着，而转世灵童只是一种统治工具。政治在这里显然也占主导地位。

为什么政治自身不能履行自己的职责呢？为什么在不同时期不同地区宗教一再成为政治的侍从？历史上有一种解释：宗教是一种意识形态，它试图解释那些人们当前知识水平无法合理解释的自然现象（后来宗教阻止人们去寻找那些现象的成因，所有试图这样做的人都被贴上亵渎神灵的标签）。从社会力量层面来看，一个阶层剥削另一个阶层时，前者所采用的"荒谬的信仰"的剥削方式是被后者认可的。这种荒谬的信仰提出一种政治谬见从而阻止被统治者质疑和反抗。君主制是专制的吗？统治者被称为神所确立的，违抗统治者不仅意味着叛国而且是亵渎神灵。如果统治者异常残暴，可怜的臣民就通过这样的思想来安慰自己：死后，当自己在天堂晒太阳时，那些统治者在地狱遭受着地狱之火的炙烤；或者，就像喇嘛教里说的那样，压迫人民的统治者死后会托生成一只虫子，而臣民则会成为王。但这些观念都有一个预定的前提条件，那就是现世里，臣民不得反叛，而要心甘情愿承受各种束缚。

历史上，当一种新的制度及一个新的统治阶级夺权时，它们不仅会去争夺神权委任而且会去争夺世俗的掌权方式。如果旧的信仰并不奏效，它们会建立一套新的信仰体系——如欧洲的改革一样，当时新兴的资产阶级正在挑战封建主义。在今天的这些新教者眼里，长久以来都是封建主义上层建筑的天主教现在变成了"巴比伦的娼妓"。但是资本主义站稳脚跟后，为了保卫新政，其革命信仰也变得保守起来。

在不同的历史时期，西藏的发展几近相似。喇嘛教近几个世纪的统治形式——格鲁教派（也叫作黄教）是15世纪创立的，其最初是针对早期僧侣滥权而进行的一场纯粹、严守戒律的变革尝试。但是后来，在发达的封建主义社会，当掌握大权后，其变成了所有统治阶级压迫和虐待人民的中坚力量。日本的佛教信徒河口慧海20世纪初曾在西藏生活过一段时间，他将那里政教间的联系写进书里：对于等级政府来说，"神圣的宗教经常是其迫害对其感到不快的人们的正当理由，而当其做了任何错事后，其也会在同样神圣的名义下寻求庇护。"（《西藏三年》，1909年，第493页）

　　剥削制度需要编织有关这个世界的神话，而且不仅限于某一个神话。封建主义社会里各个阶级之间的障碍几乎无法逾越，因此，封建主义社会需要一个社会安全阀，哪怕这个安全阀只是象征性的——或者如我们今天所说的只是"表面上的"。对于中世纪信奉基督教的国家来说，贵族出身世俗是非常重要的，即使是奴隶的儿子，只要他去教堂，理论上讲，他就可能成为身居高位的神职人员或教皇，这样他也可以获得世俗的荣华和权力。但事实上，即使付出背叛出身的代价，也鲜少有人能变成人上人——那常常是普通人无法做到的。对于封建制度下旧中国的行政部门，理论上讲，穷人也可以通过科举考试做上高官——但是概率有多大呢？在资本主义美国——虽然与中国情况大不相同——类似"从两袖空空到坐拥数百万"或"从小木屋到白宫"的神话也在起着同样的作用。在英国，难道许多劳动党的领袖不曾心怀感激地度过他们受封为贵族的最后时光？每个人都有一张可能中选的彩票——不论这机会要等多久。统治阶级获得所需的新鲜血液，被统治者依然是被统治者。

　　在西藏，伪善的机会均等全部是由宗通过神授转世的方式教提供的，其宣称转世者的俗世优势是与生俱来的。根据密宗，活佛转世的躯体可以转在任何孩子身上。事实上，由于大封建家庭间的敌对竞争以及他们担心自己有权力失衡的危险，达赖喇嘛一般都是从平民家庭中"发现"的，但这些家庭又不是特别穷困的。每一位新达赖喇嘛的奖励不光是个人的，还是整个家族的。他的父母和兄弟姐妹都会随着他身份的转变自动变为贵族，而且还会分得大片的土地和许多农奴。在西藏，还没有公认的平民变为世袭贵族的其他办法，尽管事实上，有许多特别富裕的家庭会买头衔。河口慧海在他的书里写道，有时，候选转世灵童的亲戚自己会买转世的机会。"掌管这一事务的圣僧……大多数用这件事情来中饱私囊，以此来敲诈那些申请人……因此，他们都特别富裕。"

喇嘛教是个有独创性的政治工具，这点从其他方面可以体现出。喇嘛教里的地狱并不是违背教义者的最终去处。那些受诅咒的灵魂会轮回成世界上更凶恶的生物，然而其仍具有向更好方向转变的希望。就像加尔文教派的命运说的那样：世俗财富是神之恩宠的标志，而贫困是神对罪孽的惩罚。而喇嘛教义里的命运是有限的：一旦失败，就再没有机会。这样的观念和世俗最残酷的惩罚结合在一起，迫使贫苦人民不得不忍受这种统治。

1955年，我第一次去西藏采访时发现，这样的喇嘛教信仰在西藏正盛行，尽管人们已经遇到和其教义不一致的新现象。起先，新体验本身在宗教条文中是合理的。农奴和奴隶对人民解放军的免费医疗、谦逊作风和分发的救济物资感到既惊讶又高兴，他们称解放军为菩萨兵，并感谢神派他们来到西藏。

到了1965年，情况已经发生了很大变化。农奴制已经废除6年了，老的思维模式已经彻底粉碎。正在建设的社会主义体制提倡无超自然的惩罚，这促使了西藏宗教地位的变化。

政治上，劳动人民现在居于首位，因此他们没必要再忍受那些寄生统治者的权力淫威。僧俗剥削者的封建特权都已经被废除。披着信仰外衣的反革命活动和其他类似活动都被取缔。但是宪法制度下僧侣们享有全部公民权（除非是因为叛乱或其他犯罪而依法被剥夺权利，非宗教人员也会如此），他们也承担公民的义务——忠于国家、人民和社会主义。

在观点上，马列主义和毛泽东思想——辩证唯物主义——现在开始占据主导地位。但是由于思想意识是认识性的问题，个人依然信仰的宗教不能也没有被限制，每个人都有信仰与不信仰的自由（以前没给过这样的选择）。在西藏，由于这个问题牵扯到广大人民群众，既有平民也有宗教人士，因此，政府帮助维修寺庙并保证那里人民的生计问题。

共产党员相信在阶级斗争、生产劳动和科学的影响下，宗教注定是要黯然消退的，事实上宗教现在已经在渐渐消退。那个时期，藏族共产党员已经为数不少。

宗教脱离政治的必要性

首要任务是将宗教从政治中分离出来。

在旧西藏，农奴主阶级的霸权是通过政教紧密结合的统治而行使的。在这一秩序下，根据阶级标准，封建贵族是主要组成部分，阶级关系是封建等级关系，而高级僧侣主要出身贵族，他们是封建剥削的受益者。这些规定的形式，表面上看，其独特性就是宗教人士的地位高于非宗教人士。

1890年，拉萨三大寺的大喇嘛是西藏37%土地的直接领主，有农奴90,079人。其他土地则被噶厦地方政府（38%）和世俗贵族（25%）瓜分。1959年民主改革前夕，他们所占的土地多达西藏总面积的一半，包括412个牧场。这是经济方面的数据。与之相对应的是不同级别的喇嘛在政治中的不同角色。喇嘛中的最高领导达赖喇嘛是西藏领主们的领主。所有的土地，包括噶厦政府和贵族所持有的，都是他赐予的封地。而其他人，不管有没有头衔，都要忠于他。达赖可以收回任何封地，也可以分封新的土地——我在1940年的一份文件中看到，达赖喇嘛授予一位贵族"永久性"拥有20个部落的牧民以及他们的牲畜。

在达赖喇嘛统治下，地方政府的上层管理机构通常是由616名宗本及其上一级的官员组成。其中占多数的还是宗教人员，共333人，其余283人为非宗教人士。噶厦（或者称作达赖喇嘛阁僚委员会）中也是既有宗教人士也有非宗教人士。但是没有达赖喇嘛的印章，所有的法令都是无效的，而印章通常是由其私人秘书处来管理的，他的私人秘书处全部都是高级神职人员。

每个县由一僧一俗两名县长共同管理。他们两个人的意见要达成一致。但事实上，僧官常占上风，他的观点更容易获得更多人的赞成，他可以当场否决俗官所提出的建议。

任何重大决定须经拉萨三大寺——甘丹寺（3333僧人）、色拉寺（5555僧人）和哲蚌寺（7777僧人）——的一致同意才能通过。三大寺的印章能使政府最重要的法令生效。事实上，寺院是旧西藏组织最庞大的权力群。西藏有大大小小2711座寺庙和尼姑庵，有12万名僧尼（1.3万名尼姑），占总人口的1/10[1]，僧人占西藏成年男子数量的1/4。寺院对封建徭役具有优先索取权，即使是逃跑者，只要剃度成僧侣，就不再隶属于他俗世的领主，尽管如果后来他被赶出寺院或不再当僧侣，他以前的义务又重新生效。

寺院的地位指的当然是它作为一个机构的地位，而不是寺院里所有僧侣的地位，因为无论是封建主义还是它的阶级结构都未在寺院门口停下来。大多数僧侣都出身卑微，在寺院的院墙内，他们只是奴隶。他们虽然可以免受世俗司法审判，但可能会受到寺院纪律监管人员的鞭打、囚禁地牢或被处死。为了能进入到高等级，哪怕是高一点点，他们不辞劳苦地辛勤劳作，甚至连学习和念经的权利都没有。他们中许多人起先并不是自愿来到寺院的。在哲蚌寺的一个经院或者康参里，310名僧人中有229人是以服劳役者身份或是孩童身份而被迫进了寺庙（这个数目不包括那些在外因挨饿而"自愿"入寺的人）。

然而从经济角度来讲，所有的喇嘛都是"寄生的"。因为，即使那些辛苦看护寺院和照料上级僧人的穷和尚也不创造任何财富。

从生物学的角度来看，黄教（最大流派）所尊崇的独身戒律减少了人口的数量。但即使在独身者之间也是存在剥削的。穷和尚更容易被他们的上司当作同性恋者的目标，在一些寺院里还保存着女性衣服和假发，其实就是这个目的。

从军事层面看，管理这么多男性给了男主持很大的权利。这里有特殊的士兵僧侣机构，其他人也可以受令去打仗。由于寺院存有枪支，因此它的作战能力也很强。这样的事在1959年叛乱时最后一次发生。

三大寺对拉萨自身的压力是最大的。事实上，每年在莫朗钦波节或传召大法会前后的三四周内，三大寺就开始控制整个城市。日常的管理停了下来，"铁棒"喇嘛或哲蚌寺寺庙警察就开始对所有的人——也包括那些远道而来朝拜的信众——称王称霸。他们主要使用的是恐吓手段，这样做的目的是为了让人们向功德箱里布施。任何未缴纳"节日罚款"的人都会立刻被恶棍们打倒在地并继续遭受毒打，有时甚至被打死。人们告诉我们节日罚款是向以下这些人征收的：

所有家庭（如果节日期间下雪）；
穿皮靴的人；
编着两条辫子的姑娘；
种花的人家；
戴头巾的人；
有路人在房子旁边撒尿的住户（如果撒尿者被抓住，会受到鞭打）；
养马、驴、狗、猫或鱼，或者给牲畜戴铃铛的人；
在屋里唱歌或弹奏乐器的人；
在商店里买烟的人；
等等。[2]

前文提到过的日本僧人河口慧海将这些节日勒索之事描述为"不亚于强盗和响马所做的坏事"。关于哲蚌寺的"铁棒"看守，河口慧海写道：他们的任期是一年，提名得靠大量的贿赂来保障。因此，他们"不失时机地榨取钱财，为了捞回谋得这一职位花费的钱财和由此产生的利息；他们的目标是在有限的任期内掠夺足够的财富，以保证他们余生也能过上奢华的生活"。他们不仅掠夺世俗之人的钱财，也抢掠"兄弟僧侣"的钱财。因此，所有人都憎恶他们。许多类似的事情现在还可以从一则西藏轶闻中看到，轶闻里地狱最恐怖的折磨留给了哲蚌寺的那些"铁棒"看守。河口慧海评价道："这就是那些恶棍喇嘛应得的下场。"

财政上，寺院不需要向地方政府交付任何财产税费。相反，政府和世俗贵族所交税费的份额却是双份的——不仅要为行政管理交税，还要为宗教维持交税。

对于农奴劳动的剥削，所有的寺院庄园比世俗庄园更加过分。

高利贷在西藏是仅次于强迫劳役的第二种剥削形式，寺院的利息比噶厦政府和世俗放贷者的利息都高。

为了使经济能够正常运行，寺院都设立了特殊的部门"基索"。根据习俗，"基索"一般是由出身贵族或商人家庭的喇嘛来管理，这些喇嘛都有雄厚的个人资产，从表面看，这能保证他们有足够的财力来赔偿挪用的公款或因管理不善而带来的损失。基索除了从寺院的庄园里征收租金和劳役外，还从事贸易活动，既有国内贸易也有国际贸易，和印度之间的贸易尤为频繁。它的代理人被允许穿着俗家衣裳（通常只戴着佛珠来显示他们的佛家身份）带领商队去谈生意。

僧侣商人通过人身威胁和宗教仪式诅咒等方式与原本就属于他们寺院的那些农奴做成了很多生意。对于职位高的僧侣来说，寺院贸易是为了个人之便，是为了保证他们能够得到想要的任何奢侈品。在20世纪四五十年代，劳力士和欧米茄手表、莱卡和康泰克斯相机、镀金的派克钢笔是僧俗高官最为喜爱的身份象征。俗家高官还喜欢白马威士忌和有镀金嘴的黑色巴尔干保加利亚烟。运输没有成本——都是通过强迫劳役来做的。

这一过程在位于纽约的美国自然历史博物馆举办的西藏展览中得以体现。该展览内容丰富，引起了广泛视觉兴趣。但很遗憾，展览仍以"西藏贸易生态学"为题，描述如下：

"（游牧民）与寺院建立联系，寺院现在既是人民敬奉之地，也是手工艺者和粮食生产者的中心……"（过去寺庙里存储的粮食和手工艺品是由农奴生产和制作的事实并未提及）"这样，寺院就成了牧民、农民和商人相互联系的中心。"（如果用"剥削"来代替温和的"联系"，用过去时来代替现在时——因为所描述的现象是过去的事而不是现在的——那么公众也许能看明白，而不再困惑不解。）

交易的不仅仅是实实在在的货物，为任何目的的祈祷也在交易之列。地里的农夫有两种选择，要么为他们的庄稼买保佑，要么就让它们受诅咒（由喇嘛将经幡倒插在地里）。圣物和护身符也都是赚钱的物品。"治病方法"以一种特殊的颂歌或铭文的形式来出售，而药丸则是由活佛的粪便制成（由达赖喇嘛的粪便制成的一个药丸的费用相当于普通家庭一年的收人。）

　　神的权威是绝对的。违背神的权威不仅是不服从神的意志，更是对天意的蔑视。对于这样冒犯神灵的行为，惩罚如下：

　　　削鼻；
　　　割耳；
　　　剥头皮（对妇女）；
　　　砍手；
　　　烧眼睛；
　　　往指甲缝里戳竹签；
　　　挖膝盖；
　　　切断跟腱；
　　　腿上绑石头吊起来，并用棍子打；
　　　四马分尸；
　　　胸部绑上石头从悬崖扔下去；
　　　缝在湿牛皮里，牛皮变干时会收缩，被慢慢捂死；
　　　活掏心脏；
　　　活剥人皮；
　　　"骑铜马"（一种特制的炉子，当烧热时将受惩罚者牢牢绑缚在其上）；
　　　"点天灯"。

　　这样，寺院庄园里，在强迫人们屈服、强求人们服劳役方面，神学的恐怖和一般的封建恐怖互为补充。
　　压力不仅只是从外部强加，还通过给受害者灌输某种思想观念，把压力强加在他们的思想深处。这也使得"自愿"捐献带来了很多物质上的利益。藏族人的生活越悲惨，他们就越想抚慰命运，以便他们的痛苦能很快结束，如这次转世不能结束痛苦，就期待下次转世能够结束痛苦。因压迫而逃跑的人们并不会将他们少得可怜的资源用给自己，而是往往倾其所有去圣地朝圣——他们每走一步都会匍匐在地，有时会体力透尽，很多人死在朝圣的路上（他们认为这样死去能确保一个好的来世）。古时候，许多卖光家产的信徒掠夺自己孩子的财产，这样他们就能去拉萨，向寺院敬献礼物，在他们死去之前看到统治当权的转世化身。他们和布达拉宫宫殿阴影之下的那些乞丐一同饿死，甚至就像圣像四周无数盏油灯里他们捐献的酥油一样慢慢燃尽。（仅大昭寺一天就要烧一吨多的酥油，每年要用75吨粮食来制作供奉用的堆成金字塔形的青稞饼，每位主神像前要摆1000个青稞饼，每隔十天换一次）。偶尔，作为一种规定的忏悔方式或作为最后的虔诚行为，运气不好的朝拜者要将其拥有的所有粮食都贡献出来，供全寺院所有喇嘛在一场仪式餐中享用。

就此而论，我们应该看透达赖喇嘛本人做过的一个论断，当他刚到印度时，他尽力避免谈及西藏普通民众的贫穷问题，"他们外表寒酸并不一定证明他们的生活困窘或者他们是农奴，"他解释道。"有一个例子，一个衣衫褴褛的人实际上给大约两万名僧人捐赠过东西。"[3]

作为主要受益人的达赖

达赖喇嘛本就该是这整个体制的积极辩护者，这点并不令人奇怪。他现在承认的该体制的一些罪行已无从追溯。因为，站在政教金字塔的顶端，他是整个体制的主要受益人。1965年，西藏革命展中曾展出一份他的私人财产清单（不算那些被他带出国的），其中也列了一些流动资产：

110,328盎司金子；
价值500万元的银圆；
20,331件珠宝；
14,675套衣服。

仅以上物品就价值9800万元人民币（按当时汇率，大约相当于1440万英镑或4100万美元）。

从他的个人地产中，他获得的年均纯收入（不算劳役部分）为：

50万公斤粮食；
价值相当于10万公斤粮食的现金；
3万公斤酥油；
175卷氆氇布；
275头牲畜。

当然，一个人不可能用完这些，因此，持续增长的财富隶属于政府机关。但是达赖喇嘛个人的直接消费量也很大。他的袈裟（僧袍）只用从羊脖子上剪下的最柔软的羊毛纺织，因此通常他做一件衣服要用许多只羊。他所食用的酥油不能存放过两天。这些酥油都是农奴从墨竹工卡县背来的，不管天气如何，每到一个驿站，官方就盖一个章，以此确保运送的速度。他冬天所食用的风干羊肉只要羊卓雍措湖的羊肉（河口慧海在他的见闻录里写道，"羊卓雍错是一个宰杀牦牛、绵羊、山羊来供应达赖喇嘛餐桌的地方……拉萨离他的宫殿太近了……对于屠杀……他希望能得到肉却不用为下令宰杀牲畜而负责。"）。他的个人用具即使是洗手盆也是纯金的或是镶嵌宝石点缀的。他所使用的全套用具不仅在布达拉宫和罗布林卡夏宫有，在几个大寺院的特殊房间里也有，那里保留了这些物品，目的是供他到访时使用。

不仅达赖喇嘛一人这么富有，因他而成为贵族的家人也是如此。他们的财务（不算达赖喇嘛本人的）清算如下：

庄园　27处
牧场　30个

农奴　6170人

 家里奴隶　102人

　　继任的达赖喇嘛即便到死也未停止挥霍。埋葬每一个"被喇嘛化身占用了的身体"所花费的支出也高得惊人。布达拉宫里仅十三世达赖喇嘛的坟墓就用了30万盎司的金子，外加许多宝石。其他达赖喇嘛的坟墓也一样奢华。

　　日喀则班禅额尔德尼继任者的供养费用和达赖喇嘛的花费不相上下。

固化公共财富——让人困惑的高昂消费

　　在整个西藏，更多财富用在修建宗教建筑（拉萨的大昭寺和布达拉宫，日喀则的扎什伦布寺和其他一些建筑）的金顶和用珍贵材料塑造佛像。谈到技术和才能，数世纪以来，西藏几乎所有的艺术成就，无论是耗费了区内许多金属的铸像，还是绘画和巨幅挂毯，还是制作布料足够所有人穿衣用的遮阳棚，都拘囿在私人或公共的宗教场所。独院佛堂内部经常是洞穴状的，里面灯光昏暗，以此来让祈愿者心生敬畏。佛堂里可能会有数千座、数万座的塑像，有一个佛堂，里面的小塑像多达10万座——这些塑像只有一小部分能在透进佛堂的昏暗光线和摇曳的酥油灯光下看清楚。只有现在，有了电灯后，人们才能看清这些圣殿里面都有些什么。在旧西藏，老实说，神的数量远远超过人的数量。没有任何一个地方有如此高比例的劳苦大众愿意放弃物质消费，尽管他们极具天赋、非常勤劳，并创造了巨大的财富。剥削者甚至也放弃了部分物质消费。

　　但是物质财富以另一种方式服务于剥削者。就像与西藏统治架构情况类似的欧洲中世纪大教堂所体现的那样，封建主义自己在可被称为不朽的宣传上从不节约开支，在宗教建筑上所耗费的材料也是惊人的，他们想以此来造成一种心理效力——统治者的权威和被统治者的恭顺与敬畏——目的是为了封建体制能够延续下去。

教育上，布达拉宫自己为孜仲培训学校提供校舍，或允许见习的神职官员在此见习。三大寺有着英格兰伊顿公学、哈罗公学、牛津大学和剑桥大学合起来的功能。三大寺的教育宣传是为了给统治阶级培养精英，并且教会精英顺从，而背负着精神枷锁的人民承担了一切费用。

那些想要更进一步了解西藏政教统治起源和历史辩证法的人，可以在本书的其他章节看到相关概要介绍。[4]

西藏的神权体制是"民族性"的吗？

谈到西藏的政教合一体制，它的辩护者总会强调它的民族性特征。他们说这种体制是西藏人民自己选择的政府和生活。因此中国革命有什么权力给西藏带来不同的思想和制度呢？

无疑，几个世纪以来民族和宗教在西藏结合得非常紧密。但这也不能否认，僧俗共治统治的出现和西藏历史上是中国的一部分的事实是不可分割的。达赖喇嘛在宗教和政治上的双重身份，以及在其管理下一直到20世纪50年代才废除的地方管理机构噶厦政府，都是中国皇帝特意设立的。这种制度把藏汉两个民族的剥削阶级联系在了一起，藏族统治阶级在外围，汉族封建阶级在中间，形成了共生关系。同时，在当时的社会条件下，为了共同的国家和共同的防御，他们在帮助多民族中国的统一上也起到一些积极的历史作用。

到了现代时期，帝国主义企图分割中国，将中国几个封建统治阶级统治的地区划归几个不同的外国势力，表现之一就是20世纪二三十年代汉族军阀混战。与此同时，西藏当地部分（但绝不是全部）僧俗统治者拥护帝国主义者所提出的分裂主义思想。这种现象也是帝国主义分裂中国进程中的一部分。

再后来，全中国人民进行革命，推翻旧的剥削者、赶走帝国主义者、将全国各族人民更加紧密地团结起来。但是现在不论怎么讲，各族人民之间的联系都不再是剥削阶级间的联系。实质上，汉族劳苦大众和中国其他民族的人民一起已经夺得政权。接下来自然而然且不可避免的就是，包括藏族在内的中国各族人民，生活上会有革命性的转变。

在中华人民共和国，藏族人民也已经觉醒，地方封建势力牢牢掌控着以前的僧俗政权不愿放手，这是不符合时代潮流的，这种政权方便了帝国主义干涉中国，是一种异端。最重要的是，它阻碍并威胁着藏民族自身的发展与进步。因此，为了民族和社会的发展，为了藏族人民和中国其他地区的人民一道进步，不可避免地要去根除这种社会制度。1959年农奴主反叛平息后，这种制度被彻底废除。

【作者注】

1 包括昌都地区，以前，它是已废除的西康省的一部分，现在是西藏自治区的一部分。

2 即使是西藏封建制的赞赏者查尔斯·贝尔，也在他的《西藏的宗教》一书中写道，那时"他们（铁棒喇嘛）向不幸的居住在那里的人征收繁重的税负"。

3 "达赖喇嘛对法律调查委员会所提出问题的口头回答"，摩苏里（Missoori），印度，1959年11月14日。

4 公元7世纪前，佛教传到了西藏。但它绝没有立即引起政教合一。俗世的君主统治着当时的奴隶占有制王国。其中一些人如松赞干布（公元7世纪中叶）和赤松德赞（公元755—797年在位）喜爱佛教，其他人如朗达玛（公元838—842年在位）灭佛。后来到了9世纪和10世纪，在奴隶起义的影响下，实际的皇权统治渐渐崩溃。贵族间的斗争使得他们两败俱伤，而封建主义就在这种两败俱伤后的混乱中渐渐成长起来。和欧洲的情形相同，僧侣们获得了土地、封号和农奴。在无休止的残酷战争中，一些势力较小较弱的庄园主不能自保，他们通过效忠和合并的方式与那些势力较强的寺院联合起来，为他们的田产寻求保护和安全。

所有这一切为当地的神权制度创设了条件。1257年，萨迦派领袖八思巴被蒙古元朝世祖（忽必烈）封为国师，他统管西藏时神权制度得以正式巩固。元朝后来迁都北京（当时汉语里称其为大都，蒙语里称其为汗八里），从那时起，西藏和中国内地之间绵延数世纪的联系，将它们融合在同一个政治实体中。因此，西藏的神权统治不仅没有造成民族政治分离，反而成为融入中国封建体制的形式。

随后，中国最高统治者授予西藏神权统治者统治的权力，而作为回报，西藏神权统治者也派遣使团前去纳贡。这种情形不仅发生在明朝统治者（1368—1644年）和噶举派大喇嘛之间，还存在于清（满族）朝统治者（1644—1911年）和黄教领袖达赖喇嘛之间。从1724年起，清朝皇帝向西藏派遣了两名驻藏大臣，就是他们金瓶掣签选出了未来的达赖喇嘛，并且批准了授权仪式。1750年，在乾隆皇帝的敕令下，建立了由宗教僧侣和世俗噶伦组成的地方噶厦政府；1792年，西藏地方军队依照同样的方式建立。

因此，想为任何一个这样的机构罩上"藏民族"光环都没有严格尊重历史，它们的民族性还不如封建性那么明显。作为一种特殊的管理形式，起源于封建中国的西藏封建机构跳不出封建时期这个圈子。

第三十一章 寺庙里的改革

1959年西藏民主改革后,中央政府对僧侣和世俗领主的政策是一样的。他们的封建特权被废除了。他们的农奴获得了自由,田产被分配给贫苦农牧民。对于包括拉萨三大寺在内的参加叛乱的那些寺庙(其中仅哲蚌寺就拥有151处田产、540个牧场),它们的土地和生产资料全部被没收。没有参加叛乱的寺庙,对它们的田产采取赎买的政策。其中赎买班禅额尔德尼驻锡地日喀则扎什伦布寺的田产就花费了900多万元人民币。这种做法是对未参加叛乱者田产的最大一笔补偿,不管是僧家还是俗家。

和叛乱的噶厦政府一样,其他的农奴主、寺院也都失去了所有的政治特权。作为宗教组织,它们得以继续存在,寺里的建筑供朝拜和住宿用。

然而寺庙内部也在进行着民主改革。和寺院外一样,寺院内的封建权力和人身奴役也都已经废除。领导叛乱或顽固不化的大喇嘛在公开会议上受到公然谴责,他们也同反革命分子一样受到惩处:控告他们的不仅有普通的农奴还有穷苦喇嘛。后来,在特别改革小组的帮助下,寺院里成立了民主管理委员会。他们全权负责经济、住房、饮食和政治学习等方面的日常事务;在他们的队伍中,穷喇嘛占主导地位。但是在宗教事务方面,格西(神学博士)和其他神职部门的主管继续处于领导地位。

喇嘛和尼姑有了人身自由。他们的上级不能再指挥他们劳动或活动,也不能再用坐牢或鞭挞来惩罚他们。事实上,西藏的宗教自由意味着僧尼在很大程度上摆脱了寺院的强迫限制。宗教自由也包括僧尼们有权选择留在寺庙,并参与寺庙管理。选择还俗的喇嘛——年轻喇嘛居多——会有人给他们提供培训并给他们分配非宗教性的工作。不管是走是留,他们都享有选举权和公民的其他权利,这对他们来说也是第一次。有些人当了教师,有一些人和家人一起从事农业生产。寺院是西藏闲置劳动力资源的最大聚集地:许多人成了西藏新产业的工人;还有许多人结了婚组建了家庭;许多人慢慢退教;另一些人,虽然从寺院退出,但依然虔诚地信仰宗教。

废除农奴制和封建财产自然会为寺院带来经济困难,尤其是那些以前参与叛乱的寺院,它们没有得到任何赔偿。不管是否参与叛乱,所有寺院都不能再强迫劳役或征收贡品,不过,它们的消费以其他方式予以弥补。首先,1965年寺院可以像以前一样接受自愿捐赠的物品。第二,身体强健的僧尼可以在寺院管辖的或是分配给他们耕种的大片土地上为自己的生计劳动,或者从事有偿的工作。第三,那些被委派去在寺院里保护和修复建筑或其他历史遗迹的人,政府给他们发工资。第四,政府补贴僧尼的基本衣食(包括僧袍)费用,对于那些年老的或失去劳动能力的僧尼,政府的补贴足够他们所有的生活费用。

这样,不仅保证了宗教信仰自由,而且也确保了僧侣和普通百姓继续有可以朝拜的场所。

对我来说,有一件小事我至今难忘。1965年,我到达拉萨的第一天,看到两名僧人在大街上行走。"咱们去看看他们要去哪里。"我对同行的藏族同伴说。

"他们只是像其他人一样享受夜晚的凉爽,"他回答道。"上次你来的时候,没有寺监的许可,他们不能踏出寺院一步。现在只要乐意,他们可以自由出入。"

人们也许会想,这只是一件小事,但它却标志着重大变化。

1965—1976年间,在社会主义革命中,西藏发生了更大的变化。以下,我将描述我在三大重要宗教寺庙了解到的整个进程,这三大寺庙是拉萨的大昭寺、哲蚌寺以及以前班禅额尔德尼所在的日喀则扎什伦布寺。

推翻了噶厦统治的大昭寺

带有金顶的拉萨大昭寺建造于7世纪。它在西藏信徒心目中的宗教意义远胜于布达拉宫。如果说布达拉宫是宫殿的话，那么大昭寺就是大都会教堂和朝圣者的最终目的地。这里供奉着释迦牟尼——西藏最负盛名的——佛像（最初由汉族文成公主带进西藏，那时，她嫁给了西藏的奠基者松赞干布），瞻仰他意味着能为未来的生活积得功德。在大昭寺周围，虔诚的朝圣者千百次地俯伏在地磕长头。然而，和布达拉宫一样，大昭寺并不是纯粹的信仰之地——它也曾是僧俗联合政权的一部分，也曾让人民戴着封建枷锁。

两个世纪以来，大昭寺的一翼是噶厦地方政府。1955年我们曾在这里受到了索康和其他噶伦（地方主要官员）的宴请，几年后他们成了叛乱者。10年后，整个噶厦体制不复存在。地方政权所在地移往别处，搬到了宽阔的自治区政府办公大楼，而这里不再行使任何宗教职能。

1965年，大昭寺民主管理委员会设置在噶厦政府的老房子里。次程桑丹是委员会主席，其曾经是一名普通喇嘛。就在这里，他告诉了我们更多关于大昭寺背景和转变的故事。

他说，"噶厦政府几乎染指我们宗教生活的方方面面。各级官员不断反复查看朝圣者捐赠的物品。官员们经常私自侵吞捐赠的物品，并且他们相信寺庙里的喇嘛也会这样做。我们下层喇嘛没有自由，一般的朝拜者也没有。朝拜者们不得不排队等候并遵守一些没有任何宗教意义的奇怪规定。例如，如果他们的辫子没散下来，或者身着非西藏材质布品缝制的藏服，就不能入内。但是贵族们从来不排队，他们穿着用进口布料缝制的衣服径直入内。谁能阻拦他们？

"就是在这个神圣之地，噶厦政府设立了税务部门，该部门使人民深受其苦。它有一个酷刑室。在我们现在所坐的地方，噶厦政府密谋了叛乱，反动的'人民大会'也成立于此。1951—1959年间许多反动宣传手册和谣言都出自这里。

"叛乱期间，大昭寺就是指挥所。喇嘛们受命穿上俗服作战。大昭寺修筑了防御工事。焚烧《西藏日报》大楼、袭击外事局、建设局和人民医院的阴谋就是在这里开始的。"

叛乱被粉碎后，次程桑丹继续道，"召开了'诉苦会'"。在这些会议上，贫苦喇嘛用他们自己的亲身经历撕破了一些顽固高僧虔诚的面具和他们虚假的仁慈。然后，西藏自治区筹备委员会经与贫苦喇嘛协商，通过了寺庙内部管理的政策。根据这一政策，大昭寺推选出自己的民主管理委员会，管理者主要由贫苦喇嘛和爱国高层神职人员组成。委员会的职责就是维护大昭寺的建筑，保护寺院的财产，管理寺院内部生活、经济和环境卫生及组织特殊节日的活动。在政府的帮助下，在叛乱中损坏的大昭寺得以修复。

破坏主要还是叛乱者造成的，所有的责任都在他们。我们在拉萨时人们不止一次告诉我们，虽然不使用炮火会牺牲自己的同志，但人民解放军还是没有用炮火轰炸诸如大昭寺和布达拉宫一样的历史遗址。僧俗两界的人都说，如果不是这样，今天的拉萨城就要失去许多重要历史遗迹，而这些遗迹曾被反动分子用作堡垒。事实上，这些地方在西藏农奴主他们自己的争斗中就从未幸免过。活佛加措林以前曾给达赖喇嘛念读经文，但是并未参与叛乱；他回忆色拉寺被烧毁过四次，而大昭寺、哲蚌寺和其他历史遗迹则多次在区内统治集团间冲突的炮火和掠夺中损毁。

"今天穷苦喇嘛已经和敌人划清了界线。"土邓桑顿说，"他们和建设社会主义新西藏的人民站在一条战线上。"

民主改革后的哲蚌寺：1965 年

采访的另一处是西藏最大的寺院哲蚌寺。城市均是由白石头建成的房子，它们占据了整个山坡。经授权批准，寺院有7777名喇嘛（实际上寺院的喇嘛曾经一度超过1万）。哲蚌寺曾是世界上最大的寺庙。民主改革前，寺庙有151个农业庄园，540个牧场。有2万农奴在这些土地上辛勤劳作，他们共欠寺庙粮食14万吨、人民币1000万元（当时相当于500多万美元）。哲蚌寺是叛乱农奴主的堡垒。后来哲蚌寺交出了3000支来复枪和其他一些枪炮。由于参加了叛乱，哲蚌寺的田产后来全部充公。

哲蚌寺有着550年历史，长久以来它一直是西藏僧人和贵族政权的重要组成部分。拉吉会议是哲蚌寺的管理部门，该部门的领导由噶厦政府委派的堪布（神职大臣）担任。而两名"铁棒喇嘛"（寺监，或神职警察总长）实际上每年管理拉萨一个月。他们非常重要，须由达赖喇嘛本人来确定任命。寺院有四个扎仓或经院，扎仓里的喇嘛来自整个藏区和中国其他藏族人民居住的地方，还有从尼泊尔、不丹、拉达克、蒙古和西伯利亚远道而来的喇嘛。他们按照来源地的不同分成不同的组。经院下是39个康参或大殿，它的人员来自更小的地区行政单位，康参类似地方喇嘛协会。

财富和权力曾经是哲蚌寺的显著特征，这一点在我1955年第一次去那里时依然很明显。贫穷和压迫是哲蚌寺的另一面，但对于访客来说这一面是无法调查的，因为，旧统治者仍妨碍着调查。但还是有一些外在的证据，在一些游牧部落，当我们的东道主——身着华贵法服的大喇嘛——陪同我们沿着石板路行走时，衣衫褴褛的小喇嘛急匆匆地赶到大门口聚在一起，而同样穿着破衣烂衫的老喇嘛扭头看到我们时面露不安，小心翼翼地为我们让开了路。然而，1965年，接待我们的是民主管理委员会，管委会由一名曾经的穷苦喇嘛和一名格西（或者叫神学博士）组成。从他们讲给我们听的故事和我们自己看到的一切，我们了解到了许多过去的事情。

像其他的大寺院一样，哲蚌寺也为达赖喇嘛保留着一个特殊的房间。现在这个房间还维持着原来的样貌[1]，房内铺着地毯，墙上有织绣挂毯，还有许多金子和贵重物品。哲蚌寺自己高僧的住所也奢华舒适。低一级的僧侣住所比高僧的稍差一些，但依然是设备齐全的房间。但是占大多数的普通僧侣都住在肮脏的畜栏，暴露在风吹日晒下，那种地方即使牲畜也会很快生病。数十年前，河口慧海曾写道："上层僧侣的生活非常舒适……修建他们自己的别墅……有七八十名仆人……而下层僧侣的生活非常悲惨……他们的窘境难以用语言描述……"民主管理委员会一员的老多吉旺楚指着一处黑漆漆的洞穴说:"我在那里生活了很多年。"

他告诉我们,民主改革以前,现在委员会的委员没有一人进过哲蚌寺接待室;而我们采访时曾在此喝过茶。

1965年,哲蚌寺里只有715名常驻喇嘛,其中512人以前都属贫苦阶层。现如今他们都住进了相当好的房子。每个房间里都有了新事物——电灯。"你不知道这对我们意味着什么,"多吉旺楚说。"过去,只要到了晚上,我们就处在一片漆黑中。大喇嘛有从印度买来的明亮汽灯,但不允许我们有任何灯,甚至一根沾着灯油的灯芯都不行。"

许多哲蚌寺的穷喇嘛都不是自愿来的,他们在这里就是奴隶。许多人身上都有被打后留下的伤疤。许多人在寺里从懵懵懂懂的小孩子变成了弯腰驼背的老人,也从未学过读写藏语。

"我们的生活和人身安全现在都有了保障,"一位穷苦喇嘛说,"不像以前,经常有人被杀,野蛮的打斗能要了你的命,哪怕你一开始并未参与争吵,而且还要蹲地牢受鞭打。"除了压迫和危险还有恼人的羞辱。"我们下层喇嘛不允许在盆子里种花,只要被发现就要遭毒打,"一位和蔼的老人说。他正在培育大丽花。像大多数拉萨人一样,他喜欢这种花。

曲美仁增,38岁,民主管理委员会委员,他面色和善,体瘦结实。他讲到了喇嘛们集体劳动的成果。他很高兴我们注意到了一条宽阔平坦、绿树荫护的大道,十年前那还是条荆棘遍布杂草丛生的小路。"那路是我们自己修的,"他说。他还告诉我们,哲蚌寺现有的僧侣耕种着60公顷农田,每年收获60吨粮食——几乎相当于他们消费量的1/3。政府另外再补贴125吨粮食,还给每位喇嘛补贴衣服、酥油和茶叶。400多名喇嘛都挣上了工资,他们在拉萨的市政建设部门做兼职。"即使是上了年纪只能靠退休金生活的人,也想做些事情补贴自己。"曲美仁增说,"他们说:'自己种的粮食吃起来更加香甜,劳动能让人更健康。'"农民喇嘛有他们自己的互助组。他们和非宗教互助组一样也拿报酬,将工分转换成实物。

以前蜂拥至哲蚌寺的有几百名男童喇嘛,甚至包括一些小小孩,到了1965年，仅有42人选择留下——最小的11岁。他们大多是孤儿，无家可归。寺院里为他们开设了半工半读的小学，教他们藏语文、算术、常识和政治。

1959至1965年间，政府拨款4万元人民币用于寺庙的修缮。

1976年的哲蚌寺

11年后再访哲蚌寺，这里又有了巨大变化。

喇嘛的数量下降到360人[2]（其中250人为昔日的穷苦喇嘛）。但是这个小团体依然充满活力、生机盎然。

在生产组织方面，哲蚌寺已经从最初松散的互助组变成了自给自足的社会主义生产集体，具有许多公社特征。虽然喇嘛们的平均年龄已经超过45岁，但还是有200多人在从事一些农业或副业工作。他们种植的青稞、小麦、豌豆和温室大棚蔬菜足够他们自己消费；还饲养了100头牦牛和1000只绵羊，还有一些猪和鸡。他们经营着3个水电磨坊、一家铁匠铺和一个缝纫组。他们用又脆又甜的苹果招待我们，这些苹果都是从他们最近几年才栽植的苹果园里采摘的，果园有果树1万棵，1967年首次挂果。水果不仅丰富了他们的饮食，还为他们带来了经济效益。说起这些的时候，他们更像是满怀热情的农民而不是喇嘛。

1975年寺庙里的人均年收入为450元人民币，相当于1965年的四倍；而1965年时，政府还在为寺庙的许多日常花销拨救济款。

一些喇嘛在政府委员会工作，负责文化遗迹的维护工作——哲蚌寺就是这样被委派保护的，他们的工作是有偿的，政府每年为维护和修缮工作提供两万元的资金。

年纪太大或因病不能工作的喇嘛，政府全权负责他们的生活所需。他们中有的人还在整日念经祈祷，但是寺院的规定不再强迫他们必须这么做。在寺院里面，就如同整个西藏社会一样，人们都有遵守或不遵守教规、信教与不信教的自由。对于外来参观者来说，有些人依然前来祈祷，更多的人则是前来学习或观光。寺院不再募捐钱物，实际上，即使有人给寺院捐献，寺院也不再接受——喇嘛们的劳动和政府的拨款足够寺院日常开销。（后来的几年里，由于纠正极"左"路线，寺院又开始接受捐献。当然，这时的捐献不再像旧西藏封建体制下的直接或间接强征。）

当寺院里大多数喇嘛还奉行禁欲主义时，大约有12名喇嘛选择了结婚；现在喇嘛和俗家弟子一样可以自由成婚。"在旧社会，很多高僧有非正式的妻妾，他们除了和这些妇女保持关系外还将她们带到自己的住处，"一名男子告诉我们，"但是我们这些穷苦喇嘛，哪怕只是别人谣传我们和女人有染，都要受到严肃惩处。现在一切都过去了。"

强巴列索告诉我们，"正因为哲蚌寺是西藏最大的寺院，旧西藏社会在这里显示出它最残酷的一面。富喇嘛常讲克己忘我，但事实上，当宰杀了一头牦牛时，他们能把肉全吃了。我们穷喇嘛连一根牛毛都见不到。他们剥削和压迫我们，也有权利拥有女人。我们却是贫贱的人，都是由于旧法律的规定或家庭的贫苦被迫做了喇嘛。他们讲了很多同情和怜悯的话，但对我们却设有酷刑室、监牢及鞭刑。鞭笞刑柱就在一个主祈福大殿的前面。"

紧接着，强巴列索带我们看了鞭笞刑柱坑和石板上凿出的凹地，受刑人双脚必须搁在这凹地上。柱子旁边就是寺院监狱。

强巴列索说，哲蚌寺是蓄奴最多的寺院，也是参与农奴主叛乱的主要寺院。所有18至60岁的喇嘛都被动员去为维护封建农奴制而打仗。曾有长篇大论鼓吹，杀死一名人民解放军战士所积的功德就如同建造一座舍利塔。

"1959年叛乱平息后，我们这些穷喇嘛变成了这里的主人。[3] 政治上解放后，我们开始成为有用的生产者。哲蚌寺不再是寄生虫，现在这里不仅能自给自足，还能为社会主义做些贡献。以前我们穷喇嘛没有任何权利，现在我们享有其他劳动人民享有的所有权利。"

但是1959年时阶级斗争还没有彻底结束。强巴列索向我们描述了一位大喇嘛顽固分子的情况：1965年9月27日，西藏自治区成立后不久，这位顽固分子"预言"外国会派部队来西藏恢复旧西藏的秩序。一名政治进步的年轻喇嘛反驳了他的说法并揭露了他的真实目的。为了报复，这个大喇嘛杀了那名年轻喇嘛。"当这样的反动派犯了罪，我们就给他们开批斗会，并对他们进行无产阶级专政，"强巴列索说。

强巴列索是通过自己的切身经历来讲这些的。他自己的父亲曾是哲蚌寺里的一名奴隶，有一次试图逃走，被抓住后受到鞭刑，直到被打得皮开肉绽。他自己在八岁时被家人送到寺庙做了娃娃僧，一直到1959年他20岁时才获得解放。12年间他一直像奴隶一样在那里干活。

强巴列索也向我们讲述了哲蚌寺里开设马克思列宁主义和毛泽东思想理论学习班的情况。一开始只有10人，大多数都是穷喇嘛，只有两人有佛学博士（格西）头衔。这核心的10人将学习班扩散给了更多人。"重点是要了解阶级剥削和阶级政权，确保旧的压迫不会重来。这些，对于我们穷喇嘛，像对于工人、农民和牧民一样重要。"

离开哲蚌寺的数千名喇嘛现在在做什么呢？我们问。

强巴列索回答说，许多人去了工厂。仅拉萨水泥厂一家就有60人，其中包括全拉萨人都知道的杰出的工人模范桑杰伦次和多吉旺堆。有些人成了干部，例如格桑朵美就成了拉萨市最大百货大楼的书记。

重访扎什伦布寺

日喀则扎什伦布寺气势恢宏，传统上是班禅额尔德尼的驻锡地。在这里我们看到了同样的转变。带有金顶的扎什伦布寺建于1447年，殿堂的建筑面积共计30万平方米。最多时寺里约有4000名喇嘛，还掌管着其下各个分支寺院9000名喇嘛。扎什伦布寺曾经管理着5个县，拥有庄园68个、牧场62个，有农奴家庭3.3万户（超过16万人），这差不多相当于日喀则地区1959年前人口的3/5。

扎什伦布寺有着庞大的官僚机器——20个不同的部门，这些部门的功能是征收劳役、税负、放高利贷以及实施其他剥削。该寺每年向人民强行征收大约3000吨粮食和124吨酥油的贡物。

寺里穷喇嘛所受的剥削和压迫与农奴所受的一样。每人都有七八种劳役，要遵守300多条规则。如果他们让上级不高兴，就会遭到毒打。最近的一次是在1958年，一个穷喇嘛乌都穆顿因这样的原因挨了5000鞭子，一次"冒犯宗教"挨1000下鞭子（事实上，他只是没有顺从上级）。他被打到半死不活，逐出了寺门。

从1951年人民解放军进藏到1959年平息农奴主叛乱，封建压迫并没有任何减少。一个原因是统治阶级害怕人们会"失控"，另一个原因是日喀则地区独有的，那就是一些僧俗官员重回日喀则后剥削更为严重。这些官员30年前曾被十三世达赖喇嘛剥夺了收入并赶往了青海，他们此次回来后想要弥补自己30年来的收入损失。

由于班禅额尔德尼和他的追随者并未公开参与1959年的叛乱，因此他们在地方上的权力持续时间较长，扎什伦布寺的民主改革比拉萨的也要晚一些。

民主改革前，喇嘛们不能种庄稼也不能成婚。民主改革委员会主席阿旺尼玛1976年告诉我们："我们中很多人都想参加生产劳动并过上正常的生活。但是寺院里不允许我们这样做。如果穷喇嘛在去看望农民亲属或亲戚时干了一点点农活，回到寺院后肯定会受到惩罚。即使你在帮自己的阿爸或兄弟犁地，也要偷偷摸摸地在没有人看的时候做。

"民主改革中，根据宗教自由的政策，僧人可自愿选择是否还俗，扎什伦布寺的僧人从4000人减少到1980人。留下来的那些人开垦了20公顷荒地，种了15吨粮食。为了使用和生计，我们还买了11头牦牛、55头耕牛、22头驴和马及298只羊。"

穷喇嘛开始真正地生活，而不再仅仅是生存。在封建旧社会，每位喇嘛每月本应分得1藏克（14公斤）粮食，但实际上只能领得9公斤掺杂了其他东西的粮食，而富喇嘛却可以领得100公斤或者更多的粮食。钱上，穷喇嘛每年只能领到6~7元，而他们上级可领得比这高10倍、20倍甚至100倍的钱，级别越高，领得越多。剥削的一种方式就是强迫贷款——利息高至最后偿还的钱要比原来借的钱数高出好几倍。还有数不清的禁令——不许喝酒、吃鸡蛋、吃洋葱，当然也不许和女人来往。所有的禁令富喇嘛都可不受约束，然而穷喇嘛只要违反这些条令被抓住就要接受罚款或挨打，有时还被驱逐出教或流放，作为一种侮辱受罚者的手段，有时还让他们倒骑在牦牛上。这再次证实了河口慧海所记叙的事实（直到最近我才拜读），"贵族僧侣都有妻子，虽然他们并没有合法结婚；他们中大多数人将妻子安置在别处。"他也写到许多上层喇嘛经常喝酒，尤其是在扎什伦布寺。对于下层喇嘛是一种法律，而对上层喇嘛是另一种法律。

民主改革后，穷喇嘛每月能得到国家分发的13公斤粮食、1千克酥油、一些茶叶和副食及4元钱现金。从1961到1973年，国家这样分发了370吨粮食和150万元人民币。

1973年，扎什伦布寺的僧人们开始像一个公社一样发展经济。1974年，在分给他们的6个农场和一个牧场上，他们生产出足够消费的粮食、酥油和其他奶制品。他们说，"我们高兴的原因不仅是因为我们的生活变好了，还因为我们减轻了人民的负担。"

那一年，他们耕种了110公顷田地，收获粮食216吨，其他副业获得15.6万元的收益。副业收益来自一家小型钢铁厂、面条厂、果园、四个蔬菜温室大棚以及木工活儿和建筑工程。每位僧人平均分得粮食249公斤，人民币214元（最高的可分得275公斤粮食和284元人民币，最低分得230公斤粮食，165元人民币）。个人的现金收入还不包括国家每月依然拨给每位喇嘛的4元人民币。有一位僧人，一辈子都在受穷，根据"按劳分配"的原则，他在1973年挣了不少钱。这辈子从未见过这么多钱，他不敢相信自己真的挣了那么多，他还特意询问会计是不是算错了。

另外，喇嘛们对农业科学也越来越有兴趣。1976年，寺院里的每个生产队都有了自己的实验小组。他们研发出适合他们土地种植的新品种，苹果、大枣、核桃和葡萄以及蔬菜的效果都不错。

扎什伦布寺有两台常规型号和三台小型的拖拉机，还有一些柴油水泵和其他农业机械，这些设备是喇嘛们用他们的劳动所得购买的。另外，国家也拨给他们两辆卡车、一台小型磨面机、一台饲料切碎机和一部放映机，他们自己都能操作这些机器。

104名因年老而失去劳动能力的喇嘛也得到了赡养。由于扎什伦布寺本身就是被保护的遗迹，另有18名僧人领着国家发的工资在这里做管理员或修复员。我们看到他们中有人在很专业地修复着佛像或给褪色了的佛像重新镀金。

在统一战线的人物中，强巴赤列在7岁（现在他37岁）时被认作是转世"活佛"，现在，他是一名经验丰富的画匠和褪色壁画修复员。他也是日喀则地区宗教委员会的委员，该委员会现在主要致力于经文研究。他告诉我们，"在民主改革时期，我持怀疑态度，也有很多顾虑。现在我认识到宪法所说的'有信教和不信教的自由'的确如此。那些想留在我们寺院里的人可以留下来，想走的也可以走。以共同的政治方向为基础，信教者和不信教者也可以团结起来。"

扎什伦布寺统一战线的另一缩影是旺堆珠巴，现在年近五十，8岁起他就做喇嘛，如今是民主管理委员会的成员。他是一名经文专家（格西），现从事经文的保护与修复的工作。

与在哲蚌寺一样，我们也询问了那些还了俗的年轻喇嘛现在的生活状况。答复是：50%的人成为农民，40%的人成了工人，其余的人从事其他职业。当天下午晚些时候，我们在扎什伦布寺院墙外见到了一些在日喀则农业机械厂上班的工人（本书他处有介绍）。尼玛扎西，以前是扎什伦布寺的喇嘛，现在是西藏一个著名桥梁建筑队的领导。

和哲蚌寺一样，扎什伦布寺许多以前的喇嘛现今都成了干部，其中一人现在是日喀则地区商业局副局长。

附言：1979 年的宗教

　　1979年，拉萨开放寺院供人们参拜。据报道，每天大约有4000人前来朝拜，不仅有来自拉萨市和自治区内其他地区的，还有来自其他省份藏族聚居区的。但这并不意味着所有人都是为祈祷而来，也有人是基于历史的记忆或好奇而来。

　　需要特别说明的是，在"四人帮"推行的极"左"思想的影响下，曾有一段时间中央政府对西藏实行的政策违背了党的宗教政策，尤其是20世纪60年代晚期到70年代早期这一时间段。其中最糟的事件之一是红卫兵拆毁了拉萨附近的第三大寺院甘丹寺，这是黄教创始人宗喀巴创建的寺庙。（然而，需要注意的是，刚愎自用的极"左"分子——红卫兵——的这种蓄意破坏行为并不是汉族反对藏族的活动，因为藏族红卫兵在席卷全国的这股浪潮中也是一样。）公共信仰的象征，如转经轮，从街头老人的手里消失了，因为他们觉得用它会受到歧视。

　　1979年，一些转经轮又重新转动起来。人们绕着大昭寺转经，甚至还有几个人在虔诚地磕长头。然而，有这两种行为的人数远远少于20世纪60年代早期。因为许多藏族人头脑里宗教的位置已经被科学占据，尤其是年轻人。

　　1980年，甘丹寺的主殿在北京拨付的50万元专款资助下得以修复。

　　在从拉萨刚刚来到这里的人们看来，现在所发生的一切不是什么新的信仰浪潮，而是这里一直就有的事情现在人们坦然公开化罢了。以前在街头，手里没拿转经轮的信徒可能拿着念珠，只不过，他们把念珠藏在袖子里。而且去八廓街转经也像是去"散步"一样。

　　藏族共产党员相信，讲道理能让科学最终战胜迷信，而且比任何形式的压迫都能来得更快更让人信服。压迫只能更加强化那些还没完全了解宗教的人的宗教信仰。但是如果披着宗教的外衣从政治和经济上做攻击社会主义的活动，那又是另一回事。不管它们如何掩藏，都要和他们做斗争。

　　侵犯公民的宗教信仰权是违反中国宪法的。此外，按中国现行刑法

147条的规定，这种行为是要受到处罚的。该刑法1980年元月1日生效，修订为："国家工作人员非法剥夺公民的宗教信仰自由和侵犯少数民族风俗习惯，情节严重的，处二年以下有期徒刑或者拘役。"同样不可宽恕的是侵犯公民不信教权利的行为。1979年初，拉萨有一幅海报，上面写着"不信佛教的人就是阶级敌人"。海报现在还留在原地，没有被撕去，供人们讨论和批评。大多数人都谴责这是挑衅性的语言，容易挑起分裂。

宗教信仰是公民的权利，然而这和以唯物主义为基本原则的共产党员的信仰是不兼容的。共产党提倡在社会主义进程中将信教者和不信教者团结起来。但是共产党在自己的队列里并未将这两种不同的世界观混为一谈。

【作者注】

[1] 这是1965年和1976年的真实情形。

[2] 到了1979年，根据新华社3月20日发布的一则报道，数量下降到240。

[3] 对此的生动描述，可见安娜·路易斯·斯特朗的《西藏农奴站起来》，北京，1959年；旧金山，1976年。

背 景

历史资料

读者对更多细节感兴趣的话，这里有更多资料，这些资料有关西藏与中国其他地区在政治行政上的联系，有关西藏在文化、经济方面的相关发展，还有关西藏在国际舞台上的角色。

唐朝，公元618—907年

早在历史记载出现之前，汉藏两个民族以及他们的祖先就有相互接触和交流。西藏发现的新石器时代遗址表明，即使在远古时期，这里就已经有了一些黄河流域文化的元素；但就政治关系而言，较详细的历史记载出现于唐朝时期。

公元641年，唐太宗将文成公主嫁给松赞干布。当时，松赞干布统一了四分五裂的西藏各部，还被唐朝封为驸马都尉和"西海郡王"。

这次政治上的联姻使双方之前在经济和文化方面的联系得到巩固。文成公主庞大的送亲队伍不但带来丝绸和其他物品，还带来书籍、学者和各类工匠，其中包括木匠、泥瓦匠和石匠等。一同带入的许多工具和技术已在西藏扎根，其中一些至今仍在使用。

松赞干布下令根据唐朝宫殿模型修建一座寺院，这座寺院就是遗存至今的大昭寺，其为西藏的仪式建筑奠定了基础。大昭寺与拉萨的布达拉宫和日喀则的扎什伦布寺一起成为仪式建筑的典范。这种建筑的主体结构和独特的窗户具有藏式风格[1]，屋顶的飞檐却采用了汉族的建筑风格。

这种结合见证了藏汉工匠之间长期且卓有成效的合作，这一点在唐朝时期首次修建布达拉宫时及一千多年后重建时表现得十分明显。为了修建今天样貌的布达拉宫，17世纪时，康熙皇帝将北京114名建筑大师派往西藏。同样，在北京、承德和中国内地其他地方的喇嘛庙中，我们也能看到西藏的建筑特征。

据西藏史书记载，在唐朝时期，西藏还从中国内地引入了水磨、酿酒、养蚕、造纸、制墨和农作物种植等技术，藏语也吸收了大量汉语经济技术方面的词汇，如木匠、泥瓦匠和建筑工人使用的工具，还有食物和诸如菜刀（厨房的刀）一类的家庭用具的名称。藏语中的茶（发音为"恰"）也保留着唐朝时的发音。同样，汉族人民从藏族人民那里也学到了各种技术，比如前工业化时代的吊桥和悬臂桥建造技术，药物的炮制和使用，以及舞蹈艺术中的一些技巧。

藏汉两地之间主要的易货贸易是茶马交易，唐朝时期就建立了固定的茶马贸易市场。当时，四川成都的丝绸业专门设立分行来生产西藏所需的布匹，这种做法一直延续到1300年后的今天。

在教育方面，松赞干布将年轻的贵族子弟送到唐朝都城长安（现在的西安）求学，还邀请汉族教师去西藏任教。在西藏人民的日常生活中，他们的服饰仍然保留着唐朝的原始风格。直到20世纪50年代，西藏男性贵族的头髻[2]依然与唐朝时期一样。据唐代年鉴记载，唐代的军队以千和万为组织单位，西藏也借鉴了这种做法。

佛教从唐朝疆域、印度和尼泊尔传入西藏，西藏最古老最受尊敬的佛像由文成公主带入，其至今仍然屹立于大昭寺内。

藏汉之间的军事冲突时断时续，公元710年金城公主和吐蕃王赞普赤德的联姻，进一步巩固了两个民族之间的关系。金城公主带入西藏的除了宗教用品和宫廷用品外，还有许多高超的技能，如各种乐器（现今仍然陈列在大昭寺内），医书，疾病的诊疗方法（包括针灸）。包含有印度医学理念的藏医，除了本土的医学精髓外，还引入了许多古老的汉医术语，这些古老汉语就如同西方世界中的拉丁语一样。

公元823年，唐朝皇帝和藏王赤祖德赞达成了一个正式协议，其中双方互以"舅甥"相称。"双方商议社稷如一，结立大和盟约"。现在，刻有会盟内容的纪念石碑仍然立在拉萨大昭寺前。在接下来动荡不安的几个世纪中，会盟碑从未被篡改、挪动或者污损过，它是藏汉民族牢固关系的最好证明。

在唐朝统治时期，据说有200多个使团穿行于西藏和内地之间。即从公元634年吐蕃王朝建立不久到公元846年吐蕃分裂这213年间，几乎每年都有使团往来，而且还签订了八项协议。

尽管期间也出现过战争，且大多是为争夺古丝绸之路（位于现今甘肃和新疆两地之间）上的要塞——公元763年，有一支吐蕃军队还攻入唐朝都城长安（今西安），占领长安12天之久——但藏汉民族之间的友好关系总能得到修复，并且随着时间的推移，两个民族间的关系还变得更加紧密。

松赞干布和文成公主的婚姻实际上只是统治阶层之间的联姻，但其在西藏的传说、藏戏和绘画中却广为传颂，此外"舅甥会盟"纪念碑也得到了尊敬和保护，这些不仅仅是出于对统治者的尊敬，其还反映出人民对藏汉民族团结重要性和共同利益的认识。

查尔斯·贝尔一生大部分时间企图将西藏分裂出去，并因此重写西藏历史。但即使是这样的帝国主义者，也忍不住记录下了早期西藏与中国内地之间不断深入的联系，本书第456页还引用了他的相关评论。

宋朝，公元960—1279年

到宋朝时期，吐蕃王朝分崩瓦解。一些实力强大的派系和部落向宋朝皇帝朝贡，宋朝政权也对其加强了保护，并任命它们的首领管理各自的领地，或赐予高官厚禄。1060年，陕西、青海和四川三地建立了更大的茶马交易市场；仅1155年，通过四川雅安交换的茶叶、丝绸和其他物品就动用了1.3万匹马来运送。800年之后，即西藏解放之后[3]，沿古商贸通道路线修建的川藏公路，起点就设在四川雅安。

有些外国作家宣称西藏和中国其他地方的联系在宋朝出现中断，这纯属无稽之谈。实际上双方的联系不仅仍在继续，有些方面甚至还得到加强。从某种程度上来讲，西藏（公元842年奴隶制王朝结束后，封建制度下的分裂时期持续了三个世纪）和中国内地（在宋朝统治的后半期，不同的统治者管理着南北各省，宋朝都城也从黄河沿岸的开封迁到长江南岸的杭州）的长期不和给人造成了混乱的印象，但如果纵观中国历史，这些裂痕只是一些小插曲，很快就被更紧密的团结所代替，统一始终是主流趋势。

元朝（蒙古族），1271—1368 年

在元朝，蒙古族统治者迅速完成了包括西藏在内的多民族中国南北方的统一。

忽必烈登基成为元朝第一位皇帝之前，西藏就已经在其统治之下。1260年，忽必烈任命萨迦派（花教）的高僧八思巴为国师，并立藏传佛教为国教。1275年，忽必烈任命八思巴为西藏第一位政教合一的统治者，让他在皇权下管理13万户家庭，八思巴被授予"大宝法王"封号，他的印章至今还保存在拉萨罗布林卡夏宫收藏的西藏文物之中。

西藏的高级官员也由北京任命。当时的西藏实行单独管理，直接置于元朝的管制之下；元朝派军队驻扎在西藏各个要地。西藏还采纳了元朝的货币制度；几个世纪以来，西藏一直都使用着这种计算银锭标准重量的计量单位。最近在西藏还发现了元朝时期流通的纸币，其目前陈列在拉萨的展厅里。在元朝的统治下，西藏分别于1260年、1268年和1287年进行了三次人口普查。西藏还采用了元朝官员的提拔、奖惩和法律制度。也就是说

西藏完全融入了元朝中国。

那时，边界安全问题成为影响统一的重要因素。1205年，孟加拉穆斯林征服者伊赫蒂亚尔·乌丁曾给予在西藏处于统治地位的佛教信仰毁灭性的打击。他派出一万名骑兵，翻过喜马拉雅山，进入西藏。西藏人民运用焦土战术击溃了敌人，但是最后仅100人幸存。1337—1338年，莫卧儿人统治下的印度首领穆罕默德·图格鲁克对西藏发动了一次大规模战争，规模是孟加拉人所发动战争的十倍，尽管有十万敌人来犯，但最终都全部被歼灭。这些事实证明，西藏人民的领土和信仰受到威胁时，他们会更加珍惜和国内其他民族之间的联系；这同样也适用于中国其他民族。穆罕默德·图格鲁克发动战争的目的不仅仅是占领西藏，他还想通过西藏这个"大门"来占领整个中国。[4]

明朝，1368—1644年

接下来的明朝是汉族人统治的朝代。第一任皇帝继位两年后，便派官员去西藏。当时西藏继续实行政教合一政策。噶举派（白教）领袖被清朝第一任皇帝授予"大宝法王"的称号和玉印，该印一直保存至今。相应的，该教派的领袖也前去明朝都城南京朝拜皇帝。

曾在元朝时期任职的60位高官通过请愿方式在明朝重新得到任用。王宇指派一支军队接管了元朝在乌斯藏和朵甘思（今天青海省内）的指挥司。据记载，1406年，所有藏传佛教派系——花教，白教和黄教（格鲁派）——的使者均前往明朝进献贡品，并得到宗教封号。永乐皇帝（1403—1425年在位）将都城从南京迁到北京，他命人雕刻了印有藏语经文和用汉语数字标注页码的雕版印刷品，并把它们送到拉萨。这些印刷品至今仍完好地保存在色拉寺里。明朝皇帝武宗（1506—1522年在位）还研习了藏语和佛经，对喇嘛实行特殊优待。

西藏来的僧侣使团数量庞大，有时一个车队就多达数千人，有记载说他们挤满了道路和驿站。封建制度实行劳役和徭役制度，运送这些人和为其路途中提供食物的责任就落到当地村民身上，由此激起了人们普遍不满，加之皇帝要回赠礼物答谢，导致国库耗损严重，因此，朝廷颁布法令规定，觐见队伍只能三年一次，而且规模不能太大，还必须按照指定的路线来京。在传统贸易中，为了管理市场，明朝政府颁布了管理规定，还设立了新的"茶马司①"，每年运到西藏的仅是茶叶就有30万公斤左右。作为交换，西藏的马匹、地毯以及其他物品被运到内地。据说这些数目庞大的僧侣献礼使团还带有贸易性质（封建制下通常如此，尤其是亚洲），因此在明朝时期，西藏与中国其他地区在政治、文化、经济上的联系始终没有中断，甚至在有些方面还得到进一步的发展。

此时不仅仅四川，中国沿海其他省份也给西藏供应丝绸和挂毯。1976年在大昭寺，我们看到许多有西藏宗教图案的挂毯样品，它们先在南京和杭州织就，然后被运送至拉萨，这一点与明朝时期汉语题字碑文所记录的一致。大昭寺中还有许多明朝的瓷器，其中一些最珍贵的瓷器是皇帝答谢西藏进献贡品的礼物。

这些事实驳斥了明朝时期藏汉民族之间联系中断或联系不够紧密的论断，同时也反驳了双方已经失去政治交流的说法。

国外文献中有一种趋势，它们减少了西藏在元朝和清朝统治时期与中国内地的密切联系，而且还质疑西藏是否隶属于汉族王朝（如明朝）。这不仅和事实相反，而且还成为那些意在分裂多民族中国的恶势力刻意自圆其说的说辞。在明朝时期，政治上的联系和官员任命并不限于西藏某个统治团体（元朝时期仅有萨迦派喇嘛统治），而是对几个地区和僧侣组织分别册封（这反映了西藏当时的实际情况），这也是造成误解的原因之一。从唐朝起，西藏和中国内地一直是通过和内地中央政府保持联系的，并不考虑具体是哪个民族执掌中央政权。除了汉族统治者，在不同时期还有蒙古族和满族统治者，这些中央政府并没有什么不同。相反，这反映了中国

---

① ［译者注］原著中为 tea sales office，但译者考证后认为应该为"茶马司"。

持续的多民族特点。

清朝，1644—1911 年

在清朝时期，西藏与内地关系的发展可以分为两个阶段。

第一阶段是1840—1842年鸦片战争（中国近代史的开端）之前。这个阶段中央对西藏的管理变得更加直接。也就是从那时起，西方列强和沙俄开始包围包括西藏在内的整个中国，只是当时中国的封建王朝仍然有能力抵制各国施加的压力。

然而鸦片战争之后，清朝便失去了这种能力，中国不仅陷入国内危机之中，还处在半殖民地的奴役状态。帝国主义开始瓜分中国，中国封建统治势力对人民未做让步，却向外国列强做出了妥协，西藏便是帝国主义侵略者最先践踏的地区之一。然而随着中国封建王朝的衰退，中国各民族之间的联系反而更加紧密更具生命力，他们的共同目标是要打倒帝国主义。在新的历史条件下，通过共同的社会变革，这一目标才能最终实现。

这条路走得很曲折，之后也没能发展成熟，尤其是在汉族以外的其他民族居住地区。但是，社会变革的趋势不可阻挡，因为它已经扎根于各民族的共同经历之中，而且也是他们的共同需要，尤其是1840年之后。

但是我们首先应该考虑的是早期阶段。

1644—1840 年间西藏的发展

西藏封建政府的特征形成于17—18世纪，进入20世纪后这种特征仍然继续保持。西藏政府包括地方政治宗教领袖达赖喇嘛（还有班禅额尔德尼）和地方行政机构噶厦。但是值得一提的是，这两者都和封建帝制中央政府的政策有着密切的联系，即中央政府给它们划定权责，并对它们进行管理。

达赖喇嘛（这个称呼是为了和自1588年就使用的黄教教派领袖的称谓加以区别）这种政治制度可以追溯到1643年，当时蒙古和硕特部首领固始汗调停了拉萨和日喀则之间的冲突，并且授予五世达赖喇嘛临时的权利，也就是五世达赖喇嘛重建了现在的布达拉宫。

在接下来的1644年，清朝（满族）掌管了中国的皇权，随即达赖喇嘛和保护他的蒙古人固始汗就声称效忠于清朝入关后的首位皇帝顺治皇帝。1652年，五世达赖喇嘛去北京朝觐。

1720年，康熙皇帝派兵去西藏驱逐蒙古准噶尔的一支军队，这支军队由分裂贵族首领策妄阿拉布坦带领，并得到俄国的支持。清朝皇帝册封达赖喇嘛的时候，固始汗也得到了同样的册封；准噶尔部的力量不仅将固始汗的后代赶出了西藏，还因为对藏民心有怨恨而在拉萨大肆掠夺，破坏各个寺庙。康熙皇帝将准噶尔部驱逐出西藏之后，在西藏设立了噶厦政府，由北京直接任命主要行政官员，即驻藏大臣。驻藏大臣执掌西藏的行政、军事、司法、经济大权，以及藏族地方官员的任命权。作为中央政府的权利执行者，他们还拥有独立处理外交事务的权利。

这些发展过程既加强了多民族中国的统一，还巩固了中国的边疆。迄今为止，对中国边疆的威胁并非来自以前的邻国，而是来自欧洲掠夺成性的殖民国家。18世纪，英国控制了印度，而沙皇俄国则开始吞并亚洲内陆地区。

西方殖民主义早期的试探者

在英国成为主角之前，西方早期的殖民主义国家已经牢牢控制了印度的部分地区，并且将手伸向西藏。

1506年，葡萄牙控制了印度的果阿地区。1602年和1664年，荷兰和法国的东印度公司分别成立。

1600—1627年间，葡萄牙冒险商人阿尔梅达在拉达克非常活跃，耶稣会的安德雷德在西藏西部建立了布道所，牧师卡瑟拉和卡布莱还到过日喀则；荷兰商人普特于1725年和1735年两次穿越西藏；法国牧师奥维尔（在1661年）和图尔斯（在1707年）也来到西藏，并建立了他们的布道所。

就在多民族中国的陆上国防线遭受侵犯的同时，海上国防线也遭到侵犯。葡萄牙在澳门建立了贸易场所；在中国爱国将领郑成功（西方文学中称其为Koxinga）将荷兰人驱逐出去之前，荷兰人在台湾有自己的"霍兰迪亚堡"；法国也开始在中印半岛蠢蠢欲动。

无论是陆上还是海上的发展，这些都是西方早期资本主义国家在世界范围内掀起的殖民主义扩张运动，其不仅仅是对中国的殖民运动，也是对大多数亚洲、非洲和美洲人民的殖民运动。

早期沙皇俄国的扩张与西藏

在同一时期，早期沙俄殖民主义者从北部和西部入侵中国。1668年，彼得一世（彼得大帝）的父亲沙皇阿列克谢一世为蒙古西部准噶尔部（新疆北部）的首领噶尔丹提供了武器和枪匠。噶尔丹在沙俄的支持下，在蒙古、新疆、西藏、青海及甘肃部分地区建立了自己的大王国。噶尔丹获得可汗称号之前在拉萨当喇嘛，还结识了当时管理西藏地方政务的桑结嘉措。五世达赖喇嘛圆寂之后，桑杰嘉措开始掌管西藏地方政务。

就像其他殖民主义国家一样，沙俄的侵犯不只是从一条边界线来侵蚀中国。1689年，由于康熙皇帝在雅克萨的哥萨克堡垒战中击败了俄军，迫使他们拆除了该堡垒，并签订了《尼布楚（涅尔琴斯克）条约》，沙俄暂停了对中国东北（满洲里）的侵犯。但是，在西线，沙俄继续支持噶尔丹，直到1697年他去世为止。彼得一世创建了沙俄海军，梦想占领整个中亚，并想通过中亚来控制印度洋。这些计划最忌惮的是中国表现出来的实力，当时中国中央政府在蒙古和西藏地区实行中央集权制度。

18世纪末，沙俄在叶卡捷琳娜二世的统治下走上了另一条漫长的道路。1796年,她发动了抵制波斯(现在的伊朗)的运动。就像一位资本主义历史学家所说,这场运动不仅仅要占领波斯,最终还要占领"整个中东直至西藏"。[5]

今天回忆这个背景的价值在于:第一,它说明很久之前西藏就出现在沙俄的扩张计划中;第二,它表明许多欧洲国家将触角伸向亚洲,沙俄对西藏的野心只是这股历史潮流中的一部分;第三,它说明了沙俄是如何从如此早期就采取煽动的方法来从中国各民族之间的冲突中获取利益。

第四点也是最重要的一点,事实已经说明中国的各个民族都强烈反对分裂中国,大多数蒙古首领反对噶尔丹,大多数藏族人也反对噶尔丹的同谋者桑结嘉措。

英国取道印度侵犯西藏

在同一时期,英国发展成为最大的殖民主义帝国,形成了一个半世纪以来最严重的殖民威胁。1757年普拉西战争后,英国开始占领印度,并将所有对手都赶出了印度。1769年,英国军队向紧邻西藏的不丹推进,日喀则班禅喇嘛为此还给之后很快成为印度总督的沃伦·哈斯汀斯写了一封抗议信。哈斯汀斯以狡猾而出名,他没有因为遭到抗议而沮丧。相反,他将此看作一个可以直接沟通的机会——可以通过西藏,进一步向中国内地其他西部省份渗透。这个哈斯汀斯,曾经强迫印度农民种植鸦片。1773年,英国东印度公司对鸦片进行垄断贸易,此举为撬开中国东部的通商口岸奠定了基础。这再次说明,殖民主义对西藏的野心以及对中国其他地区的野心是密不可分的。

与在鸦片中找到打开中国海上大门的钥匙方法相似,哈斯汀斯也在茶叶中找到了打开西藏后方大门的钥匙。他的想法是将茶叶种在印度,让西藏来印度购买茶叶,这样西藏大规模的茶叶采购就远离了中国内地,却靠近英属印度。哈斯汀斯坦白陈述了其政治目的就是让西藏从中国分离出去,从而让西藏附属于英属印度。随后在阿萨姆邦和大吉岭种植茶叶也是出于这样的考虑，因为这两个地方都比中国种茶的省份更靠近西藏。

美国读者可以在这里将美国的历史与此联系起来。20世纪70年代，中国沿海省份向西方市场的茶叶运输已经被英国东印度公司牢牢垄断。英国政府从茶的装船中收取过高的税收，这一行为引发了美国革命发展中的决定性事件——著名的"波士顿倾茶事件"，爱国人士将茶叶倒进大海。中国西藏遭受的迫害与美国独立战士的公开反抗不仅仅有时间和境遇上的关联，而且还和沃伦·哈斯汀斯头脑中的强烈意识有联系。乔治·华盛顿取得萨拉托加战役决定性胜利后不久，哈斯汀斯这样写道："……在西方世界，如果英国军队和势力遭受如此严重的打击，那在东方负责大英帝国利益的人就应该义不容辞地承担起这个责任，为国家荣誉的恢复而发挥自己的作用。"[6]

尽管在英国18世纪末的茶叶贸易政治中，中国和初期的美国都是受害者，但接下来的鸦片政治对两国产生了不同的影响。美国独立后，该国商人就立刻开始在与中国的鸦片贸易中发挥作用，从而同英国东印度公司进行竞争。事实上，鸦片贸易中获得的利益成为了新英格兰各州的部分纺织投资，这便是美国资本主义工业化的开端。

现在让我们从这个小插曲回到哈斯汀斯对西藏边境的直接行动上。在采取以上所述的措施之后，他的下一步行动便是缓和与不丹的压力，对班禅喇嘛进行安抚，还分别于1775和1779年派使者乔治·波格尔去日喀则。波格尔试图打开西藏与英国的贸易局面，但却受到了西藏人民和清朝官员的双重反对。因此，哈斯汀斯推断，唯一能和西藏协商贸易并进行其他接触的就是皇权所在地北京，但是想把波格尔送去北京完成使命的计划未能实现。波格尔死后，哈斯汀斯派塞缪尔·特纳出使日喀则，但也同样没能成功。

1790年，尼泊尔廓尔喀人入侵西藏，占领了班禅喇嘛的行宫——日喀则扎什伦布寺。为此，藏族人民向北京中央政府寻求军事援助，清政府立刻组织了一支军队，长途跋涉来到西藏。最后，这支军队将侵略者几乎赶到了加德满都，但并未在尼泊尔停留。

乾隆皇帝看穿廓尔喀人对西藏的袭击，明显是由迅速征服印度次大陆的英国借廓尔喀人之手发动的，这就是1793年乾隆拒绝英国多次提议想在北京设立大使馆的原因之一，也是他拒绝国王乔治三世使者马戛尔尼伯爵提出和中国进行贸易的原因之一。英国还请求为中国做好事，即"劝说尼泊尔投降"（这实际上本来就是中国军事作战的最终结果），而交换条件是允许英国派代表团与中国建立关系，同时英国可以和西藏进行贸易，但乾隆皇帝明确拒绝了这种要求。随着警觉性的提高，清朝中央政府命令西藏地方政府从今以后不能与任何外国官员交流或进行接触。

英国在西藏受阻之后，便开始接管尼泊尔。1791和1792年，英国强加给尼泊尔许多"贸易条约"，包括1801年的《居住条约》（之后被废除）和1851年借助武力强迫尼泊尔签订的《赛哥里条约》。该条约规定，尼泊尔不仅受英国保护，还要将与中国接壤的古冒恩和迦尔多尔（穆索里）割让给英国。

西方作家一直抱怨的"西藏不与外国建立联系"政策实际上是建立在全中国和藏族人民的共同愿望和共同利益之上的。毫无疑问，这个政策避免了西藏重蹈其周边地区被吞并的命运。18世纪的印度、19世纪上半叶的尼泊尔、克什米尔和锡金等地在和扩张的英国建立"贸易关系"后，便逐步失去领土，并最终沦为英国保护地或殖民地。

在西藏关闭大门之后，英国越来越多地从与西藏地方进行贸易的传统印度教托钵僧中选择秘密特工。其中有一个人曾一度与波格尔和特纳一起待在日喀则，并想方设法潜入到班禅喇嘛身边做随从，并于1780年跟随班禅喇嘛去了北京。他将自己在西藏和北京了解的所有信息都告知了英印政府。

但总的来说，只要中国足够强大，总能够成功抵御外国的侵略和进攻。这一点在1790—1793年发生的事件中得到了证明。

1840—1841年鸦片战争之后，中国发生了决定性变化。清朝（总体而言中国的封建制度）没能保卫好中国的海陆边境，资本主义列强对中国的殖民和分割标志着中国的危机变成了包括藏族人民在内的全民族危机。

清朝晚期，1840—1911 年

鸦片战争后英国对西藏的入侵

1841年，英国在鸦片战争中打开中国海岸线之后，克什米尔的统治者古拉伯·辛格就立刻开始了从印度次大陆征服西藏的新企图，但他的侵略军在高原的冬雪中被藏族人全部歼灭，最后双方达成一致意见：继续保持各自"原有确定的边境"不变。鸦片战争中有记载，汉族和藏族人民在前线主战场共同抗敌，藏族军队从四川省奔赴浙江省的宁波、定海等沿海地区抗击英军，其中两支由数千人组成的分遣队队长最终献出了自己的生命。*

五年之后，已经牢牢控制克什米尔的英国转向对中国内陆边境的侵蚀。通过远在广州的官方接触，英国向中国提议对克什米尔和西藏的分界线进行重新测绘。这个想法一方面清楚表明英国认可中国对西藏的主权，另一方面，对中国而言向刚刚在战争中取得胜利的英国海军开放广州港是一种威胁。尽管英国的战舰在沿海占有优势，但并不能驶入亚洲的中心地带。因此，清朝政府虽然受到威胁，但还是以所涉及边界线明确无误为由拒绝了英国。没有北京中央政府的命令，负责西藏边境的藏族人拒绝英国政府的任何行动。当时英国单方面派出测量人员，未经协商就在自己的地图上画出了边境线，实行所谓"地图上的侵略"。⁷

19世纪50年代，尽管清政府持投降态度，四川藏族聚居区仍然爆发了反对建立帝国主义传教会（主要是天主教）的起义，起义还常常与反对藏族封建领主的社会斗争交织在一起。

1855—1856年间，距英国对中国发动第二次鸦片战争的时间很接近，

---

* 此处和其他章节提到的"藏族人民在全国范围内参与的反对帝国主义斗争"的内容，本书作者参考了王辅仁、索文清编著的《藏族史要》（四川人民出版社，成都，1980），在此对该书和作者深表感谢。北京新世界出版社正在出版该书的英文版。

另一支廓尔喀族人入侵西藏。与60年前不同，清王朝这一次没有给予西藏有效的帮助，尼泊尔得到了在西藏当地的一些特权，包括在拉萨派驻受武装保护的传教会，给予尼人治外法权。而作为交换条件，尼泊尔许诺帮助西藏驱逐其他侵略者。这些事件使清朝的日益软弱暴露在众目睽睽之下。[8]

19世纪中后期，英印政府仍然没有准备好通过战争或者威胁进入西藏，因此便建立了一支特殊的"测绘间谍"队伍潜入西藏，绘制西藏地图。从1866年开始，他们的教练和指挥官就是印度调查局的科洛内尔·蒙哥马利。这些间谍是英国从新近掠得的边境领土中新培养出来的，外表像西藏人，也了解西藏的文化。沃尔德曾经做过这样的描述："训练他们全面掌握测量工作，如使用棱镜罗盘，描绘路线，读懂地图，会读六分仪，通过星象辨认方向，用沸点温度计测量海拔，"等等。[9]

其中一个名叫纳因·辛格的人伪装成一个拉达克商人兼虔诚的朝圣者分别于1866年和1874年两次进藏。他手指不断拨弄的念珠相当于一个可以计算距离的测距仪，转经筒中装的不是普通的符咒，而是一个罗盘和一些纸条，以备记录观察到的东西。

其他的间谍还包括代号为A-K的克里希那，他在19世纪70年代频繁进藏；还有锡金喇嘛伍金嘉措和萨拉特·钱德拉·达斯，两人都是语言学家，还曾编过一部藏英辞典。[10]

在英国对外扩张的全盛时期，"大英帝国"的建设者为这些间谍感到自豪。沃尔德赞美他们"在躲避和消除嫌疑方面具有非凡的勇气和智谋。"[11] 殖民主义游吟诗人鲁德亚德吉卜林的小说《金姆》对这些间谍曾做过专门的描述，他向青年读者渲染了前线那些情报工作者"密探行当"的魅力。此外，沃尔德还写道："英国官员驻扎边疆的全部目的是为了寻找和西藏进行交流和贸易的机会，边境上的传教士也经常是敏锐的观察者和告密者。"[12]

1876年，英国政府觉得让"西藏敞开大门"的时机已经到来，可以直接给清朝施压以达成所愿，其借口是英国一个名叫马嘉理的初级外交官，在从英国刚刚控制的缅甸进入中国云南省勘测路线时遭到杀害。英国为了报复中国，在那年的《烟台条约》里强加了一条协议，即中国有义务给"考察队"分发护照，并给予他们保护，"考察队"的路线包括由北京出发经甘肃、青海或由四川等处入藏抵达印度；还可以由印度与西藏交界的地方入藏。因此，马嘉理的死意味着他生前没能打开的西藏之门在他死后对外敞开了。然而，由于西藏和中国各地人民的强烈反对，英国向西藏派遣人员的任务遇阻。

英国对西藏的第一次武装侵略

因此，英国对西藏的下一步计划就是直接的军事行动。1885年，为了"打开与西藏的贸易"，英国在锡金派驻军队。这个军事行动因为1879—1881年间修建的一条铁路而变得十分简单，该铁路的起点为印度平原，终点是英国从锡金手中夺过来的大吉岭。大吉岭除了具有战略意义，还是英国人为逃离暑热的"避暑之地"。受到威胁的西藏人民奋起抵抗，使在大吉岭的英国度假者产生了恐慌。1885年发生的这场短暂战争有两个特点值得注意。

一是藏族人民斗争的极大勇气，这一点甚至连敌人都向他们表达了敬意。二是藏族各个阶层涌现出的反抗和抵制行动，这是已经对侵略者摇摆不定的贵族所不能平息的。这种普遍的行动已经扩展到四川的藏族聚居区，1887年这里的人烧毁了天主教堂，并赶走了外国牧师。

这与中国其他地区类似的武装和非武装斗争联系在一起。同时，汉族和其他民族的人民也在抵御法国的侵略（1885年在中国东南沿海），并帮助邻国越南赶走殖民侵略者。在四川西部，藏族人民反对传教士的斗争是中国全国范围内一系列反对传教斗争中的一部分，因为人们已经认识到在外国的侵略中，《圣经》和刀枪是联系在一起的。

在当地遭到如此多的反抗后，英国转而向北京施加压力。1890年，它强迫清政府签订《中英会议藏印条约》，由拉萨驻藏大臣和在印度的英国总督在加尔各答签署。该条约明确规定了"锡金的一切内政外交都由英国掌控",划定了西藏与锡金的边界线,为"增进贸易便利"打开了通道。与1876年的《烟台条约》一样,这又是一个强加在中国人民头上的不平等条约。

英国的进一步扩张中锡金的遭遇表明,藏族人民可能面临着相同的命运,藏族人民曾有过教训,自然,他们竭尽所能阻止《中英会议藏印条约》的实施。

然而,要求实施《中英会议藏印条约》的压力持续存在。1893年,一项作为《中英会议藏印条约》补充的贸易原则,即《中英会议藏印续约》,在大吉岭签订。该原则同意英国从锡金进入西藏亚东不受任何限制,而且英国在那里享有治外法权,从那里运入的货物五年内免税。五年后,对运入的印度茶(主要产自大吉岭)仍要保持低税率[13],这是自沃伦·哈斯汀斯以后,征服印度的英国人一直想利用印度茶来减少西藏和中国内地间经济往来的做法。

尽管如此,对于西藏消费的大量茶叶,贝尔在几十年后曾很遗憾地说"藏族人喝的所有茶叶……除极少一小部分外,均来自中国,因为藏族人不喜欢印度茶"。[14] 人们不禁怀疑藏族人的厌恶并非针对某种茶,实质上是针对英国的殖民统治。

英国政府的长远目标是通过西藏和四川,将印度帝国和其在长江流的影响区域联系起来。同样,英国政府希望通过西藏打开一条向北进入新疆和蒙古的通道,以便与其殖民主义的劲敌沙皇俄国抗衡。1870年,英国已经在康定和新疆南部的喀什建立了政治和经济据点,还设立了领事代表。

沙皇俄国对西藏的侵略

与此同时,沙皇俄国也对中国进行着同样的渗透,并分别从北部和西部包围中国。1858—1860年间,英国正进行第二次鸦片战争,俄国强迫中国签订了一系列不平等条约,将几十万平方公里的土地割给俄国,后来这些地方变为东西伯利亚的阿穆尔州和滨海边疆区。沿着这些地区,俄国继续向蒙古逼进。1872年，他们向西占领了中国新疆北部的伊犁，过去准噶尔蒙古人曾经从这里闯入西藏。所有这些侵占土地均是俄国从其已吞并的地区慢慢向周边侵蚀的。与英国吞并尼泊尔、不丹、锡金及喜马拉雅山脉沿线的拉达克一样，在中亚，俄国1865年吞并了塔什干，1868年吞并了撒马尔罕，1869年吞并了布哈拉，1873年吞并了希瓦，1895年吞并了帕米尔地区。对此，这两个相互竞争的帝国都说他们是在"自卫"，甚至还说是在从别国的图谋中"解救中国"（包括西藏），这纯粹是一派谎言。事实上，这两个帝国都是掠夺者。

同样的野心就会产生同样的行动。1860—1880年间，沙皇统治者对"测绘间谍"有他们自己的说法，这点毫不奇怪。

和英国的做法一样，俄国也从被征服民族中吸收那些被收买的人，这些民族和西藏在宗教或其他方面有联系。例如，几个世纪以来，卡尔梅克人和布里亚特人就有驼队去西藏朝拜或做生意，他们的几百名僧人生活和学习在拉萨和日喀则的大寺院里。早在1741年，俄国政府就收到了由一个名叫扎亚耶夫的布里亚特人提供的一份也是第一份专门针对西藏的报告。

紧跟着这些作为向导的"眼线"而来的是一些更直接更重要的沙皇间谍，他们一部分人过去曾经活跃在俄国向中国扩张的其他前线，其中一人就是尼古拉·米哈伊洛维奇·普热瓦利斯基[15]，他对外宣称是地理学者，实际上却是一位经验丰富的陆军情报上校。带着俄国总参谋部所配的装备和部队的下级随从，普热瓦利斯基与他的哥萨克[16]陪同曾于1860和1870年带领探险队去过中国的许多地方，包括满洲里的东北海岸线，蒙古、新疆、青海等内陆地区，他还去过柴达木盆地和位于中亚的西藏。与当时沙皇俄国所有的军人阶层一样（与英国相似），普热瓦利斯基是位彻头彻尾的种族主义者。他写的有关蒙古人的文章都以诸如"不干净、贪吃、懒惰成性"等字眼为副标题，谈到党项人和藏族人则用"脏兮兮、贪婪、怯懦"为小标题，而谈到汉族和维吾尔族时却极尽溢美之词。1884年，在中国的青海地区，他的哥萨克随从开枪打死了许多藏族人。

一位名叫阿旺·德尔智（俄语中发音为"多杰耶夫"）的布里亚特

人曾跟随普热瓦利斯基探险，后来成为沙俄安插在西藏的最高间谍。1880年前后，他曾以喇嘛的身份在拉萨最大的寺院哲蚌寺学习，后来他还成为十三世达赖喇嘛幼年时期的侍读堪布。作为政客，他披着宗教的外衣为沙皇利益服务。作为神学者，他从喇嘛教经文中提出俄国事实上是"北香巴拉"——一个古老预言中的神圣国度。和他对蒙古人的宣传一致，他也将沙皇称作查干（白）汗，称他自己是曾经征服欧亚许多地区的成吉思汗的后裔。由此，1888年英国人对西藏开战时，德尔智能够宣扬这样的思想：软弱的清廷无力赶走英国侵略者，拉萨应该依靠沙俄。而事实上沙俄和英国一样贪婪。

1898年，帝国主义之间分割中国的竞争达到了顶峰。多杰耶夫前往圣彼得堡，归来时带着丰厚的礼物，还有邀请达赖喇嘛拜访沙皇的信函（由于当地的反抗已经衰弱）。在这些交易中，俄国一方面给予中国政府支持，确保北京不受其他国家的掠夺，而另一方面，俄国自身却在掠夺许多其感兴趣的中国土地——如中国沿海的旅顺港和大连。

1900年，反帝国主义的义和团起义被镇压后，八国联军（包括英俄）占领了北京，并大肆掠夺财物。同时，俄国公民多杰耶夫作为"达赖喇嘛的代表"受到沙皇尼古拉二世的接待。[17] 丧权辱国的《辛丑条约》签订后，1901年6月①，多杰耶夫怀揣达赖喇嘛写给沙皇的信件，以"西藏使团"团长的身份出现在敖德萨，该团共有八人。当地一家报纸对此进行了报道。该报指出："现在，西藏……的保护国是中国，但是保护的条件从未清楚地定义过，"还说将寻求"在圣彼得堡建立永久的西藏使团"。[18] 6月21日，沙皇在彼得夏宫接待了使团的所有成员，11月沙皇皇后又接待了他们。[19] 此后不久，俄国军政大臣阿里克塞·尼古拉耶维奇·克鲁泡特金将军写道：沙皇尼古拉二世不仅计划"吞并满洲和朝鲜"，而且"梦想将西藏纳入他的管辖之下"。[20]

---

① ［译者注］《辛丑条约》签订于阳历 1901 年 9 月 7 日（光绪二十七年 7 月 25 日），因此，此处的 1901 年 6 月有误。

在涉及西藏和中国其他边界地区问题的时候，英俄两国所玩的殖民主义合理化游戏如出一辙，这一点在以下的声明中可以看到，其中一份是由英国驻印度总督寇松勋爵发表的，另一份是由沙皇俄国外交部部长可夫王子发表的。[21]

英国寇松勋爵的声明：

……印度就如要塞一般，两面有巨大的海沟，其余地方以高山为壁垒。这些高山壁垒有时达到无法攀登的高度，而且也不可轻易进入，但是在它们之外是一些大大小小的缓冲区。我们不想占领它，但我们也不能坐视它被敌人占领……我们被迫插手其中，因为在那里有一种危险，有朝一日会威胁我们的安全……只在印度部署防卫力量而不放眼远眺的司令是目光短浅的司令。

俄国可夫王子的声明：

……俄国发现自己正在和许多半开化部落接触，这些部落被证明是对帝国安全和人民安居乐业的一种威胁。在这种情况下，保证俄国边境秩序的唯一可行办法就是让这些部落臣服于俄国；但是一旦这一计划得以实现，很快就会发现新纳入俄国管理范围之内的这些地区又会暴露在一些更边远地区部落的侵袭之下。因此，在边远地区的人民中设立防御据点并通过展示武力使他们屈服是很有必要的。

坦率地讲，这两份提高国土"安全"的声明都已被盗用成为窃取更多领土的借口。

俄国同英国一样，所做的最主要努力就是渲染间谍和征服公众舆论的那些"先驱者"的事迹。时至今日，俄国吉尔吉斯斯坦境内一个毗邻中国边境的小镇还在吹嘘普列瓦利斯基的名字。

近年来，莫斯科的作家们正忙着将老沙皇时期那些领土扩张者重塑为英雄，以供苏联青年人阅读。副总统列昂季耶夫在他的《外国对西藏的扩张》[22]一书中称赞普列瓦利斯基是俄国"著名的旅行家和东方研究者"。苏联著名周刊《星火》（1975年第15期）发现，将"为了祖国的荣誉"作为把普列瓦利斯基称作"西藏的哥伦布"那篇文章的标题很合适。这是大俄罗斯沙文主义的死灰复燃。令人遗憾的消息是，这种思想渗透到实质上是蒙古官方出版的《蒙古人民共和国通史》[23]一书中。该书称普列瓦利斯"在中亚编年史的研究中开启了华丽的一章",而且他使得"一大批俄国读者熟悉了蒙古人民的生活"。然而,当代的蒙古人不仅是普列瓦利斯效忠于沙皇侵略活动的受害者,而且还是他这个种族主义者的污蔑对象。

列宁在1900年曾经写道:"如果我们能公正地认识事物,我们就必须说欧洲政府(俄国政府首当其冲)已经开始瓜分中国。然而,他们没有明目张胆地瓜分,而是像做贼一样偷偷地抢掠中国,就像食尸鬼抢掠尸体一样……"[24]

第一次世界大战期间,列宁在评论帝国主义间的竞争和他们征服殖民地的共同欲望时说:"事实是沙皇政体*和俄国所有反动派以及'进步的资产阶级'*都想做同一件事情:在欧洲掠夺德国、奥地利和土耳其,在亚洲打败英国(以便占领整个波斯、蒙古和西藏地区等。)……"[25]

现今有些人极力证明沙皇政策只是用于防御,沙皇也只是想保护中国(包括西藏)免受英国等帝国主义的掠夺等等。上述史实和这些人想证明的事情之间简直有着天差地别。

这些为近代沙皇统治者辩解的话语是列宁很久以前曾说过的"说的是社会主义、做的是帝国主义"的一个例证。

英国对西藏的主要侵略——"荣赫鹏远征军"和藏族人民的抵抗

现在我们转过来再谈谈20世纪初英国在西藏的行动。1904年,中国国力日渐衰弱,国际舞台也出现了新变化,这都为英国人公开侵占西藏做好了准备。

被称为"荣赫鹏远征军"的袭击是以阻止俄国对西藏的影响为借口而发动起来的(对此没有人感到惊讶)。事实上,与以往一样,中国就是英国的目标,而且好几个因素为其发动袭击创造了条件。首先,中国已经基本上屈服。第二,1902年,英国和日本组成了联盟。第三,以上两个因素使得日本有胆量为了殖民控制中国东北(满洲)而在该地区同俄国作战。

第四，1904—1905年，俄日战争中俄国很快被打败，西藏成了伦敦极为诱人的"机会目标"。

英国"前进派"的代言人陆军上校弗朗西斯·荣赫鹏直接指挥了入侵行动。我们可以从他自己所写的文章里看出他的思想："这是一个不可错失的机会，前线的特工应该像鹰一样警觉地去获取它……失去这次机会意味着政府又要费劲做数年的努力。"[26]

荣赫鹏身后是一位更加强有力的扩张者——印度总督寇松勋爵。多年来，寇松一直妄图通过与西藏当地官员搭上关系而将西藏从中国分离出去。1899年，拉萨退回他的信件时表明，外交事务只能通过北京解决。因此，寇松转而为武装行动做政治上的准备。1903年1月8日，他宣布将西藏看作中国的一部分是"宪法谎言"，这招致了英国驻印度国务卿汉密尔顿勋爵的批评，后者认定必须将西藏"看作中国的一个省"；而上议院英国驻孟买前任总督罗易则谴责寇松的声明"极不明智"，因为中国对西藏的主权是"我们政府一直承认的，是建立在法律、历史和传统的基础上的……"[27] 但是寇松还是固执己见，他还添油加醋宣称其尊严受到了冒犯，即西藏退回他的信件并不符合"向文明强国靠拢（即英国）"的原则。

荣赫鹏[28]远征军开始启程时就已经向藏族人民展示了，靠近这样的一个文明强国到底意味着什么。1904年3月，数百支藏族部队被引诱离开防御工事，表面上是去谈判，实质上是将他们诱至古鲁屠杀。一名英国记者以他的帝国主义逻辑写道："不大可能让这些人将英国看作是一个强大的国家，看作是一支需要注意的力量，直到我们杀了他们数百人。"（艾德蒙·坎德勒，《揭开拉萨的面纱》，1905。）

正如我们从当代的一些资料中了解的那样，藏族人民知道什么是生死攸关。一个半世纪以来，他们目睹了邻国印度被英国人征服并被变为殖民地，他们决定不再重蹈印度覆辙。因此，藏族人民不屈不挠地阻击英国的入侵。江孜城堡的守卫者只有原始的武器，但他们顽强守卫，城堡最终是在大炮的轰击下才被攻陷；英国人描述被大炮打得千疮百孔的江孜城堡为"不可思议地雄伟挺立着"。后来，荣赫鹏逼进拉萨，将枪口瞄准布达拉宫,并且强行制定了所谓的《拉萨条约》。条约规定:藏族人必须为针对他们而发起的战争赔款;允许英国占领有战略地位的春丕河谷,直到藏族人赔款完毕;允许英国商人和官员自由出入;将拉萨和前线之间的"堡垒和防御工事夷为平地,将所有的军备移除";所有的外国代表和投资者不得进入该区域,除非"事先得到英国政府的批准"。

藏族人民为了保护自己所在的地区和国家主权而英勇奋战,本应为边防负责的北京清政府却逃避责任,无所作为,这个现实让藏族人民的屈辱、痛苦和愤懑之情更加强烈。此时的清政府正处在最软弱的时期,既害怕帝国主义者又依赖它们。此时,清政府已将许多汉族人居住的重要地区割让给了他国,其中包括清朝皇帝自己民族(满族)先祖居住的地方。最后在1900年,清政府失去了对都城北京的有效掌控。清政府在抵御外敌入侵西藏方面没有尽责,虽然起先拒绝签订《拉萨条约》,但后来在其他条约里,即1906年与英国签订的《北京条约》里,清政府又承认了《拉萨条约》的许多条款。

从历史上看,1904年藏族人民和当地军队坚决抵御外国侵略者,这与1900年中国北方以汉族人为主的农民组织"义和团"同外国入侵者做斗争一样勇气可嘉,这些都是中国各族人民为祖国而进行的反对帝国主义侵略者斗争的一部分。这些行为与清朝专制统治者的叛国行径及各民族内部(包括藏族)封建势力的做法形成鲜明的对比。虽然被配备重型武器的部队打败,但藏族人民的抵抗和义和团一样,使得帝国主义者重新向西藏派遣武装力量的冒险行为变得谨慎起来,以免物极必反而引火烧身。黎吉生曾为荣赫鹏远征军辩护,后来他满怀憧憬地写道:"有人建议让印度的僧人代表带着大量的礼物去赢得藏族人民的舆论,这样就可以避免使用武力。"

他接着写道:但这条建议未考虑到英国的图谋将会使藏族人民觉得他们的宗教和生存受到外部世界威胁的程度有多大。[29]

关于20世纪末藏族人民的态度,人们可以引用当代日本僧人(也是情报搜集者)河口慧海提供的证据。河口慧海于1900—1903年曾秘密前往西藏高原旅行和生活，他600页的作品《西藏三年》中记载了西藏生活的方方面面给他留下的印象。①

他写道，人们的总体感觉从义和团战争中有2.5万人"为了中国的胜利"而虔诚祈祷这点得以体现。谈到当地人对清政府面对帝国主义者时表现出的软弱感到失望和不满时，河口慧海强调："必须牢记老百姓对中国的情感依旧未变，尽管他们知道保护者的实力在不断衰弱……"

谈到沙皇对十三世达赖喇嘛的拉拢，河口慧海进一步说："中国在他们心目中的位置很难被俄国所取代。"

至于对英国的感受，河口慧海发现，藏族人民"因为英国征服了印度而对其抱有偏见……"，"藏族人民尤其痛恨英国，因为它极力压迫西藏……"。英国转变政策，"迂回赢得藏族人民的支持，"在河口慧海看来，似乎也没能赢得任何真正的回应。拉萨的统治阶层中有些人支持英国（也有支持俄国的），但这仅仅是因为"这些贪婪的藏族官员将友谊出售给了出价更高的人。"

这些就是这位日本观察者记录的第一手资料，尽管事实上，他自己也和他的政府一样倒向了英国，且他在完成使命的过程中接受了英国的帮助。

　　　　　　　　※　　　　　※　　　　　※

与1904年的流血事件几乎同时而至的是帝国主义之间更多的交易。1902年成立的英日同盟在日本打败俄国以及英国侵略西藏之后于1905年改头换面，达成英日两国在侵略方面相互支持的协定。该协定首先保证了"缔约国在东亚和印度占有领土的权利"。第二，日本得到了"带领、控制和保护朝鲜"的"权利"，并为消除朝鲜的独立铺平道路。第三，在入侵印度边界"相邻区域"（即西藏和中国西南相邻区域）时英国也获得支持。

---

① ［译者注］ 由神智学协会出版的英文版，伦敦和贝拿勒斯，1909年。引用基于这一版，尤其是第297、504和514页。

英国和俄国：帝国主义者之间的勾结和争夺

就在第二年，即1906年，英国强迫中国签订了《北京条约》，该条约重申了荣赫鹏在拉萨提出的大多数条件，并且还要求英国在西藏架设电报线路方面享有特权。这份文件具有双重特征：一方面，这是新一轮的入侵行为。另一方面，它表明伦敦政府企图将西藏从中国分离出去的图谋已经失败，而且他们认识到，只有通过北京才能使影响该地区的特许权"合法化"。

次年，即1907年，英国和沙皇之间达成了一笔新的交易，沙皇同意按照1906年签订的《北京条约》，保证英国既得利益，但两国政府都信誓旦旦地许诺，将尊重"中国宗主国的权利"和"西藏领土的完整"，该文件也提及了阿富汗和波斯（阿富汗和波斯也被划入两国的影响范围之内）。总之，该交易尝试减轻英俄在亚洲的激烈竞争。在当时的全球政治中，它的目的是要促使俄国和法国与英国结成同盟，来共同对付不断崛起的德国；第一次世界大战的主要阵容已显雏形。相关帝国主义之间的勾结和争夺都以亚洲和亚洲以外地区以及各地人民为代价。

沙皇俄国被迫向英国放弃其进入西藏的优先权（这并不属于它们中的任何一国），但其认为这种调解只是暂时性的。这一点从沙俄对十三世达赖喇嘛的极力拉拢举措中就可看出。先前，十三世达赖喇嘛因荣赫鹏入侵而逃离拉萨的时候，一直非常活跃的多杰耶夫给他安排了一支特别保镖队，该队由70名隶属俄国的布里亚特人组成。这些保镖护送十三世达赖喇嘛到受俄国影响的外蒙古库伦（现今的乌兰巴托），沙皇从北京派遣特使波克基洛夫带着丰厚的礼物，去那里和达赖喇嘛磋商。

1909年，清政府派兵进藏，重申中国对西藏的主权。1907年的《英俄条约》和1908年中英签订的《西藏协定》都曾经承诺尊重中国对西藏的主权。然而，英国和俄国却对清军进藏表示强烈抗议，俄国特使在北京以官方名义谴责这次行动"违背了惯例"。达赖喇嘛回到拉萨后，和他以前的死对头英国勾结起来，为此北京声明废黜他。他再一次选择逃亡，逃亡地点是印度，沙皇在那里[30]和他会面。俄国甚至提议要和英国联合起来介入西藏的事务。然而伦敦认为没有理由让对手进入游戏，拒绝了这个请求。1912年，推翻了清朝的共和政府宣布重新恢复达赖喇嘛的身份，但一直到1913年他才再次回到拉萨，且那时仍接受着英国的支持。

至此，满族王朝宣告终结。对于西藏，英国当时手握王牌；但俄国也不肯罢休，它的所作所为与苏联历史学家现在四处兜售的思想——俄国支持中国的主权，保护中国不受英国的侵犯等——一点也不相干。事实上，即使在低谷期，两大帝国主义仍然互相竞争。

导致两个帝国主义渗透中国的原因当然是清朝专制统治的衰弱，这也成为将中国沦为半封建半殖民地国家的工具，即便清政府突然意识到需要恢复有效的团结和国防，也已经无能为力。在清朝最后的几年里，由赵尔丰率领的川军被派往西藏保护西藏不被分裂出去，然而在离外国敌人很远的地方，这支部队却像军阀一样，蹂躏着当地的人民。所有这一切都为英国的扩张提供了机会，英国在西藏上层中培养特务，挑唆这些人在北京中央政府和当地官员之间挑起冲突。早期，朝廷还有能力保护西藏不受外敌入侵，在边防事务上北京和拉萨从未出现过意见不一致。现在，与中国其他地方一样，西藏所受压迫也越来越沉重，帝国主义者入侵中国越来越容易。而要打破这种僵局，进行一场包含全国各族人民在内的大革命才是唯一出路。现在，革命的步伐越来越近了，但取得胜利却在30多年后。只有——将帝国主义和封建主义从中国大地上清扫出去——这种胜利才能消除中国各族人民共同面临的危险，消除各种削弱和阻碍他们进步的纷争。

1911年中国大革命后

1911年的大革命推翻了清朝的统治和中国古代的封建专制。新建立的共和制"中华民国"的奠基人想让国家足够强大，来保卫国家的边防和独立不受外敌的蚕食和侵犯。他们希望革命能为新中国带来经济和社会的进步，也能使全国各族人民更加团结。"中华民国"选用的新国旗直接反映了中国多民族的特性，国旗上有五个宽度相同的条纹，分别代表汉族、满族、蒙古族、穆斯林（回族和维吾尔族）和藏族。

但是，1911年的大革命以失败而告终。旧中国封建地主和商人阶级的代表袁世凯从大革命的奠基人孙中山手里窃取了总统的权力，大革命失去了潜力。袁世凯的真正野心是复辟帝制，他是在帝国主义者的长期支持下登上总统宝座的，因此他比晚清时期的清政府更加顺从帝国主义。对内他不仅加强了对各族人民的阶级压迫，还加强了对少数民族的民族压迫。

抓住这些机会，当时的"大国"图谋分割中国的活动比以往更加活跃，尤其是分割中国边境地区的活动。列宁在1913年曾经写道："重点是中国的革命并没有激起欧洲的资本主义者追求自由和民主的热情……相反，它引起他们掠夺中国、分裂中国和将中国部分领土分裂出去的强烈欲望。"[31] 他们特此推出了一套理论来帮助自己达到目的：中国各民族间的联系来源于他们的贵族对清朝皇帝的效忠，随着清朝的覆灭，这种联系不复存在。1912年，俄国根据这一理论制造了所谓的外蒙古"自治"（事实上，这是沙皇统治下的缓冲区）。英国则表示，沙俄在蒙古所做的事情赋予了它在西藏做同样事情的权利。

英国的西姆拉会议和麦克马洪线以及沙皇俄国的新一轮进攻

1912年8月17日，驻北京的英国公使朱尔典爵士宣布，如果派卫戍部队、行政官员或议会代表前去西藏，英国政府将不承认"中华民国"的合法地位。英国的特别备忘录承认中国对西藏的"宗主权"，但不包括对西藏的主权。英国还希望就此问题召开一个特别会议，在此问题未解决之前，它将通过印度阻止西藏和中国其他省份的物资和人员交流。[32] 袁世凯政府公开反对英国的这一"友好"行动，称它实质上是一种战争行为。但实质上，它又软弱地同意进行和谈，这样就导致了1913—1914年间召开的臭名昭著的西姆拉会议。通过此会议，英帝国主义分子不仅想把西藏从中国分裂出去，而且还想将西藏东南部的大片土地纳入印度的版图。

在西姆拉会议上，英国代表阿瑟·亨利·麦克马洪[33]提出要划分"外藏"和"内藏"，"外藏"实质上为一个独立的身份（仿效沙皇俄国在外蒙古的做法），而在"内藏"（由藏族和其他民族居住的中国省份构成），中国可以保留管辖的权利。西姆拉会谈自身要达到这一目的面临着巨大的压力，北京也是如此。当时英国首相宣布："英王政府已经失去耐心了，……除非签署了《西姆拉条约》……英王政府将享有直接与西藏订约的自由。"

即使是袁世凯政权也不能接受这样的条款，当然主要是害怕人民的反对。1914年7月3日和7日，袁世凯政府在西姆拉会议上宣布：中国不承认《西姆拉条约》的内容，英国和任何人在西藏签署的条约都是无效的。袁世凯政府也通过民国驻伦敦公使宣布了同样的决定。

事实上，早在1914年3月，麦克马洪就唆使西藏地方政府代表伦钦夏扎背着中国中央政府的代表在德里同麦克马洪秘密换文，接受了麦克马洪提出的边界线要求。在他们所绘的地图上，他们将西藏东南几个县划归英属印度，产生了所谓"麦克马洪线"。这条线的出现有充分的预谋，在会议召开三个月前，伦钦夏扎就与查尔斯·贝尔住在一起，并接受他的指导。查尔斯·贝尔是英国掌管锡金的官员，也是边境扩张主义的理论家和实践家。因此，在西姆拉会议上，英国实质上是在和他们自己人磋商。

伦钦夏扎不仅在这整个事件中隐瞒了中央政府，他的行为也遭到拉萨当局的谴责和批判，拉萨当局依旧对条约中所涉及的区县收税，并行使管理权利。由于这个原因，一直到15年后的1929年，英国才公开麦克马洪与伦钦夏扎信函的内容，而且直到1936年，他们才在一份官方地图上将"麦克马洪线"划定为"边界线"。当时，日本侵略的压力正在逼近中国，蒋介石政府也拒绝承认麦克马洪线，此后这条线消失了很多年，即使在许多英国所绘的印度地图上也再未出现。

因此，《西姆拉条约》和麦克马洪线均未生效，而且均为非法协定。

同年，即1914年又出现了一个针对遥远北方地区的协定。列宁在他的关于"帝国主义笔记"中用犀利的话语为这一协定定性：俄国和"独立的"蒙古国之间的"协定"（被掠夺的蒙古国）。[34]

沙皇俄国立即试图利用它的傀儡——在蒙古国库伦的活佛——通过《蒙藏联盟协议》将西藏拉入它的势力范围之内。《蒙藏联盟协议》由沙皇无所不能的多杰耶夫代表西藏和达赖喇嘛签订，如《西姆拉条约》是英国和它的傀儡伦钦夏扎所签一样，《蒙藏联盟协议》是由沙皇的代理人代表双方签订的。

这种战略首次采用也许是在1903年美国夺取巴拿马运河区域时。事实上，美国在上海的出版物《远东评论》将"是美国最先采用这个策略的"作为美国政府在面对俄国从中国掠夺蒙古时保持沉默尴尬处境的原因。文章写道：

> 当美国最终跟哥伦比亚共和国撤销了久未达成的购买巴拿马运河的协议时，巴拿马州奋起反抗脱离了哥伦比亚……美国立即承认了新政府，并与之展开谈判，谈判达成了购买现今的运河区域的协议……俄国跟美国学了这招，并将美国的做法发扬光大。当俄国发现自己不可能从中国政府手里获取其垂涎已久的蒙古铁路、矿藏和商业的经营权时，俄国就利用自己在中国大革命时期间接支持蒙古反革命力量所取得的地位，支持蒙古反革命建立政权，并且很快承认蒙古独立和对蒙古的保护……不论库伦蒙古政府曾对俄国做出怎样的让步，其都将生效。[35]

英国对西藏的计划与此类似。这种阴谋就是殖民扩张的形式，对任何人来说都与"独立"无关。

第一次世界大战后英国在西藏的活动

1918—1923年间，袁世凯倒台后的军阀混战中，英国力争在它所称的

"外藏"中占有更多的控制权。对此,美国记者格罗弗·克拉克1924年这样写道:

> 英国已向西藏当局出售了大量的武器和弹药。应达赖的要求,英国在印度军队里训练了许多藏兵,以便这些藏兵回到家乡后在训练藏族部队时能担任教官。英国还向藏族人出售了许多英国的制服……
>
> 英国曾允许一名前英国官员——一个印度裔英国国民——负责西藏的警务……此人曾负责大吉岭的警务,他第一次见达赖喇嘛是在达赖喇嘛和查尔斯·贝尔一起留驻印度期间;1919年,他曾与查尔斯·贝尔一起到访过西藏……1924年3月,他被官方任命为西藏的警察署长,这是他唯一的官方职位……实际上,他是达赖喇嘛最亲近的两三个人之一,是藏军实质上的首领和邮电系统的一把手……
>
> 许多印度商人和部分英国商人现居住在江孜……一小队英国军队在江孜保护英国贸易代理处的安全……

对于克拉克来说,这一切的来龙去脉和目的是显而易见的:

> ……毫无疑问,英国和现在的西藏当局有着紧密的联系,英国掌握了西藏相当全面的信息,对地方志、资源等……这种联系畅通无阻,越来越紧密,直至英国成为西藏的一个保护国。[36]

控制"外藏"意在渗透"内藏"。这能将四川纳入英国的影响范围之内,并满足英国长期以来的更大野心——控制那片将英属印度和长江流域联系起来的区域,而英属印度和长江流域两地已经在英国军舰和商业的控制之下。

英国采用了两种不同的手段。首先是军事手段,英国先利用军队帮助达赖的部队去昌都——他们在1919年实施了这一计划——然后通过长江上游(金沙江)去康定[37]。康定是四川和西藏以及藏区和汉族聚居区的古贸易通道。在这件事上,由英国提供物资的拉萨部队将为帝国主义充当先头兵,就像汉族军阀在中国其他地区的权利争斗中扮演的角色一样。

其次是外交手段,即英国为北京政府和因得到英国武器支持而不断强势的西藏当局进行"调停"。被提名参加调停的是英国派往康定的外交官埃里克·泰克曼。在北京,压力直接来自于英国的驻华公使朱尔典。而在拉萨,不出所有人的意料,无处不在的查尔斯·贝尔在那里定居下来,操纵十三世达赖喇嘛的行为,并通过十三世达赖喇嘛精心安排整个进程。

当时,英国和沙皇俄国之间的殖民竞争已经停止,十月革命推翻了沙皇俄国。对英国来说,阻碍英国的不再是敌对的帝国主义国家,而是此起彼伏的反帝浪潮。人民运动在中国达到了前所未有的高度,西藏当地的反英情绪也在不断高涨,俄国十月革命的影响传遍了整个亚洲殖民地。在印度,要求独立的运动一浪高过一浪。[38]

可以看出,所有这些因素都在起作用。1920年,派贝尔做英国驻藏代表的行动招来了中国各地许多抗议之声。1921年,在拉萨,数千名哲蚌寺喇嘛举行武装起义,后被受过英国训练、配备英国装备的藏军镇压。在印度,爱国报纸谴责了英国在西藏的扩张,同时也表达了要和西藏的抗议者乃至全中国团结起来的愿望。

为了防止愤怒群众的冲击,贝尔本人在去拉萨的途中由全副武装的护卫陪同,他不得不得出结论"看上去,藏族人似乎不希望完全中断与中国内地长期稳定的政治联系","毫无疑问,西藏的官员、僧侣和群众中有支持中国的群体,西藏支持中国的力量不容小觑。"[39]

考虑到作者的身份以及西藏表面上处在分裂主义者的控制之下,这显然是在检验西藏和中国其他地方政治和情感联系能否持续。事实上,在同一本书后面的章节里,贝尔显然觉得他自己不得不自相矛盾地说:"贸易联系是全体西藏人民渴求的与中国的唯一牢固联系。"两个谨慎选择的限定词"牢固"和"全体西藏人民"标志着他的不安。但即使他自己是正确的,英国当时的政策却倒行逆施,因为它试图削弱这种人们普遍渴望的贸易联系,并将其转为和印度的联系。迫于英国的压力,拉萨的分裂主义者将卖给外国客商的羊毛税收降低4%。但与此同时，却将来自中国内地、在西藏主食中占重要地位的茶叶税收提高10%。

实际上，西藏当地统治者中的分裂主义者对他们自身的处境感到紧张。1921年华盛顿会议前夕（在此次会议上，一战中获胜的帝国主义国家想调整并巩固它们在远东的势力关系），西藏分裂主义者采取了一个披露措施。由于害怕在会议上不得不口头承认中国对西藏拥有主权，他们提议不开展任何有关西藏的讨论，"除非查尔斯·贝尔先生到场"。这就是帝国主义所声称的为西藏寻求的所谓"独立"！他们还披露了英国政府同时在敦促中国驻伦敦使领馆，内容包括由拉萨的分裂集团"完全掌管"西藏的"外交事务"；西藏在内部管理上"完全独立"；英国要建一条从印度通往西藏的铁路。[40]

第一次世界大战后，帝国主义没有发生任何改变，假借"西藏独立"名义的木偶戏也一切如旧。

斗争加剧

现在来仔细审视一下散布于全世界的西方藏族分裂主义者所鼓吹支持的政治神话（以前，苏联作家反驳并嘲笑它，但从20世纪60年代后期起却随声附和）。这个政治神话说1911年西藏与中国的所有联系中断了，此后的40年里也一直如此，这代表了全体藏族人民从上到下的意志。与这个政治神话并行的是梦想世界的设想，在这个设想里，西藏地区在那些年里一片虔诚和安宁，这个概念就是詹姆斯·希尔顿所虚构的"香格里拉"。与希尔顿传奇小说作家的身份不同，身为记者的诺埃尔·巴伯最近写了《失去意义的领地》这本书，因此他更不可原谅。

事实上1911—1951年间，西藏社会动荡不安，关系错综复杂，常有流血事件发生。虽然分裂主义者掌权拉萨，但他们没有获得全体西藏人民的支持，甚至从未得到上层阶级的支持。他们的对手虽然屡遭镇压，但从未被打倒。西藏总的趋势还是希望与中国其他地区保持团结，并修复以前的裂痕，即使是那些倒向分裂主义的人也发现了：伴随帝国主义者而来的压力如此沉重，以至于他们也时常另觅他途。查尔斯·贝尔在书的结尾部分有一章描写十三世达赖喇嘛的生活（讲的是20世纪20年代晚期和30年代早期的情况），其标题为："达赖喇嘛转向中国"。[41] 谈到西藏的安宁，即使是分裂主义者夏格巴在写到达赖喇嘛圆寂后的形势时（1934年到第二次世界大战后这一时期），也用"政治冲突的旋风"作为一个章节的标题。[42]

1911年后的一段时期，分裂主义者第一次激烈的权力之争拉开了序幕，但这种做法遭到了抵制。贝尔列出了一个令人印象深刻的对手名单（他以"支持中国"和"反对英国"等不同名称称呼的组织和个人）。夏格巴也做过同样的事情。下列是一些具体的例子：

班禅额尔德尼喇嘛反对使用武力将当时在西藏的中央政府部队驱离。

丹杰林寺为遭遇袭击的中国卫戍部队提供蔽护。中国卫戍部队在拉萨的重要寺院丹杰林寺旁战斗，寺院为部队提供6个月的补给。为了报复，分裂主义者对寺院进行了破坏，惩罚了寺院里的首领，赶走了里面的僧众。西藏最大的寺院哲蚌寺里的罗塞林扎仓也因同样的原因受到惩罚。

噶厦政府的所有噶伦均被逮捕，噶伦擦绒和他儿子以及噶厦政府的秘书噶仲察厦巴均因"与中国关系密切"被枪杀。秘书长钦波帕拉巴财务总管孟仲和僧官洛藏多杰也因"与丹杰林寺的僧众关系友好"而被处决。[43]

由于当时拉萨没有地方政府，夏格巴解释说，拉萨的权力由"作战部和国民大会"掌控。

"作战部"是一个拥有英国武装的特设官员机构，由达桑占堆掌握，印度噶伦堡的分裂主义者还任命他为藏军总司令。从历史上来看，达桑占堆是得到帝国主义支持的军阀政客中的新型藏族军阀政客。这些军阀政客在1911年辛亥革命失败后，成为中国大部分地区割据一方的公害。达桑占堆在当地的升迁颇为曲折而老套：达赖喇嘛得到英国资助，从印度加尔各答返回西藏；达桑占堆因为前期准备工作而得到奖赏，不仅被赐予擦绒父子的土地，还娶了擦绒的女儿和擦绒儿子的遗孀为妻，并且继承了擦绒的名号；达桑占堆后来得到英国当局长期的支持，并被英国报纸称为"藏中豪杰"，甚至被认为是未来的"西藏之王"。这是英国当局的选择，以防旧神权以及达赖喇嘛不受控制。

1914年，大约在投降主义和无效的《西姆拉条约》时期（达桑占堆曾经为该协议的签署铺平道路），这名新"擦绒"被提升为噶伦，他在部队里的政治影响力得到提升。此后不久，他的部队开进了四川和青海的藏族聚居区，且部队全是国外装备。

常和"作战部"联系在一起的国民大会，在支持分裂的英文作品里经常被描述为西藏的"国民大会"，贝尔甚至美其名曰为"国会"。事实上，该组织与这两者都相去甚远，它全部由噶厦政府以下级别的僧俗官员组成，也和全体藏族人民没有任何关系。

虽然1911—1914年发生的情况一直持续到20世纪20年代中期，但不能说当时西藏和中国当局的"所有联系"都已中断。1913年，达赖喇嘛回到拉萨后和北京的统治者袁世凯互通电报，袁世凯重新恢复了十三世达赖的名号。十三世达赖的声明中也并没有提出要搞"独立"，而主要涉及的是与相邻地区争夺地方管辖权。

1918和1921年，十三世达赖喇嘛派高僧从拉萨去北京雍和宫主持仪式，这是西藏"和中国的所有联系"并未中断的另一佐证。

1923年，当时的班禅额尔德尼（九世班禅）离开日喀则的驻锡地前往邻省青海，其主要原因是因为班禅反对分裂，当然也涉及一些其他原因（其中包括与达赖喇嘛在管辖区域和税收上的分歧）。

1925年，十三世达赖喇嘛本人似乎也厌倦了英国人（和擦绒）对西藏事务越来越多的支配，这就是贝尔提到的"转向中国"。它主要表现在以下一系列做法上：

擦绒先被免去藏军总司令职务（由龙厦接替），后又被免去噶厦政府噶伦的头衔；拉萨警局的锡金裔英国警卫长官索南莱登[①]也被罢黜。

[①] [译者注] 原著为 Laden-la，译者考证后应为索南莱登。

1926年，英国1923年在江孜开办的学校被关闭。

英国旨在进一步扩大在藏影响的各种提议遭到拉萨的否决——包括在藏建一条运送邮件的公路的提议。

同一时期在中国内地省份，1924—1927年的第一次国内革命取得的胜利迅速推动了反帝国主义反军阀统一战线的形成。假如蒋介石没有血腥镇压，不像袁世凯1911年背叛反封建革命那样背叛革命，那么这一目的将得到实现，包括西藏在内的全中国统一大业将能够稳固实现。如果中国赶出帝国主义，消灭了封建主义，中国各民族间的不和谐和不平等的根源也将得到消除。

当然，这样的结果不能寄希望于蒋介石1927年在南京建立的政权来完成，这个政权不仅与人民为敌，而且还倒向帝国主义。尽管如此，在军阀混战的乱局中，这个政府外表上看起来行使着中国中央政府的职责。很多藏族人民向这个政府寻求帮助，防止西藏成为"第二个印度"。李铁铮曾经写道：1928年，班禅喇嘛向南京政府表达了这样的愿望。[44] 1930年，十三世达赖喇嘛自己也向南京的特使表达了同样的愿望。[45]

而作为回应，顽固分裂分子在外部势力的一贯支持下，向西藏相邻省份发动了军事进攻，尤其是当时西康省的甘孜地区（现属于四川省）爆发了严重冲突。英国向参战藏军提供武器装备，蒋介石政府对此提出抗议，但并没有起到什么效果。

1931年，日本侵略者侵略中国东北地区，进一步加剧了南京政府的游移不定和西藏分裂主义者在拉萨重获霸权的图谋。

1933年，十三世达赖喇嘛圆寂。

根据西藏的习俗，高僧热振·仁波切[46]被选作摄政（直到下一任达赖喇嘛成年），他请求中国中央政府确认他的职位，这是对传统做法的回归。

恢复传统的做法也许一直是十三世达赖喇嘛的想法。1931年有一次生病，他准备了一份遗嘱，并公开印制，他觉得这也许是他最后的愿望。回忆起自己18岁按照西藏的惯例就任一事，他指出由上天指定的"伟大的满洲皇帝给了我同样的命令，我一直将这命令谨记于心"，这份遗嘱表达了他想恢复旧制的愿望，明确表示他认为获得中国最高统治者的认可是封号合法化的必要一步。他同时回忆了1904年荣赫鹏带领英国侵略者进入西藏，由于不甘西藏一直受外国人的支配，他前往"紫禁城觐见中国的最高统治者慈禧和光绪母子[47]，当时他得到了很好的接待"。30年后他重提此事，显然对当代有着重要的意义。

1934年，中国中央政府派黄慕松将军带领使团赴藏参加十三世达赖喇嘛的葬礼。黄同当地政府讨论了中国的主权、西藏的自治程度和将来班禅额尔德尼的回归问题。黄离开西藏时在拉萨留下了中央政府的联络机构，其可以通过无线电和中央政府保持联络。所有这一切都是对西藏分裂分子及其外国支持者的挑战，但支持藏独的外国势力后来破坏了这些举措的推进。年迈并已退休很久的查尔斯·贝尔直接参与了破坏活动，对此他后来吹嘘道："我私下去西藏走访……提了一些建议，很快黄慕松和他的首席助手就无功而返。"[48]

此外，英国政府还通过官方要求中国中央政府的驻藏代表和电台必须撤走，否则英国也必须在拉萨享有同样的特权。[49] 对于班禅的回归，十三世达赖喇嘛本人表示欢迎，但英国驻中国公使亚历山大·贾德干爵士在南京提出反对。已经得到中国政府多个册封的班禅将由500名士兵组成的护卫队护送返藏，但贾德干反对说这将构成"军事渗透"。同时在拉萨，柏斯尔·古德也极力阻挠班禅回归，此人接替贝尔成为英国驻锡金的行政长官，并负责处理西藏事务。他计划重新扶植分裂主义的代表擦绒。

总而言之，英国想在西藏至少得到与中国同样多的话语权，而且事实上它正在竭力行使唯一的话语权。

这导致拉萨出现新一轮的血腥动乱。十三世达赖喇嘛圆寂后不久，龙厦接替擦绒担任藏军总司令。[50] 由于被指控搞阴谋破坏，龙厦被挖掉双眼，在监狱里度过余生。渐渐地他认识到对帝国主义让步太多使自己也付出了沉重的代价。

由于时局动荡，九世班禅喇嘛再未回到西藏。

解放前几十年的情况

1937年后，日本全面侵略中国，由热振领导的西藏地方政府指示僧众为中国抗战胜利而祈祷，他们还给抗日部队送去1万张羊皮。由于鞭长莫及，日本并未直接插手西藏；但与以往一样，只要中国受到侵略，其他帝国主义国家就会抓住机会，增加对中国的渗透和影响，英国在西藏就扮演了这样的角色。

1940年，年仅四岁的十四世达赖喇嘛坐床典礼在拉萨举行，新的转世灵童在青海省境内找到。依照惯例，热振活佛向战时首都重庆的中央政府报告了此消息，蒙藏委员会委员长吴忠信接受委派去主持典礼。吴忠信原计划取道印度前往西藏，但像以往一样，英国当局教唆分裂分子将他的签证推迟了几个月，但吴忠信最终还是赶到拉萨参加了坐床典礼，并且在新任达赖喇嘛身边就座。英国代表柏斯尔·古德被安排坐在嘉宾席，由于对此安排不满，他并没有出现在典礼现场。

在拉萨期间，吴忠信安排将黄慕松当时留下的任务转为中国中央政府蒙藏事务委员会的一项长期任务。

换句话说，支持和反对中国主权的斗争一直持续着，汉藏一直紧密相连，关系虽有时紧张，却从未中断。

当时，国民党政府在抵抗日本侵略方面没有投入很多精力，相反他们集中精力对内实行镇压，与共产党领导的抗日中坚力量打内战。西藏分裂分子及其外国支持者利用了这一点，1941年逼迫热振退位，并且让傀儡达扎代替热振。1943年，他们在拉萨设立了"外事局"，并试图通过"外事局"和中国中央政府的特使做交易，但未能得逞；他们想把西藏从中国分裂出去的企图也从未实现。

1945年，第二次世界大战结束之际，拉萨噶厦政府里的分裂分子组成旅行团去祝贺同盟国的胜利。英国再一次掌握了决定权。在拉萨的英国代表黎吉生宣称，"如果旅行团胆敢参加中国国民大会，西藏政府就违背了1914年签订的《西姆拉条约》"。[51] 从20世纪之初到20世纪中期，从贝尔到柏斯尔·古德，再到黎吉生，西藏的分裂分子无时无刻不受外国挑唆者的教唆。

1947年英国撤出印度，黎吉生作为印度（前英国）使团团长留在拉萨，这只是广阔"遗产"中的一部分，该遗产包括被奉若神明的《西姆拉条约》和麦克马洪线，还包含帝国主义为新中国和新印度制造的许多不必要麻烦。

战后亚洲形式空前复杂，一个焦点是中国革命日渐走向胜利，帝国主义的行动不仅限于保持并扩大对中国的控制，他们的最后一招是要阻止中国在全国范围内摆脱桎梏和傀儡统治，阻止中国社会获得新生，这些行动比过去将战略要地西藏从新中国分裂出去、蚕食领土和建立缓冲区的意义更为重大。

现在，无论在沿海省份还是在西藏，美国成为干涉中国事务的主要国家；而英国和西藏上层阶级保持联系长达一个世纪，即使即将从印度撤离，英国仍然是干涉中国事务的国家之一。对于印度新政府来说，他们认为自己是英国统治者在西藏获取土地和特权的继承人。

美国政策的制定者认为"美国的世纪"已经到来，并且把西藏看成部署空军和火箭的战略平台，此举既可控制中国，也可以控制苏维埃社会主义同盟和印度。[52] 这种打算早在1943年伊利亚·托尔斯泰和战略情报局[53]另一名官员去拉萨时就已经萌芽，他们的直接目的曾经是从印度开辟一条经由西藏向抗日前线运送物资的供给线。当然，他们也有更长远的目标。

事情败露后[54]，中国官方曾经向美国国务院抗议"托尔斯泰曾许诺支持西藏的分裂主义者"。战略情报局局长威廉·多诺文自己在二战中也提议，要"开辟西藏地区……未来该地区将有重要的战略价值"，应该给西藏的分裂主义者提供所需的收音机和其他装备。[55] 尽管这些想法在当时未被采纳，但将来也许会变成现实。

1947年，全中国革命和反革命的决定性战役处于胶着状态，西藏分裂分子在新后台的支持下变得异常活跃。他们将已经退位的前摄政热振活佛拉去"审讯"，热振活佛未能在"审讯"中活下来。这些分裂分子丝毫没有宗教顾虑，由于色拉寺的僧众反对这些做法，他们就炮击西藏第二大寺色拉寺，数百名拥护国家统一的僧俗人士在保护色拉寺的战斗中献出了生命。

同年，分裂分子在更大的舞台上，利用受外国官方支持的非政府组织在印度召开"泛亚洲会议"，将西藏描绘成一个独立的国家。会场里的地图也说明了这一点，一个分裂分子代表团到达会场时扛着他们自己的旗子，中国大使馆在德里的抗议被置若罔闻；从噶伦堡到印度其他边境小镇，一张阴谋的大网已经形成。

1948年，英国和美国认可了"西藏贸易代表团"（由夏格巴率领）。代表团成员先去了国民党政府的首都南京，但并没有获得去国外的中国护照。相反，在几名外国大使的操纵下，他们得到了由噶厦政府颁发的旅游签证（藏语手写版和英语打印版）。行程中，他们想与美国、英国（他们受到英国首相克莱门特·艾德礼的接见）以及其他国家建立政治联系。虽然蒋介石政府已经有些动摇，但还是对他们的做法提出抗议。

1949年7月8日，在外国势力的支持下，拉萨分裂分子要求国民党政府人事部门关闭在西藏的办事机构并撤走办事人员，借口是那些人里面有"共产党"。而其真实意图是要中断中国对西藏主权的连续性，不给中国任何新政府留下立足之地，孤注一掷，阻止席卷全中国的人民革命。

就在那时，两名美国电台评论员洛厄尔·托马斯父子出现在拉萨，表面上看是在那里采访。但是正如他们后来披露的一样，来自东京的美军远东司令麦克阿瑟将军、情报局局长查尔斯·威洛比将军和美国驻印度大使洛伊·亨德森曾经向他们简要介绍了情况，从西藏返回后，他们表明要尽快向西藏派送"现代化武器，并且安排顾问去那里指导使用"。在华盛顿会见过杜鲁门总统后，他们向噶厦政府秘密传递了"希望组织世界范围的道德力量来反对那些不道德力量"的期望。他们向美国国务卿迪恩·艾奇逊提议，派一名美国高官伪装成"旅行者"，为一个"确切支持计划"去西藏测绘。[56] 他们通过自己写的文章和广播，在西方媒体中发动了一场支持分裂主义者的宣传浪潮。

人民解放军发表了"没有力量能够阻止解放全中国"的声明，挫败了外国势力的各种阴谋，随后解放军进驻西藏的行动也与政治上的步调保持一致，这次战役的情况以及分裂分子的失败在其他章节有所交代。[57] 在这里，我们将只关注外国势力在各种层面上企图挫败和平统一的图谋。

与之前1948年给予分裂主义者组成的"商务代表团"去西方的便利不同，英国政府在香港延迟发放拉萨代表前往北京谈判的过境签证，导致和谈延期。

虽然印度承认了新中国政府，但试图说服中国自愿放弃对西藏的主权。在向北京发出的一系列照会中，印度宣称，人民解放军进驻西藏将有力支持"那些反对人民政府加入联合国的人"，甚至可能会引发"全面战争的爆发"。[58] 就在提醒中国如果解放自己的领土将会出现一些不好结果时，德里政府利用中国内战，派兵占领了中国比英国划定的"麦克马洪线"更大的地区。

然而，新中国和旧中国差异巨大，新中国政府明确表示绝不会因为辩解或恐吓放弃自己的领土，尤其拒绝了通过放弃西藏的主权而得到联合国合法席位的建议。当时，联合国依然是受人控制的单边组织。就在印度照会的同时，美国军队打着联合国的旗号经由朝鲜逼近中国。中国知道，如果不宣称并保护对西藏的主权，如果动摇了这样的决心，"战争的趋势"将会变成现实，届时广袤的西藏高原在即将到来的全球冲突中，将会变成外国制造阴谋和建造基地的地方。

解放——新的开端

中国共产党认为决不放弃西藏的做法，不仅履行了爱国职责，也行使了阶级义务。一个多世纪以来，旧中国政府未能保护西藏和其他少数民族地区不受帝国主义的侵略。在国内，这些少数民族还要遭受民族压迫和封建剥削。在最终完成反帝反封建革命后，没有人希望中国人民抛弃任何民族，并且让他们变成这些势力的牺牲品。

新生的中华人民共和国迈出的坚实步伐为解决以往的棘手问题铺平了道路。

1951年5月23日，中央政府和西藏地方政府签订了《关于和平解放西藏办法的协议》。[59] 该协议肯定了多民族中国中藏汉两个民族之间长久的联系，并且将19世纪以来藏族人民遭受的深重灾难归咎于帝国主义的渗透、旧中国政府的反动政策和帝国主义同西藏地方政府之间的相互勾结。它也宣告了中国革命取得胜利，中国革命推翻了反动统治，使中国不受帝国主义的侵略，而且能够使中国所有民族平等团结起来，共同迎战敌人，共同走向进步；它宣布了在新的中央政府领导下的少数民族享有的地区自治权利；它使西藏地方政府在多民族的大家庭中承担起为团结和反对帝国主义而努力的义务，同时使其有义务帮助解放军进驻西藏，保卫边防。下一步将要重新收编西藏地方军队，让它们成为解放军的一部分。

在此背景下，协议声明：中央当局将不改变西藏已有的政治体制，不改变达赖喇嘛和班禅额尔德尼的地位和当地官员的职位。此款也同样适用于以前支持帝国主义和国民党的官员，条件是只要他们不再和以前的那些人联系，并且不能破坏协议的执行。

此外，宗教自由也将得到保护，西藏人民的教育、经济和生活水平也会得到发展。中央政府不会强迫进行改革，但如果人民提出改革要求时，应采取与西藏上层阶级协商的方法解决之。

其他的条款明确了各项具体措施的执行和落实。

次年，班禅额尔德尼返回西藏。他的前任1923年离开西藏，虽然几经努力，但终究没能再回去。就这样，在新形势下，西藏两名最高统治者之间长久以来因被帝国主义利用而形成的裂痕得到了弥合。

1954年，达赖喇嘛和班禅额尔德尼同去北京，并在政府高层任职。

随后，协议废除了以前的西康省，将昌都的大片土地并入西藏地区。

虽然后来也几经变迁，农奴主中的分裂主义者最后违背诺言发动叛乱，但是协议为真正的进步奠定了基础。

在国际上，根除过去帝国主义者入侵西藏所遗留的问题，条件也已经具备，其中重要的一步是1954年4月29日签订《中印关于中国西藏地方和印度之间的通商和交通协定》以及双方的附加条文。印度同意从西藏亚东和江孜撤回英国时期安插在那里的护卫军，向中国出售邮政、电报电话服务和在该地区掌握的其他设备；归还在亚东商务代办处之外获得的土地；印度在西藏地区（亚东、江孜和噶尔）的商务代办处和中国在印度（新德里、加尔各答和噶伦堡）的商务代办处享有同样的地位和设施，废除英国时期的单边特权。

比双边意义更重要的是本协议首次阐明了著名的《和平共处五项原则》：（1）互相尊重领土主权；（2）互不侵犯；（3）互不干涉内政；（4）平等互利；（5）和平共处。一年后，这些原则被1955年历史性的《万隆会议》采纳，这是第三世界的第一次大聚会。从此，它们成为衡量不同国家（无论是否具有同一社会制度）之间关系时广泛采用的标尺。

帝国主义的"遗产"之一就是依然没有消除的中印边界问题（主要涉及英国统治印度时夺取的西藏的"麦克马洪线"以南地区和其他地方）。多年后，边界纷争导致了军事冲突；如果印度能将双方达成的协议精神贯彻到底，那次冲突原本可以避免。然而，印度轻率地坚持了帝国主义的吞并政策，并且试图在两个超级大国的支持下用武力扩大这种政策。两个已经永远摆脱殖民主义的国家之间的纷争原本可以和平解决。中缅（缅甸）、中巴（巴基斯坦）、中尼（尼泊尔）的边境上也存在着同样的遗留问题，但后来这些遗留问题在双方共同接受的《五项原则》的指导下均和平解决。不幸的是，当时印度的一些地方持不同的立场，他们不仅认为自己应该是老英国殖民政策扩张成果的继承者，而且还觉得这只是过去遗留的小问题，它只是暂时存在而已。无疑，和印度的边界问题最终也会在同样友好互惠的基础上得到解决，而不再依照帝国主义者的先例或受现今的超级大国（只关注他们自己的利益而不管他国）的影响。为了两国和两国人民的利益，这是唯一必然的出路。

西藏从帝国主义和农奴制的统治下解放出来，成果之一就是西藏人民向前跨越了一千年。经过封建统治的漫漫长夜后，他们和中国其他民族一起，开始迈向复兴和进步的社会主义道路。

另一个成果则是西藏在一个世纪后，不再是外国势力渗透、阴谋勾结和冲突频发的区域。过去和现在发生的一切，都有利于国际合作与和平。

过渡期的发展充满了曲折、反复和斗争。但正如本书其他章节所述，许多方面都取得了历史性的进步。

【作者注】

1 墙壁和窗子都朝内倾斜，也是古代苏美尔、巴比伦、迈锡尼文明的克里特岛和希腊建筑的特征之一，而哥伦比亚时代前的玛雅人、阿芝特克人据说是最早使用风干土坯和夯实的砖块的人。不管在什么情况下，这种形式后来都在砖石结构的建筑中得以保留，虽然从结构上讲，并不再需要这么做。

在藏族建筑中，有一种实用灵巧的设计，墙头由压实的枝条填充，这减轻了建筑自身的重量，还发挥了枝条的保护作用，这层枝条能够起到防潮层的功能。这种设计几乎应用于所有宗教建筑之中，其中包括布达拉宫。布达拉宫的外墙被涂成紫红色，这不仅保护了建筑，还为它增添了一份独特的美丽。

2 后来，藏族的厚外套自元朝时期传入西藏，官员的官帽则来自清朝。

3 现在公路东端的终点在成都。

4 《剑桥印度史》第3卷第49—50页中有详述。欲知此事更多信息和相关情况请看李铁铮的《西藏的今昔》，纽约，美国（较早的一版1952年出版，题目为《西藏的政治地位》）。

5 乔治茨基，《俄国政治外交史》（纽约，1936年），第227页。

6 历史学家麦考利曾尖锐地将黑廷斯描述为："有将他的恶行错当成公德的错误倾向。"

7 关于19世纪的边界之争的详情和今天边界之争的结果，参见内维尔·马克斯韦尔的《印度的中国战争》（纽约，1972年），第1章。

8 通过与中华人民共和国友好协商，尼泊尔的特权结束了，尼泊尔传教会变为总领事馆。

9 劳伦斯·瓦代尔，《拉萨和它的神秘》（伦敦，1905年），第5页。

10 瓦代尔，前文已引，第6—8页。

11　同上。

12　黎吉生，《西藏历史》（牛津，1962年），第5章。

13　应该谨记，大吉岭和噶伦堡一个多世纪以来一直都是向西藏渗透的阴谋中心，但这里的人民原本都是藏族人，文化也是藏族文化。印度的英国人从锡金夺取了大吉岭，而噶伦堡被他们从不丹占领。

14　查尔斯·贝尔，《西藏今昔》（伦敦，1924年），第219页。

15　英语中，他（普热瓦利斯基——译者注）的名字被拼写成Przhevalsky或Perejevalsky等。在他的译作《蒙古、唐古特地方和北藏荒漠》（桑普森隆①，伦敦，1876年）的前言中，他将自己的考察描述为是在"皇家地理协会的建议和作战部长的热烈支持下"而进行的，第6页。

16　同上，第1卷，目录，第2章。

17　《圣彼得堡杂志》，1900年10月2日。

18　俄新社，1901年6月12日。

19　《圣彼得堡报》（官方），1901年6月21日和12月1日。

20　该条目出自《库洛帕特金日记》。1903年3月1日，其发表在大幅改版后的苏联历史杂志《红色档案》上。

21　对于这些引用，我非常感激内维尔·马克斯韦尔的《印度的中国战争》（伦敦，1972年），第6—7页。

22　V. P. 列昂季耶夫，《外国在西藏的扩张》（莫斯科，1965年），第5页。

23　《蒙古人民共和国通史》（俄语编写）由苏联科学院和蒙古人民共和国科学委员会联合发行，（莫斯科，1954年），第26页和190页。

24　"中国的战争"，1900年12月，《列宁选集》（莫斯科，英语编写），第4卷，第372—377页。有关列宁对沙皇政策在中国的阶级分析以及中俄人民同它斗争中的共同利益，应该阅读全文。

25　"分裂的和平"，1916年11月6日，《列宁选集》，第23卷，第129页。

26　引自乔治·萨维尔②的《弗朗西斯·荣赫鹏》（伦敦，1952年）。

27　实际上，英国政府并没有尊重中国对西藏的主权。相反，它还伺机滥用这个主权。在中国其他地方强行取得很多特权后，英国还想将这些特权自然而然地扩大到

---

① ［译者注］原著中此人名为"Sampson Long"。
② ［译者注］原著中此人名为"George Saver"。

西藏。例如，荣赫鹏考察时在递给西藏人民的一份备忘录中声明："在中华帝国的版图内，英国人都有权畅通无阻地贸易；西藏作为一个独立的帝国，曾是自1886年以来唯一一个阻止英国人贸易的地方。"（李铁铮，《西藏的今昔》，纽约，1960年，第83页）。依照这种形势，英国妄图通过两种途径打入西藏：直接或通过北京的法庭。

28 表面上，荣赫鹏是去协商贸易和其他事宜的使团政治领导。陪同的英国和印度军队在詹姆士·拉姆齐·麦克唐纳将军的带领下，保证他们"行程的安全"。麦克唐纳在1893—1897年以"和平的修筑铁路使团"开始，征服了乌干达和东非。在随后的射击入侵者的活动中，他担任司令。这两次行动有异曲同工之妙。

29 黎吉生，《西藏历史》（牛津，1962年）。

30 至少，这些联系之一就是谨慎地提醒英国，表明俄国依然遵从1907年两个大国之间达成的协议。

31 列宁，"中华民国的伟大成就"，1913年3月22日，《列宁选集》，第19卷，第29页。

32 1950年，中国解放后不久，再次出现利用西藏交通不便来阻止西藏和中国其他省份的联系的情况。接着，英国殖民者迟迟不给原本打算经由香港前往北京的代表团的签证授权，使他们在印度拖延了几个月。所提到的这一点在1950年11月16日中国向印度发出的照会中可见。

33 当埃及还属英国的保护地时，麦克马洪担任高级专员。但是后来由于阿拉伯国家在第一次世界大战中支持同盟国，反对德国和土耳其，为了报复，麦克马洪声称埃及脱离阿拉伯国家而独立。但是战后，作为"巴黎和平大会"中东委员会英国代表的麦克马洪，又帮助将阿拉伯国家划入战胜的同盟国的"保护国"和"委托管理"的范围之内。伊拉克、约旦和巴勒斯坦划给英国，叙利亚和黎巴嫩划给法国。这就是这位"独立之友"的殖民主义者。

34 列宁，《列宁选集》，莫斯科英文编写，第39卷，第687页。

35 《远东评论》，第9卷，第175页。

36 《西藏，中国和大英帝国》，格列弗·克拉克的作品（北京，1924年）。

37 康定旧称打箭炉。

38 格列弗·克拉克，前文已引，写到英国在印度"人力上有严重的问题"，任何想将西藏全部吞并的行动都将增加其他边界上同殖民主义做斗争的活动。

39 贝尔，《西藏今昔》（牛津，1924年），第214页。

40 李铁铮，《西藏的今昔》（纽约，1956年），柯林斯出版社，第146页之后的内容。

41 贝尔，《达赖喇嘛的画像》，柯林斯出版社（伦敦，1946年），第366—372页。

42 夏格巴·旺秋德丹，《西藏政治史》，耶鲁大学出版社，（纽黑文，1967年），第17章，第274—299页。

43 夏格巴，前文已引，柯林斯出版社，第241—242页。

44 李，前文已引，第150页。

45 同上，第152页。

46 根据不同的英文翻译，也可写作Radreng或Rabchen。

47 指的是慈禧太后和有名无实的皇帝光绪，事实上光绪不是慈禧的儿子，而是侄子。

48 贝尔，前文已引，第394页。

49 黎吉生在这儿第一次出现在历史里。作为英国派往江孜的贸易代表，他就是提议和拉萨建立无线电联系的人。

50 贝尔将擦绒描述为"非常支持英国"的人，而将龙厦·多吉次杰描述为"反对英国"的人。

51 李，前文已引，第290页。事实上，这些密使参加了国民党政权的"国民大会"。

52 赖因哥的《世界屋脊，通往亚洲的钥匙》（纽约，1950年）中明明白白地宣传这一思想。

53 美国的战时组织战略情报局是美国中央情报局的先驱。

54 14年后，它们才公开在《美国的外交关系，外交文件，1943年，中国》（美国政府出版局，1957年）一书中，第636页。

55 同上，第626页。

56 小罗威尔·托马斯签署的传递这一信息的信件后来落入中国人民解放军的手里，它一直在拉萨展厅和北京的民族宫中展览。

57 见第15章"旧西藏军队"。

58 印度向中国发出的照会，1950年10月20日、10月28日及11月1日。

59 见本书附录二，第482页。

附　录

附录一

旧西藏农奴的反抗和斗争

传说中旧西藏人民被描述成这样,他们"满意"社会命运,甚至感到很幸福。这一切一直持续到他们"被共产党煽动起来"之后。

这真是大错特错!

西藏早期历史上划时代的事件就是横扫9世纪的农奴反抗潮。它在摧毁以奴隶为基础的老西藏君主政体时起着决定性的作用,喇嘛编年史后来将这样的政体理想化为"宗教之王的年代"。农奴反抗潮也为随后的生产方式(封建制)肃清了道路。

第一次大规模的奴隶起义由韦·阔希列登领导,于公元869年在东部临近昌都的地方爆发,然后向西蔓延至皇权的中心拉萨。第二次大规模起义就发生在拉萨当地,由韦·罗泊罗穷领导。第三次起义爆发于当今的琼结县,以许布达泽为首,于877年开始并一直延续到20年后。参加起义的人不仅公然反抗王权统治,而且还将以前国王的坟墓掘开。"一鸟翔空,众鸟飞从",胆战心惊的贵族代表写下这句话来描写奴隶起义的连锁反应。无论何处,大奴隶主都被追杀,庄园被摧毁。旧奴隶制度的矛盾最后暴露得如此凶猛,可见奴隶对压迫者的仇恨如此之深。

除了这些斗争外,残存的统治集团内部、团结在不同宗教下的社会力量之间也爆发了严重的冲突。这些因素的合力最终导致了旧西藏君主政体的解体。

欧松是拉萨一带的最后一位统治者,起义的奴隶杀了他的一个儿子,并将他的其他儿子流放。此后再也没有了统一的西藏王国。曾经一度，西藏有过两个统一的王国，一个在拉萨地区，一个在偏远的西部阿里。再后来，这些残余的王国解体，渐渐消亡，而寺院却开始渐渐占据领导地位。

随后的封建时期里，西藏社会的主要矛盾，即奴隶和奴隶主之间的矛盾，渐渐被农奴和僧俗庄园主之间的矛盾所取代。他们之间的斗争从未停止过，虽然按规定他们都是本地人而且居住很分散，但斗争还是在庄园和地区此起彼伏。同时，历史文献记录也越来越趋于宗教化，文献中细致地记录了各类宗教仪式以及不同统治者向宗教团体进行捐赠的场景。但是文献并不想让各地不断出现的反抗名垂青史，反而愿意让人们将其淡忘；在旧西藏，只有极少数人识文读字，历史文献可以轻易做到这一点。

在19世纪的后半叶和20世纪的前半叶，农奴主和帝国主义及其市场开始有了联系。不管是俗家领主还是寺院，都通过向国外出口从牧民处征收的羊毛而富足。他们对以货币形式支付的捐税和税收越来越贪婪，因为他们需要用这些钱去购买外国制造的奢侈品。因此，他们对农奴的剥削越来越重，同时，农奴的反抗也就越来越强烈。

以下是一些还健在的人其记忆中的一些事例。

1918年，直接向噶厦政府纳贡的藏北"39族"所在地爆发了一场地方反抗运动。此次活动中涌现出了著名的女英雄霍尔拉姆，她是现今著名的群雕艺术《农奴愤》里的主要人物之一。为了抗议不断增加的繁重捐税，霍尔拉姆和150户家庭的代表们一起去向尺牍乡（今丁青县的一部分）的宗本请愿。当他们的请求被拒绝后，霍尔拉姆回到自己的部落，组织并领导了一次令人称奇的夜袭宗政府所在地的活动。此次夜袭中，宗本被杀，45名执勤士兵全被缴械。事后，宗政府派重兵对霍尔拉姆的部落进行血腥镇压，他们到处烧杀抢掠，霍尔拉姆自己也被残暴毒打致死。但是这个部落反抗的消息几乎传遍了西藏的每个角落，为农奴们注入了新的力量。谈到压迫他们的官员时，农奴们会这样威胁说，"他们想象尺牍乡的宗本一样去送死吗？"

1931年，在山南南部的隆子宗，一位名叫才巴的贵族被加美地方的农奴杀死。加美地方有300户农奴，原本他们直接向噶厦政府呈贡。才巴通过贿赂得到管辖该庄园的权力。于是，这300户农奴家庭不仅要向噶厦政府呈贡，还要向才巴缴纳高于其他人的税负。农奴们奋起反抗，说："一匹马备不起双鞍。"他们埋伏起来将才巴杀掉，击退了才巴的随从和当地部队的围攻，然后逃往山里生活了很多年。接下来的20年里，他们以不同方式进行反抗，直至1951年西藏和平解放，拉萨当局不得不废除才巴管辖该地的权利，并终止了农奴们的双重税负。

1940年6月，北部那曲牧区的两名宗本（僧俗）下令扣押并鞭挞两名安多县部落里前来参加传统马术比赛的农奴，同样前去参加比赛的其余八个部落的成员闯入宗政府释放了被扣押的人员，将两名宗本打倒在地。他们的领头者是位名叫安培的牧人。他们的口号是"打穿黄袍子的人"（即上层官员）。后来，他们将两个宗本捆起来在赛马会上游街示众，最后在寺庙的调解下才留下他们的性命。

1942年秋收之际，日喀则一座大庄园的管家棒打了一名农奴，前来秋收的其余农奴聚集起来将这名管家打死了。

1948年，那曲卡宗本管辖下的一个管事向罗马让学和巴尔达两个部落强行增收额外的税负。前去请愿降低税负的人被他绑起来鞭打。请愿回来后，部落里需要上交的税负数目更大，于是，部落里的人们就把管事拖出房子狠狠地揍了一顿。

1949年，墨脱宗的宗本拘捕了一位名叫洛桑的农奴，并严刑折磨他。其他农奴愤怒地聚集在一起，迫使宗本释放了洛桑。当地政府为了缓和岌岌可危的形势，不得不换掉了这名宗本。

1951年，远在西藏西部阿里卡普兰宗的宗本索南仁增，在规定时间之前强迫人们交茶税，几名抗议者被关押起来。9月，就在他们被关押四个月后，愤怒的人们集合起来，迫使宗本释放了他们。

在拉萨的西藏革命展中，有一个列表专门记录着许多这样尖锐的冲突。以上所述只是其中的一小部分。

农奴的反抗也包括消极怠工和逃避劳役、徭役和税负。农奴一出生就注定要在庄园主的农场干活儿，他们尽量对农场管理漠不关心，或者糟蹋农场作物。在牧区，被强迫劳役的牧民每天只剪20只羊的羊毛，但如果是给自家剪羊毛，他们可以剪60只。对于各种劳役，他们尽量只派身体最虚弱最贫穷的人去。

强迫人们做喇嘛的宗教劳役，也经常遭到破坏。1948年，那曲的牧民部落接到命令，要送60名男子和儿童去充实寺院的力量。这些部落联合起来，不仅延迟了派送的时间，而且最后他们也只派送了25名新手。而且，不久后，他们多数人都逃走了。

青稞和羊毛被强征为封建税负，或者被强迫低价出售时，它们也会被农奴以各种可能的方式掺假。1929年，地方政府开始想要控制经由印度出口的羊毛时，在货物中发现了鹅卵石、死狗等掺杂物。

在封建统治下的西藏，农奴反抗的主要方式还是逃跑。有时候，他们会全部逃走。1927年，西藏东部的波密地区有221户人家，但到1952年，只剩下44户。解放后，尤其是民主改革后，以前离家外逃的许多人又回到了故居。

1951—1955年，人民解放军已经进驻西藏，但当地的农奴制度还未废除，农奴反抗农奴主的事件成倍增加，反抗的方式也多种多样。

历时几个世纪的农奴和奴隶的反抗在最后达到了高潮——他们积极支持平息叛乱的行动，而且他们多数人也参加了民主改革，即消除西藏封建农奴制的革命。

附录二

中国共产党和新中国宪法有关民族问题的重要政策和声明

【节选】
（按时间顺序排列）

关于联合政府[*]

毛泽东

（1945年4月24日）

四、共产党的政策：我们的具体纲领

9. 少数民族问题

国民党反人民集团否认中国有多民族存在，而把汉族以外的各少数民族称之为"宗族"。他们对于各少数民族，完全继承清朝政府和北洋军阀政府的反动政策，压迫剥削，无所不至。一九四三年对于伊克昭盟蒙族人民的屠杀事件，一九四四年直至现在对于新疆少数民族的武力镇压事件，

---

[*] 这是中国共产党第七次大会上的报告。文章节选自《毛泽东选集》第3卷（北京，1965年），第205—268页。

以及近几年对于甘肃回民的屠杀事件，就是明证。这是大汉族主义的错误的民族思想和错误的民族政策。

一九二四年，孙中山先生在其所著的《中国国民党第一次全国代表大会宣言》里说："国民党之民族主义，有两方面之意义：一则中国民族自求解放；二则中国境内各民族一律平等。""国民党敢郑重宣言，承认中国以内各民族之自决权，于反对帝国主义及军阀之革命获得胜利以后，当组织自由统一的（各民族自由联合的）'中华民国'。"

中国共产党完全同意上述孙先生的民族政策。共产党人必须积极地帮助各少数民族的广大人民群众为实现这个政策而奋斗；必须帮助各少数民族的广大人民群众，包括一切联系群众的领袖人物在内，争取他们在政治上、经济上、文化上的解放和发展，并成立维护群众利益的少数民族自己的军队。他们的言语、文字、风俗、习惯和宗教信仰，应被尊重。

多年以来，陕甘宁边区和华北各解放区对待蒙回两民族的态度是正确的，其工作是有成绩的。

1949年中国人民政治协商会议共同纲领*

第六章　民族政策

第五十条

中华人民共和国境内各民族一律平等,实行团结互助,反对帝国主义和各民族内部的人民公敌,使中华人民共和国成为各民族友爱合作的大家庭。反对大民族主义和狭隘民族主义,禁止民族间的歧视、压迫和分裂各民族团结的行为。

第五十一条

各少数民族聚居的地区,应实行民族的区域自治,按照民族聚居的人口多少和区域大小,分别建立各种民族自治机关。凡各民族杂居的地方及民族自治区内,各民族在当地政权机关中均应有相当名额的代表。

第五十二条

中华人民共和国境内各少数民族,均有按照统一的国家军事制度,参加人民解放军及组织地方人民公安部队的权利。

第五十三条

各少数民族均有发展其语言文学、保持或改革其风俗习惯及宗教信仰的自由。人民政府应帮助少数民族的人民大众发展其政治、经济、文化、教育的建设事业。

---

* 1954年以前,共同纲领一直被用作中华人民共和国的临时宪法。

中央人民政府和西藏地方政府关于和平解放西藏办法的协议

（1951年5月23日）

（序文省略）

一、西藏人民团结起来，驱逐帝国主义侵略势力出西藏，希望人民回到中华人民共和国祖国大家庭中来。

二、西藏地方政府积极协助人民解放军进入西藏，巩固国防。

三、根据中国人民政治协商会议共同纲领的民族政策，在中央人民政府统一领导之下，西藏人民有实行民族区域自治的权利。

四、对于西藏的现行政治制度，中央不予变更。达赖喇嘛的固有地位及职权，中央亦不予变更。各级官员照常供职。

五、班禅额尔德尼的固有地位及职权，应予维持。

六、达赖喇嘛和班禅额尔德尼的固有地位及职权，系指十三世达赖喇嘛与九世班禅额尔德尼彼此和好相处时的地位及职权。

七、实行中国人民政治协商会议共同纲领规定的宗教信仰自由的政策，尊重西藏人民的宗教信仰和风俗习惯，保护喇嘛寺庙。寺庙的收入，中央不予变更。

八、西藏军队逐步改编为人民解放军，成为中华人民共和国国防武装的一部分。

九、依据西藏的实际情况，逐步发展西藏民族的语言、文字和学校教育。

十、依据西藏的实际情况，逐步发展西藏的农牧工商业，改善人民生活。

十一、有关西藏的各项改革事宜，中央不加强迫。西藏地方政府应自动进行改革，人民提出改革要求时，得采取与西藏领导人员协商的方法解决之。

十二、过去亲帝国主义和亲国民党的官员，只要坚决脱离与帝国主义和国民党的关系，不进行破坏和反抗，仍可继续供职，不咎既往。

十三、进入西藏的人民解放军遵守上列各项政策，同时买卖公平，不妄取人民一针一线。

十四、中央人民政府统一处理西藏地区的一切涉外事宜，并在平等、互利和互相尊重领土主权的基础上，与邻邦和平相处，建立和发展公平的通商贸易关系。

十五、为保证本协议之执行，中央人民政府在西藏设立军政委员会和军区司令部，除中央人民政府派去的人员外，尽量吸收西藏地方人员参加工作。

参加军政委员会的西藏地方人员，得包括西藏地方政府及各地区、各主要寺庙的爱国分子，由中央人民政府指定的代表与有关各方面协商提出名单，报请中央人民政府任命。

十六、军政委员会、军区司令部及入藏人民解放军所需经费，由中央人民政府供给。西藏地方政府应协助人民解放军购买和运输粮秣及其他日用品。

十七、本协议于签字盖章后立即生效。

中央人民政府全权代表

 首席代表

  李维汉

  （签字盖章）

 代表

  张经武

  （签字盖章）

  张国华

（签字盖章）

孙志远

（签字盖章）

西藏地方政府全权代表

　首席代表

　　阿沛·阿旺晋美

（签字盖章）

　代表

　　凯墨·索安旺堆

（签字盖章）

　　土丹旦达

（签字盖章）

　　土登列门

（签字盖章）

　　桑颇·登增顿珠

（签字盖章）

　　　　　　　1951年5月23日于北京

中共中央关于西藏工作方针的指示*

毛泽东

(1952年4月6日)

我们基本上同意西南局、西南军区四月二日给西藏工委和西藏军区的指示电,认为这个电报所取的基本方针(除了改编藏军一点外)及许多具体步骤是正确的。只有照此做去,才能使我军在西藏立于不败之地。

西藏情况和新疆不同,无论在政治上经济上西藏均比新疆差得多。我王震部入疆,尚且首先用全力注意精打细算,自力更生,生产自给。现在他们已站稳脚跟,取得少数民族热烈拥护。目前正进行减租减息,今冬进行土改,群众将更拥护我们。新疆和关内汽车畅达,和苏联有密切经济联系,在物质福利上给了少数民族很大好处。

西藏至少在两三年内不能实行减租,不能实行土改。新疆有几十万汉人,西藏几乎全无汉人,我军是处在一个完全不同的民族区域。我们唯靠两条基本政策,争取群众,使自己立于不败。

第一条是精打细算,生产自给,并以此影响群众,这是最基本的环节。公路即使修通,也不能靠此大量运粮。印度可能答应交换粮物入藏,但我们的立脚点,应放在将来有一天万一印度不给粮物我军也能活下去。我们要用一切努力和适当办法,争取达赖及其上层集团的大多数,孤立少数坏分子,达到不流血地在多年内逐步地改革西藏经济、政治的目的;但也要准备对付坏分子可能率领藏军举行叛变,向我袭击,在这种时候我军

---

* 《毛泽东选集》第5卷(北京,1977年),第73—76页(为了阅读方便,将有些大段落分成小段)。这是毛泽东同志为中共中央起草的给西南局、西藏工委并告西北局、新疆分局的党内指示。

仍能在西藏活下去和坚持下去。凡此均须依靠精打细算，生产自给。以这一条最基本的政策为基础，才能达到目的。

第二条可做和必须做的，是同印度和内地打通贸易关系，使西藏出入口趋于平衡，不因我军入藏而使藏民生活水平稍有下降，并争取使他们在生活上有所改善。只要我们对生产和贸易两个问题不能解决，我们就失去存在的物质基础，坏分子就每天握有资本去煽动落后群众和藏军反对我们，我们团结多数、孤立少数的政策就将软弱无力，无法实现。

西南局四月二日电报的全部意见中，只有一点值得考虑，这就是短期内改编藏军和成立军政委员会是否可能和得策的问题。

我们意见，目前不要改编藏军，也不要在形式上成立军分区，也不要成立军政委员会。暂时一切仍旧，拖下去，以待一年或两年后我军确能生产自给并获得群众拥护的时候，再谈这些问题。在这一年至两年内可能发生两种情况：一种是我们团结多数、孤立少数的上层统战政策发生了效力，西藏群众也逐步靠拢我们，因而使坏分子及藏军不敢举行暴乱；一种是坏分子认为我们软弱可欺，率领藏军举行暴乱，我军在自卫斗争中举行反攻，给以打击。以上两种情况，无论哪一种都对我们有利。

在西藏上层集团看来，目前全部实行协定和改编藏军，理由是不充足的。过几年则不同，他们可能会觉得只好全部实行协定*和只好改编藏军。如果藏军举行暴乱，或者他们不是举行一次，而是举行几次，又均被我军反击下去，则我们改编藏军的理由就愈多。

看来不但是两司伦**，而且还有达赖及其集团的多数，都觉得协定是勉强接受的，不愿意实行。我们在目前不仅没有全部实行协定的物质基础，也没有全部实行协定的群众基础，也没有全部实行协定的上层基础，勉强实行，害多利少。他们既不愿意实行，那么好吧，目前就不实行，拖一下再说。

---

* 这指的是1951年5月23日"中央人民政府和西藏地方政府关于和平解放西藏办法的协议"。

** "司伦"是达赖下面最高的行政官。当时的两司伦是反动农奴主鲁康娃和罗桑扎喜。

时间拖得愈久，我们的理由就愈多，他们的理由就愈少。拖下去，对我们的害处并不大，或者反而有利些。各种残民害理的坏事让他们去做，我们则只做生产、贸易、修路、医药、统战(团结多数，耐心教育)等好事，以争取群众，等候时机成熟，再谈全部实行协定的问题。如果他们觉得小学不宜办，则小学也可以收场不办。

最近拉萨的示威不应看作只是两司伦等坏人做的，而应看作是达赖集团的大多数向我们所做的表示。其请愿书内容很有策略，并不表示决裂，而只要求我们让步。其中暗示恢复前清办法不驻解放军一条，不是他们的真意。他们明知这是办不到的，他们是企图用这一条交换其他各条。在请愿书内批评了十四辈达赖，使达赖在政治上不负此次示威的责任。他们以保护西藏民族利益的面目出现，他们知道在军事力量方面弱于我们，但在社会势力方面则强于我们。我们应当在事实上(不是在形式上)接受这次请愿，而把协定的全部实行延缓下去。

他们选择在班禅尚未到达的时机举行这次示威，是经过考虑的。班禅到拉萨后，他们可能要大拉一把，使班禅加入他们的集团。如果我们的工作做得好，班禅不上他们的当，并安全到了日喀则，那时形势会变得较为有利于我们。

但我们缺乏物质基础这一点一时还不能变化，社会势力方面他们强于我们这一点一时也不会变化，因而达赖集团不愿意全部实行协定这一点一时也不会变化。我们目前在形式上要采取攻势，责备此次示威和请愿的无理（破坏协定），但在实际上要准备让步，等候条件成熟，准备将来的进攻（即实行协定）。

你们对此意见如何，望考虑电告。

批判大汉族主义*

毛泽东
（1953年3月16日）

　　有些地方民族关系很不正常。此种情形，对于共产党人说来，是不能容忍的。必须深刻批评我们党内在很多党员和干部中存在着的严重的大汉族主义思想，即地主阶级和资产阶级在民族关系上表现出来的反动思想，即是国民党思想，必须立刻着手改正这一方面的错误。凡有少数民族存在的地方，都要派出懂民族政策、对于仍然被歧视受痛苦的少数民族同胞怀抱着满腔同情心的同志，率领访问团，前往访问，认真调查研究，帮助当地党政组织发现问题和解决问题，而不是走马看花的访问。

　　根据不少材料看来，中央认为凡有少数民族存在的地方，大都存在着尚未解决的问题，有些是很严重的问题。表面上看来平静无事，实际上问题很严重。二三年来在各地所发现的问题，都证明大汉族主义几乎到处存在。如果我们现在不抓紧时机进行教育，坚决克服党内和人民中的大汉族主义，那是很危险的。在许多地方的党内和人民中，在民族关系上存在的问题，并不是什么大汉族主义的残余的问题，而是严重的大汉族主义的问题，即资产阶级思想统治着这些同志和人民而尚未获得马克思主义教育、尚未学好中央民族政策的问题，故须进行认真的教育，以期一步一步地解决这个问题。另外，应在报纸上根据事实，多写文章，进行公开的批判，教育党员和人民。

---

* 《毛泽东选集》第5卷，第87—88页。这是毛泽东同志为中共中央起草的党内指示。

中华人民共和国第一部宪法

（1954年）

序　言

……

我国各民族已经团结成为一个自由平等的民族大家庭。在发扬各民族间的友爱互助、反对帝国主义、反对各民族内部的人民公敌、反对大民族主义和地方民族主义的基础上，我国的民族团结将继续加强。国家在经济建设和文化建设的过程中将照顾各民族的需要，而在社会主义改造的问题上将充分注意各民族发展的特点。

……

第一章　总　纲

第三条

中华人民共和国是统一的多民族的国家。

各民族一律平等。禁止对任何民族的歧视和压迫，禁止破坏各民族团结的行为。

各民族都有使用和发展自己的语言文字的自由，都有保持或者改革自己的风俗习惯的自由。

各少数民族聚居的地方实行区域自治。各民族自治地方都是中华人民共和国不可分离的部分。

第二章　国家机构

第二十三条

……

全国人民代表大会代表名额和代表产生办法，包括少数民族代表的名额和产生办法，由选举法规定。

第三十四条

全国人民代表大会设立民族委员会、法案委员会、预算委员会、代表资格审查委员会和其他需要设立的委员会。

民族委员会和法案委员会，在全国人民代表大会期间，受全国人民代表大会财务委员会的领导。

第四十九条

国务院行使下列职权：（1到9段略）

第五十三条

中华人民共和国的行政区域划分如下：

（一）全国分为省、自治区、直辖市；

（二）省、自治区分为自治州、县、自治县、市；

（三）县、自治县分为乡、民族乡、镇。

直辖市和较大的市分为区。自治州分为县、自治县、市。

自治区、自治州、自治县都是民族自治地方。

第六十条

……

民族乡的人民代表大会可以依照法律规定的权限采取适合民族特点的具体措施。

……

第七十一条

自治区、自治州、自治县的自治机关在执行任务的时候,使用当地民族通用的一种或几种语言文字。

第七十二条

各上级国家机关应当充分保障各自治区、自治州、自治县的自治机关行使自治权,并帮助各少数民族发展政治、经济和文化建设事业。

第七十七条

各民族公民都有本民族语言文字进行诉讼的权利。人民法院对于不通晓当地通用的语言文字的当事人,应当为他们翻译。

论十大关系[*]

毛泽东

(1956年4月25日)

六、汉族和少数民族的关系

对于汉族和少数民族的关系,我们的政策是比较稳当的,是比较得到少数民族赞成的。我们着重反对大汉族主义。地方民族主义也要反对,但是那一般不是重点。

我国少数民族人数少,占的地方大。论人口,汉族占94%,是压倒优势。如果汉人搞大汉族主义,歧视少数民族,那就很不好。而土地谁多呢?土地是少数民族多,占50%~60%。我们说中国地大物博,人口众多,实际上是汉族"人口众多",少数民族"地大物博",至少地下资源很可能是少数民族"物博"。

各个少数民族对中国的历史都做过贡献。汉族人口多,也是长时期内许多民族混血形成的。历史上的反动统治者,主要是汉族的反动统治者,曾经在我们各民族中间制造种种隔阂,欺负少数民族。这种情况所造成的影响,就在劳动人民中间也不容易很快消除。所以我们无论对干部和人民群众,都要广泛地持久地进行无产阶级的民族政策教育,并且要对汉族和少数民族的关系经常注意检查。早两年已经做过一次检查,现在应当再来一次,如果关系不正常,就必须认真处理,不要只口里讲。

---

[*]《毛泽东选集》第5卷,第284—306页。这是毛泽东在中共中央政治局扩大会议上的讲话。

在少数民族地区，经济管理体制和财政体制，究竟怎样才适合，要好好研究一下。

我们要诚心诚意地积极帮助少数民族发展经济建设和文化建设。在苏联，俄罗斯民族同少数民族的关系很不正常，我们应当接受这个教训。天上的空气，地上的森林，地下的宝藏，都是建设社会主义所需要的重要因素，而一切物质因素只有通过人的因素，才能加以开发利用。我们必须搞好汉族和少数民族的关系，巩固各民族的团结，来共同努力于建设伟大的社会主义祖国。

关于正确处理人民内部矛盾的问题*

毛泽东

（1957年2月27日）

六、少数民族问题

中国少数民族有三千多万人，虽然只占全国总人口的6%，但是居住地区广大，约占全国总面积的50%～60%。所以汉族和少数民族的关系一定要搞好。这个问题的关键是克服大汉族主义。在存在有地方民族主义的少数民族中间，则应当同时克服地方民族主义。无论是大汉族主义或者地方民族主义，都不利于各族人民的团结，这是应当克服的一种人民内部的矛盾。在这一方面，我们已经做了一些工作，在大多数少数民族地区民族关系比较从前大有改进，但是仍然存在着一些尚待解决的问题。在一部分地区，大汉族主义和地方民族主义都还严重地存在，必须给以足够的注意。经过各族人民几年来的努力，中国少数民族地区绝大部分都已经基本上完成了民主改革和社会主义改造。西藏由于条件还不成熟，还没有进行民主改革。按照中央和西藏地方政府的"十七条协议"，社会制度的改革必须实行，但是何时实行，要待西藏大多数人民群众和领袖人物认为可行的时候，才能做出决定，不能性急。现在已决定在第二个五年计划期间（1958—1962年，编者注）不进行改革。在第三个五年计划期内是否进行改革，要到那时看情况才能决定。

---

* 《毛泽东选集》第5卷，第384—412页。这是毛泽东同志在最高国务会议第十一次（扩大）会议上的讲话。

有关西藏叛乱*

摘自第二届①全国人民代表大会第一次会议上周恩来所做的政府工作报告
（1959年4月18日）

西藏地方政府和上层反动集团所发动的背叛祖国、破坏统一的武装叛乱，已经遭到可耻的失败。政府已经命令解散原西藏地方政府（即噶厦），由西藏自治区筹备委员会行使地方政府职权，使西藏迅速实现民族地方自治和逐步进行民主改革。这一措施，受到西藏广大爱国僧俗人民的热烈欢迎……

中央人民政府对于西藏地方的方针历来是明确的。我们根据宪法规定，历来坚持国内各族人民之间的团结和西藏人民本身的团结，主张在西藏实行民族地方自治。中央人民政府一贯坚持宗教信仰自由的政策，并且采取各种积极措施，扶助西藏地方的经济和文化的发展……

根据1951年和平解放西藏的17条协议，西藏地方政府应当团结人民，驱逐帝国主义侵略势力出西藏；西藏的落后的社会制度，必须改革。鉴于西藏上层人士的思想情况，我们曾经允许西藏的改革可以放慢一些，让原西藏地方政府和上层人士有一个充分考虑的时间。但是，原西藏地方政府和上层反动集团，却继续勾结帝国主义、蒋介石匪帮和外国反动派，企图依靠他们的力量来分裂祖国，恢复帝国主义在西藏的侵略势力，保存西藏的落后的、黑暗的、反动的、残酷的农奴制度。他们根本不想实行有人民参加的民主的地方自治，一贯阻挠西藏自治区筹备工作的进行。

他们的这种行为，严重地违反了西藏人民的利益和国内各民族的共同

---

* 标题是为本书所加。——爱泼斯坦。
① [译者注] 原著为 First Session，译者考证后认为应为 Second Session。

利益。所以他们的叛乱行为立即遭到全国各族人民的坚决反对，并且首先遭到西藏的广大人民、包括许多爱国的进步的上层分子的坚决反对。这些反动分子把形势完全估计错了；他们不知道，帝国主义摆布中国内政的时代早已过去了。

现在，西藏的局势已经完全在人民解放军西藏军区和西藏自治区筹备委员会的控制之下……西藏自治区筹备委员会已经开始行使地方政府职权。关于西藏今后的社会改革，将由中央同西藏上中层爱国人士和各界人民群众进行充分的协商，以决定实行改革的时机、步骤和办法。无论如何，改革将在充分照顾西藏特点的条件下逐步进行，在改革过程中将充分尊重藏族人民的宗教信仰和风俗习惯，尊重和发扬藏族的优秀文化。达赖喇嘛虽然已经被劫往印度，我们仍然希望他能够摆脱叛乱分子的挟持，回到祖国来……

现在世界上有一些人，口口声声说他们同情西藏人，他们却没有区别自己所同情的究竟是哪一部分人。是同情一百一十几万要求和赞成改革的劳动人民、进步分子以及可以说服的中间分子呢，还是同情极少数的反动分子呢？我们希望一切好心的朋友（这里所说的好心朋友，是指那些愿意坚持同我国实行和平共处五项原则，和声明不干涉中国内政的人们），对于这种明显的绝大多数和极少数的划分，应当首先弄清楚……

西藏是中国的领土，西藏反动分子的叛乱和这一叛乱的平定，是中国的内政，甚至力图侵略西藏的帝国主义者也无法否认这一点……中印两国有两千多年的友好历史，并且同是首倡和平共处五项原则的国家，我们两国都没有任何理由因为西藏的一小撮叛乱分子而动摇互相间的友谊和两国共同遵守的外交原则。的确，在西藏叛乱失败以前，西藏的反动分子和某些外国的反动分子，曾经利用中印边界的某些地区，进行破坏我国统一和中印友好的活动。但是，这些反动分子的打算现在已经落空了。我们希望，随着西藏叛乱的平定，通过中印双方的共同努力，亚洲两个共有人口超过十亿的伟大的和平国家的友好关系，将获得更加巩固的基础和更好的发展。那些蓄意破坏中印友谊的人们的一切恶意挑拨，不过是枉费心机。

1975年宪法

第一章　总　则

第四条

中华人民共和国是统一的多民族的国家。实行民族区域自治的地方，都是中华人民共和国不可分离的部分。

各民族一律平等。反对大民族主义和地方民族主义。

各民族都有使用自己的语言文字的自由。

第四节　民族自治地方的自治机关

第二十四条

自治区、自治州、自治县都是民族自治地方，它的自治机关是人民代表大会和革命委员会。

民族自治地方的自治机关除行使宪法第二章第三节规定的地方国家机关的职权外，可以依照法律规定的权限行使自治权。

各上级国家机关应当充分保障各民族自治地方的自治机关行使自治权，积极支持各少数民族进行社会主义革命和社会主义建设。

第三章　公民的基本权利和义务

第二十八条

公民有……信仰宗教的自由和不信仰宗教、宣传无神论的自由。

1978年宪法

第一章 总 则

第四条

中华人民共和国是统一的多民族的国家。

各民族一律平等。各民族间要团结友爱,互相帮助,互相学习。禁止对任何民族的歧视和压迫,禁止破坏各民族团结的行为,反对大民族主义和地方民族主义。

各民族都有使用和发展自己的语言文字的自由,都有保持或者改革自己的风俗习惯的自由。

各少数民族聚居的地方实行区域自治。各民族自治地方都是中华人民共和国不可分离的部分。

第四节 民族自治地方的自治机关

第三十九条

民族自治地方的自治机关除行使宪法规定的地方国家机关的职权外,依照法律规定的权限行使自治权。

民族自治地方的自治机关可以依照当地民族的政治、经济和文化的特点,制定自治条例和单行条例,报请全国人民代表大会常务委员会批准。

民族自治地方的自治机关在执行职务的时候,使用当地民族通用的一种或者几种语言文字。

第四十条

各上级国家机关应当充分保障各民族自治地方的自治机关行使自治权,充分考虑各少数民族的特点和需要,大力培养各少数民族干部,积极支持和帮助各少数民族进行社会主义革命和社会主义建设,发展社会主义经济和文化。

第三章 公民的基本权利和义务

第四十六条

公民有信仰宗教的自由和不信仰宗教、宣传无神论的自由。

关于建国以来党的若干历史问题的决议

(1981年6月27日)

(中国共产党第十一届中央委员会第六次全体会议一致通过)

五

中国革命的胜利,在我国结束了极少数剥削者统治广大劳动人民的历史,结束了帝国主义、殖民主义奴役中国各族人民的历史。劳动人民成了新国家新社会的主人。……

三十五,第七段

改善和发展社会主义的民族关系,加强民族团结,这对于我们这个多民族国家具有重大意义。在民族问题上,过去,特别是在"文化大革命"中,我们犯过把阶级斗争扩大化的严重错误,伤害了许多少数民族干部和群众。在工作中,对少数民族自治权利尊重不够。这个教训一定要认真记取。必须明确认识,现在我国的民族关系基本上是各族劳动人民之间的关系。必须坚持实行民族区域自治,加强民族区域自治的法制建设,保障各少数民族地区根据本地实际情况贯彻执行党和国家政策的自主权。要切实帮助少数民族地区发展经济文化,努力培养和提拔少数民族干部。坚决反对一切破坏民族团结和民族平等的言论和行为。要继续贯彻执行宗教信仰自由的政策。坚持四项基本原则并不要求宗教信徒放弃他们的宗教信仰,只是要求他们不得进行反对马列主义、毛泽东思想的宣传,要求宗教不得干预政治和干预教育。

中华人民共和国宪法修改草案

(1982年)

序 言

……中国各族人民共同创造了光辉灿烂的民族文化,具有光荣的革命传统。

……中华人民共和国是全国各民族共同缔造的统一的多民族国家。平等、团结、互助的社会主义民族关系已经确立,并将继续加强。国家根据各少数民族的特点和需要,坚持不懈地帮助各少数民族地区加速经济和文化的发展,以促进全国各民族的共同繁荣。

……全国各族人民、一切国家机关和人民武装力量、各政党和各社会团体、各企业事业组织,都必须以宪法为根本的活动准则,并负有维护宪法的尊严、保证宪法的实施的职责。

第四条

中华人民共和国各民族一律平等。国家保障各少数民族的合法的权利和利益,维护和发展各民族的平等、团结、互助关系。禁止对任何民族的歧视和压迫,禁止破坏民族团结的行为,反对大民族主义和地方民族主义。

各少数民族聚居的地方实行区域自治,设立自治机关,行使自治权。各民族自治地方都是中华人民共和国不可分离的部分。

各民族都有使用和发展自己的语言文字的自由,都有保持或者改革自己的风俗习惯的自由。

第二十九条

自治区、自治州、自治县都是民族自治地方。

第三十三条

中华人民共和国年满18周岁的公民,不分民族、种族、性别、职业、家庭成分、宗教信仰、教育程度、财产状况、居住期限,都有选举权和被选举权。但是依照法律被剥夺政治权利的人除外。

第三十五条

中华人民共和国公民有宗教信仰的自由。

任何国家机关、社会团体和个人不得强制公民信仰宗教或者不信仰宗教,不得歧视信仰宗教的公民和不信仰宗教的公民。

国家保护正常的宗教活动。任何人不得利用宗教进行反革命活动,或者进行破坏社会秩序、损害公民身体健康、妨碍国家教育制度的活动。

第五十六条

全国人民代表大会由省、自治区、直辖市和军队选出的代表组成。各少数民族都应当有适当名额的代表。

第六十三条

全国人民代表大会常务委员会组成人员中,应当有适当名额的少数民族代表。

第六十七条

全国人民代表大会常务委员会举行会议的时候,各省、自治区、直辖市人民代表大会常务委员会主任或者副主任一人参加。

第一百一十七条

自治区、自治州、自治县的自治机关依照宪法、民族区域自治法和其他法律规定的权限行使自治权,同时行使宪法第三章第五节规定的地方国家机关的职权。

第一百一十八条

民族自治地方的人民代表大会有权依照当地民族的政治、经济和文化的特点,制定自治条例和单行条例。自治区的自治条例和单行条例,报全国人民代表大会常务委员会批准后生效。自治州、自治县的自治条例和单行条例,报省或者自治区的人民代表大会常务委员会批准后生效,并报全国人民代表大会常务委员会备案。

第一百一十九条

民族自治地方的自治机关有管理地方财政的自治权。凡是依照国家财政体制的规定属于民族自治地方的财政收入,都应当由民族自治地方的自治机关自主地安排使用。

第一百二十条

民族自治地方的自治机关在国家计划的指导下,自主地管理地方性的经济建设事业。

国家在民族自治地方开发资源、建设企业的时候,应当照顾民族自治地方的利益。

第一百二十一条

民族自治地方的自治机关自主地管理本地方的教育、科学、文化、卫生、体育事业,保护和整理民族的文化遗产,发展和繁荣优良的民族文化。

第九十八条

自治区、自治州、自治县设立自治机关。自治机关的组织和工作由宪法第三章第六节规定。

第一百零二条

民族乡的人民代表大会可以依照法律规定的权限采取适合民族特点的具体措施。

第六节　民族自治地方的自治机关

第一百一十四条

民族自治地方的自治机关是自治区、自治州、自治县的人民代表大会和人民政府。

民族自治地方的自治机关的组织，应当根据宪法第三章第五节规定的关于地方国家机关的组织的基本原则。

第一百一十五条

自治区、自治州、自治县的人民代表大会中，除实行区域自治的民族的代表外，其他居住在本行政区域内的民族也应当有适当名额的代表，各民族代表的具体名额由民族自治地方的自治条例规定。

第一百一十六条

自治区主席、自治州州长、自治县县长由实行区域自治的民族人员担任。

第一百二十二条

民族自治地方的自治机关依照国家的军事制度和当地的实际需要,经国务院批准,可以组织本地方维护社会治安的公安部队。

第一百二十三条

民族自治地方的自治机关在执行职务的时候,依照本民族自治地方自治条例的规定,使用当地民族通用的一种或者几种语言文字。

第一百二十四条

国家保障各民族自治地方的自治机关根据本地方实际情况贯彻执行国家的法律和政策的自治权,并且从财政、物资、技术等方面帮助各少数民族加速发展经济建设和文化建设事业。

国家帮助民族自治地方从当地各民族中大量培养各级干部、各种专业人才和技术工人。

附录三

两个附带的注解

《苏联大百科全书》对新旧西藏态度的转变

以下是苏联大百科全书第二版（第42卷，1956年）和第三版（第25卷，1976年）有关西藏问题的两篇文章对比。

1956——"西藏，中华人民共和国内的一个民族地区。"（无疑义）

1976——"西藏，中亚的一个地区……分为藏族自治区以及其相邻的一些中华人民共和国的省份，这些省份的自治区和自制县已被设立。"（西藏的基本地位没有明确。只用"可分为"和"中华人民共和国的一些省份"来描述。这附和了农奴主分裂者对"大西藏"的呼声，也回应了英帝国主义先前一直强调的西藏分为"内藏"和"外藏"的诉求。）

※　　　※　　　※

1956——强调了西藏在历史和文化上同中国的联系，尤其是唐朝时期（公元618—907年）两方的联系。

1976——"13世纪，西藏依附于蒙古族建立的元朝……"[附和了西藏并不是和占中国绝大多数人口的汉族联系，而是只和其他少数民族（蒙古和满族）联系的分裂观点。]

※　　　　※　　　　※

1956——18世纪，"中国一再捍卫其对西藏的主权"，——1725年，赶走了厄鲁特蒙古人（他们自己本来就在反抗中国中央政权的统治），随后，又设立了由北京清朝政府任命的驻藏大臣。

1977——"18世纪中叶，西藏的北部和东部（今青海、四川和甘肃所在地）归清王朝管辖，"此后，到了1792年，西藏全境归入清朝的版图。

（这样，第二版中曾经明确承认的1792年前中国对西藏的主权和防卫就被第三版笔锋一转，轻易地抹杀掉了。）*

※　　　　※　　　　※

1956——第二版中提到了20世纪前半叶的分裂阴谋。1911年，达赖喇嘛在英帝国主义的指导下"发表了'独立'声明"。1949年，"帝国主义者在拉萨发表了'独立'声明。他们通过西藏叛乱者的代表，致力于将藏族同其中国的其他兄弟民族，首先是将其和汉族分裂开来的工作。"

1976——第三版不怀好意地说1911年达赖喇嘛"宣布和北京脱离一切关系"。1949年，"西藏自治区和国民党政府不再有任何联系……1949年11月4日，'西藏国民会议'宣布独立。1950年，冲突之后，西藏政府接受了中华人民共和国的提议"，签订了"十七条协议"。

※　　　　※　　　　※

1956——在处理英国和沙皇俄国在20世纪早期在西藏问题上的摩擦

---

* 列宁，《列宁文集》，英文版（莫斯科，1964年），第23卷，第129页。段落出现在"分裂的和平"一文中，写于1916年。

时，第二版称之为两个帝国主义之间的矛盾——显然走的是马克思主义路线。

1976——"英国对西藏的渗透遭到了俄国政府的抵制。"这里只谈到英国对西藏的渗透，而对于俄国，甚至连远不及帝国主义的"沙皇"二字都没用到，这样做看似公平合理——实际上是在为沙皇政策漂白。请注意在该事件爆发时，列宁将其强烈的反差敏锐地分析为："沙皇*和*俄国的所有反动势力以及'进步的资产阶级'"想要"在亚洲击败英国（以便掌控波斯、蒙古和西藏等地区。）。"

1956——在谈到当时的形势时，第二版详细描写了西藏解放后，在中国中央政府的帮助下，各行各业初步显现出来的进步和改善、为区域自治所做的准备，以及进一步改革的前景等。

1976——第三版中，不论是在"西藏"还是在"西藏自治区"下都有独立的标题，压根儿不再提及西藏的进步或者改革。苏联的读者只有在1959年平息叛乱（未为其定性）后才能看到为数不多的一些报道，仅仅知道建立了"一种军事管理委员会的体制"。再无其他暗示。没有提及农奴和奴隶制的废除、土地改革以及后来的社会主义转变、当前军队管理的实质、1965年在西藏建立的区域自治或工农业及教育上所取得的进步。显然，第三版里，对于西藏1959到1976年间的历史记载是一片空白。这对于一部百科全书来说是一次不同寻常的噤声。

至于信息来源，1976年版列出的唯一一部非俄籍作者的作品是夏格巴·旺秋德丹的《西藏政治史》（纽黑文，1967）。贵族夏格巴是叛乱前后受帝国主义支持的西藏分裂主义者中的主要领导之一，也是名思想家。

两个版本为什么会有这么大的差异也无须费力追溯。也许为了早期的帝国主义者他们自己的目的："致力于将藏族和其中国的其他兄弟民族分裂开来，首先是将他们和汉族分裂开来，"第二版（1956）所使用的词句经过刻意归纳后出现在了第三版中。

揭露维克多·路易斯的丑恶嘴脸

为了明确两版《苏联大百科全书》立场转变的原因,请注意1979年出现的名为《即将崩溃的中华帝国》一书,它的作者是维克多·路易斯,一位臭名昭著的苏联记者,因曾做过热气球的试飞员而有些名气。

路易斯特别提倡中国各个民族间不要联系,他希望在苏联的资助下,中国的一些少数民族地区能共同组成一个"统一的中亚"。

以下摘自持不同观点的索尔兹伯里对该书所做的"介绍",登载在《纽约时报》上,以英语发表。

"我们所面临的问题是政治丑行很少被发现。这一点需要引起人们重视,原因不仅在于作者所说的内容,而且还在于他独有的资质。虽然他一再否认这一点,但作者长久以来一直和KGB(克格勃)有联系。这本书内容虚假,逻辑可疑,公然混淆视听。就像我们读希特勒的《我的奋斗》一样,看这本书并不是因为我们相信作者或者相信书中的内容,而是因为维克多·路易斯作为一名克格勃间谍,企图为我们反对中华人民共和国的'解放战争'提供合理化的理由。

"作者暗示在代表满族、藏族、蒙古族、维吾尔族和其他少数民族承担解放使命时,苏联可能感到是理所当然的,他一再强调,这些民族所在区域现在占中华人民共和国疆域面积的60%。但他忘了提及所有的少数民族人口加起来只占中国总人口的5%……

"没有谈到两个世纪以来,俄国人以牺牲中国人的利益为代价不断扩张的事实,相反,他呈现了一幅中国一直在扩张、掠夺土地的地图……路易斯的说法是对事实的一种颠倒。他描绘了一幅中国侵略他国的地图,以此掩盖俄国历史上的侵略模式……"

在索尔兹伯里看来，路易斯的目的是"不管多可疑，要为苏联向中国发起进攻找到合理的解释。"其战略动机是"就像苏联用卫星站保护其西部前线一样，在东部，他要用满洲（或者叫满洲国）、大蒙古国、达赖喇嘛领导下的自由西藏、独立的维吾尔（或者其他苏联所能想到的给广袤的新疆所起的名字）来保护自身的安全……这看似废话——将一堆谎言堆砌在一起，纯粹是一派谎言……，尽管它不符合历史和政治事实，但它成为克里姆林宫做侵略决定的依据。"

索尔兹伯里还指出，之所以会有这些谎言是因为苏联对中国特有的先入为主的观念——每年都会有20到30本谈分裂的作品，"有些是在宣传，有些是学术和宣传兼有，有些是纯学术的。"他判断，用英文写作、在美国出版，它的特有功能也许就是"混淆美国人对苏中冲突的认识，给中国敲响警钟扰乱中国人，使中国社会不稳定"，最终"如果克里姆林宫认为对中国作战的时机成熟，它们将是莫斯科宣传者引用的畅销故事书，"——这种观念也许会终止，也许不会终止。

一位评论员* 如是谈路易斯以及他的书：

"作者的真实意图并不是为了少数民族的福祉和保护少数民族文化，而是利用它们，就可以从中国的版图中划出大片土地，并在此建立苏联主导的中亚'共和国'。

"路易斯本人曾多次参与反对中国的阴谋。1969年，他曾在伦敦的一家报纸上散布（苏美联合）采用先发制人的手段向中国投射原子弹的思想——所幸在这一点上美国和苏联很难达成一致。他本人至少曾两次前往台湾，而且行踪非常公开，显然是想营造一种莫斯科也许会准备实行'两个中国'的政策。"

---

* 《远东经济评论》，香港，1979 年 11 月 23 日。

译者后记

我们怀着崇敬的心情翻译完了这部著作。译者在西藏民族大学从事英语教学与研究工作,而这部著作中多处提到译者所在学校,因此感到非常有缘。译者觉得有责任把这部英文著作翻译成中文,让更多的中国读者通过著名记者、作家伊斯雷尔·爱泼斯坦的多次进藏经历,去了解西藏的巨变和他对中国的真挚感情。合上这本书,译者又感觉到诚惶诚恐,担心翻译的失误会给原著、原作者以及所有关心这项工作的人造成任何伤害,心情可谓复杂。

关于书中专有名词的翻译,需要向读者做几点解释:对于一些著名人物或地点,无论是藏族人还是汉族人,无论涉及尼泊尔、印度还是美国等其他国家,我们采用的都是约定俗成的中文翻译,尽量与国内主流媒体保持一致;原著中也有不少地名和人名及其他专有名词由于各种原因无从考证,只能采用音译的方法进行翻译,既然是音译,肯定会存在一定偏差,对此译者表示歉意。

译著由西藏民族大学外语学院三位教师翻译而成,其中郭彧斌负责第1—10章(含前言),高全孝负责第11—21章,郑敏芳负责第22—31章(含附录),全书由高全孝统稿。

这里要特别感谢爱泼斯坦遗孀黄浣碧女士对本书翻译工作的关心和支持,她无私的帮助、热情的鼓励和很多中肯的建议让我们深受感动。同时感谢《今日中国》贾春明副社长、西藏民族大学周德仓教授和新星出版社孙志鹏先生，他们为译著的付梓出版做了大量的工作。感谢译者家属们背后默默的支持。感谢西藏民族大学科研处领导和科研基金的支持。感谢所有关心和支持本书翻译的领导、同事、学生和朋友。

2015年正值爱泼斯坦先生诞辰100周年，西藏自治区人民政府成立50周年，距离爱泼斯坦先生第一次进藏采访也整整过去了60年，谨以此书献作以上大事之纪念。

由于译者水平有限，译著中难免存在错误，敬请读者批评指正。

2015年4月于西藏民族大学

图书在版编目（CIP）数据

西藏的变迁 / 爱泼斯坦著；高全孝，郭彧斌，郑敏芳译. —— 北京：新星出版社，2015.12
（爱泼斯坦作品集）
ISBN 978-7-5133-2010-8
Ⅰ.①西… Ⅱ.①爱… ②高… ③郭… ④郑… Ⅲ.①西藏-地方史 Ⅳ.①K297.5
中国版本图书馆CIP数据核字（2015）第309503号

西藏的变迁

伊斯雷尔·爱泼斯坦 著；高全孝 郭彧斌 郑敏芳 译

顾　　问：	黄浣碧
策　　划：	孙志鹏
责任编辑：	李莎莎
责任印制：	李珊珊
封面设计：	邰琳琳
版式设计：	魏　丹

出版发行：新星出版社
出 版 人：谢　刚
社　　址：北京市西城区车公庄大街丙3号楼　　100044
网　　址：www.newstarpress.com
电　　话：010-88310888
传　　真：010-65270449
法律顾问：北京市大成律师事务所

读者服务：010-88310811　　service@newstarpress.com
邮购地址：北京市西城区车公庄大街丙3号楼　　100044

印　　刷：北京盛源印刷有限公司
正文用纸：瑞典进口全木浆轻型环保纸
开　　本：710mm×1000mm　　1/16
印　　张：35.5
字　　数：509千字
版　　次：2015年12月第一版　　2015年12月第一次印刷
书　　号：ISBN 978-7-5133-2010-8
定　　价：88.00元

版权专有，侵权必究；如有质量问题，请与印刷厂联系调换。

爱泼斯坦作品集

《人民之战》是爱泼斯坦"战争四部曲"的第一部,记录了他对中国抗战前两年的观察与思考。从北平、天津、南京、武汉直至广州,爱泼斯坦一路跟踪采访,留下了中国人民在艰苦卓绝的环境下奋起抗日的重要历史记录。宋庆龄在读过本书清样后写道:"这本书不同于任何的外国人关于我国抗战的著作,因为它把第一手分析性报道同过去的历史和未来的展望联系了起来。每一位中国的友人都应该读一读。"埃德加·斯诺则称赞这本书是"极为出色的战争新闻作品,对中国所希望达到的目标充满同情和理解"。

《我访问延安:1944年的通讯和家书》也是爱泼斯坦早期作品。1944年,他作为"中外记者西北参观团"的一员,以美国《纽约时报》、《时代》杂志记者的身份,赴敌后根据地采访,写了大量生动翔实的通讯报道,并被国际媒体广泛转载传播,打破了国民党的舆论封锁,产生了广泛而积极的影响。此次采访报道,也因此成为中国抗战新闻传播史上不可磨灭的一页。

《中国未完成的革命》是爱泼斯坦在美国完成并出版的作品,也是他记者生涯最为重要的著作之一。由于作者曾长期追踪采访中国抗战,无论是对正面战场还是对敌后战场,均有深入实地采访,因而本书深具权威性与可读性,成为国际社会了解中国抗战一部绕不开的经典之作。该书1947年在美国出版后,迅速被译成德、波、匈等多种文字,在国际上产生了巨大影响。

《从鸦片战争到解放》着重描述了从鸦片战争到1949年中华人民共和国宣告成立这段复杂曲折的历史,具有较强的可读性。作者用可信的事实和生动的笔触,概括了在这一个世纪里,中国人民经过艰苦卓绝的斗争,终于实现民族解放的恢弘历史。这部视野宏阔、观察深刻的著作,也成为爱泼斯坦"战争四部曲"收官之作。

《西藏的变迁》是爱泼斯坦的代表作之一。作者在1955年、1965年和1976年三次进藏，以记者身份采访了西藏各行各业的民众近千人，采访笔记约百万字，最终成就这样一部全景式的西藏社会实录。全书以朴实的语言，再现了西藏地区在社会制度及政治、经济等各方面的巨大转变，为读者展现了一个真实可感、不断进步的西藏。

《宋庆龄：20世纪的伟大女性》是唯一得到宋庆龄本人授权的传记。爱泼斯坦受宋庆龄生前所托，在整理吸收大量材料特别是外文史料、采访众多相关人士的基础上，历经十载艰辛而成。本书全面记述了宋庆龄的非凡经历及对中国革命和建设事业所做出的巨大贡献。书中关于宋庆龄的史实极为丰富，材料多是作者在与宋庆龄长期交往中亲身经历的或宋庆龄晚年亲自向作者提供的，因而真实可靠。

《见证中国：爱泼斯坦回忆录》是爱泼斯坦的自传，记载了他投身中国革命与建设，亲历中国从民族解放到改革开放的传奇一生。在这本回忆录中，爱泼斯坦这样表达自己的信念："在历史为我设定的时空里，我觉得没有任何事情比我亲历并跻身于中国人民的革命事业更好和更有意义。"他说："我爱中国，爱中国人民，中国就是我的家，是这种爱把我的工作和生活同中国的命运联系在一起。"